興味を広げる・深める！

JN102184

卑弥呼（ひみこ）

2世紀末～3世紀前期

邪馬台国の女王として、30あまりの国々を従える。3世紀の日本を記した「魏志倭人伝」にも登場。魏（昔の中国）に使いを送り、親魏倭王の称号と多くの銅鏡を授かる。

聖徳太子（しょうとくたいし）

飛鳥時代

574～622

推古天皇の摂政（天皇の政治を助ける役職）となって、冠位十二階や十七条の憲法を制定。遣隋使を派遣したり、法隆寺（奈良県）をはじめ多くの寺院を建立したりした。

小野妹子（おののいもこ）

飛鳥時代

6～7世紀

聖徳太子の命を受け、遣隋使となる。隋（昔の中国）の皇帝・煬帝に、「日出ずる処の天子、書を日没する処の天子に致す」という内容の手紙をわたし、対等な外交をしようとした。

中大兄皇子（なかのおおえのおうじ）

飛鳥時代

626～671

蘇我氏をたおし、中臣鎌足とともに、天皇中心の国づくり（大化の改新）を始める。中大兄皇子は後に天智天皇となった。

中臣鎌足（なかとみのかまたり）

614～669

蘇我氏をたおし、中大兄皇子とともに、天皇中心の国づくり（大化の改新）を始める。中臣鎌足は後に藤原鎌足となった。

聖武天皇（しょうむてんのう）

701～756

仏教を深く信仰し、各地に国分寺をつくらせる。また、東大寺（奈良県）を建てて、大仏を建立した。愛用品の多くは、東大寺にある正倉院に納められている。

行基（ぎょうき）

668～749

渡来人（中国や朝鮮半島から日本へ移り住んだ人）の子孫といわれ、土木技術にすぐれていた。橋や道路の工事を指導したほか、東大寺（奈良県）の大仏の建立に協力した。

鑑真（がんじん）

688～763

唐（昔の中国）から日本にわたってきた僧。何度も渡航に失敗し、6度目にようやく成功したが、そのときには両目の視力を失っていた。仏教の戒律を伝え、唐招提寺（奈良県）を建てた。

藤原道長（ふじわらのみちなが）

966～1027

有力な貴族として、政治を動かした。4人のむすめを天皇のきさきとし、天皇が幼いときは摂政、成人後は関白という位につき、摂関政治を行った。

紫式部（むらさきしきぶ）

平安時代

10世紀後期～11世紀前期

天皇のきさきとなった藤原道長のむすめに、深い知識をもっていることから、教育係として仕えた。貴族の光源氏を主人公とした「源氏物語」を書いた。

清少納言（せいしょうなごん）

平安時代

10世紀後期～11世紀前期

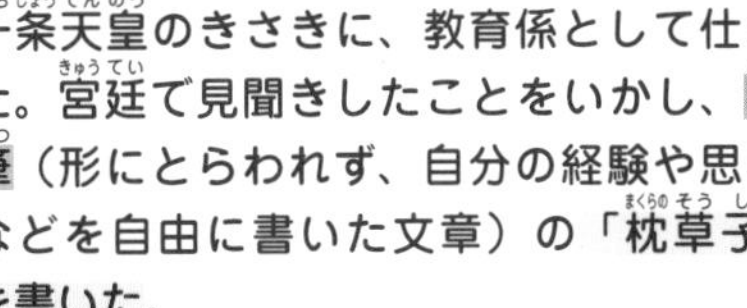

一条天皇のきさきに、教育係として仕えた。宮廷で見聞きしたことをいかし、随筆（形にとらわれず、自分の経験や思いなどを自由に書いた文章）の「枕草子」を書いた。

たいらのきよもり
平清盛
平安時代
1118~1181

平治の乱（武士の平氏と源氏の戦い）に勝ち、政治の実権をにぎった。武士として初めて、太政大臣となった。宋（昔の中国）との貿易（日宋貿易）を進めた。

使い方

切り取り線にそって切りはなしましょう。
白紙のカードには、あなたの好きな歴史人物についてまとめてみましょう。

説　明

人物の生まれた年・亡くなった年

人物に関連する重要語句

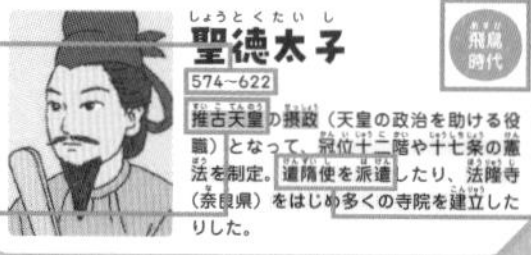

聖徳太子
574~622
飛鳥時代
推古天皇の摂政（天皇の政治を助ける役職）となって、冠位十二階や十七条の憲法を制定。遣隋使を派遣したり、法隆寺（奈良県）をはじめ多くの寺院を建立したりした。

人物が主に活やくした時代

人物が行ったことなど

みなもとのよしつね
源 義経
平安時代
1159~1189

源頼朝の弟で、「戦いの天才」といわれた。一の谷の戦い（兵庫県）などで、平氏と戦い、壇ノ浦の戦い（山口県）で、平氏をほろぼした。のちに、頼朝と対立した。

みなもとのよりとも
源 頼朝
鎌倉時代
1147~1199

鎌倉（神奈川県）に鎌倉幕府を開き、初代将軍となった。国ごとに守護（警察のようなもの）と地頭（年貢のとりたてなどをする人）を置き、全国支配の基礎を固めた。

ほうじょうときむね
北条時宗
鎌倉時代
1251~1284

鎌倉幕府の執権（将軍を助ける役職）をつとめた。元寇（元のこうげき）を、二度にわたって退けた。元のこうげきに備え、博多湾（福岡県）に石塁（防塁）を築いた。

あしかがよしみつ
足利義満

室町時代

1358~1408

室町幕府の3代将軍。明（昔の中国）との貿易を行って、大きな利益を得た。文化や芸術を保護し、14世紀の終わりには、京都の北山に金閣を建てた。

あしかがよしまさ
足利義政
室町時代
1436~1490

足利義満の孫で、室町幕府の8代将軍。京都で応仁の乱が起こると幕府の力は弱まっていき、政治から身を引いた義政は、15世紀の終わりに、京都の東山に銀閣を建てた。

せっしゅう
雪舟
室町時代
1420~1506

禅宗（仏教の一つ）の僧で、寺で修行しつつ、絵を学んだ。明（昔の中国）へわたって、すみ絵（水墨画）の技法を学び、帰国後、日本独特の水墨画を芸術として大成させた。

フランシスコ＝ザビエル
室町時代
1506~1552

キリスト教を広めるために、スペインからやって来た宣教師。同じころ、スペインやポルトガルから鉄砲も伝わった。

おだのぶなが
織田信長
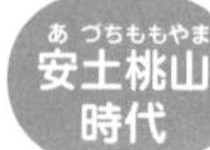

安土桃山時代

1534~1582

尾張（愛知県）の戦国大名で、室町幕府をほろぼした。鉄砲を用い、武田氏を長篠の戦い（愛知県）で破った。また、商人たちが自由に商売できるしくみを整えた（楽市・楽座）。

とよとみひでよし
豊臣秀吉
安土桃山時代
1537~1598

尾張（愛知県）の戦国武将で、天下統一をした。検地（田畑の面積、しゅうかく量などを調査）と刀狩（百姓から武器を取り上げる）を行い、身分を区別した。

とくがわいえやす
徳川家康

江戸時代

1542~1616

豊臣秀吉の死後、関ヶ原の戦い（岐阜県）に勝ち、江戸幕府を開いた。大名を、親藩（親せき）、譜代（昔からの家来）、外様（それ以外の家来）に分けて、全国を支配した。

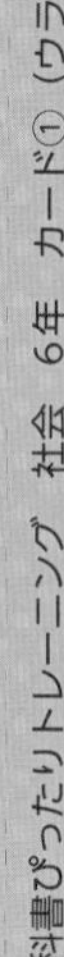

教科書ぴったりトレーニング　社会　6年　カード①（ウラ）

近松門左衛門

江戸時代

1653〜1724

歌舞伎（演劇）や人形浄瑠璃（人形を使った演劇）の脚本を書いた。元禄文化（大阪・京都を中心に栄えた町人文化）を代表する人物。「曾根崎心中」などの作品が有名。

歌川広重

江戸時代

1797〜1858

風景画を得意とした、浮世絵師。江戸から京都までの、東海道の名所をえがいた「東海道五十三次」は、浮世絵（多色刷りの版画）として発売され、町人から人気を得た。

本居宣長

江戸時代

1730〜1801

国学（仏教などが伝わる前の日本人の考え方を明らかにする学問）を学び、研究した国学者。日本最古の歴史書「古事記」を研究し、「古事記伝」にまとめた。

杉田玄白

江戸時代

1733〜1817

医者で、辞典もないまま、オランダ語の医学書を、前野良沢らとほん訳。「解体新書」として、出版した。オランダ語で西洋の文化を学ぶ蘭学の基礎を築いた。

伊能忠敬

江戸時代

1745〜1818

商人だったが、50才から天文学や測量学を学んだ天文・地理学者。日本全国を歩き、測量して、正確な日本地図づくりにはげんだ。地図は忠敬の死の3年後、完成した。

ペリー

江戸時代

1794〜1858

1853年、アメリカから軍艦（黒船）で、浦賀（神奈川県）に来た使節。鎖国をしていた江戸幕府に開国を求めた。1854年、日本はアメリカと日米和親条約を結んだ。

西郷隆盛

明治時代

1827〜1877

薩摩藩（鹿児島県）の武士。長州藩（山口県）の木戸孝允と薩長同盟を結び、倒幕を進めた。新政府の指導者になったが、辞任。西南戦争を起こし、新政府軍に敗れた。

大久保利通

明治時代

1830〜1878

明治維新で活やくした薩摩藩（鹿児島県）出身の武士。新政府に入り、廃藩置県（藩をやめ、県にする）、地租改正（土地の税金を変える）などを進めた。

福沢諭吉

明治時代

1834〜1901

人間の自由と平等の考え方を説いた「学問のすゝめ」を書いた。欧米の文化を積極的に取り入れようとする文明開化のなか、「学問のすゝめ」は多くの人に読まれた。

似顔絵をかいてみよう

名前

行ったこと

似顔絵をかいてみよう

名前

行ったこと

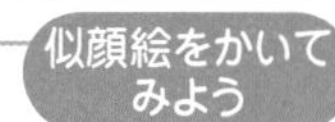
似顔絵をかいてみよう

名前

行ったこと

つだうめこ
津田梅子

明治時代

1864～1929

満6才のとき、初めての女子留学生としてアメリカにわたった。留学生活は十数年にわたった。帰国後、女子英学塾（今の津田塾大学）をつくり、英語教育の発展につくした。

おおくましげのぶ
大隈重信

1838～1922

国会設立に先立ち、イギリスにならった立憲改進党をつくった。その後、日本で初めての政党内閣（政党の党首が首相になる内閣）をつくり、内閣総理大臣となった。

いたがきたいすけ
板垣退助

明治時代

1837～1919

自由民権運動（国会の開設や憲法を定めることを求める運動）を指導した。運動は全国に広まり、国会の開設が約束されると、それに備え、自由党をつくった。

いとうひろぶみ
伊藤博文

1841～1909

ドイツの憲法を学び、大日本帝国憲法をつくった。天皇から任命された内閣総理大臣が内閣を組織し、行政を担当する内閣制度をつくった。初代内閣総理大臣。

むつむねみつ
陸奥宗光

明治時代

1844～1897

外務大臣として、イギリスと交渉。1894年、日本にいる外国人を日本の法律で裁判できないという領事裁判権（治外法権）をなくすことに成功した。

こむらじゅたろう
小村寿太郎

明治時代

1855～1911

外交官として、不平等な条約の改正をめざし、アメリカと交渉。1911年、関税自主権（自分の国で輸入品に自由に税をかける権利）の回復に成功した。

よさのあきこ
与謝野晶子

明治時代

1878～1942

大阪府出身の歌人。日露戦争（1904～1905年）のとき、戦場にいる弟を思って、「君死にたまふことなかれ」という詩を発表した。戦争反対の気持ちを表した。

のぐちひでよ
野口英世

大正時代

1876～1928

伝染病研究所に入り、細菌学の研究にはげんだ。アメリカにわたり、へび毒の研究で評価を受けた。アフリカに行き、黄熱病の研究に取り組むが、自身も感染して亡くなった。

名前

行ったこと

ひらつか
平塚らいてう

大正時代

1886～1971

女性の地位を上げる運動を進めた。当時、女性には選挙権が認められていなかった。市川房枝らと新婦人協会をつくり、婦人参政権のかくとくをうったえた。

似顔絵をかいてみよう

名前

行ったこと

似顔絵をかいてみよう

名前

行ったこと

もくじ

社会6年
日本文教版 小学社会

教科書ぴったりトレーニング

▶3分でまとめ動画

せんたく がついているところでは、教科書の選択教材を扱っています。学校での学習状況に応じて、ご利用ください。

【写真提供】

写真：AFP/アフロ／ColBase（https://colbase.nich.go.jp）／TNM Image Archive/DNP／（公財）アイヌ民族文化財団／朝日新聞社提供／飛鳥園／アフロ／甲斐善光寺／近代日本人の肖像／公益財団法人 柿衛文庫／皇居三の丸尚蔵館収蔵／高台寺／国立公文書館／国立国会図書館ウェブサイト／国連広報センター／コーベット・フォトエージェンシー／佐賀県提供／堺市提供／三内丸山遺跡センター／時事通信フォト／慈照寺／ジャパンアーカイブス／衆議院憲政記念館所蔵／正倉院宝物／市立伊丹ミュージアム／高槻市／田原市博物館／千葉市立加曽利貝塚博物館／長興寺（豊田市）所蔵／東京大学法学部附属明治新聞雑誌文庫／唐招提寺／東大寺／徳川美術館所蔵 ©徳川美術館イメージアーカイブ/DNPartcom／長崎原爆資料館所蔵／長崎歴史文化博物館／奈良文化財研究所／日光東照宮 宝物館／日本製鉄株式会社 九州製鉄所 所蔵／大阪市立図書館デジタルアーカイブより一部改変／公益財団法人 平木浮世絵財団／福岡市埋蔵文化財センター／藤田美術館／（公財）文楽協会／所有：文化庁、写真提供：埼玉県立さきたま史跡の博物館／撮影/米軍 提供/広島平和記念資料館／便利堂／法隆寺／毎日新聞社提供／御寺 泉涌寺／鹿苑寺 蔵／早稲田大学図書館

ぴったり1 準備

3分でまとめ

1．わが国の政治のはたらき

1 日本国憲法と政治のしくみ①

学習日　月　日

めあて

日本国憲法のしくみと基本的人権について理解しよう。

教科書 8～17ページ　答え 2ページ

次の（　）に入る言葉を、下から選びましょう。

1 幸せな生活を送る権利／日本国憲法とは　教科書 10～13ページ

青年たちを支援する政治

- **政治**…国や**地方公共団体**が、**日本国憲法**にもとづいておこなう。
- **基本的人権**…だれもが人間らしく幸せな生活を送る権利のこと。すべての人が持つ。

ワンポイント　日本国憲法

- 日本国憲法…国が政治をおこなう上で、基本的なあり方を定めたもの。すべての国のきまりは、憲法をもとにつくられる。

公布日	1946（昭和21）年11月3日
施行日	1947（昭和22）年5月3日
三つの原則	● 国民主権 ●（①　　）の尊重 ●（②　　）

都道府県や市（区）町村のことを地方公共団体（地方自治体）というよ。

日本国憲法の原本

2 基本的人権と国民の権利・義務／人権に関する問題への取り組み　教科書 14～17ページ

基本的人権を尊重する取り組み

- 健康で文化的な生活を営む権利…高齢者の生活支援、介護サービスの充実など

国民の基本的人権

- 個人の尊重と法のもとの平等
- 男女の平等
- 思想や学問の自由
- 信教の自由
- 言論や集会の自由
- 生命・身体の自由を侵害されない
- 居住と移転・職業を選ぶ自由
- 健康で文化的な生活を営む権利
- 教育を受ける権利
- 働く権利
- 団結する権利
- 選挙する権利・選挙される権利
- （③　　）を受ける権利

国民の義務

わたしたちの義務	国民の義務に対する国の責任
● 子どもに（④　　）を受けさせる義務	● 教育環境を整える
● 働く義務	●（⑤　　）の設置
●（⑥　　）を納める義務	

人権に関するさまざまな問題

- 障がい者、女性、高齢者、子ども、外国人などの人権に関する問題
- インターネットや（⑦　　）で人権がおかされる問題

人権問題の解決にむけて

- （⑧　　）をつくる…障がい者の差別に関して、障害者差別解消法など

選んだ言葉に✓

□法律　□裁判　□基本的人権　□税金
□教育　□平和主義　□ハローワーク　□SNS

ぴったり2
練習

学習日　　月　　日

ぴたトリビア

日本国憲法は、日本の法の中でもっともえらいものです。憲法に違反する法律などはすべて無効とされています。

教科書 8～17ページ　答え 2ページ

1 次の問いに答えましょう。

(1) 日本国憲法に関連する説明として、正しいものには○を、まちがっているものには×をつけましょう。

①(　　　)国や地方公共団体がおこなう政治は、すべて日本国憲法にもとづいている。
②(　　　)日本国憲法は、1947（昭和22）年5月3日に公布された。
③(　　　)日本国憲法では、政府が再び戦争をしないことが示されている。

(2) 日本国憲法について説明した次の文中の①・②にあてはまる言葉を書きましょう。

①(　　　　)　②(　　　　)

日本国憲法には、三つの原則がある。国民が政治の主役であるという(①)、(②)の尊重、平和主義である。これらは日本国憲法の前文などに明記されている。

2 次の問いに答えましょう。

(1) 健康で文化的な生活を営む権利を守るために、市役所の人がおこなっていることとしてあてはまるもの2つに○をつけましょう。

㋐(　　　)SNSの利用についての啓発を広報誌でおこなう。
㋑(　　　)高齢者を支援する施設などの場所を提供する。
㋒(　　　)介護サービスを充実させる。
㋓(　　　)障害者差別解消法を定める。

(2) 右の図は、国民の基本的人権と国民の義務についてえがいたものです。①～④の文にあてはまるものを、㋐～㋗から選びましょう。

①(　　　)父は、ダム建設反対の意見を集会で発表した。
②(　　　)姉は、中学校を卒業して高校に入学した。
③(　　　)家族は仏教を信仰しているが、わたしはキリスト教を信仰している。
④(　　　)兄は大学を卒業したあと、弁護士になった。

(3) ㋐～㋗の中には、国民が守るべき3つの義務があります。それを選んで記号で答えましょう。

(　　　)(　　　)(　　　)

(4) 国民の義務に対する国の責任として、仕事を探している人に企業を紹介したり、仕事につくための教育をおこなったりする機関を何というか、書きましょう。

(　　　　　　)

ヒント
1 (1) 日本国憲法は、公布された半年後に施行されました。
2 (3) 三大義務のうちの2つは国民の権利でもあります。

ぴったり1 準備

1．わがこくの政治のはたらき

1 日本国憲法と政治のしくみ②

学習日　月　日

めあて
国民が政治の主役として政治を行うことを理解しよう。

教科書 18～21ページ　答え 3ページ

 次の（　　）に入る言葉を、下から選びましょう。

1 国民主権とは　教科書 18～19ページ

✪ 国民主権

- **国民主権**…国の政治のあり方を最終的に決める権限が国民にあること。
- 国の政治…**国会**、**内閣**、**裁判所**の三つの機関が、仕事を分担している。
- 国会の仕事…（①　　　　　）で選ばれた国会議員が進める。
- （②　　　　　）…国民が選んだ代表者によって、国民のためにおこなわれる政治。

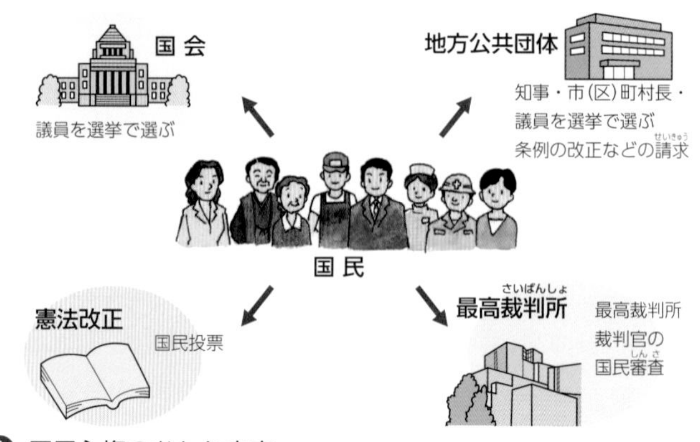

⬆ 国民主権のおもな内容

- **選挙**で投票する権利（選挙権）は、18才以上のすべての国民にある。
- 政治を動かすことがある国民の意見を（③　　　　　）という。

世論
社会のできごとや問題について、人々がもっている意見。

✪ 日本国憲法と天皇

- 天皇は、日本の国や国民のまとまりの（④　　　　　）。
- 国の政治に関する権限はなく、（⑤　　　　　）の助言と承認にもとづいて、憲法で定められた仕事をおこなう。

2 国会のはたらき　教科書 20～21ページ

ワンポイント　国会

- 国会…国の進む方向を決める機関。
  （⑥　　　　　）と参議院の二院制。
  話し合いは（⑦　　　　　）で決められる。

国会の仕事	・法律をつくる。 ・国の収入と支出（予算）を決める。 ・外国と結んだ条約を承認する。

衆議院　定員数465人　任期4年　解散あり
参議院　定員数248人　任期6年　解散なし
国会

⬆ 国会のしくみ

- **国際連合**で採択された障害者権利条約を守るために、障害者差別解消法を成立させた。

✪ 国民の祝日

- 日本の祝日は、「国民の祝日に関する法律」で定められている。
- ５月５日のこどもの日、11月３日の（⑧　　　　　）、５月３日の憲法記念日など。

選んだ言葉に ✔
□文化の日　□象徴　□世論　□多数決
□衆議院　□内閣　□民主政治　□選挙

ぴったり2

練習

学習日　　月　　日

ぴたトリビア

国際連合の旗には、世界地図がオリーブの葉で囲まれたものがえがかれています。オリーブの葉は国際連合が目的とする平和の象徴です。

教科書 18～21ページ　答え 3ページ

1 次の問いに答えましょう。

(1) 右の図は、日本国憲法に示されている国民主権のおもな内容をえがいたものです。Ⓐ～Ⓒにあてはまる言葉を、□から選びましょう。

Ⓐ(　　　　)
Ⓑ(　　　　)
Ⓒ(　　　　)

国民主権のおもな内容

県庁　国会　推せん　選挙　裁判　警察

(2) 国民主権にもとづいて国民が選んだ代表者が、国民のためにおこなう政治のことを何といいますか、漢字4字で書きましょう。(　　　　)

(3) 日本国憲法で定められている天皇について説明した次の文中の①、②にあてはまる言葉を書きましょう。　①(　　　　)　②(　　　　)

天皇は、日本の国や(①)のまとまりの象徴とされ、国の(②)に関する権限はなく、内閣の助言と承認にもとづいて仕事をおこなう。

2 次の問いに答えましょう。

(1) 国会の二つの話し合いの場である右の図のⒶ、Ⓑにあてはまる言葉をそれぞれ書きましょう。

Ⓐ(　　　　)　Ⓑ(　　　　)

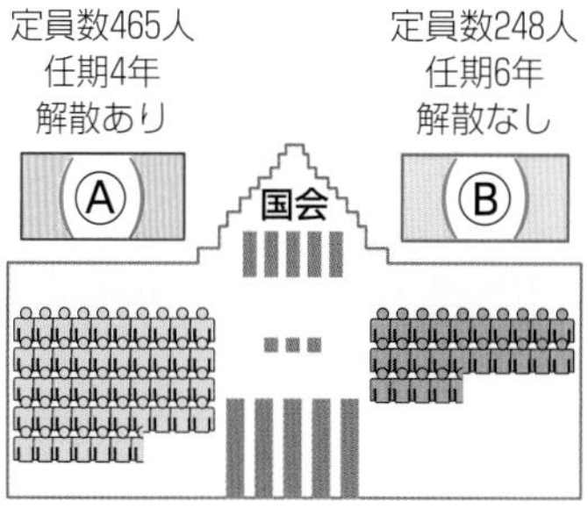

定員数465人
任期4年
解散あり
Ⓐ
国会
定員数248人
任期6年
解散なし
Ⓑ

国会のしくみ

(2) 国会で国の進む方向を決めるとき、話し合いののち、どのような方法で決めるでしょう。(　　　　)

(3) 国会の仕事にあてはまるものに○、天皇の仕事にあてはまるものに△を書きましょう。

①(　　)法律や、国の収入や支出について決める。
②(　　)憲法改正、法律、条約を公布する。
③(　　)外国と結んだ条約を承認する。
④(　　)衆議院を解散する。

(4) 国民の祝日は、「国民の祝日に関する法律」で定められています。①～③に入る言葉や数字を書きましょう。

①(　　　　)　②(　　　　)　③(　　　　)

- 憲法記念日…(①)月(②)日
- (③)の日…11月3日

1 (3) 天皇の地位は、国民全体の理解にもとづくとされています。
2 (3) 国会の仕事は、国の方向性を決めるものです。

1 日本国憲法と政治のしくみ③

学習日　月　日

めあて
内閣と裁判所のしくみについて学ぼう。

教科書 22～25ページ　答え 4ページ

次の（　　）に入る言葉を、下から選びましょう。

1 内閣のはたらき　教科書 22～23ページ

内閣

- 内閣…法律や予算にもとづいて実際の政治をおこなう。内閣の最高責任者は（①　　　　）、または首相という。
- 内閣総理大臣は、専門的な仕事を担当する国務大臣とともに閣議をおこない、国の政治の進め方を話し合う。
- 省や庁…内閣のもとで実際に仕事をする。例えば、（②　　　　）では財政に関する仕事を、財務省内の国税庁では税金を管理している。

外国と条約を結ぶ、最高裁判所の長官を指名し、裁判官を任命するなども内閣の仕事だよ。

内閣のしくみ

2 裁判所のはたらき　教科書 24～25ページ

裁判所

- （③　　　　）や法律にもとづいて、争いごとを解決したり、罪のあるなしを決めたりする。裁判の判決に納得できないときは、上級の裁判所にうったえることができる。3回まで裁判を受けることができるので、（④　　　　）という。

最高裁判所
高等裁判所
地方裁判所　家庭裁判所
簡易裁判所　※刑事事件の場合

裁判のしくみ

裁判員制度

- （⑤　　　　）制度…2009（平成21）年から国民の裁判に対する理解を深めるため、開始。国民が裁判員として裁判に参加する。

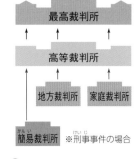

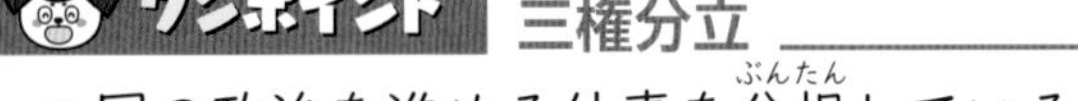

三権分立

- 国の政治を進める仕事を分担している。
 →（⑥　　　　）（国会）
 →**行政**（内閣）
 →（⑦　　　　）（裁判所）
- 仕事をたがいに確認し合い、権力が集まらないようにしている。
- この（⑧　　　　）のしくみによって、国民の権利と自由を保障している。

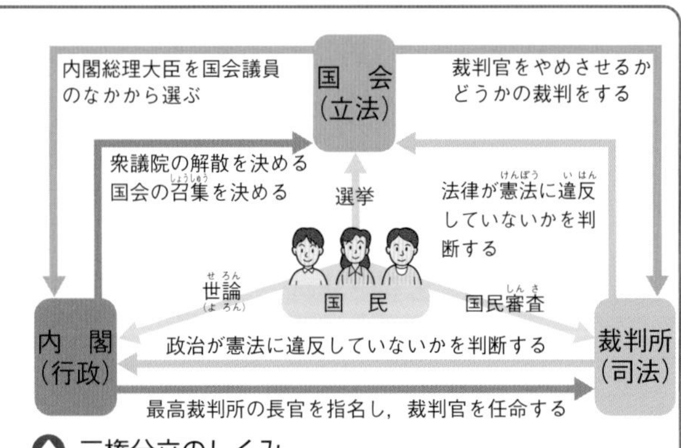

三権分立のしくみ

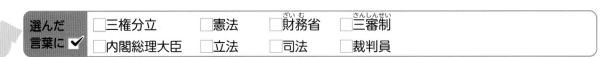

選んだ言葉に✓				
	□三権分立	□憲法	□財務省	□三審制
	□内閣総理大臣	□立法	□司法	□裁判員

学習日　月　日

ぴたトリビア

税金…国の収入(しゅうにゅう)の半分以上は、税金です。なかでもものを買ったときにかかる消費税は、国の収入の約19%をしめています（2021年）。

教科書　22～25ページ　答え　4ページ

1 次の文を読んで、答えましょう。

内閣は、国会で決められた法律や予算にもとづいて、政治をおこなう。内閣の最高責任者である内閣総理大臣は（①）とも呼(よ)ばれ、内閣のもとで実際に仕事をする各ⓐ省庁の長であるⓘ国務大臣を任命して、内閣を組織する。そのほか、外国と条約を結ぶことや、（②）の長官を指名することなども内閣の仕事である。

(1) 文中の①、②にあてはまる言葉を、[　　]から選びましょう。

①（　　　　）

②（　　　　）

首相　官房(かんぼう)長官　地方裁判所　最高裁判所

(2) 下線部ⓐについて、教育や科学・文化・スポーツなどに関する仕事をする省の名前を書きましょう。（　　　　）

(3) 下線部ⓘについて、内閣総理大臣と国務大臣が国の政治の進め方を話し合う会議の名前を書きましょう。（　　　　）

2 次の文を読んで、答えましょう。

裁判所は、憲法と法律にもとづいて、さまざまな争いごとを解決したり、罪のあるなしを決めたりしている。国民はだれでも公正なⓐ裁判を受ける権利(けんり)をもち、ⓘ判決に納得できないときは、さらに上級の裁判所にうったえることができる。

(1) 下線部ⓐについて、2009年からはじまった国民が裁判に参加する制度の名前を書きましょう。（　　　　）

(2) 右の図は、下線部ⓘのしくみを示したものです。Ⓐ、Ⓑにあてはまる裁判所の名前を、[　　]から選びましょう。

Ⓐ（　　　　）

Ⓑ（　　　　）

地方裁判所　最高裁判所

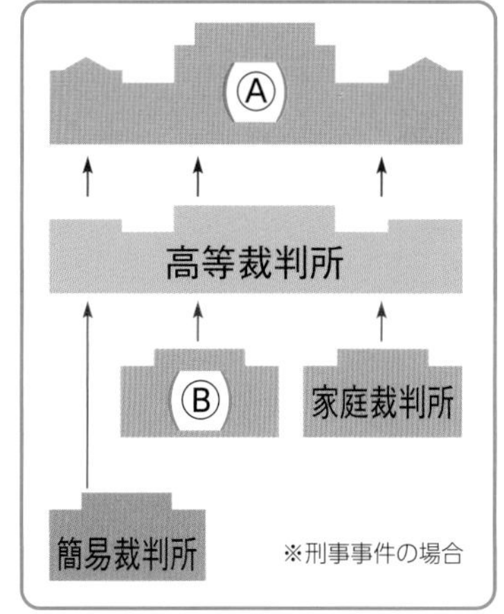

(3) より公正な裁判となるよう、3回まで裁判を受けることができるしくみを何というでしょう。（　　　　）

(4) 1、2の文にあるように、国の権力を、国会・内閣・裁判所の3つに分担し、たがいに確認し合うしくみを何というでしょう。（　　　　）

ヒント
1 (2) 外交に関することは外務省、経済(けいざい)や産業(さんぎょう)などに関することは経済産業省が担当します。
2 (4) 国会は立法、内閣は行政、裁判所は司法の仕事をそれぞれ分担しています。

ぴったり1 準備

学習日　　月　　日

1．わが国の政治のはたらき

1 日本国憲法と政治のしくみ④

めあて
日本が平和であるための取り組みについて調べよう。

教科書 26～35ページ　答え 5ページ

 次の(　　)に入る言葉を、下から選びましょう。

1 平和主義と人々の願い

教科書 26～27ページ

ワンポイント 平和主義

原子爆弾（原爆）	●(①　　　　　　)や長崎では、毎年式典を行い、戦争の悲惨さを伝えている。
平和主義	●日本国憲法第(②　　　　　　)条で、外国との争いを、戦争によって解決しないことを定めている。
③	「核兵器をもたない、つくらない、もちこませない」

✪ 自衛隊の取り組み

- 日本の平和と安全を守るため、国境を警備している。
- 国際社会の平和や安定を助けるための活動を行う。
- 自然災害がおきたときは、救援や救助を行う。
- シビリアン・コントロール（文民統制）…自衛隊は、(④　　　　　　)における国民の代表である内閣総理大臣が統制する。

➡ 日本の領土・領海・排他的経済水域

2 平和の実現をめざして／わたしたちのくらしとのつながり

教科書 28～31ページ

✪ 世界で平和実現のために力をつくした人々

- 中村哲さん…アフガニスタンで、水不足を解消するために用水路を建設した。
- 緒方貞子さん…国連で世界の(⑤　　　　　　)を救う仕事をした。

✪ 憲法や政治とくらしとのつながり

- 日本国憲法の三原則…**民主政治**は国民主権と(⑥　　　　　　)の尊重とかかわりが深く、平和なくらしは平和主義とつながっている。

3 さらに考えたい問題／考えたことを広げ深めよう

教科書 32～35ページ

✪ 人権

- 国や(⑦　　　　　　)は、人権意識を高める啓発活動を行う。

✪ 消費税の税率引き上げ

- 今後もふえる年金や医療などに使われる消費税の引き上げについて話し合われている。

✪ 選挙の低い投票率

- 選挙は(⑧　　　　　　)を支えるしくみであり、投票率をあげることが大切である。

選んだ言葉に✔

□地方公共団体　□国民主権　□9　□広島
□基本的人権　□民主主義　□難民　□非核三原則

ぴたトリビア

世界で初めて原爆が落とされた広島では、1955年に「第１回原水爆禁止世界大会」が開かれました。

教科書　26～35ページ　答え　5ページ

1 次の問いに答えましょう。

日本国憲法（一部）

1 日本国民は、正義と秩序を基調とする国際平和を誠実に希求し、国権の発動たる戦争と、武力による威嚇又は武力の行使は、国際紛争を解決する手段としては、永久にこれを放棄する。

2 前項の目的を達するため、陸海空軍その他の戦力は、これを保持しない。国の交戦権は、これを認めない。

(1) 上の文は、日本国憲法の第何条の条文でしょう。（　　　）

(2) 上の条文は、日本国憲法の三つの原則のうち、何について定めたものでしょう。（　　　）

(3) 日本は国として、非核三原則を宣言しています。次の①、②にあてはまる言葉を書きましょう。①（　　　）②（　　　）

「核兵器を（①）、つくらない、（②）」

(4) 右の写真で行われている自衛隊の役割を、次から選びましょう。（　　　）

㋐ 国際社会の平和につながる活動をおこなう。

㋑ 自然災害がおきたとき、救助活動をおこなう。

(5) シビリアン・コントロールによって決められている、自衛隊を統率する役職を答えましょう。（　　　）

(6) 平和実現のために、次の活動をした人物を、右から選んで書きましょう。①（　　　）②（　　　）

緒方貞子
中村哲

① アフガニスタンで水不足を解消するために用水路をつくった。

② 国連で世界の難民を救うための活動を行った。

2 次の問いに答えましょう。

(1) 右の図の①にあてはまる、商品を買ったりしたときに消費者が負担する税を何というでしょう。（　　　）

(2) ①の税率の引き上げが議論されている理由を、次から選びましょう。（　　　）

㋐ 若い世代の投票率をあげて国民主権を実現するため。

㋑ 人権意識を高め、理解を深めるため。

㋒ 高齢者の多い社会で医療や年金が必要になるため。

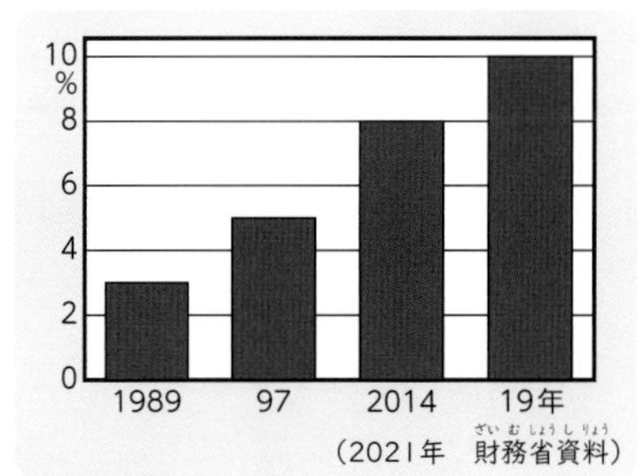

↑ ①率の移り変わり

(3) 1989年に国連総会で採択され、日本も1994年に認めた、子ども（18才未満）の権利を守るための条約を何というでしょう。（　　　）条約

ヒント
1 (5) シビリアン・コントロールは文民統制ともいいます。
2 (2) 日本は急速に少子高齢化が進んでいます。

1．わが国の政治のはたらき

1 日本国憲法(けんぽう)と政治のしくみ

時間30分　／100　合格80点

教科書 8～35ページ　答え 6ページ

1 右の図を見て、答えましょう。

1つ4点、(3)は6点（46点）

(1) よく出る 図中のⒶ～Ⓒにあてはまる言葉を書きましょう。

Ⓐ（　　　）
Ⓑ（　　　）
Ⓒ（　　　）

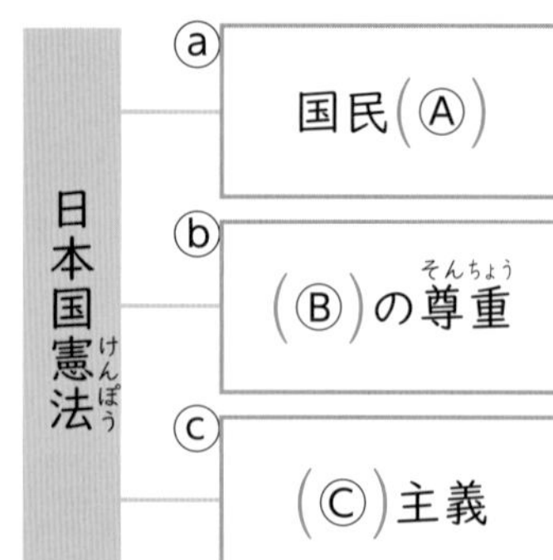

(2) できたらスゴイ！ 図中のⓐの具体例の１つについて説明した、次の文の（　）にあてはまる言葉を、[　　]から選びましょう。

（　　　）

（　　）により、憲法改正を承認(しょうにん)する。

国民投票　国民審査(しんさ)　選挙

記述 (3) 日本国憲法では天皇の地位をどのように定めていますか。簡単に書きましょう。

思考・判断・表現

天皇は日本の（　　　）

(4) 図中のⓑについて説明した次の文を読んで、答えましょう。

日本国憲法にもとづいて、あ介護(かいご)サービスを充実させたり、い性別に関係なく自分らしい選択ができるようにう学校で授業がおこなわれたりしています。

① 下線部あ・いは、右の図のア～エのうち、どの権利にもとづいていますか。それぞれ選んで答えましょう。

あ（　　）　い（　　）

② 下線部うは、権利(けんり)でもあり、国民の義務の一つでもあります。これについて説明した、次の（　）にあてはまる言葉を書きましょう。

（　　　）

権利：（　　）を受ける権利
義務：子どもに（　　）を受けさせる義務

ア

イ

ウ

エ

(5) 図中のⓒについて、右の写真を見て次の問いに答えましょう。

① よく出る 右の写真は、1945年8月6日にある爆弾(ばくだん)が落とされた都市の記念式典のようすです。あこの都市の名前を答えましょう。いある爆弾を何といいますか。

あ都市（　　　）
い爆弾（　　　）

② よく出る 「核(かく)兵器をもたない、つくらない、もちこませない」という宣言を何といいますか。（　　　）

2 右の図を見て、答えましょう。

1つ4点（12点）

(1) 図中のⒶ・Ⓑにあてはまる言葉を書きましょう。

Ⓐ（　　　　）

Ⓑ（　　　　）

(2) できたらスゴイ! 図中のⒸにあてはまる、国民の声を聞く制度を何といいますか。（　　　　）

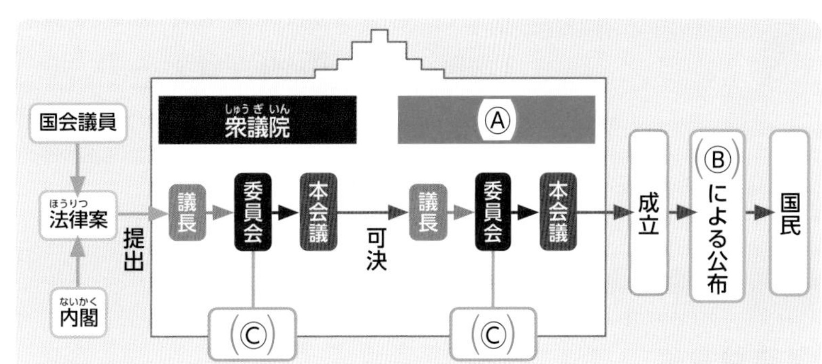

3 右の図を見て、答えましょう。

1つ4点、(6)は6点（42点）

(1) 国の権力を3つに分けたとき、国会と内閣はそれぞれどのような役割を分担しているでしょう。

国会（　　　　）

内閣（　　　　）

(2) 図中の選挙をする権利は、何才以上の国民に認められているでしょう。

（　　　　）才以上

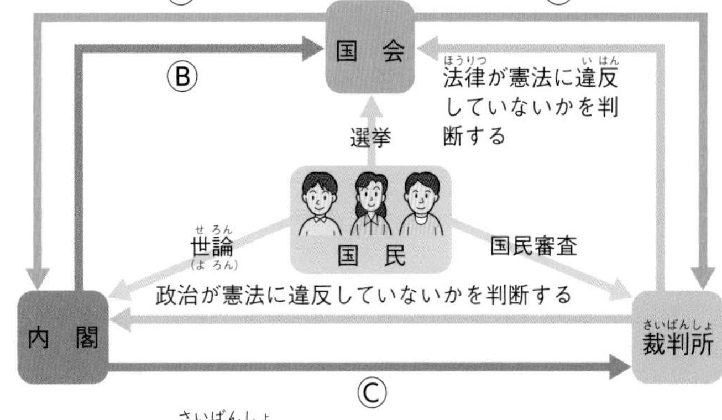

(3) 次の㋐～㋓から、①国会の仕事、②内閣の仕事、③裁判所の仕事を選びましょう。

①（　　）②（　　）③（　　）

㋐ 争いごとや犯罪について、憲法や法律にもとづいて解決する。

㋑ 外国と条約を結ぶ。

㋒ 国会で決定された内閣総理大臣や最高裁判所の長官を任命する。

㋓ 法律や国の収入と支出について、話し合いを行って決定する。

(4) 図中の裁判所について、右の図に示されているしくみを何というでしょう。 技能（　　　　）

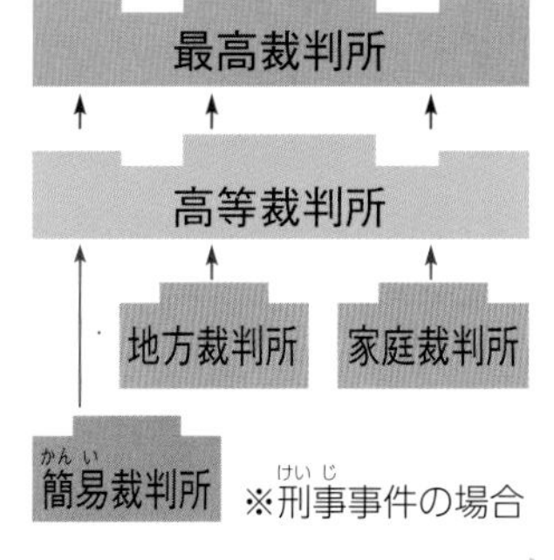

(5) できたらスゴイ! 次の文は、図中のⒶ～Ⓓのどの矢印にあたるでしょう。（　　）

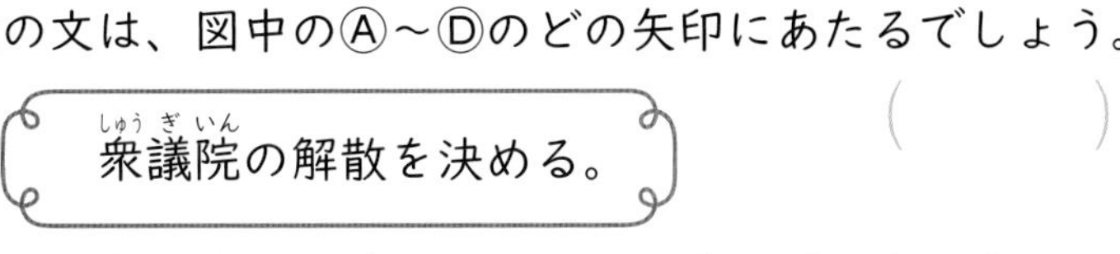

記述 (6) 図のように、国会・内閣・裁判所の3つの機関で仕事をする理由について、簡単に説明しましょう。 思考・判断・表現

（　　　　　　　　）

(7) よく出る 2009（平成21）年から、国民の裁判に対する理解と信頼を深める目的もあり、重大な事件について国民が裁判に参加する制度がはじまりました。この制度を何というでしょう。

（　　　　）

ふりかえり 1(3)がわからないときは、6ページの2にもどって確認してみよう。

2 わたしたちの願いと政治のはたらき①

学習日 月 日

めあて 待機児童の問題とそれを解決する取り組みを理解しよう。

教科書 36～40ページ 答え 7ページ

次の（ ）に入る言葉を、下から選びましょう。

1 待機児童についての問題

教科書 36～37ページ

待機児童

- **待機児童**…子育て中の（①　　　）が、（②　　　）に入所を申しこんでも入れない子どものこと。

ワンポイント 待機児童問題の背景

③　　　世帯の数の増加	2000年ごろから（④　　　）世帯の数よりも多くなっている。
⑤　　　の増加	1975年～2019年の44年間で1.5倍以上になっている。
子育て支援	国や（⑥　　　）などが幼い子どもをもつ親などを応援するためにおこなっている。

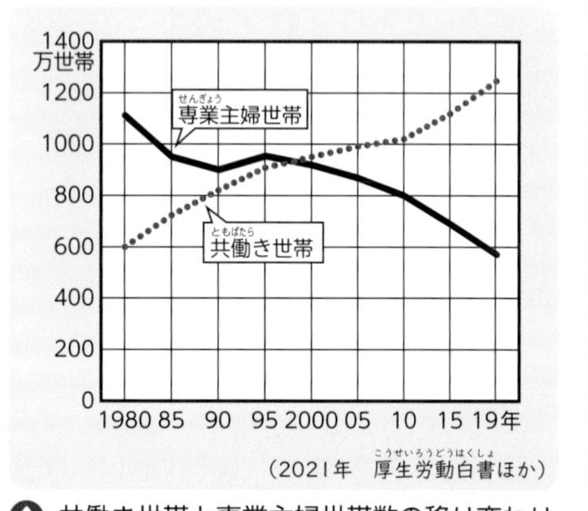

共働き世帯と専業主婦世帯数の移り変わり

2 東京都足立区の住民の願いと区役所のはたらき／待機児童問題への取り組み

教科書 38～40ページ

足立区の区役所の現状

- 足立区の待機児童の数は多かったが、（⑦　　　）年にはゼロになっている。
- 待機児童の問題を解決するため、2011年に「足立区待機児童解消アクション・プラン」をつくった。

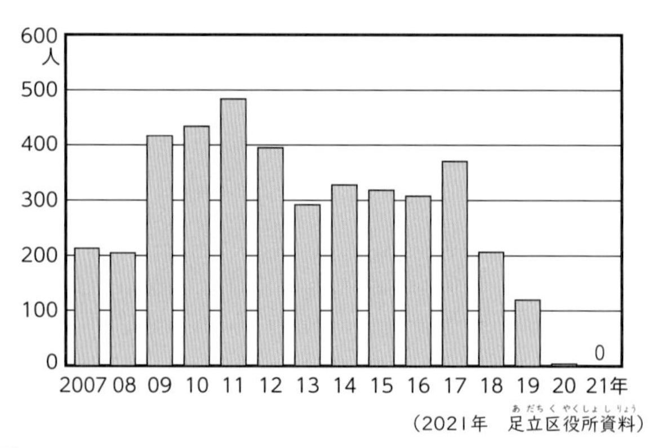

足立区の待機児童の数の移り変わり

足立区の政策

- マンションの建設や共働き世帯の増加によって、保育施設の利用を希望する住民が増えたことで、保育施設の整備が追いつかず、待機児童が増加した。
- 「足立区待機児童解消アクション・プラン」にもとづいて、保育園を増やしたり、園ではたらく（⑧　　　）を支援する**政策**を行った。
- 国や東京都と連携し、保育園や保育士を増やした。

政策
国民や住民の願いにこたえるために、議会などの話し合いによって決定された、問題を解決するための取り組み。

選んだ言葉に ✓

□地方公共団体	□保育園	□保育士	□2021
□専業主婦	□保護者	□核家族	□共働き

ぴったり2

練習

学習日　　月　　日

ぴたトリビア

核家族の増加は、子どもの数が少なくなる少子化の原因のひとつでもあるといわれています。近年、日本は人口減少社会になっています。

教科書 36～40ページ　答え 7ページ

1 次の問いに答えましょう。

(1) 右のグラフのⒶ・Ⓑに入る言葉を、[　　]から選びましょう。

共働き　専業主婦

Ⓐ(　　　　)世帯
Ⓑ(　　　　)世帯

(2) 子育て中の保護者(ほごしゃ)が、保育園に入所を申しこんでも、入れない子どものことを何というでしょう。

(　　　　)

(3) (2)が増加していることが近年問題になっていますが、その背景を説明した次の文中の①、②にあてはまる言葉を、[　　]から選びましょう。

①(　　　　)
②(　　　　)

1975年～2019年の44年間で、夫婦だけ、または、(①)と子どもだけで構成される核(かく)家族が、約(②)倍にふえていることなどから、保育園などの入所希望が多く、それにともない(2)もふえている。

親　祖父母　3　1.5

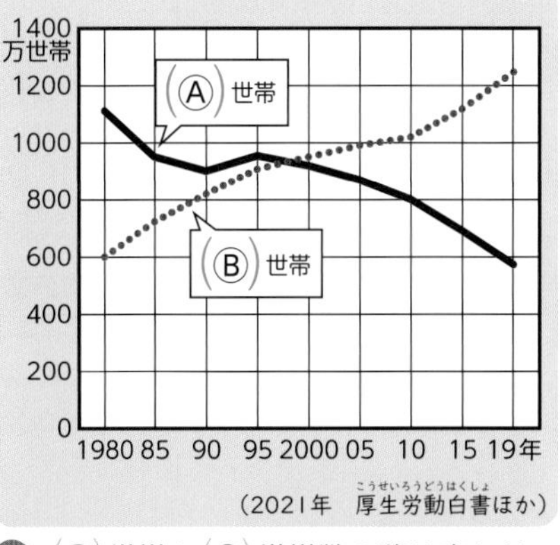

(Ⓑ)世帯と(Ⓐ)世帯数の移り変わり

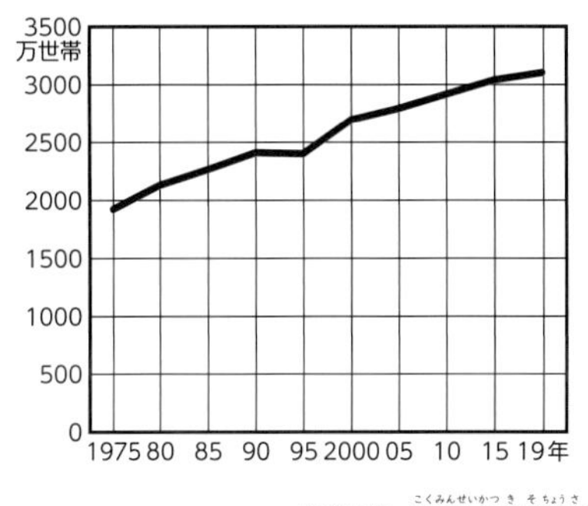

核家族世帯の移り変わり

2 右のグラフを見て、次の問いに答えましょう。

(1) 右のグラフを見て、2010年をさかいにへりだした保育士の数は、何年からふたたびふえていますか。

(　　　　)年

(2) (1)の結果は、区役所の幼い子どもをもつ親を応援(おうえん)するための取り組みの結果です。このような取り組みを何といいますか。

(　　　　)

(3) (1)は「足立区待機(たいき)児童解消アクション・プラン」にもとづいておこなわれました。こういった、国や地方公共団体がおこなう住民の願いを実現するための方向や方針を決めて行う取り組みを何といいますか。

(　　　　)

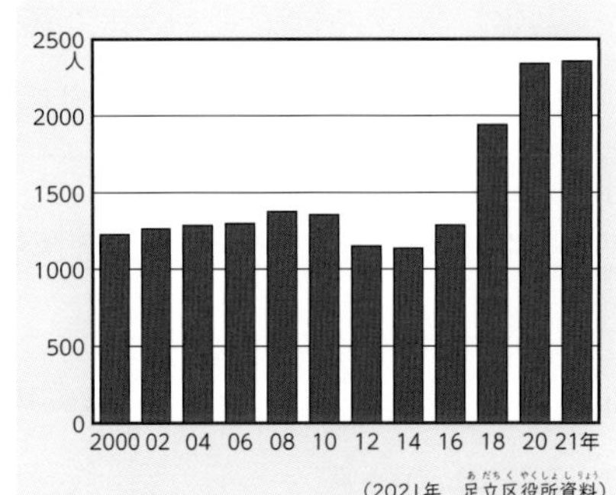

足立区の保育士の数の移り変わり

ヒント
1 (1) Ⓑ 両親がふたりとも働いている世帯のことです。
2 (1) 棒(ぼう)グラフが前年よりも長くなっているところを見つけましょう。

2 わたしたちの願いと政治のはたらき②

学習日　月　日

めあて
税金がどのように使われているかを理解しよう。

教科書 41～45ページ　答え 8ページ

次の（　　）に入る言葉を、下から選びましょう。

1 税金のはたらき

教科書 41ページ

ワンポイント いろいろな税金

税金…国や都道府県、市（区）町村に納める。

いろいろな税金		
●会社員の（①　　）にかかる税	●市（区）町村の（②　　）にかかる税 	●物を買ったときにかかる税（③　　） 
●会社にかかる税、土地や建物にかかる税など		

税金のはたらき

- 足立区の子育て支援や保育園の建設には、国や東京都からの（④　　）や、区民が納める税金が使われている。

2 区議会のはたらき

教科書 42～43ページ

区議会のはたらき

- 区議会では、（⑤　　）で選ばれた議員が、区民のために働いている。
- 子育ての費用やさまざまな事業の（⑥　　）を決定する。

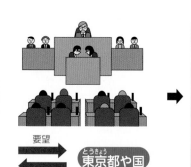

住民の願いが実現するまでの流れ

区議会の仕事

- 区民の意見を聞く。
- 区の予算を決める。
- 区の（⑦　　）の使い道を決める。
- （⑧　　）を制定、改正、廃止する。

区議会の仕事は、国会のはたらきと似ているね。どこがちがうんだろう。

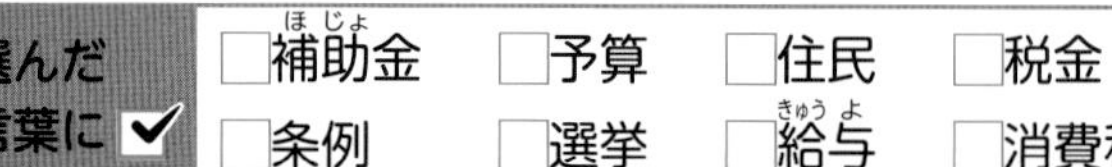
選んだ言葉に✓
□補助金　□予算　□住民　□税金
□条例　□選挙　□給与　□消費税

ぴったり2

練習

学習日　　月　　日

ぴたトリビア

予算…1年間（4月から翌年の3月）に使われるお金（支出）や入ってくるお金（収入）について見積もりを立てることです。

教科書 41〜45ページ　答え 8ページ

1 右のグラフを見て、答えましょう。

(1) 足立区の収入で、もっとも多いのは何でしょう。（　　　）

(2) 収入のグラフのⒶにあてはまる言葉を書きましょう。（　　　）

(3) 足立区の支出で、もっとも多いのは、何のための費用でしょう。

（　　　）

(4) 次の文の費用は、支出のグラフの費用のうちわけのうち、どれにあてはまるでしょう。

（　　　）

子育て支援の政策を進めたり、保育園を建設したりした。

(5) 足立区では、収入と支出のどちらのほうが多いでしょう。（　　　）

(6) 収入のグラフのⒶについて説明した文として、正しいものには○を、まちがっているものには×をつけましょう。

①（　　　）会社に勤めている人は、その給与の中からⒶを納めている。

②（　　　）Ⓐは、おもに子どものために使われている。

③（　　　）学校を建てる費用にもⒶが使われている。

④（　　　）Ⓐは、市（区）町村だけでなく、国や都道府県にも納めている。

⑤（　　　）買い物をするときはⒶを支払っている。

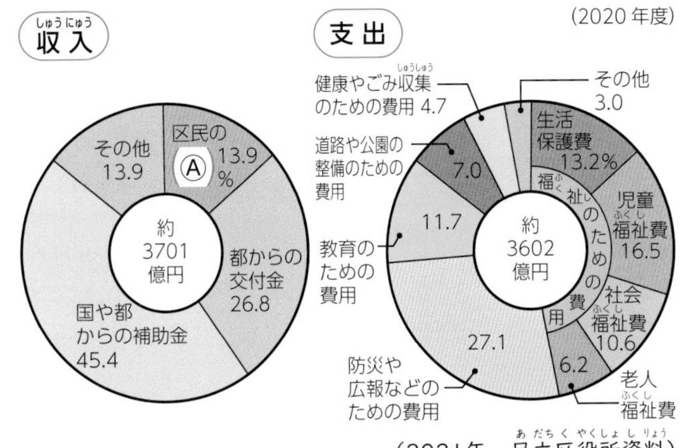

足立区の収入と支出

2 次の問いに答えましょう。

(1) 右の図のⒶについて、次の文の□にあてはまる言葉を答えましょう。

①（　　　）

②（　　　）

Ⓐは、［①］で、区民の［②］で選ばれた議員たちが働いています。

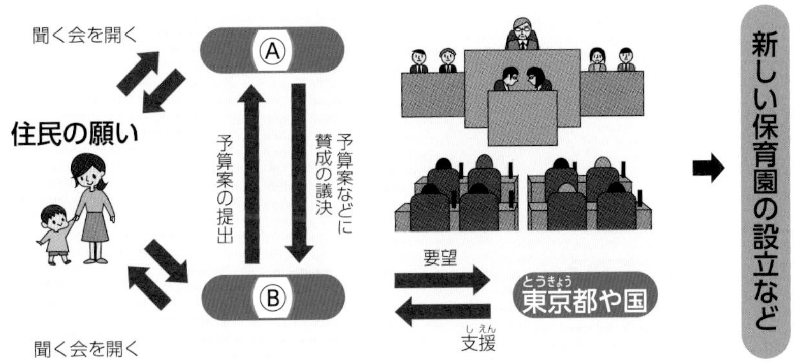

(2) 右の図のⒷにあてはまる言葉を答えましょう。（　　　）

住民の願いが実現するまでの流れ

ヒント
1 (1) 円グラフの割合がもっとも多いものを選びます。
2 (1)② 住民が議員を選ぶ方法です。

1．わが国の政治のはたらき
2 わたしたちの願いと政治のはたらき

教科書 36～45ページ　答え 9ページ

1 よく出る 子どもをもつ家庭のなやみや願いについてみんなで話し合いました。次の文章を読んで、①～④にあてはまる言葉を書きましょう。 1つ5点（20点）

Aさん　テレビや新聞で「待機児童（たいきじどう）」という言葉を見たり聞いたりすることが多いね。
Bさん　子育て中の保護者が、子どもを（①）に入れたいと希望したのに、入れなかった子どものことだよね。
Cさん　（①）の問題がおきている理由の１つとして、両親がともに働いている（②）世帯が増えていることがあるそうだよ。
Aさん　今は、おじいさんやおばあさんと住んでいる子どもがへっているんだよね。
Cさん　夫婦だけか、親とその子どもだけの家族のことを（③）というよ。（③）も（②）世帯と同じように増えてきているから、待機児童の問題がより深刻（しんこく）になっているね。
Aさん　子どもをもつ家庭は、国や地方公共団体に、子育ての支援（しえん）などの（④）に取り組んでほしいと願っているんだ。

①（　　　　　）　②（　　　　　）
③（　　　　　）　④（　　　　　）

2 右のグラフを見て、答えましょう。 1つ5点（25点）

(1) 右の２つのグラフの説明として、正しいものには○を、まちがっているものには×をつけましょう。 技能

①（　　）足立区（あだちく）では、待機児童の数は2011年以降、ふえ続けている。
②（　　）足立区では、保育士の数が、2008年以降、ふえ続けている。
③（　　）足立区の待機児童がもっとも多かった年度は、2011年である。
④（　　）足立区では、保育士の数が2020年から２年連続で2000人をこえている。

(2) 待機児童をへらすための取り組みを、次から１つ選びましょう。（　　　）

㋐ マンションの建設を進める
㋑ 保育士を支援（しえん）する
㋒ 専業主婦の支援をする

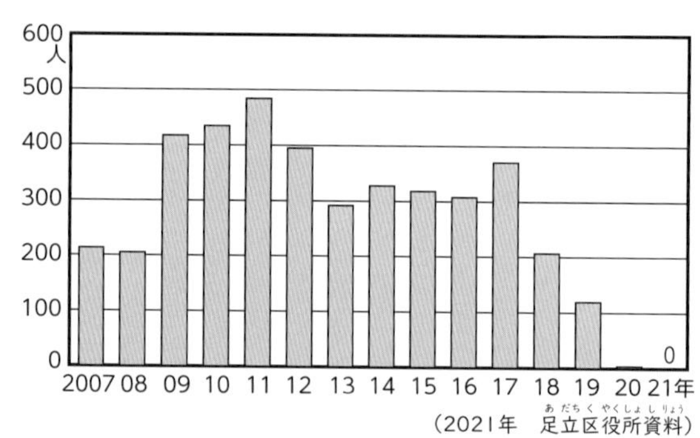

足立区の待機児童の移り変わり

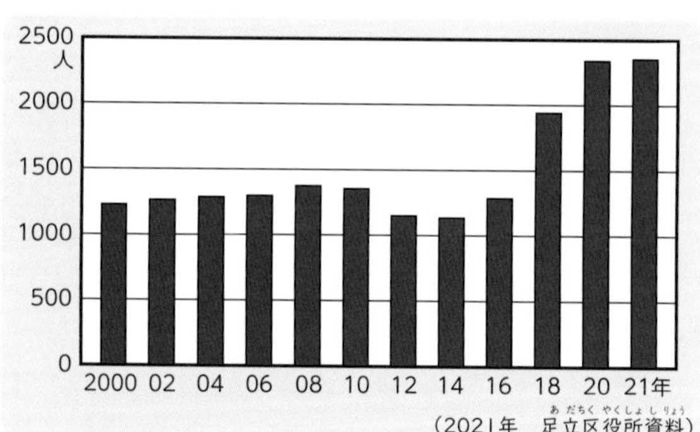

足立区の保育士の数の移り変わり

3 右の図を見て、答えましょう。
1つ5点（30点）

(1) 区では、税金の使いみちは、どこで話し合われますか。
（　　　　　）

(2) ものを買ったときにかかる税を何というでしょう。
（　　　　　）

(3) 税金を使っておこなわれることがらを、㋐～㋕から3つ選びましょう。（　　）（　　）（　　）

㋐ 橋や道路の工事・整備

㋑ コンビニエンスストアの建設・営業

㋒ 学校の建設・修理や運営

㋓ スーパーの建設・営業

㋔ 映画館の建設・営業

㋕ 警察署（けいさつしょ）や交番の建設

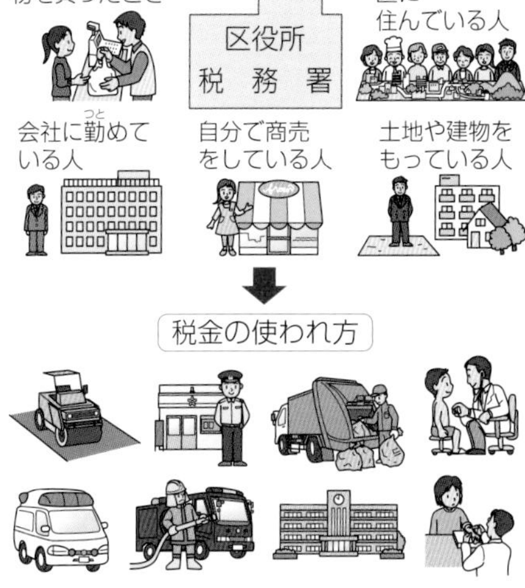

記述 (4) できたらスゴイ！ 税金を使えなかったら、火事がおきたときにどのようなことになりますか。次の文に続けて考えて書きましょう。
思考・判断・表現

火事がおきたとき、（　　　　　　　　　　　　）

4 右の図を見て、答えましょう。
1つ5点（25点）

(1) できたらスゴイ！ 図中のⒶ～Ⓒにあてはまるものを、次の㋐～㋓から選びましょう。

Ⓐ（　　）
Ⓑ（　　）
Ⓒ（　　）

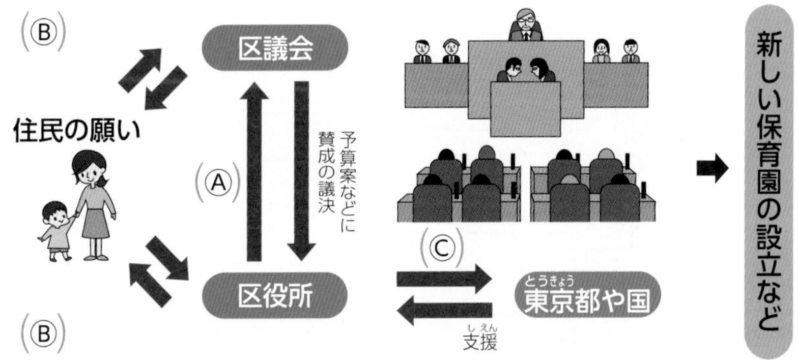

住民の願い
区議会
区役所
（Ⓐ）
（Ⓑ）
（Ⓑ）
予算案などに賛成の議決
（Ⓒ）
東京都（とうきょう）や国
支援（しえん）

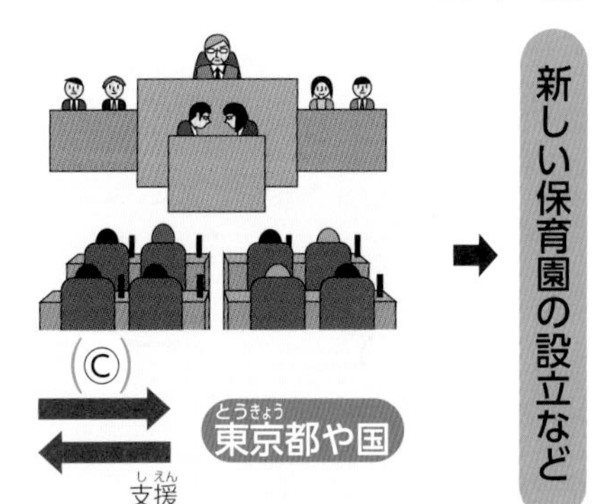

㋐ 予算案を提出する。

㋑ 区民の声を聞く。

㋒ 予算案の議決をおこなう。

㋓ 国や都に意見書や要望を出す。

(2) 足立区の支出額の移り変わりのグラフを見て、もっとも支出額が多いのは何年度でしょう。　技能（　　　　）年度

(3) 足立区の支出でもっとも多いのは、何のための費用ですか。　技能（　　　　）

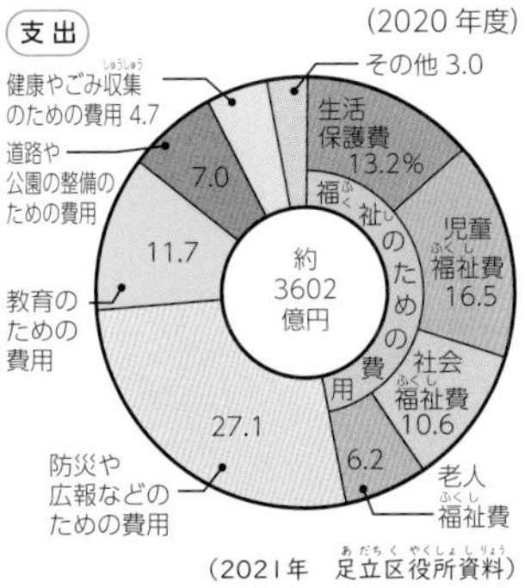

支出
(2020年度)
約3602億円
福祉のための費用
生活保護費 13.2%
児童福祉費 16.5
社会福祉費 10.6
老人福祉費 6.2
防災や広報などのための費用 27.1
教育のための費用 11.7
道路や公園の整備のための費用 7.0
健康やごみ収集のための費用 4.7
その他 3.0
（2021年　足立区役所資料）

足立区の支出

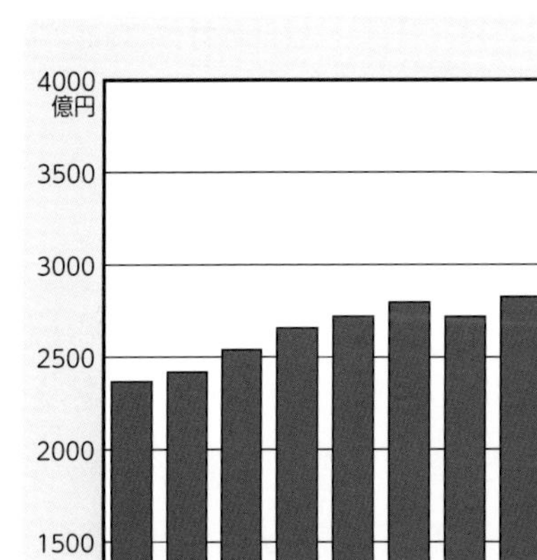

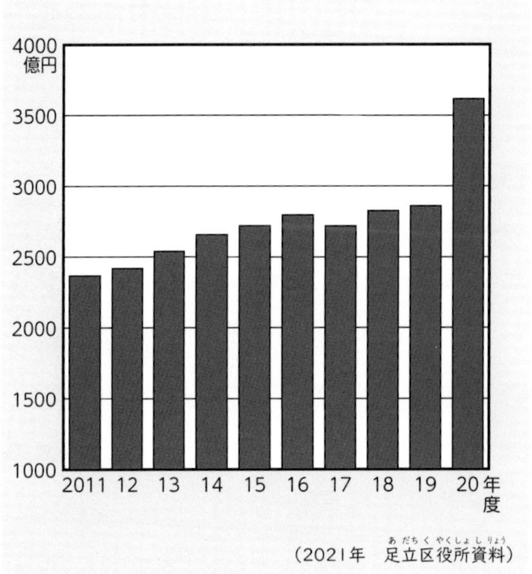

足立区の支出額の移り変わり

ふりかえり ❹(1)がわからないときは、14ページの❷にもどって確認してみよう。

1．わが国の政治のはたらき

自然災害からの復旧や復興の取り組み
経験をむだにしないまちづくり

学習日　月　日

めあて　豪雨災害や公害などから復興した取り組みを理解しよう。

教科書　46～59ページ　答え　10ページ

次の（　）に入る言葉を、下から選びましょう。

1　平成26年広島豪雨災害・平成30年西日本豪雨災害／災害の発生と政治のはたらき／災害復興に向けた取り組み

教科書　46～51ページ

ワンポイント　災害復興に向けた取り組み

- 平成26年広島豪雨災害・平成30年西日本豪雨災害
  →2014（平成26）年８月20日広島市の広島豪雨災害、2018（平成30年）７月の西日本豪雨では、大きな被害が出た。
- 災害の発生と政治のはたらき
  →広島市は、（①　　　　）にもとづき、（②　　　　）を設置し、被害状況の確認や（③　　　　）の開設をおこなった。
  →**広島県広域消防相互応援協定**にもとづいて、ほかの市へ支援を求めた。
  →広島県は、市の要請にもとづき、（④　　　　）に災害派遣要請を出した。
  →国は、住民の生活や命を守るため復旧・復興に向けた支援をおこなう。

広島市（地図）

復旧…人々の生活を立て直すこと。水道や電気などのライフラインをもとにもどすこと。
復興…地域の人々の安心や、町に活気を取りもどすこと。

国や県	**砂防ダム**の建設
広島市	「復興まちづくりビジョン」 ●砂防ダムの建設、避難路の整備、雨水排水施設などの整備、住宅再建など ●費用は（⑤　　　　）を使う。

2　水俣市の挑戦／水俣市による地域の活性化／地域活性化のための取り組み

教科書　52～57ページ

水俣市の挑戦

- （⑥　　　　）のあやまちをくり返さないため、環境に配慮した取り組みをおこなっている。
- 水俣市は取り組みが評価され、（⑦　　　　）に選ばれた。

水俣市（地図）

水俣市による地域の活性化

- 家庭ごみの分別回収、減量化に取り組み、国から**環境モデル都市**に認定された。
- さまざまな分野で研究活動などをおこなう**水俣環境アカデミア**を開設した。
- 国や県と連携して、農林水産物の**ブランド化**を進める。

地域活性化の取り組み

- 国は、大きな予算が必要な高速道路の整備や温泉地の整備などをおこなっている。
- 水俣市は国から（⑧　　　　）の認可を受けて、廃棄物ゼロや**リサイクル**を進める取り組みをおこなっている。

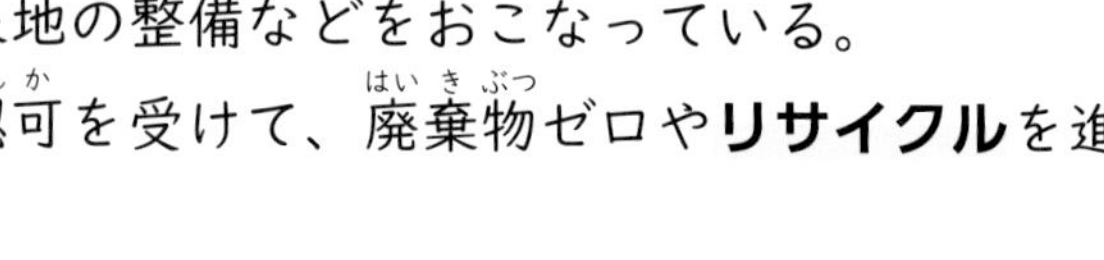

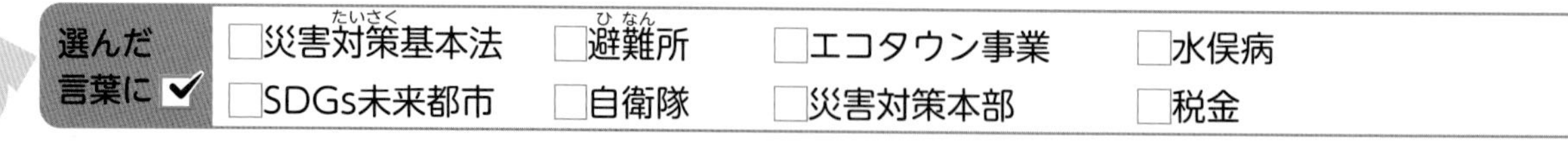

選んだ言葉に✓

□災害対策基本法	□避難所	□エコタウン事業	□水俣病
□SDGs未来都市	□自衛隊	□災害対策本部	□税金

ぴったり2

練習

学習日　月　日

ぴたトリビア

豪雨は、地球温暖化によって、水蒸気量がふえ、発生すると考えられています。今後、ますます豪雨被害がふえると予想されています。

教科書 46〜59ページ　答え 10ページ

1 平成26年広島豪雨災害・平成30年西日本豪雨災害のときの取り組みについて、右下の図を見て、答えましょう。

(1) 次の文と図の①〜④にあてはまる言葉を書きましょう。

①(　　　　　)
②(　　　　　)
③(　　　　　)
④(　　　　　)

災害が発生すると、被災した市（区）町村と国や都道府県が協力して、救助や支援にあたる。都道府県は、被災者救助のために、(①)の派遣要請や、(②)への協力要請をおこなう。被災した市（区）町村は、被災者に(③)を開設したり、生活に必要な水や食料などの(④)を提供したりする。

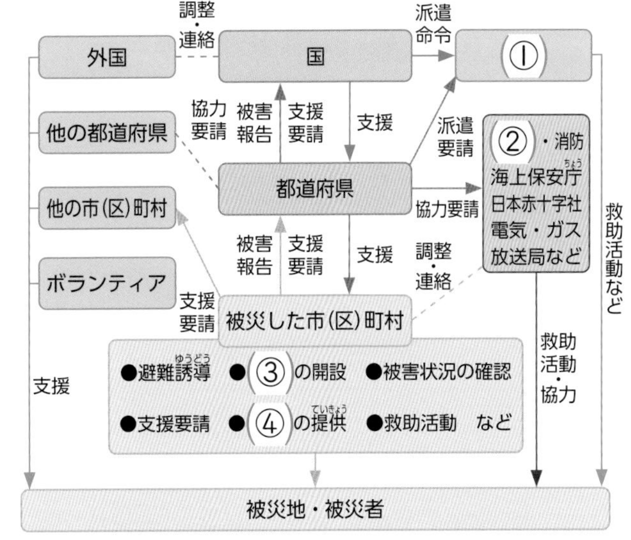

災害が発生した直後の政治のはたらき

(2) 災害が発生したとき、広島市に設置されたのは何でしょう。(　　　　　)

(3) 災害が発生したとき、市（区）町村どうしが互いに応援しあって災害への対応や復旧にすみやかにあたれるようにする協定を何というでしょう。(　　　　　)

(4) 災害からの復旧・復興、災害に強いまちづくりのために必要なお金は、何でまかなわれているでしょう。(　　　　　)

2 水俣市の経験をむだにしないまちづくりについて説明した文として、正しいものには○を、まちがっているものには×をつけましょう。

(1)(　　)水俣市は、水俣病のあやまちをくり返さないため、環境に配慮したまちづくりを進めている。

(2)(　　)水俣市は、未来にわたって豊かで活力ある地域社会をつくろうとする取り組みが評価されて、SDGs未来都市に選ばれた。

(3)(　　)家庭ごみの分別や減量化などの環境への取り組みを基本として、さまざまな分野で研究を行うエコタウン事業を開設した。

(4)(　　)環境に配慮して、有機さいばいや無農薬で栽培されたデコポンやサラダたまねぎ、みなまた茶などを地域ブランドとしてブランド化している。

(5)(　　)水俣市は地域活性化のため、国の力を借りず、地域の人々の協力だけでさまざまな取り組みを進めている。

ヒント
1 (4) ライフラインの復旧や、砂防ダムの建設、避難路の整備などに使われます。
2 (1) 水俣病は、工場の排水にふくまれた有機水銀が原因の公害病です。

ぴったり3 確かめのテスト

せんたく

1. わが国の政治のはたらき

自然災害からの復旧や復興の取り組み

教科書 46〜51ページ　答え 11ページ

1 次の文を読んで、答えましょう。

(1)(2)(5)1つ5点、(3)(4)1つ4点（50点）

日本は自然災害が多く、各地で地震や台風、集中豪雨などによる災害がおこっている。

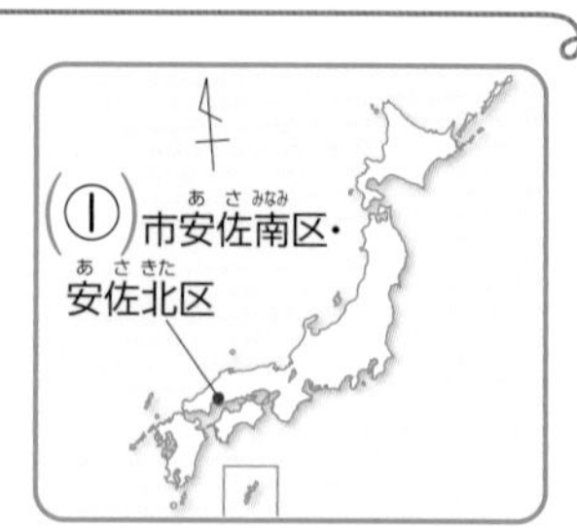

2014（平成26）年8月20日未明、（①）市安佐南区・安佐北区での集中豪雨により大きな被害が出た。また2018（平成30）年7月には、西日本集中豪雨があり、大きな被害が出た。

豪雨によって、山やがけがくずれ、住宅に大量の（②）が流れ込んだ。また、㋐生活を支えるライフラインがとまり、住民の生活がおびやかされた。㋑災害発生後には、全国から多くの（③）の人たちがかけつけ、泥出しや室内清掃などの支援をおこなった。

国、（①）県や（①）市が協力して、㋒復旧作業や、復興に向けた取り組みを進めている。

(1) 文中の①～③にあてはまる言葉を書きましょう。

①（　　）　②（　　）　③（　　）

(2) よく出る 下線部㋐の「生活を支えるライフライン」とは具体的に何をさしますか。2つ書きましょう。

（　　）（　　）

(3) 下線部㋑について、右の図を見て答えましょう。

① 図のⒶ・Ⓑにあてはまる言葉を書きましょう。

Ⓐ（　　）

Ⓑ（　　）

② 自然災害がおこったとき、被災した市（区）町村に設置される組織を何というでしょう。

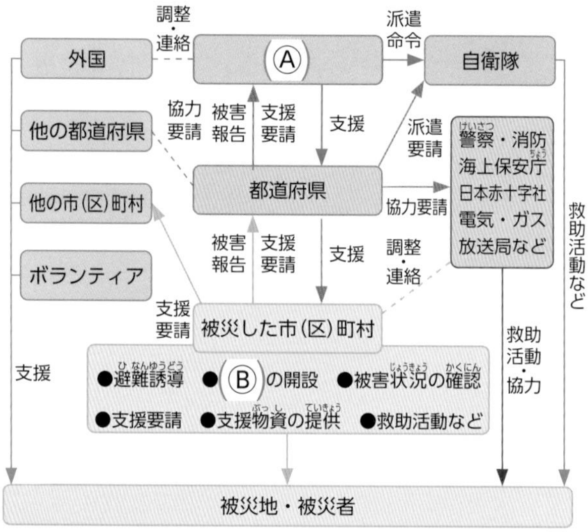

（　　）

外国　調整・連絡　Ⓐ　派遣命令　自衛隊
他の都道府県　協力要請　被害報告　支援要請　支援　派遣要請　警察・消防　海上保安庁　日本赤十字社　電気・ガス　放送局など
他の市(区)町村　都道府県　協力要請
ボランティア　被害報告　支援要請　支援　調整・連絡　救助活動など
支援要請　被災した市(区)町村
支援　●避難誘導　●（Ⓑ）の開設　●被害状況の確認　●支援要請　●支援物資の提供　●救助活動など　救助活動・協力
被災地・被災者

⬆ 災害が発生した直後の政治のはたらき

(4) 下線部㋒について、次の㋐～㋓から、復興に向けた取り組みにあてはまるものを2つ選び、記号で答えましょう。

（　　）（　　）

㋐ 自衛隊に災害派遣要請を出した。
㋑ 砂防ダムや避難路の整備をおこなった。
㋒ 住宅の再建に向けた支援をおこなった。
㋓ 災害対策本部を立ち上げて人命救助をおこなった。

記述 (5) 復旧や復興に税金がたいせつな理由を、簡単に説明しましょう。　思考・判断・表現

（　　）

経験をむだにしないまちづくり

教科書 52〜59ページ　答え 11ページ

2 右の年表を見て、答えましょう。

(1)〜(4)、(6)1つ6点、(5)8点（50点）

年	主なできごと
1956	Ⓐが確認される
1968	Ⓐが㋐公害病と認定される
2001	㋑エコタウン事業の承認を受ける
2008	国の㋒「環境モデル都市」に認定される
2013	水銀に関する水俣条約外交会議が熊本市と水俣市で開かれる
2016	Ⓑを開設する
2017	水銀に関する水俣条約が発効
2018	㋓九州和紅茶サミットが開かれる
2020	水俣市がSDGs未来都市に選ばれる

(1) よく出る 年表中のⒶには、かつて工場から排出された水銀をふくんだ魚介類を食べた人たちがなった重い水銀中毒を症状とする病気が入ります。この病気を何といいますか。（　　　　）

(2) できたらスゴイ！ 下線部㋐について、公害病があたえたえいきょうについて、憲法で保障されているさまざまな権利としてあてはまるものを、㋐〜㋔から２つ選びましょう。（　　）（　　）

㋐ 選挙する権利
㋑ 言論や集会の自由
㋒ 教育を受ける権利
㋓ 健康で文化的な生活を営む権利
㋔ 生命・身体の自由を侵害されない

(3) 下線部㋑について、この事業の内容について述べた次の文の①・②にあてはまる語句を書きましょう。
①（　　　　）
②（　　　　）

国の協力のもとで、（①）が廃棄物ゼロをめざして、（②）を進めたりする社会を目的として、まちづくりをおこなっている。

記述 (4) 下線部㋒に認定されるためにおこなった活動を簡単に説明しましょう。 思考・判断・表現
（　　　　　　　　）

(5) 年表中のⒷには、さまざまな分野で研究活動をおこなっている機関の名前が入ります。Ⓑにあてはまる語句を答えましょう。（　　　　）

(6) 下線部㋓と同じような地域活性化の取り組みとしてまちがっているものを、㋐〜㋓から１つ選びましょう。（　　）

㋐ 地元の漁師によって、毎月１回水俣漁師市が開かれている。
㋑ 湯の鶴温泉郷の温泉地の景観をよくするなどの整備をおこなった。
㋒ 南九州西回り自動車道水俣インターチェンジの整備をおこなった。
㋓ 語り部の人たちによって公害病を伝え続ける取り組みがおこなわれている。

ふりかえり 2(4)がわからないときは、18ページの2にもどって確認してみよう。

3分でまとめ

2．日本のあゆみ

1 大昔のくらしとくにの統一①

学習日　月　日

めあて
大昔の人のくらしが変化していくようすを学ぼう。

教科書 62～73ページ　答え 12ページ

次の（　　）に入る言葉を、下から選びましょう。

1 歴史学習の基本を学ぼう／歴史を説明する

教科書 62～67ページ

ワンポイント　歴史の学び方

- **等尺年表**…年月を同じはばであらわした年表。
- **西暦**…西暦１年は、（①　　　　）が生まれたと考えられた年。
- **世紀**…（②　　　　）年間を１世紀とする。今は2001～2100年の間で21世紀となる。
- 歴史を学ぶまとめ方

年表をつくる	時代ごとの変化やつながり
人物に着目する	時代の特ちょうと世の中にあたえたえいきょう
人々のくらしに着目する	くらしぶり、生み出した文化
地形に着目する	できごとどうしの変化と広がり

2 大昔のくらし／狩りや漁の生活

教科書 68～73ページ

大昔のくらし

- 想像図…昔の人々や当時のくらしのようすを絵にかいたもの。
- 想像図から、人物や道具・建物などを確かめ、時代を年表で確認する。

縄文土器

竪穴住居

縄文時代の生活

- （③　　　　）遺跡…青森県の遺跡。最大で約500人が（④　　　　）に住み、戦いはなかった。
- **縄文時代**…今から約（⑤　　　　）前から約１万年続いた時代。
- （⑥　　　　）は、石や骨でつくった道具でおこなった。
- （⑦　　　　）…縄を転がしてつくったもようがあり、食べ物をにたきしたり、たくわえたりするために使われた。
- （⑧　　　　）…地面をほって平らにし、数本の柱の上に屋根をかけた住居。
- 土偶…豊作をいのるまじないに使われた。

縄文時代のようす（想像図）

貝がらや木の実などが捨てられていた貝塚は、当時の人々の生活のようすを知ることができるものが出土するよ。

選んだ言葉に✔

- □竪穴住居　□100　□縄文土器　□集落
- □イエス＝キリスト　□三内丸山　□１万2000年　□狩りや漁

ぴったり2

練習

学習日　月　日

ぴたトリビア

土偶は縄文時代特有の土製の人形で、10cm〜30cmほどの大きさです。狩りや漁で安定して食料を得るために、まじないに使われたと考えらえています。

教科書 62〜73ページ　答え 12ページ

1 次の年表を見て、答えましょう。

	3000年前	2000年前	1000年前	現在
①		1　500	1000　1500	2000年
世紀		②　③		
時代	④	⑤	⑥	

(1) 年表中の①にあてはまる言葉を書きましょう。（　　）

(2) ①は、だれが生まれたと考えられた年を1年としていますか。（　　）

(3) 年表中の②、③は何世紀ですか。数字を書きましょう。

②（　　）世紀　③（　　）世紀

(4) 年表の時代の④〜⑥のうち、縄文時代はどれでしょう。（　　）

2 集落のようすをえがいた右の想像図を見て、答えましょう。

(1) 図中のⒶの住居を何というでしょう。（　　）

(2) 図中のⒷの土器を何というでしょう。（　　）

(3) 貝がらなどを捨てていると思われるⒸの場所は何というでしょう。（　　）

(4) 今から約5500年前の人々がくらしていた、青森県にある遺跡の名前を書きましょう。（　　）

(5) 想像図に関する①〜③の会話について、正しいものには○を、まちがっているものには×をつけましょう。

①（　　）

人々は、動物や魚などの狩りや漁をして生活しているね。

②（　　）

武器をもって、ほかの集落と戦っているね。

③（　　）

小さな住居だけではなく、大きな住居や高く登れるやぐらのような建物があるね。

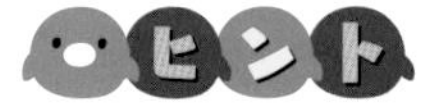

1 (3) 100年間を1世紀としています。
2 (2) 縄を転がしてつくったもようのものが多く見られます。

2. 日本のあゆみ

1 大昔のくらしとくにの統一②

めあて
米作りが始まって社会がどう変化したかを理解しよう。

教科書 74〜77ページ　答え 13ページ

次の(　　)に入る言葉を、下から選びましょう。

1 米作りが広がったころ

教科書 74〜75ページ

登呂遺跡からわかること

- **登呂遺跡**…静岡県にある1800年ほど前の水田やむらのあとが残る遺跡。米の保存に使ったと考えられる(①　　　　　)や住居のあとが見つかる。
- (②　　　　　)…高温で焼かれたうすくてかたい、もようの少ない土器。

弥生土器

米作りの伝来

- 米作り…今から2400年ほど前に、大陸や(③　　　　　)半島から移り住んだ人によって伝えられ、(④　　　　　)北部から東日本へ伝わる。
- 米作りには多くの人手が必要だったため、指導者を中心にまとまり、米作りや豊作をいのるまつりをおこない、むらとしてまとまっていった。
- **弥生時代**…約2400年前から3世紀中ごろまでの、米作りがはじまり、広がった時代。

2 むらからくにへ

教科書 76〜77ページ

ワンポイント　むらからくにへ

争いの原因	米作りに適した土地や水、たくわえた米をめぐっておきた
争いの結果	勝利したむらのかしら ➡ ほかのむらを支配する(⑤　　　　) ➡ まわりのむらを従えるくにの(⑥　　　　) 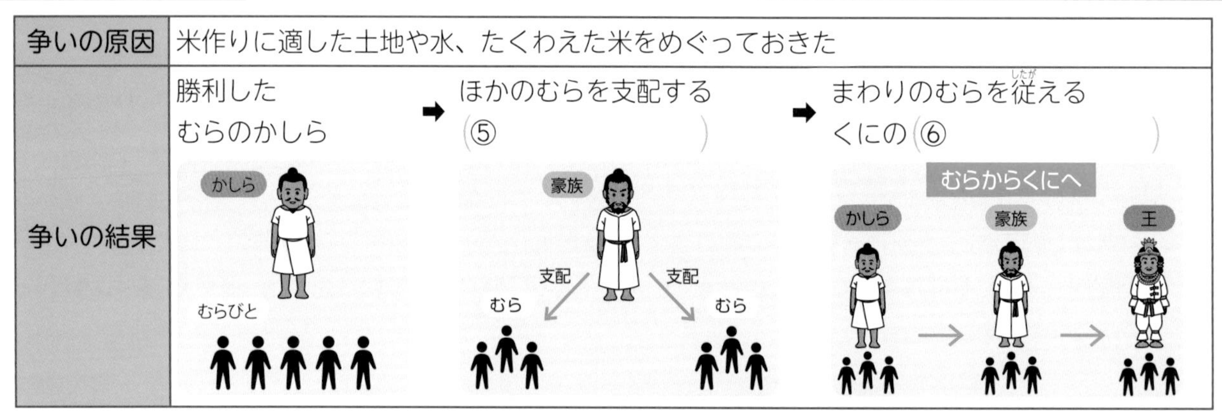

- 佐賀県(⑦　　　　　)遺跡…くにの王が住んだ**集落**と考えらえる遺跡。矢じりや剣、物見やぐらや集落を囲むほり、木のさくなどが出土し、争いがあったことがわかる。

邪馬台国と卑弥呼

- 中国の古い歴史書に3世紀ごろの日本のようすが書かれている。
- **邪馬台国**…(⑧　　　　　)(日本)でもっとも勢いが強く、30ほどのくにを従えた。
- 邪馬台国の女王(⑨　　　　　)が王にたてられ、神のおつげを伝え、弟が政治をおこなった。

吉野ケ里遺跡

選んだ言葉に ✔

□倭　□高床倉庫　□吉野ケ里　□弥生土器
□王　□卑弥呼　□朝鮮　□九州　□豪族

学習日　月　日

ぴたトリビア
銅鐸…銅鐸は、祭りのときにかざったり鳴らしたりしたものと考えられています。狩りや脱穀などの場面がえがかれている銅鐸もあります。

教科書 74～77ページ　答え 13ページ

1 集落のようすをえがいた右の想像図を見て、答えましょう。

(1) この図は、何時代のようすをえがいたものでしょう。（　　　）

(2) この図で人々がさいばいしているものは何でしょう。（　　　）

(3) 図中Ⓐの建物を何というでしょう。（　　　）

(4) 図中Ⓑの土器を何というでしょう。（　　　）

(5) 図に関連して説明した文として、正しいものには○を、まちがっているものには×をつけましょう。

①（　　）集落の指導者を中心に、豊作をいのる祭りなどがおこなわれた。
②（　　）物見やぐらや木のさくが見られるように、むらどうしの争いがあった。
③（　　）この時代の集落のようすがわかる遺跡として、奈良県の登呂遺跡がある。
④（　　）この時代の土器は低温で焼かれ、厚みがあってもろかった。

2 次の文を読んで、答えましょう。

「ⓐ倭では、いちばん勢いの強い（①）が30ほどのくにを従えている。倭は、もとは男のⓘ王が治めていたが、争いがたえなかった。そこで、くにぐにが相談し、（①）の女王（②）を倭の王にたてると、争いが終わって平和になった。」

「（②）は、神のおつげを伝えて人々の心をとらえ、弟が（②）の考えにもとづいて政治をおこなっている。…〈略〉…宮殿には物見やぐらやさくを設け、いつも兵士が守っている。」

(1) 文中の①、②にあてはまる言葉を書きましょう。
①（　　　）
②（　　　）

(2) 下線部ⓐの倭とは、現在のどこの国をさすでしょう。（　　　）

(3) 下線部ⓘのくにの王は、むらのかしらから成長し勢力を強めた者がなりましたが、このような者を何とよんだでしょう。（　　　）

(4) 上の文は、中国の古い歴史書に書かれているものですが、何世紀ごろのようすをあらわしていますか。（　　　）世紀

(5) くにの王が住んだ集落と考えられている吉野ヶ里遺跡がある県名を書きましょう。（　　　）

ヒント
1 (3) 収穫したものを保存した倉庫です。
2 (5) 人骨にささった矢じりや、先の欠けた剣が出土しています。

1 大昔のくらしとくにの統一③

学習日　月　日

めあて
大和朝廷がくにを統一した過程を理解しよう。

教科書 78〜83ページ　答え 14ページ

次の（　　）に入る言葉を、下から選びましょう。

1 古墳づくりと渡来人

教科書 78〜79ページ

ワンポイント 古墳時代について

古墳とは	その地域を支配していた（①　　　）の墓。 まわりには（②　　　）が並べられた。
時代	3世紀中ごろ〜7世紀初めごろ
地域	大和（奈良県）や河内（大阪府）が中心（3世紀後半〜4世紀）
わかること	大型の（③　　　）がつくられた。 ➡強大な権力をもった人物がいた。
例	5世紀ごろにつくられた大阪府堺市にある （④　　　）（**仁徳天皇陵古墳**）

大仙（仁徳天皇陵）古墳

新しい文化

- 古墳時代に、中国や朝鮮半島から日本に移り住んだ人を（⑤　　　）という。
- 渡来人が伝えたもの…はた織りや土器づくり、鍛冶、土木や建築の技術、（⑥　　　）や仏教など。

2 大和朝廷とくにの統一／学習問題について話し合う

教科書 80〜83ページ

古墳の広がり

- 前方後円墳は、九州から東北地方までの範囲で広がっている。
- （⑦　　　）地方に大きな古墳が集まっている。

大和朝廷（大和政権）の成立

- 4〜5世紀ごろ、大和・河内地方に勢いのある強いくにができた。
- **大和朝廷（大和政権）**…（⑧　　　）（のちの**天皇**）を中心に、各地の豪族を政府の役人とする政治のしくみができた。
- 熊本県や埼玉県で「ワカタケル大王」の名が刻まれた刀剣が見つかり、大和朝廷の勢力が広くおよんでいたことがわかる。
- 渡来人も朝廷でだいじな役についた。

神話に書かれた国の成り立ち

- 『（⑨　　　）』『**日本書紀**』…8世紀の初めにつくられた国の成り立ちを示した書物。4〜5世紀のようすが神話として伝えられている。
- 『（⑩　　　）』…地方の自然などについて書かれている。

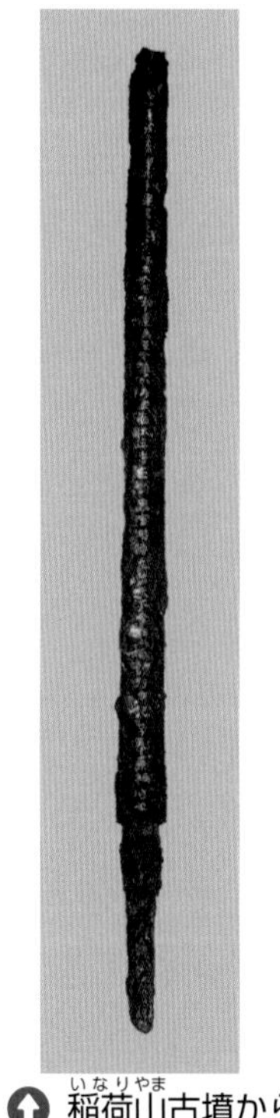

稲荷山古墳から出土した鉄剣

選んだ言葉に✓

□古事記　□風土記　□豪族　□はにわ　□大王
□近畿　□前方後円墳　□大仙古墳　□漢字　□渡来人

学習日　月　日

ぴたトリビア

渡来人が日本に漢字を伝えるまで、日本には文字がなかったので、渡来人は大和朝廷（大和政権）で記録したり外交などの仕事をしました。

教科書　78〜83ページ　答え　14ページ

1 右の写真を見て、答えましょう。

(1) 右の写真は、日本最大の古墳で、仁徳天皇の墓ともいわれています。この古墳の名前を書きましょう。

（　　　　　　）

(2) この古墳がある場所を、右の地図中の㋐〜㋓から選びましょう。

（　　）

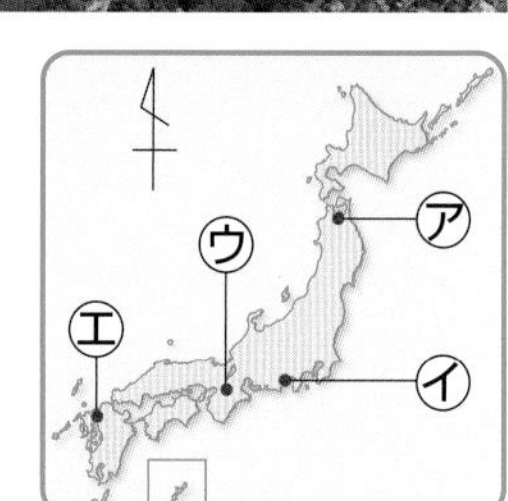

(3) 大きな古墳がつくられたことからわかることとして、正しいものには○を、まちがっているものには×をつけましょう。

①（　　）戦いはなく、自然に合わせてくらしていた。

②（　　）各地に強大な力で人々を治めた王や豪族がいた。

③（　　）すでに古墳をつくるだけのすぐれた土木技術があった。

④（　　）このころは豊かで、人がなくなるとみんな大きな墓をつくった。

2 右の地図を見て、答えましょう。

(1) 右の地図の Ⓐ にあてはまる語句を書きましょう。

（　　　　　　）

(2) ■が多く分布している地域はどこですか。現在の都道府県名を2つ書きましょう。

（　　　　　）（　　　　　）

(3) (2)の地域について説明した次の文中の①〜③にあてはまる言葉を書きましょう。

①（　　　　　）

②（　　　　　　　）

③（　　　　　）

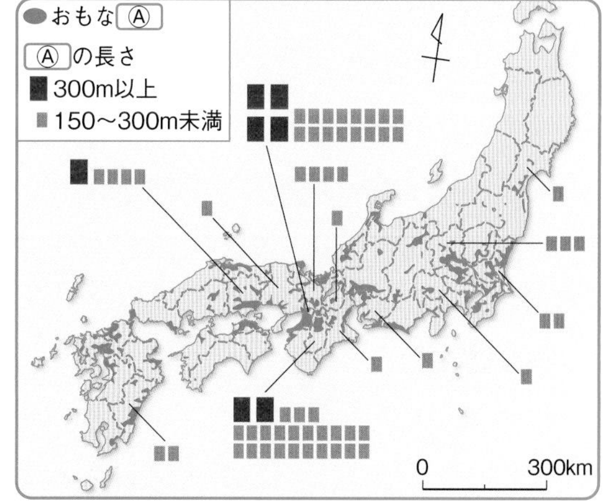

Ⓐの分布図

(2)の地域では勢いの強いくにがほかのくにの王を従えて支配するようになり、その中心人物は（①）と呼ばれた。しだいに（①）を中心とする政治のしくみがととのえられ、（②）といわれる政府が成立した。また、（②）は中国や朝鮮半島から日本に移り住んだ（③）を政府のだいじな役につけ、国内の技術や文化を高めていった。

(4) (3)の③の人たちが日本に伝えたものを、㋐〜㋕から3つ選びましょう。

（　　）（　　）（　　）

㋐ 縄文土器　㋑ 漢字　㋒ はた織り

㋓ 貝塚　㋔ 紙のつくり方　㋕ 土偶

(5) 8世紀初めにつくられた国の成り立ちを記した書物で、4〜5世紀のようすを神話として伝えている書物の名前を、2つ書きましょう。（　　　　　）（　　　　　）

ヒント

1 (1) 大阪府堺市にあります。

2 (1) 前が方形（四角形）、後ろが円形の古墳です。

2．日本のあゆみ

1 大昔のくらしとくにの統一

教科書 62～83ページ　答え 15ページ

1 右の年表を見て、答えましょう。　1つ5点（60点）

(1) 3世紀は、何年から何年までですか、数字を書きましょう。

（　　　　年から　　　　年まで）

(2) よく出る 年表中の①～③にあてはまる言葉を書きましょう。

①（　　　）
②（　　　）
③（　　　）

年	主なできごと	時代
1万2000年前	今の日本列島の形ができる	
5500年前	最大約500人の集落がつくられる（あ三内丸山遺跡（さんないまるやまいせき））	Ⓐ
2400年前 3世紀	大陸から①が伝わる 水田とむらがつくられる（登呂（とろ）遺跡） くにの王が住んだ集落がつくられる（い吉野ヶ里遺跡（よしのがり））	Ⓑ
4世紀	②というくにができる ③が日本を統一しはじめる 古墳（こふん）が各地につくられる 渡来人（とらいじん）がう大陸の文化を伝える	Ⓒ

(3) 下線部あ、いの場所を、それぞれ右下の地図中のア～オから選びましょう。

あ（　　）
い（　　）

(4) できたらスゴイ! 年表中のⒶ～Ⓒの時代の名前の組み合わせとして正しいものをア～エから選びましょう。　技能

（　　）

ア　Ⓐ弥生（やよい）　Ⓑ縄文（じょうもん）　Ⓒ古墳
イ　Ⓐ縄文　Ⓑ弥生　Ⓒ古墳
ウ　Ⓐ古墳　Ⓑ縄文　Ⓒ弥生
エ　Ⓐ古墳　Ⓑ弥生　Ⓒ縄文

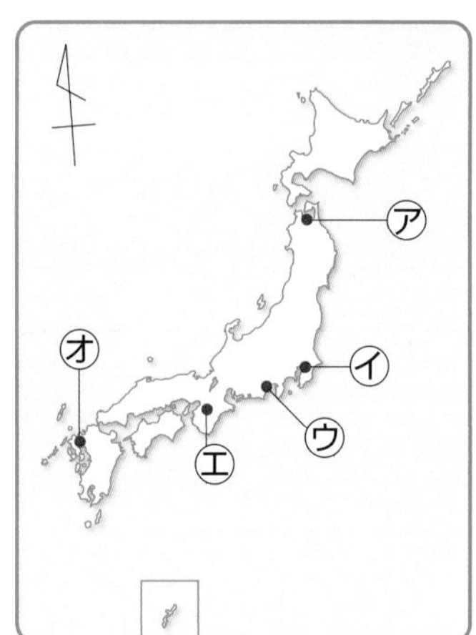

(5) 次の①～④の文は、いつごろの時代のことを説明したものですか、年表中のⒶ～Ⓒから選びましょう。

①（　　）女王卑弥呼（ひみこ）は、神のおつげを伝えて人々の心をとらえていた。
②（　　）家や武人をかたどったはにわがつくられた。
③（　　）縄（なわ）でつくったもようがある土器を使っていた。
④（　　）むらがまとまり、くにができた。

(6) 下線部うで伝わったものの組み合わせとして正しいものを、ア～エから選びましょう。

（　　）

ア　木製の武器、筆づくり、漢字
イ　木製の武器、紙づくり、ひらがな
ウ　鉄製の武器、筆づくり、漢字
エ　鉄製の武器、紙づくり、ひらがな

2 次の2つの想像図を見て、答えましょう。

1つ4点（20点）

(1) できたらスゴイ! 吉野ヶ里遺跡は、Ⓐ、Ⓑのどちらの時代の遺跡ですか。

（　　　）

記述 (2) (1)のように考えた理由を、２つ簡単に書きましょう。　思考・判断・表現

理由１（　　　　　　　　　　　　　　）

理由２（　　　　　　　　　　　　　　）

(3) 食料を保存していた建物を、Ⓐ、Ⓑの想像図のア～オから選びましょう。　技能

（　　　）

(4) Ⓑの想像図の人々が食料としていたものとしてまちがっているものを、［　　］から選びましょう。

（　　　）

木の実　米　貝　魚　肉

3 右の写真を見て、答えましょう。

1つ4点（20点）

(1) 次の①～③の説明にあたるものを、ア～オから選びましょう。　技能

①（　　　）米の収穫（しゅうかく）に使った。

②（　　　）豊作をいのる祭りのときなどに使った。

③（　　　）古墳のまわりに並（なら）べられた。

(2) よく出る 右のカは、大阪府（おおさかふ）堺市（さかいし）にある日本最大の前方後円墳（ぜんぽうこうえんふん）です。この古墳の名前を書きましょう。

（　　　）

(3) カのような古墳には、どのような人がほうむられましたか。［　　］から選びましょう。

（　　　）

むらのかしら　豪族（ごうぞく）や王　渡来人

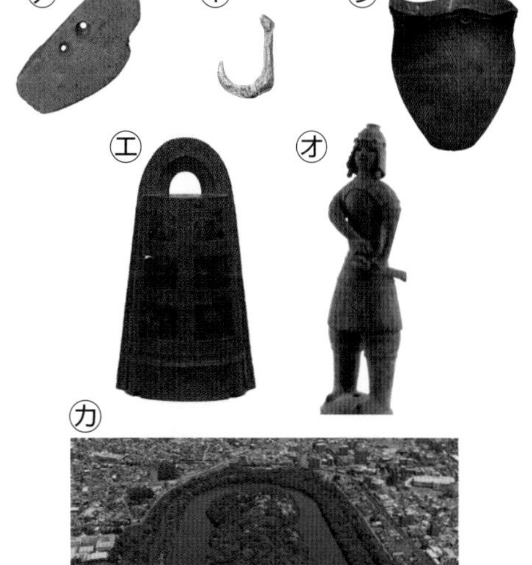

ふりかえり　2(2)がわからないときは、24ページの1・2にもどって確認してみよう。

2．日本のあゆみ

2 天皇を中心とした政治①

学習日　　月　　日

めあて
天皇を中心とした国づくりのようすを学ぼう。

教科書 84〜89ページ　答え 16ページ

次の（　　）に入る言葉を、下から選びましょう。

1 法隆寺と聖徳太子／聖徳太子の政治

教科書 84〜87ページ

✪ 法隆寺

- **法隆寺**…飛鳥地方（奈良盆地の東南部）の北西の斑鳩町にある。
- 1400年以上前に（①　　　　　）（厩戸皇子）が建てたとされる。
- 現存する世界最古の木造建築で、1993（平成5）年に世界文化遺産に登録された。

聖徳太子（574〜622年）

ワンポイント 聖徳太子の政治

- （②　　　　　）を中心とする政治のしくみを整えた。
- 豪族の（③　　　　　）氏とともに政治をおこなった。
- **仏教**を国づくりに取り入れようとした。

政策	
	（④　　　　　）…役人の位を12段階に分け、家がらではなく能力によって、役人につかせた。
	（⑤　　　　　）…役人の心得を示した。
	遣隋使…（⑥　　　　　）らを中国（隋）に送り、対等な国の交わりを結ぼうとした。

法隆寺

2 新しい国づくり

教科書 88〜89ページ

✪ 大化の改新

- **大化の改新**…645年、（⑦　　　　　）（のちの天智天皇）と**中臣鎌足**（のちの藤原鎌足）は、聖徳太子の死後、天皇をしのぐほどの力をもった蘇我氏をほろぼした。
- **遣唐使**が学んだ中国の制度を参考にし、天皇を中心としたより強力な国づくりを進めた。

✪ 飛鳥時代

- （⑧　　　　　）…7世紀の終わりに飛鳥地方の奈良県橿原市につくられた、日本で最初の本格的な都。
  →中国の（⑨　　　　　）の都、長安にならってつくられた。

・稲のとれ高のおよそ3%を納める。
・1年に10日、都で働くか、布を納める。
・地方の特産物を納める。
・1年に60日以内、地方の役人のもとで働く。
・都や北九州の守り（さきもり）につく。

おもな税と労働

- 8世紀初めごろには、国を治めるための法律（律令）ができた。
- 農民が国に納める税のしくみも整えられた。
- 有力な豪族は、朝廷の重要な役職について（⑩　　　　　）となった。
- 飛鳥時代…飛鳥地方に都がおかれた、592〜710年のあいだの時代。

選んだ言葉に ✔

□中大兄皇子	□十七条の憲法	□藤原京	□聖徳太子	□蘇我
□貴族	□天皇	□冠位十二階	□小野妹子	□唐

ぴたトリビア

2019年には「平成」から「令和（れいわ）」に元号が変わりました。「大化」は日本で初めて定められた元号といわれています。

教科書 84〜89ページ　答え 16ページ

1 右の資料を見て、答えましょう。

- 争いをやめてなかよくしなさい。
- （①）を敬（うやま）いなさい。
- 天皇の命令を守りなさい。
- 役人たちは礼儀（れいぎ）正しくしなさい。
- おたがいに信じ合いなさい。

(1) 右の資料は、役人の心得を示したものです。何というでしょう。（　　　）

(2) この心得を定めた人物はだれでしょう。（　　　）

(3) 資料中の①に入る言葉を書きましょう。（　　　）

(4) 資料中の①を取りいれ、(2)の人物が飛鳥地方に建てた寺の名前を書きましょう。（　　　）

(5) (2)の人物は、家がらではなく、能力によって役人を取り立てる制度を定めました。この制度の名前を書きましょう。（　　　）

(6) (2)の人物は、中国の国家のしくみや文化を学ばせるために小野妹子らを中国に送りましたが、このときの中国の国名を、[　]から選びましょう。（　　　）

倭（わ）　隋　唐（とう）

2 右の年表を見て、答えましょう。

年	主なできごと
630	（①）を送る
645	（②）がはじまる
694	（③）が完成する
8世紀初め	新しく税の制度が統一される

(1) 年表中の①は、中国に送られた使者です。名前を書きましょう。（　　　）

(2) 年表中の②の政治改革を何というでしょう。（　　　）

(3) (2)の政治改革において、蘇我氏をほろぼした人物を２人書きましょう。
（　　　）
（　　　）

(4) 年表中の③は日本でつくられた最初の本格的な都です。都の名前を書きましょう。（　　　）

(5) 年表中の下線部について、次の①〜④にあてはまる言葉や数字を、[　]から選びましょう。

①（　　　）
②（　　　）
③（　　　）
④（　　　）

- 稲のとれ高のおよそ（①）％を納める。
- １年に10日、都で働くか、（②）を納める。
- 地方の（③）を納める。
- 都や（④）の守りにつく。

布　飛鳥　3　北九州　特産物　60

ヒント
1 (4) 現存する世界最古の木造建築で、世界文化遺産に登録されています。
2 (5)④ ここを守る兵士として送られた人たちは、さきもりと呼（よ）ばれました。

2 天皇を中心とした政治②

学習日　月　日

めあて
聖武天皇が大仏をつくった目的と背景を理解しよう。

教科書 90～93ページ　答え 17ページ

 次の（　　）に入る言葉を、下から選びましょう。

1 平城京と聖武天皇の願い

教科書 90～91ページ

ワンポイント　平城京と聖武天皇の政治

- ８世紀の初め、都は奈良の**平城京**に移され、（①　　　　　）中心の政治のしくみがととのっていた。
- （②　　　　　）…８世紀に都が奈良の平城京におかれた時代。
- **聖武天皇**の政治

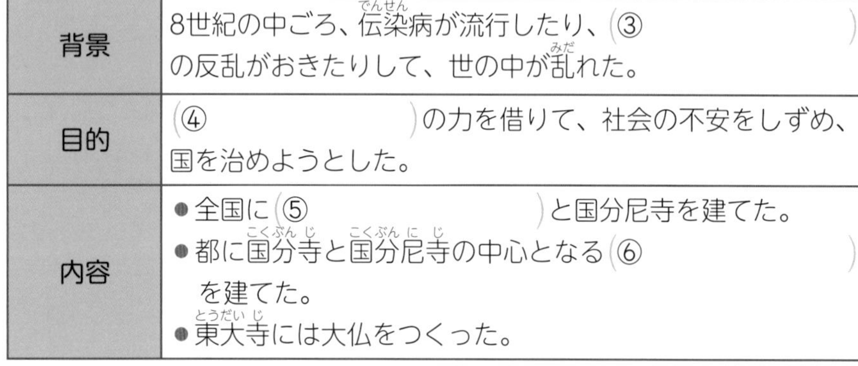

背景	8世紀の中ごろ、伝染病が流行したり、（③　　　　　）の反乱がおきたりして、世の中が乱れた。
目的	（④　　　　　）の力を借りて、社会の不安をしずめ、国を治めようとした。
内容	●全国に（⑤　　　　　）と国分尼寺を建てた。 ●都に国分寺と国分尼寺の中心となる（⑥　　　　　）を建てた。 ●東大寺には大仏をつくった。

聖武天皇（701～756年）

東大寺の大仏

2 行基と大仏づくりを支えた人々

教科書 92～93ページ

行基の活動

- **行基**…農民に仏教の教えを説き、道路や橋、ため池などをつくって農民のくらしを助け、農民からしたわれていた僧。
- 朝廷ははじめ、行基は人々をまどわすとして、その活動を取りしまっていた。

行基　(668～749年)

大仏づくり

- 大仏づくりには多くの人々の手助けが必要だった。
- 聖武天皇は、人々からしたわれていた行基を高い位の僧に任命して、多くの人に大仏づくりに協力してもらった。
- （⑦　　　　　）で大仏をつくることや大仏殿を建てることには、すぐれた技術が必要だった。
- かつて中国や朝鮮半島から日本に移り住んだ（⑧　　　　　）の子孫が技術者としてかつやくした。
- 大仏は、行基がなくなってから３年後に完成した。

大仏に使われた銅は、日本最古の銅山跡といわれる山口県の銅山の銅が使われたんだよ。

選んだ言葉に✓

□東大寺	□仏教	□渡来人	□国分寺
□銅	□奈良時代	□天皇	□貴族

学習日　月　日

ぴたトリビア

大仏にはつくられた当時、約440kgもの金(きん)でかざられていて、黄金色にかがやいていました。日本で初めて金が採掘(さいくつ)された宮城県の金が使われました。

教科書 90～93ページ　答え 17ページ

1 右の年表を見て、答えましょう。

(1) 右の年表は、だれの生がいについてまとめたものでしょう。
(　　　　)

(2) ①に入る言葉を□から選びましょう。

藤原京　平城京　平安京(へいあんきょう)　恭仁京(くにきょう)

(　　　　)

(3) (1)の人物は、年表中の②と国分尼寺(こくぶんにじ)を全国に建てるよう命じました。②にあてはまる言葉を書きましょう。
(　　　　)

(4) 年表中の②や大仏をつくったのは、何の力によって社会の不安をしずめ、国を治めるためですか。

年	おもなできごと
701	生まれる
710	都が①(奈良県)に移る
724	天皇の位につく
737	都で病気が流行する
740	貴族の反乱(はんらん)がおこる
741	②を建てる命令を出す
743	大仏をつくる命令を出す
749	天皇の位を退(しりぞ)く
752	大仏の開眼式(かいげんしき)をおこなう
756	なくなる

(　　　　)

2 次の会話を読んで、答えましょう。

Aさん　修学旅行で奈良に行くね。何を見るのが楽しみ？
Bさん　そうだなぁ。やっぱり、奈良といえば㋐大仏かな。
Cさん　①の人たちはどうやって、あれほど大きな大仏をつくったのかしら？
Aさん　大仏づくりのために働いた人は、のべ約260万人だそうよ。
Bさん　多くの人に大仏づくりに協力してもらうため、㋑僧がかつやくしたと聞いたよ。
Cさん　ほかにも、銅で大仏をつくったり、大仏殿を建てたりするのに、すぐれた技術をもっていた②の子孫もかつやくしたそうね。

(1) 下線部㋐の大仏がある、右の写真Ⓐの寺の名前を書きましょう。
(　　　　)

(2) 会話中の①には、大仏がつくられた時代の名前が入ります。何時代ですか。
(　　　　)

(3) 右の写真Ⓑは、下線部㋑の僧です。名前を書きましょう。
(　　　　)

(4) 会話中の②には、かつて中国や朝鮮半島から日本に移り住んだ人たちをさす言葉が入ります。何というでしょう。
(　　　　)

1 (3) 仏教の力で社会の不安をしずめようとしてつくられました。
2 (3) この僧は、道路や橋・ため池などをつくって、農民のくらしを助けていました。

ぴったり1 準備

2. 日本のあゆみ

2 天皇を中心とした政治③

学習日　月　日

めあて
奈良時代の社会のようすと文化について理解しよう。

教科書 94～97ページ　答え 18ページ

次の（　　）に入る言葉を、下から選びましょう。

1 よみがえる人々のくらし　教科書 94～95ページ

✪ 奈良時代のくらし

（①　　　　　　）…朝廷に税である荷物を納めたときに使われた荷札。

→平城宮跡などから出土しており、荷札には産地や荷物の内容が書かれている。

- 奈良の（②　　　　　　）には約10万人の人々が住んでいた。
- 政治をおこなう貴族の生活を支えるため、全国から都に荷物が送られた。

✪ 農民の負担

- 割りあてられた土地を耕し、税として米を地方の役所に納めた。
- 絹・塩・鉄などの地方の特産物を都に運んで納めた。
- 都の役所や寺などをつくる工事や、兵士として都や（③　　　　　　）の守りについた。
- 都や北九州への往復に必要な食料などは、農民自身が用意するなど負担が大きかった。

木簡

2 大陸から持ち帰ったもの　教科書 96～97ページ

ワンポイント　世界とつながる道

〈中国〉

- （④　　　　　　）（絹の道）を通じて、西アジアやヨーロッパと交流をおこなう。

〈日本〉

- 中国（唐）に送っていた（⑤　　　　　　）を通じて、世界の文化とつながる。

→（⑥　　　　　　）…東大寺にあり、聖武天皇の持ち物や宝物などが保管されている。宝物のなかには、**遣唐使**が持ち帰ったとされる、インドや西アジアでつくられたガラス食器や楽器、書物、仏像、香料、薬などがある。

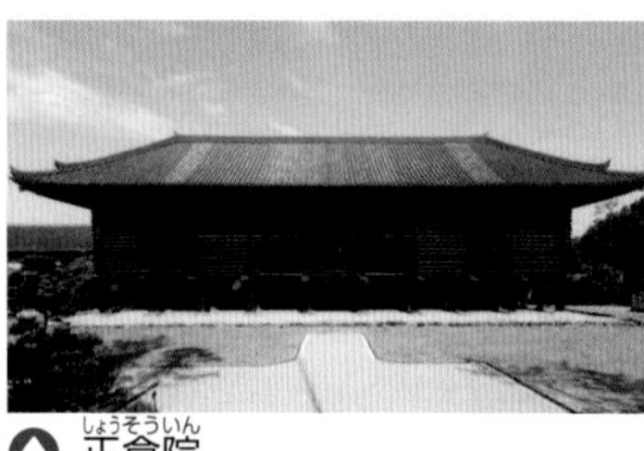

正倉院

正倉院の宝物

✪ 大陸から日本にやってきた人

- （⑦　　　　　　）…日本への航海に苦労し、10年かけてようやくたどり着いた中国の高僧。日本についたころには、目がみえなくなっていたが、奈良に（⑧　　　　　　）を建て、日本の仏教の発展に大きな役割を果たした。

鑑真

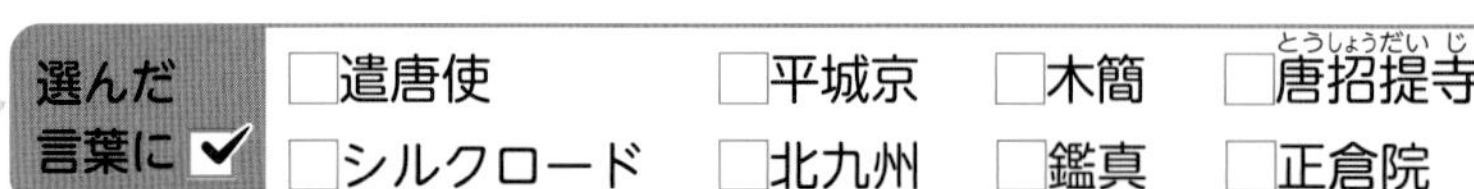

選んだ言葉に✔

□遣唐使	□平城京	□木簡	□唐招提寺
□シルクロード	□北九州	□鑑真	□正倉院

学習日　月　日

ぴたトリビア

貴族の食事…農民が納める各地の特産物が使われ、品数も多く、はすの実入りごはん、干したタコ、焼いたアワビ、チーズに似た乳製品などがありました。

教科書 94～97ページ　答え 18ページ

1 次の文を読んで、答えましょう。

奈良時代の農民は、国から割りあてられた土地を耕し、税として（①）を地方の役所に納めたり、あ絹・塩・鉄などの地方の（②）をい都に運んで納めたりしていた。

このほか、都の役所や寺をつくる工事で働いたり、兵士として都や北九州の守りについたりする農民もいた。

(1) 文中の①、②にあてはまる言葉を書きましょう。

①（　　　）　②（　　　）

(2) 下線部あのように、地方から納められた、②の産地や荷物の内容が書かれた荷札を何といいますか。（　　　）

(3) 下線部いの都とは、何という都ですか。（　　　）

(4) 奈良時代の人々のくらしの説明として、正しいものには○を、まちがっているものには×をつけましょう。

①（　　）農民たちは食料などを貴族に負担してもらい、都や地方へ行った。
②（　　）農民のなかには、土地を捨ててにげ出す人もいた。
③（　　）貴族と農民のくらしはどちらも豊かだった。
④（　　）貴族の生活は農民が納める税によって支えられていた。

2 右の写真を見て、答えましょう。

(1) 東大寺にある右の写真Ⓐの宝物が保管されている宝庫の名前を書きましょう。（　　　）

(2) (1)には、だれの持ち物や宝物が保管されていますか。（　　　）

(3) 写真Ⓐの宝物は、日本から中国に送られた使者が持ち帰ったものといわれています。この使者を何というでしょう。（　　　）

(4) 写真Ⓐの宝物が持ち帰られたころ、中国は、絹の道と呼ばれる交易路を通じて、西アジアやヨーロッパと交流を盛んにおこなっていました。この交易路の名前を、カタカナで書きましょう。（　　　）

(5) 何度も航海に失敗して目が見えなくなったにもかかわらず来日して仏教の発展につくした、写真Ⓑの中国の僧の名前を書きましょう。（　　　）

(6) (5)の僧が奈良に建てた寺の名前を書きましょう。（　　　）

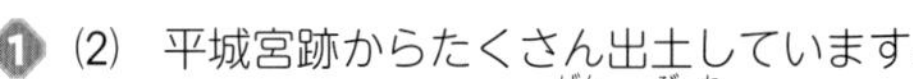

1 (2) 平城宮跡からたくさん出土しています。
2 (4) 宝物のなかの5本の弦の琵琶は、インドで生まれたものとされています。

学習日　　月　　日

2．日本のあゆみ

3 貴族が生み出した新しい文化

めあて
貴族によって生み出された日本風の文化を理解しよう。

教科書 98〜105ページ　答え 19ページ

次の（　　）に入る言葉を、下から選びましょう。

1 貴族のくらしを調べる

教科書 98〜99ページ

貴族のくらし

- 平安京…８世紀の終わり、京都につくられた都。
- （①　　　　　　）…都が平安京に移された794年から12世紀終わりごろまで、約400年間続いた時代。
- 貴族が朝廷の政治を進めた。
- 貴族は（②　　　　　　）の住宅様式のやしきに住み、（③　　　　　　）や儀式をおこない、教養として和歌やけまりなどを楽しんだ。

貴族のやしき

藤原道長

- （④　　　　　　）の子孫の藤原氏は、むすめを天皇のきさきとし、生まれた子が天皇になることで大きな力をもった。

この世をば　我が世とぞ思う
望月の欠けたることも　なしと思えば

藤原道長がよんだ歌

藤原道長
(966〜1027年)

- 11世紀ごろに**藤原道長**が力を強め、朝廷の高い位についた。

2 貴族のくらしから文化が生まれる／今に続く年中行事

教科書 100〜103ページ

ワンポイント　日本風の文化

背景	●（⑤　　　　　　）の意見で、遣唐使を取りやめたころから、中国文化をもとにした日本風の文化が発達した。
文化	●漢字をもとにして、ひらがなやかたかなといった（⑥　　　　　　）がうまれた。 紫式部の小説『（⑦　　　　　　）』 清少納言の随筆『枕草子』 ●貴族の生活のようすをえがいた（⑧　　　　　　）が生まれた。

漢字をくずしてつくられた

於	衣	宇	以	安	
於	衣	宇	以	安	ひらがな
お	え	う	い	あ	
於	江	宇	伊	阿	かたかな
オ	エ	ウ	イ	ア	

漢字の一部を省略してつくられた

かな文字の発達

年中行事

- 貴族は、正月や端午の節句、七夕、お月見など、毎年決まった時期に行われる**年中行事**をたいせつにした。
- 賀茂祭（葵祭）のように、長いあいだ受けつがれ、今も続いている行事がある。

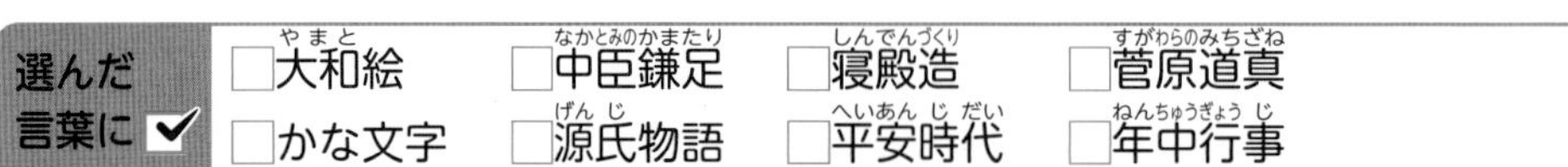

選んだ言葉に✓
□大和絵　□中臣鎌足　□寝殿造　□菅原道真
□かな文字　□源氏物語　□平安時代　□年中行事

学習日　　月　　日

ぴたトリビア

菅原道真は、藤原氏の陰謀(いんぼう)により九州の大宰府(だざいふ)に流されました。現在は学問の神様として太宰府天満宮に祀(まつ)られています。

教科書 98〜105ページ　答え 19ページ

1 右の想像図と歌を見て、答えましょう。

(1) 右のような貴族のやしきがあった時代、京都(きょうと)にあった都の名前を書きましょう。（　　　　）

(2) 貴族たちが住んでいた右のようなやしきの住宅様式を何というでしょう。（　　　　）

(3) 貴族のくらしの説明として、正しいものには○を、まちがっているものには×をつけましょう。

①（　　）和歌やけまりなどを楽しんだ。

②（　　）貴族が朝廷の政治を進めた。

③（　　）年中行事がおこなわれ、細かいしきたりがたいせつにされた。

この世をば　我が世とぞ思う
望月の欠けたることも　なしと思えば

(4) 右の歌をよんだのはだれでしょう。（　　　　）

(5) (4)の人物の説明として、正しいものには○を、まちがっているものには×をつけましょう。

①（　　）右の歌は(4)の人物の子どもが天皇の位についたときによんだものである。

②（　　）(4)の人物は、中臣鎌足(なかとみのかまたり)の子孫である。

2 右の資料と写真を見て、答えましょう。

(1) かな文字のうち、漢字をくずしてつくられた文字を何というでしょう。（　　　　）

(2) かな文字のうち、漢字の一部を省略してつくられた文字を何というでしょう。（　　　　）

於 於 お	衣 衣 え	宇 宇 う	以 以 い	安 安 あ	ひらがな
於 オ	江 エ	宇 ウ	伊 イ	阿 ア	かたかな

(3) 次の①、②にあてはまる作品名を書きましょう。

①（　　　　）　②（　　　　）

① 清少納言が書いた随筆。宮廷(きゅうてい)の生活や自然の変化を生き生きと表現した。

② 紫式部が書いた小説。光(ひかる)源氏という貴族を主人公にし、心の動きをこまやかにえがいた。

(4) 物語の場面など貴族の生活や風景をえがいた絵画を何というでしょう。（　　　　）

(5) 右の表を見て、答えなさい。

① 表のような、毎年決まった時期におこなわれる行事のことを何といいますか。（　　　　）

② 現在もおこなわれている、7月の①は何でしょう。（　　　　）

月	行事
1月	七草(ななくさ)がゆ　初もうで
2月	節分
3月	ひな祭り
4月	花まつり
5月	端午(たんご)の節句(せっく)
6月	
7月	（①）
8月	お盆(ぼん)
9月	彼岸(ひがん)　お月見
10月	
11月	七五三(しちごさん)
12月	大みそか

ヒント
2 (4)　この絵画の代表的な作品に『源氏物語絵巻』があります。
2 (5)②　たんざくに願いを書いてかざるようになったのは江戸時代からです。

2 天皇を中心とした政治
3 貴族が生み出した新しい文化

時間30分 ／100 合格80点

教科書 84〜105ページ　答え 20ページ

1 右の年表を見て、答えましょう。

1つ4点（24点）

年	主なできごと
589	（①）が中国を統一する
593	聖徳太子が政治をとる ——ⓐ
618	唐が中国を統一する
	↕㋐
645	大化の改新がはじまる ——ⓑ
	↕㋑
710	奈良に都を移す ——ⓒ
	↕㋒
794	京都に都を移す
	↕㋓
894	遣唐使を取りやめる

(1) 年表中の①にあてはまる中国の国名を、漢字１字で書きましょう。
（　　　）

(2) よく出る 年表中ⓐの聖徳太子は、大和朝廷の役人を家がらではなく、本人の能力によって取り立てる制度をつくりました。この制度を何というでしょう。
（　　　）

(3) 年表中のⓑの中心となった人物のうち、のちの藤原氏の祖となったのは、だれでしょう。
（　　　）

(4) 年表中のⓒの都の名前を書きましょう。
（　　　）

(5) できたらスゴイ! 次のできごとがおこった時期を、年表中の㋐〜㋓から１つずつ選びましょう。 技能

①（　　　）　②（　　　）

① 鑑真が中国から来日し、日本の仏教の発展に大きな役割をはたした。
② 藤原京がつくられた。

2 次のA・Bの文を読んで、答えましょう。

1つ4点（24点）

A　わたしは、蘇我氏をほろぼして大化の改新を進め、のちに天智天皇になりました。
B　わたしは、（①）を使って宮廷の生活や自然の変化を生き生きと表現した随筆『枕草子』を書きました。

(1) Bの文中の①にあてはまる言葉を書きましょう。
（　　　）

(2) A、Bの「わたし」にあてはまる人物を、[　　]から１人ずつ選びましょう。

A（　　　）　B（　　　）

中大兄皇子　清少納言　行基　紫式部　小野妹子

(3) Aの人物は、新しい国づくりを進め、国に税を納めるしくみをつくりました。税の制度の説明として、正しいものには○を、まちがっているものには×をつけましょう。

㋐（　　　）稲のとれ高のおよそ５％を納める。
㋑（　　　）１年に60日以内、都で働くか、布を納める。
㋒（　　　）都や北九州地方の守りにつく。

3 右の写真を見て、答えましょう。

(1)(2)(4)1つ5点、(3)(5)1つ6点（27点）

(1) よく出る Ⓐの琵琶が保管されている宝庫の名前を書きましょう。（　　）

(2) できたらスゴイ! Ⓑの建物について説明した文としてまちがっているものを、㋐～㋒から選びましょう。（　　）

㋐ Ⓑの建物は、現存する世界最古の木造建築である。

㋑ Ⓑの建物は、世界文化遺産に登録されている。

㋒ Ⓑの建物を建てたのは蘇我氏である。

Ⓐ
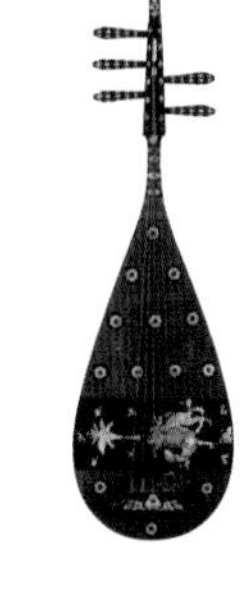

Ⓑ

Ⓒ

Ⓓ

(3) Ⓒは、朝廷に納められた特産物を記録した木簡です。このような税のきまりなどもふくめ、8世紀初めごろにできた国を治めるための法律を何といいますか。漢字2字で書きましょう。（　　）

(4) 平安時代の貴族は、Ⓓの想像図のような住宅様式のやしきに住んでいました。この住宅様式を何というでしょう。（　　）

(5) Ⓐ～Ⓓの資料のうち、インドの影響をうけているものを1つ選びましょう。 技能（　　）

4 右の資料を読んで、答えましょう。

1つ5点（25点）

Ⓐこの世をば　我が世とぞ思う
望月の欠けたることも　なしと思えば

Ⓑ・争いをやめてなかよくしなさい。
・（①）を敬いなさい。
・天皇の命令を守りなさい。
（一部、省略したもの）

Ⓒわたしは、（①）の力によって、国じゅうが幸せになることを願っている。そこで、国じゅうの銅を使って大仏をつくり、大きな山をけずってでも大仏殿を建てたいと思う。

(1) よく出る Ⓐの歌をよんだ人物の名前を書きましょう。（　　）

(2) Ⓑ、Ⓒの資料の文中の①にあてはまる言葉を書きましょう。（　　）

(3) よく出る Ⓒの下線部について、この大仏がある寺の名前を書きましょう。（　　）

(4) できたらスゴイ! 右のⒶ～Ⓒの資料を年代の古い順に並べましょう。 技能（　→　→　）

記述 (5) Ⓒの人物は、①の力で社会の不安をしずめ、国を治めようとしました。この人物が大仏をつくる以外におこなったことを簡単に書きましょう。

思考・判断・表現

（　　）

この本の終わりにある「夏のチャレンジテスト」をやってみよう！

4(5)がわからないときは、32ページの1にもどって確認してみよう。

ぴったり1 準備

3分でまとめ

2．日本のあゆみ

4 武士による政治のはじまり

学習日　月　日

めあて
武士の政権がどのように成立したのかを理解しよう。

教科書 106〜115ページ　答え 21ページ

次の（　　）に入る言葉を、下から選びましょう。

1 武士のくらし／源氏と平氏の戦い

教科書 106〜109ページ

武士のくらし

- **武士**の生活…武芸の訓練などが中心だった。
- 武士の家や庭…見張りのためのやぐらがあり、庭には畑があった。
- 武士の服装…ふだんは直垂、戦時には大鎧をつけた。女性は小袖を着た。

平清盛
(1118〜1181年)

源氏と平氏の戦い

- （①　　　　　）…平氏のかしらで、武士としてはじめて太政大臣となった。むすめを天皇のきさきにし、一族で朝廷の重要な地位を占めた。
- （②　　　　　）…源氏のかしら。**源頼朝**が子どものころ、父が**平清盛**と戦って敗れた（平治の乱）。
- 伊豆（静岡県）に流されていた源頼朝は、弟の（③　　　　　）や関東地方の武士と協力し、1185年に壇ノ浦（山口県）で平氏をほろぼした。

源頼朝
(1147〜1199年)

2 源頼朝と鎌倉幕府／元との戦い／元との戦いのあと

教科書 110〜115ページ

ワンポイント　鎌倉幕府

- **鎌倉幕府**…源頼朝が鎌倉（神奈川県）ではじめた武士による政府。鎌倉は、攻めこまれにくい地形をしていた。幕府の続いた約140年間を（④　　　　　）という。

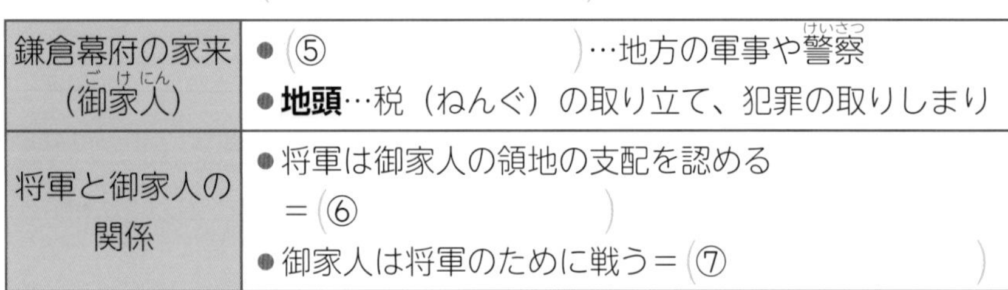

鎌倉幕府の家来（御家人）	●（⑤　　　　）…地方の軍事や警察 ●**地頭**…税（ねんぐ）の取り立て、犯罪の取りしまり
将軍と御家人の関係	●将軍は御家人の領地の支配を認める ＝（⑥　　　　） ●御家人は将軍のために戦う＝（⑦　　　　）

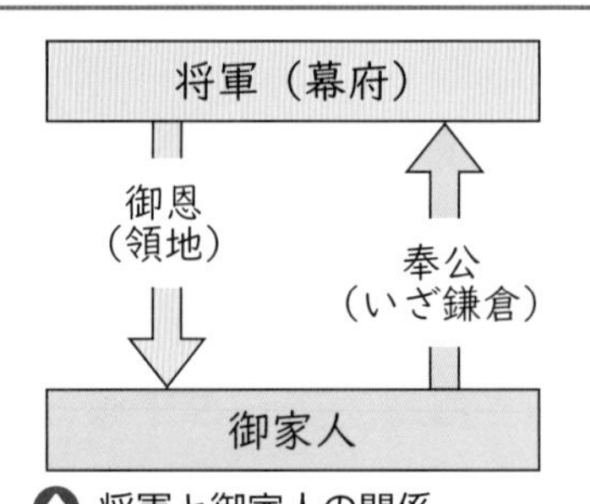

将軍と御家人の関係

- 1192年に源頼朝が（⑧　　　　　）となる。
- 源氏の将軍が3代でたえると、**執権**（将軍を助ける役職）の北条氏が政治を進めた。
- 1221年の承久の乱で幕府は北条政子のうったえで団結し、朝廷と戦い、勝利した。

元との戦い

- 元…モンゴルが中国に攻めこみつくった大国で、日本にも使者を送り従うよう要求してきた。
- 執権の（⑨　　　　　）が要求をはねつけたため、2度にわたり元軍が九州北部に攻めてきた。集団戦法や火薬兵器（てつはう）に苦しんだが、御家人たちの激しい抵抗やあらしにより、元軍は引きあげた。
- 御恩として領地をもらえなかった御家人が多く、幕府への不満が高まった。

選んだ言葉に ✓

□征夷大将軍　□鎌倉時代　□御恩　□平清盛　□北条時宗
□源頼朝　□奉公　□源義経　□守護

学習日　月　日

ぴたトリビア
厳島(いつくしま)神社…平清盛が航海の神として信仰(しんこう)していた厳島神社は、平氏によって整備され、現在は世界文化遺産(いさん)に登録されています。

教科書 106～115ページ　答え 21ページ

1 右の年表を見て、答えましょう。

(1) 年表中の①～③にあてはまる言葉を書きましょう。

①(　　　)
②(　　　)
③(　　　)

年	主なできごと
	武士が力をもちはじめる
1159	平治の乱
1167	(①)が太政大臣になる
	↕㋐
1185	源義経が(②)の戦いで平氏を破る……平氏がほろぶ
	↕㋑
1192	(③)が征夷大将軍になる
	↕㋒

(2) 年表中の下線部について説明した次の文のⒶにあてはまる言葉を書きましょう。

(　　　)

ふだんは領地のやしきに一族で住み、家来や農民に農業をさせながら、戦(いくさ)にそなえて(Ⓐ)の訓練にはげんだ。

(3) 年表中③の人物が鎌倉に開いた、武士による政府の名前を書きましょう。

(　　　)

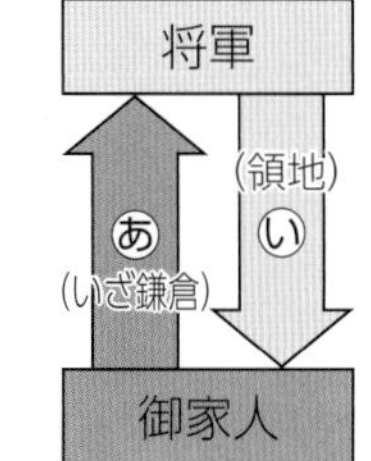

(4) (3)の将軍と御家人の関係についてあらわした右の図中のあ、いにあてはまる言葉を書きましょう。

あ(　　　)　い(　　　)

(5) (3)の将軍が、家来である御家人につけた地方の役職は、守護とあと1つは何でしょう。

守護・(　　　)

(6) 承久の乱がおこった時期を、年表中の㋐～㋒から選びましょう。

(　　　)

2 右の絵を見て、答えましょう。

(1) 右の絵は、武士がどこの国の軍と戦っている絵ですか。国の名前を書きましょう。

(　　　)

(2) この戦いのときの執権の名前を書きましょう。

(　　　)

(3) この戦いに関する説明として、正しいものには○を、まちがっているものには×をつけましょう。

①(　　　)戦いに勝ち、幕府の力はますます強くなった。
②(　　　)多くの御家人は領地がもらえず、幕府に不満をもつようになった。
③(　　　)幕府は、朝廷と協力して幕府を立て直した。
④(　　　)御家人たちは、集団戦法や火薬兵器に苦しみながら戦った。
⑤(　　　)肥後(ひご)（熊本(くまもと)県）の御家人の竹崎季長(たけざきすえなが)がかつやくした。

1 (6) 承久の乱のとき、(1)の③の妻の北条政子が御家人たちに団結をうったえました。
2 (3)② それまでは、将軍から御家人に対し、手がらとして領地が与えられていました。

ぴったり1 準備

3分でまとめ

2. 日本のあゆみ

5 今に伝わる室町の文化と人々のくらし

学習日　月　日

めあて
室町文化がどのように今に受けつがれているか、確認しよう。

教科書 116〜125ページ　答え 22ページ

次の（　）に入る言葉を、下から選びましょう。

1 京都に幕府がおかれたころのようす／金閣と銀閣を調べる／今に伝わる室町文化

教科書 116〜121ページ

室町幕府

- 14世紀なかばに、（①　　　）が京都に幕府を開いた。
- 3代将軍**足利義満**が幕府の役所を室町におき、幕府が続いた約240年間を（②　　　）という。
- 足利義満は有力な**大名**をおさえて、中国（明）との貿易をおこなった。

足利義満

ワンポイント　金閣と銀閣

場所	**金閣**（京都の北山）	（③　　　）（京都の東山）
建てた人	3代将軍足利義満	8代将軍**足利義政**
特徴	●2・3層に金ぱくをはりつめた。	●（④　　　）…今の和室のもとになる、障子や畳などがある建築様式。 ●障子や、ふすまには水墨画がえがかれた。

書院造の部屋（東求堂）

室町時代の争い

- （⑤　　　）…足利義政のときにおこった。この戦乱をきっかけに幕府の力が弱まり、（⑥　　　）になった。

応仁の乱
大名が二手にわかれて11年間も戦った。京都は焼けて、幕府の力が弱まった。

室町文化

- （⑦　　　）は自然を題材にした水墨画を数多くえがいた。
- 書院造の庭には、石や砂を使って山や水を表す**石庭**がつくられた。
- 茶を飲む習慣や、生け花などが盛んになり、現在も続く。
- 『浦島太郎』『ものぐさ太郎』などのおとぎ話の絵本がつくられた。
- （⑧　　　）…物語などを劇にして、面をつけて舞う芸能。
  →**観阿弥**・**世阿弥**親子が、足利義満の応援によって、芸術にまで高めた。
- 能の合間には、こっけいな（⑨　　　）が演じられた。

2 鎌倉・室町時代を生きた人々のくふうや努力

教科書 122〜123ページ

鎌倉・室町時代のくらし

- 鎌倉時代…牛や馬で農地を深く耕し収穫をふやそうとした。稲をかり取ったあとに麦を植える（⑩　　　）も広まった。
- 室町時代…米作りを村全体でおこなうようになり、戦乱が続いた15世紀中ごろには生活を守るために団結するようになった。
- 人が多く集まるところで、各地から品物が集まり、**市**が開かれるようになった。
- 農具や織物、紙すきなどの手工業が発達した。

二毛作
1年に2回、同じ畑でちがう農作物をつくること。米を作った田で、麦をつくるなど。

選んだ言葉に✔
□銀閣　□応仁の乱　□二毛作　□雪舟　□戦国時代
□足利尊氏　□室町時代　□狂言　□能　□書院造

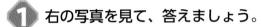

ぴったり2 練習

学習日　　月　　日

ぴたトリビア

祇園祭…京都市の八坂神社のお祭りで、1000年以上続いています。応仁の乱で一時中止されましたが、京都の人たちの努力で復興しました。

教科書 116～125ページ　答え 22ページ

1 右の写真を見て、答えましょう。

(1) 室町幕府を開いた人物の名前を書きましょう。（　　　）

(2) 右の写真Ⓐ、Ⓑを建てた人物の名前を書きましょう。
Ⓐ（　　　）
Ⓑ（　　　）

(3) 右の写真Ⓐの近くにある建物には、今の和室のもととなった建築様式が用いられました。その建築様式の名前を書きましょう。（　　　）

(4) (3)について説明した次の文の①、②にあてはまる言葉を書きましょう。
①（　　　）②（　　　）

(3)の建築様式は、ふすまや障子でしきられ、（①）がしきつめられた。床の間に花をかざる（②）もとても盛んになり、多くの流派を生み出して現在まで続いている。

(5) 室町時代に、能の役者としてその芸術性を高めた親子の名前を書きましょう。
（　　　）（　　　）

(6) 雪舟が完成させた、墨のこさを調節しながら自然や建物などのようすをえがいた、右の写真Ⓒのような絵を何というでしょう。（　　　）

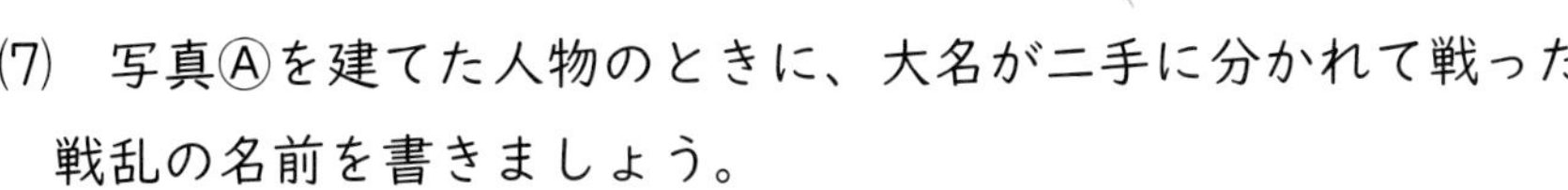

(7) 写真Ⓐを建てた人物のときに、大名が二手に分かれて戦った戦乱の名前を書きましょう。
（　　　）

2 鎌倉・室町時代の人々のくらしに関する次の会話を読んで、正しいものには○を、まちがっているものには×をつけましょう。

(1)（　　）

鎌倉時代には、とうもろこしをかり取ったあとに稲を作る二毛作が広まったそうだね。

(2)（　　）

室町時代には、村全体で用水路を整備するなど、米作りも協力しておこなうようになったそうね。

(3)（　　）

15世紀中ごろに戦乱が続くようになると、自分たちの生活や村を守るために、村全体の団結を強めたみたいだね。

ヒント
1 (3) Ⓐの近くにある建物は東求堂といい、4畳半の部屋に床の間などがあります。
1 (7) 1467年からはじまったこの戦乱は、しだいに地方に広がり、11年間も続きました。

2．日本のあゆみ

4 武士による政治のはじまり
5 今に伝わる室町の文化と人々のくらし

教科書 106～125ページ　答え 23ページ

1 右の年表を見て、答えましょう。

1つ5点、(6)(8)1つ3点（59点）

年	主なできごと
1167	（①）が政治の実権をにぎる
1185	平氏がほろびる
1192	（②）が征夷大将軍になる
1221	承久の乱がおこる
1274 1281	（③）軍が日本に攻めてくる
1338	足利尊氏が征夷大将軍になる
1397	足利義満が（④）を建てる
1404	（⑤）と貿易をはじめる
1467	応仁の乱がおこる（～77）
1489	足利義政が（⑥）を建てる

(1) よく出る 年表中の①、②にあてはまる人物の名前を書きましょう。

①（　　　　）
②（　　　　）

(2) 年表中の①が武士としてはじめてついた役職名を書きましょう。

（　　　　）

(3) よく出る 年表中の③、⑤にあてはまる中国の国名を書きましょう。

③（　　　　）
⑤（　　　　）

(4) 鎌倉幕府の将軍と御家人の関係を示した右の図中のⒶ、Ⓑに関係することがらを、Ⓐは１つ、Ⓑは２つ、㋐～㋒から選びましょう。 技能

Ⓐ（　　　　）
Ⓑ（　　　　）（　　　　）

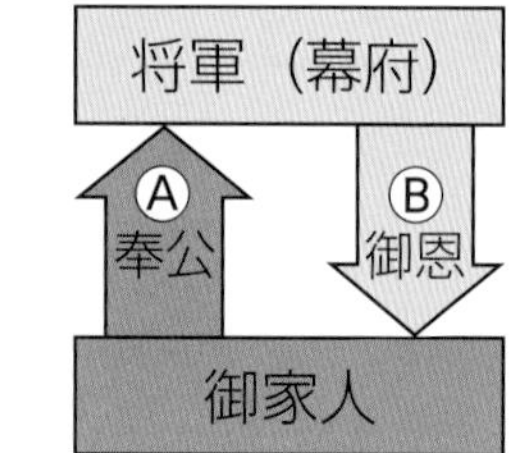

㋐ 先祖代々の領地や、開発した領地の支配を認める。
㋑ 「いざ鎌倉」と一族をひきいて戦う。
㋒ 戦いで手がらを立てたら領地をあたえる。

(5) 年表中の③軍が日本に攻めてきたときの幕府の執権の名前を書きましょう。

（　　　　）

(6) 年表中の③軍が日本に攻めてきたときの説明として正しいものを、㋐～㋓から選びましょう。

（　　　　）

㋐ ③軍は、現在の中国地方に攻めこんできた。
㋑ ③軍は、集団戦法を用いて戦った。
㋒ ③軍に対し、御家人は火薬兵器で抵抗した。
㋓ ③軍は３度にわたって攻めこんできた。

記述 (7) できたらスゴイ！ 年表中の③軍との戦いのあと、幕府と御家人の関係がくずれていきました。その理由を簡単に書きましょう。 思考・判断・表現

（　　　　）

(8) 年表中の④、⑥にあてはまる建物の名前を書きましょう。

④（　　　　）
⑥（　　　　）

2 次のA～Cの文を読んで、答えましょう。

1つ4点、(8)5点（41点）

A　㋐室町時代に生まれた文化で、㋑現在まで続いているものもある。

B　物語などを劇にして音楽や歌に合わせて面をつけて舞う（①）は、（①）の役者であった観阿弥・世阿弥が将軍（②）に気に入られ、その応援・協力によって芸術性を高めた。

C　㋒鎌倉・室町時代には農業や手工業が発達し、室町時代には村全体で協力して米作りをおこなうようになった。産業が盛んになると、各地で㋓市が開かれるようになった。

(1) よく出る Aの下線部㋐について、中国で水墨画を学び、帰国後に独自の形式を完成させた人物の名前を書きましょう。（　　　）

(2) Aの下線部㋐について、右の写真のような建築様式の名前を書きましょう。（　　　）

(3) Aの下線部㋐について、右の写真のⒶ、Ⓑにあてはまる言葉を、［　　］から選びましょう。 技能

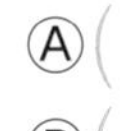

Ⓐ（　　　）

Ⓑ（　　　）

天井　　ふすま　　畳　　障子　　かけじく

(4) Aの下線部㋑について、茶の湯が広まったことで、床の間に花がかざられるようになりました。これを何というでしょう。（　　　）

(5) Aの文に関連して説明した文としてまちがっているものを、㋐～㋒から選びましょう。（　　　）

㋐ まちや村では、祭りや盆おどりが盛んになった。
㋑ 田植えで働く人たちをはげまし、楽しませる、田楽もおこなわれた。
㋒ 『源氏物語』などのおとぎ話の絵本がつくられた。

(6) よく出る Bの文中の①にあてはまる言葉と、②にあてはまる人物の名前を書きましょう。

①（　　　）　②（　　　）

(7) できたらスゴイ! Cの下線部㋒について、鎌倉・室町時代の農業や手工業について説明した文として正しいものを、㋐～㋓から選びましょう。（　　　）

㋐ 鎌倉時代には、1年に2回米作りをおこなっていた。
㋑ 鎌倉時代には、牛や馬を使わず、すべて手作業で農地を耕していた。
㋒ 室町時代には、鉄製のすきやくわはまだ使われていなかった。
㋓ 室町時代には、織物や紙すきをおこなう職人もいた。

記述 (8) Cの下線部㋓について、どのような場所で市が開かれたと考えられますか。簡単に書きましょう。 思考・判断・表現

（　　　）

ふりかえり 1(7)がわからないときは、40ページの2にもどって確認してみよう。

6 戦国の世の統一

学習日　月　日

めあて：戦国の世を統一した２人の人物とその流れを理解しよう。

教科書 126～137ページ　答え 24ページ

 次の（　　）に入る言葉を、下から選びましょう。

1 安土桃山時代の人々のくらし／長篠の戦いを調べる／鉄砲とキリスト教が日本に伝わる／新しい時代を切りひらいた織田信長

教科書 126～133ページ

戦国大名

- 室町幕府の力がおとろえると、全国各地で力をもった大名（**戦国大名**）が勢力を争った。

長篠の戦い

- 武田勝頼軍と織田・徳川連合軍が長篠（愛知県）で戦い、織田信長が（①　　　）を使って武田軍を破った。

鉄砲とキリスト教が伝わる

- 種子島（鹿児島県）に漂着したポルトガル人が鉄砲を伝える。
- 鹿児島に上陸した（②　　　）が**キリスト教**を伝える。
- （③　　　）…長崎や平戸（長崎県）、府内（大分県）、堺（大阪府）などの港を中心におこなわれ、スペインやポルトガルから鉄砲や火薬、生糸、絹織物などが伝わる。

織田信長

- 尾張（愛知県）の小さな大名だったが、1560年に（④　　　）で駿河（静岡県）の今川義元を破り、1573年に室町幕府をほろぼした。
- 外国と貿易をおこない、鉄砲の生産の中心である堺を支配した。
- 1576年、（⑤　　　）（滋賀県）をきずき、その城下町で自由な商工業を認める**楽市・楽座**をおこなった。
- キリスト教の布教を認めたが、一方で、**一向宗**の中心地である石山本願寺を降伏させた。
- 1582年、京都の本能寺で家来の（⑥　　　）にせめられ、みずから命をたった。

織田信長
(1534～1582年)

2 豊臣秀吉の天下統一／学習問題について話し合う

教科書 134～137ページ

ワンポイント　豊臣秀吉の政策

- 尾張で身分の低い武士の子に生まれ、信長に仕え有力な武将になった。
- 明智光秀をたおして、信長の死後８年で天下を統一した。

政策	内容
（⑦　　　）	収穫高を調べ、耕作してねんぐを納める**百姓**の名前を検地帳に記録した。
（⑧　　　）	百姓の刀や鉄砲を取り上げた。

➡結果：武士と百姓の身分が区別された。

- （⑨　　　）…信長や秀吉が天下を統一しようと争いをくり返していた時代。
- 秀吉は、中国（明）を従えようと、朝鮮へ２度出兵したが、秀吉の死で兵を引き上げた。

豊臣秀吉
(1537～1598年)

選んだ言葉に✔

□明智光秀　□検地　□桶狭間の戦い　□刀狩　□安土城
□フランシスコ＝ザビエル　□安土桃山時代　□南蛮貿易　□鉄砲

ぴったり2

練習

ぴたトリビア

キリスト教…1549年にスペインの宣教師(せんきょうし)フランシスコ=ザビエルが鹿児島(かごしま)に来てキリスト教を伝え、安土にはキリスト教の教会や学校が建てられました。

学習日　月　日

教科書 126〜137ページ　答え 24ページ

1 右の絵を見て、答えましょう。

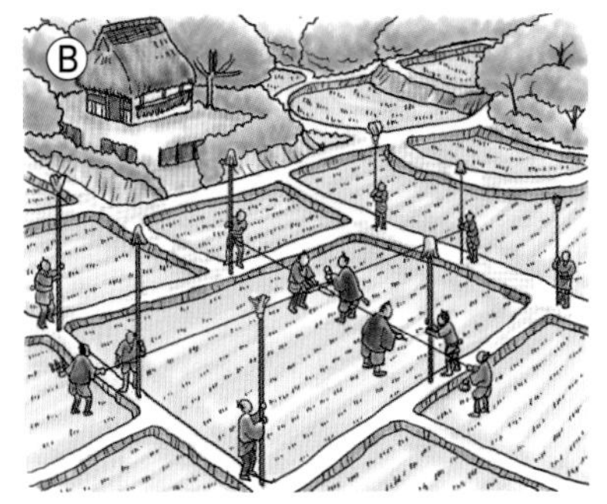

(1) Ⓐの絵でえがかれている戦いの名前を書きましょう。
（　　　　）

(2) Ⓐの絵で、あの軍は武器として何を使っていますか。
（　　　　）

(3) あの軍の武器は、どこの国の人が日本に伝えましたか。
（　　　　）

(4) Ⓑの絵は、何をしているようすをえがいたものですか。
（　　　　）

(5) Ⓑの絵の作業をおこなうよう命じたのはだれでしょう。
（　　　　）

(6) Ⓑの絵の作業により、検地帳に記録された、百姓が納めたものは何でしょう。（　　　　）

2 次の文を読んで、答えましょう。

A　キリスト教を保護して、布教を認めた。
B　（①）令を出して、百姓から武器を取り上げ、農業に専念(せんねん)させた。
C　明を従えようと、2度も（②）に大軍を送ったが、失敗に終わった。
D　（③）の中心地である石山本願寺を降伏させた。
E　安土城をきずいて、城下での自由な商工業を認めた。
F　桶狭間の戦いで駿河の（④）を破り、全国にその名が広まった。

(1) 文中の①〜④にあてはまる言葉を書きましょう。
①（　　　　）②（　　　　）
③（　　　　）④（　　　　）

(2) A〜Fの文について、織田信長に関するものはア、豊臣秀吉に関するものはイを書きましょう。
A（　　）B（　　）C（　　）
D（　　）E（　　）F（　　）

(3) Aの下線部のキリスト教を日本に伝えた人物はだれでしょう。
（　　　　）

(4) 織田信長を京都の寺でおそって自害させた人はだれでしょう。（　　　　）

(5) 織田信長や豊臣秀吉らが天下を統一しようと争いをくり返していた時代を、何時代というでしょう。（　　　　）

ヒント
1 (1) 1575年におこった甲斐(かい)の武田軍と織田・徳川連合軍の戦いです。
2 (2)B 検地の政策と合わせて、武士と百姓の身分をはっきりさせました。

ぴったり1 準備

3分でまとめ

2. 日本のあゆみ

7 武士による政治の安定①

学習日　　月　　日

めあて　江戸幕府の大名の統治のしくみを理解しよう。

教科書 138～143ページ　答え 25ページ

次の（　　）に入る言葉を、下から選びましょう。

1 江戸幕府を開いた徳川家康／江戸幕府による大名の支配　教科書 138～141ページ

徳川家康

徳川家康
(1542～1616年)

- 豊臣秀吉の命令で**江戸**（東京）に移り、関東を治めた。
- （①　　　　　　）…1600年の「天下分け目の戦い」で豊臣方に勝利。
- 1603年、征夷大将軍になり、江戸幕府を開き、豊臣氏をほろぼした。
- （②　　　　　　）…1868年まで約260年間続いた時代。

ワンポイント　江戸幕府の大名支配

- 幕府は全国の大名を３つに分けて支配した。
  - （③　　　　　　）…徳川氏の親類の大名
  - **譜代**…古くからの家来の大名
  - **外様**…関ケ原の戦いのころ家来になった大名
- （④　　　　　　）…大名が守るきまり。そむいた大名は厳しく罰した。
- ３代将軍（⑤　　　　　　）は、大名が１年おきに領地と江戸を行き来し（大名行列）、妻子は人質として江戸に住む（⑥　　　　　　）の制度を武家諸法度に加えた。**参勤交代**は大名の大きな負担になった。

●親藩・譜代　●外様
○100万石以上　○50～99万石　○20～49万石
□御三家
■幕府が直接治めたおもな場所
佐渡　伊達（仙台）　毛利（萩）　前田（金沢）　黒田（福岡）　京都　日光　長崎　大阪　細川（熊本）　徳川（水戸）　徳川（名古屋）　江戸　島津（鹿児島）　徳川（和歌山）　0　300km

おもな大名の配置

2 江戸時代の身分制と人々のくらし　教科書 142～143ページ

身分制

- **身分制**…親から子へ代々受けつがれ、武士が人々を支配するのに都合のよい制度であった。
- （⑦　　　　　　）…名字を名のり、刀をさすなどの特権をもつ。
- 百姓…農村などに住み、おもに農業をおこなう。村役人（庄屋、名主など）を決めて村の運営をし、幕府や藩へ収穫の半分ほどのねんぐを納めた。
- ５、６けんずつで（⑧　　　　　　）をつくり、共同責任を負った。
- （⑨　　　　　　）…城下町に住み、商工業をおこなう。
- 百姓や町人からも差別された人々…服装や行事・祭りの参加などで厳しい制約を受けるが、農業や手工業でねんぐを納め、生活用品をつくったり、芸能を伝えたりして、当時の文化や社会を支えた。
- しだいに女性の地位を男性より低くみる考え方が強まった。

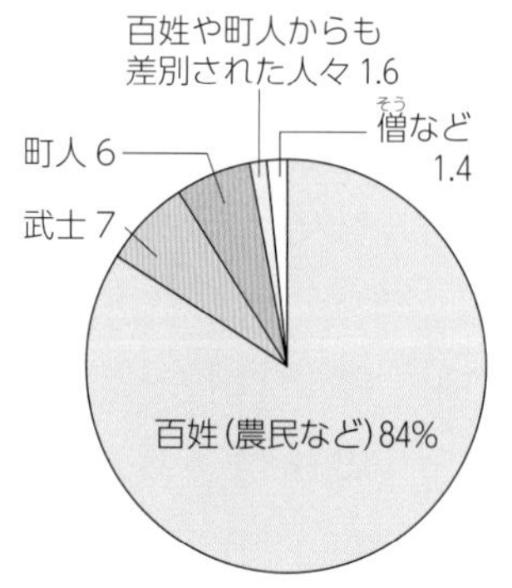

江戸時代の身分ごとの人口の割合
＊江戸時代終わりごろの数字。

選んだ言葉に✓

□参勤交代　□江戸時代　□五人組　□武家諸法度　□関ヶ原の戦い
□親藩　□町人　□徳川家光　□武士

学習日　月　日

ぴたトリビア

日光東照宮（栃木県日光市）…徳川家康をまつっている神社で、家康の孫の家光の時代に、おもな建物が建てかえられました。

教科書　138～143ページ　答え　25ページ

1 次の資料と絵を見て、答えましょう。

Ⓐ
・大名は江戸に ① すること。
・城を修理する場合はとどけ出ること。
・大名はかってに結婚してはならない。
（一部要約）

(1) 資料Ⓐの江戸に幕府を開いた人物はだれでしょう。（　　）
(2) 資料Ⓐの①にあてはまる言葉を漢字２字で書きましょう。（　　）
(3) 資料Ⓐのきまりの名前を書きましょう。（　　）
(4) Ⓑの絵は、資料Ⓐの①のようすをえがいたものです。Ⓑの絵の行列の名前を書きましょう。（　　）
(5) 資料Ⓐの①の制度を定めたのはだれでしょう。（　　）
(6) 大名のうち、①徳川氏の古くからの家来の大名、②関ヶ原の戦いのころ家来になった大名を、それぞれ何というでしょう。①（　　）②（　　）

2 右の資料を見て、答えましょう。

(1) 右のグラフ中のⒶ～Ⓒにあてはまる言葉を、［　　］から選びましょう。
Ⓐ（　　）Ⓑ（　　）Ⓒ（　　）

町人　武士　百姓

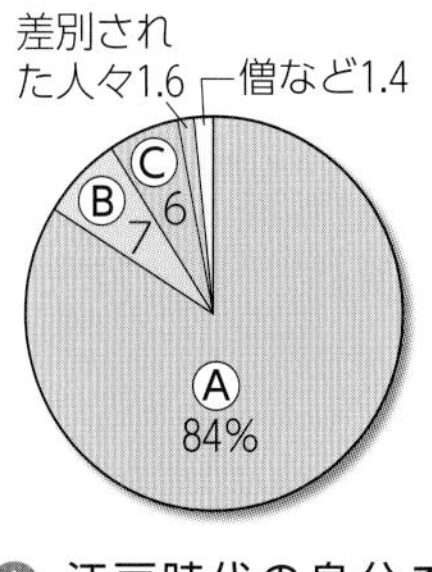

差別された人々1.6
僧など1.4
Ⓒ 6
Ⓑ 7
Ⓐ 84%

江戸時代の身分ごとの人口の割合
＊江戸時代終わりごろの数字。

(2) 右の「生活の心得」は、ある身分の人々に対して出されたものです。その身分の人々を、グラフ中のⒶ～Ⓒから選びましょう。（　　）
(3) 幕府は、Ⓐの人々に共同責任を負わせるしくみをつくりました。そのしくみを何といいますか。（　　）
(4) グラフ中のⒷの人々にあたえられていた特権は何ですか。次の①、②にあてはまる言葉を書きましょう。
①（　　）②（　　）

（①）を名のり、（②）をさすこと。

「生活の心得」　一部要約
一　朝早く起きて草をかり、昼は田畑を耕し、夜は縄をない、俵をあみ、油断なく仕事にはげめ。
一　酒や茶を買って飲んではならない。

ヒント
1 (6) 徳川氏の親類の大名は親藩といわれます。
2 (1) ⒶやⒸの人々は税（ねんぐなど）を納め、Ⓑの人々のくらしを支えていました。

ぴったり1 準備

2．日本のあゆみ

7 武士による政治の安定②

学習日　　月　　日

めあて
江戸幕府がおこなった鎖国と貿易について確認しよう。

教科書 144〜147ページ　答え 26ページ

次の（　　）に入る言葉を、下から選びましょう。

1 キリスト教の禁止と貿易の取りしまり

教科書 144〜145ページ

江戸時代はじめの外国との関係

- 徳川家康が（①　　　　）との国交を回復させる。大名や商人に貿易の許可状である（②　　　　）をあたえ、外国との貿易に力を入れた。
- 東南アジア各地に（③　　　　）ができた。

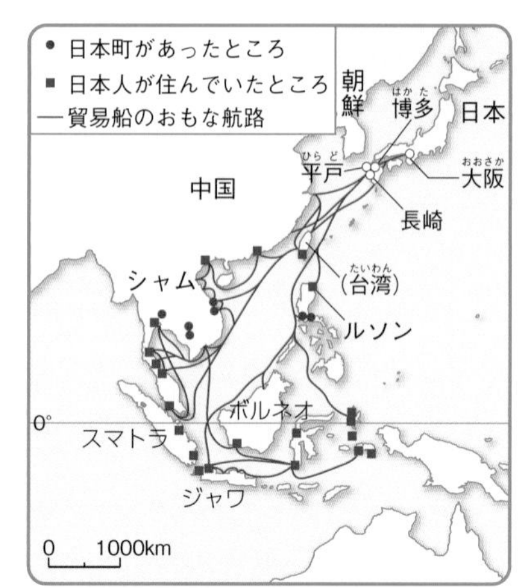

日本とアジア各地との貿易

キリスト教の禁止と貿易の取りしまり

- ヨーロッパからきた宣教師により、（④　　　　）が広まり、信者も急増した。
- キリスト教の禁止…キリスト教信者の勢力が大きくなって大名が幕府に従わなくなることをおそれた。
- **島原・天草一揆**…3代将軍の徳川家光のとき、島原（長崎県）・天草（熊本県）で益田時貞（（⑤　　　　））を中心に、キリスト教信者の百姓らが一揆をおこした。
  →幕府が大軍を送っておさえ、一揆のあとには（⑥　　　　）をふませるなどキリスト教の取りしまりを強めた。
- キリスト教を広めない中国（清）とオランダの商人とだけ、長崎での貿易を認めた。
- （⑦　　　　）…日本人が外国に行くことを禁止し、貿易を制限する制度。

2 江戸時代の海外との交流

教科書 146〜147ページ

ワンポイント　海外との交流

国（相手）	藩（場所）	内容
オランダ 中国	長崎 （出島）	●出島のオランダ館長が、海外のできごとを記した報告書を提出した。
朝鮮	対馬藩	●将軍が変わるごとに（⑧　　　　）が来日した。
琉球王国	薩摩藩	●日本や中国、東南アジアとの貿易で栄えた。 ●17世紀初めに薩摩藩に征服された。
アイヌ民族	松前藩	●北海道に昔から住んでいた人々。 ●松前藩の不正な取り引きに対して、（⑨　　　　）らが立ち上がったが、おさえられた。

朝鮮通信使の行列

選んだ言葉に✔

□ふみ絵　□キリスト教　□シャクシャイン　□朝鮮　□鎖国
□朱印状　□朝鮮通信使　□天草四郎　□日本町

ぴったり2

練習

学習日　　月　　日

ぴたトリビア

雨森芳洲（1668〜1755年）…対馬藩で朝鮮通信使を接待する役についた人物です。朝鮮通信使は、江戸時代を通じて12回来日しました。

教科書 144〜147ページ　答え 26ページ

1 右の地図と絵を見て、答えましょう。

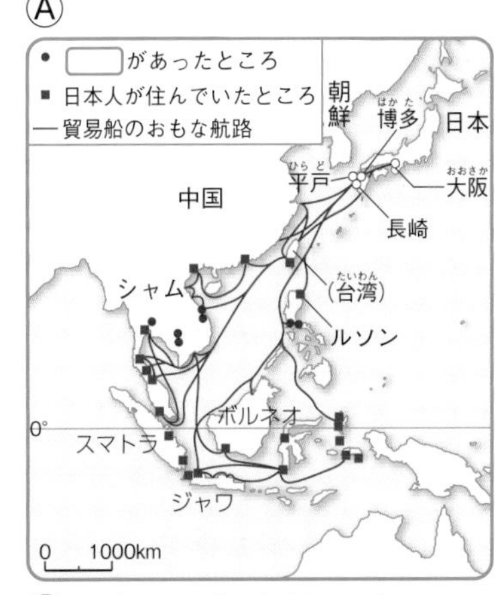

日本とアジア各地との貿易

(1) Ⓐの地図の□にあてはまる言葉を書きましょう。（　　）

(2) Ⓐの地図のように、日本はアジア各地と貿易をおこなっていました。貿易をするため、大名や商人が幕府からあたえられた許可状を何といいますか。（　　）

(3) 3代将軍の徳川家光のときのできごとの説明として、正しいものには○を、まちがっているものには×を書きましょう。

① （　　）益田時貞を中心に、蝦夷地の百姓約3万7000人が一揆をおこした。

② （　　）一揆に参加した百姓らは、その後、出島から出ることをゆるされなかった。

(4) (3)の一揆のあと、Ⓑの絵のような取りしまりがおこなわれました。人々が役人の前でふんでいるものは何でしょう。（　　）

(5) Ⓑは、何のためにおこなわれていますか。次の（　）にあてはまる言葉を書きましょう。（　　）

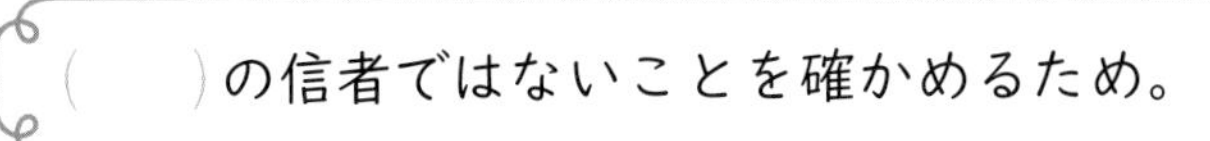
（　　）の信者ではないことを確かめるため。

(6) (3)の一揆のあと、幕府は、日本人が外国に行くことを禁止し、貿易を制限しました。この制度を何というでしょう。（　　）

(7) (6)の制度のもとで、長崎での貿易が認められた国を2つ書きましょう。（　　）（　　）

2 右の地図を見て、答えましょう。

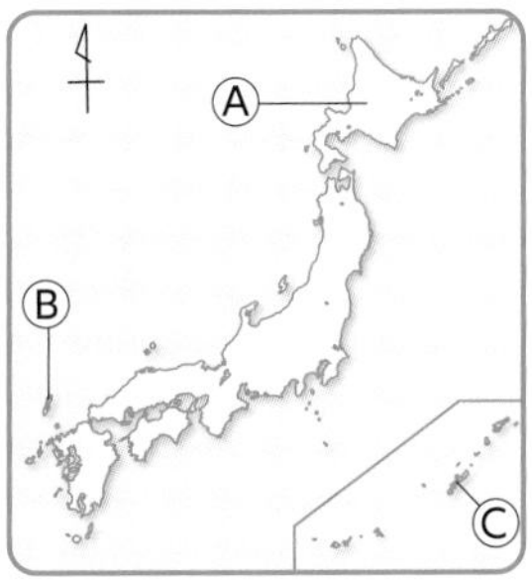

(1) Ⓐの地域に昔から住んでいた民族の名前を書きましょう。（　　）

(2) Ⓐの地域に住んでいた民族と交易する権利をもっていた藩は何藩でしょう。（　　）

(3) 幕府は、朝鮮と国交を回復し、Ⓑにある藩が貿易をおこないました。何藩でしょう。（　　）

(4) 将軍がかわるごとに朝鮮から来日した使節の名前を書きましょう。（　　）

(5) Ⓒの地域で、日本・中国・東南アジアとの貿易で栄えていた国の名前を書きましょう。（　　）

ヒント

1 (7) このうち1つの国は、長崎湾内につくられた出島で貿易をおこないました。

2 (5) 17世紀初め、この国は薩摩藩にせめられ、政治をかんとくされるようになりました。

教科書 126～147ページ 答え 27ページ

1 右の年表を見て、答えましょう。

(1)～(7)・(9)1つ4点、(8)7点（55点）

年	おもなできごと
	Ⓐ 1534～1582　Ⓑ 1537～1598　Ⓒ 1542～1616
1543	ポルトガル人が鉄砲を伝える
1549	㋐スペインの宣教師がキリスト教を伝える
1560	桶狭間の戦い
1573	Ⓐが室町幕府をたおす
1575	㋑長篠の戦い
1590	Ⓑにより天下が統一される
1603	Ⓒにより㋒江戸幕府が開かれる
1635	㋓武家諸法度に新たな制度を加える

(1) 年表中のⒶ～Ⓒは、天下統一を進めた武将の生きていた期間を示しています。Ⓐ～Ⓒにあてはまる人物の名前を書きましょう。

Ⓐ（　　　　）
Ⓑ（　　　　）
Ⓒ（　　　　）

(2) 次の①～③は、だれに関するできごとですか。Ⓐ～Ⓒから選びましょう。 技能

①（　　）②（　　）③（　　）

① 2度にわたり朝鮮に攻めこんだ。
② 本能寺で明智光秀にせめられ、みずから命をたった。
③ 大名や商人に朱印状をあたえて、貿易をおこなった。

(3) 年表中の下線部㋐の人物の名前を書きましょう。（　　　　）

(4) よく出る 年表中の下線部㋑の戦いで、ⒶとⒸの連合軍が効果的に使った武器の名前を書きましょう。（　　　　）

(5) 年表中のⒷの人物がおこなった検地について、次の文の（　　）にあてはまる言葉を書きましょう。

（　　　　）

収穫高を調べ、耕作して（　　）を納める百姓の名前を検地帳に記した。

(6) 年表中のⒸの人物が、1600年に勝利した関ヶ原の戦いで、対立した大名たちの大将であった人物の名前を書きましょう。（　　　　）

(7) 年表中の下線部㋒の江戸幕府が支配していた大名のうち、譜代について説明している文として正しいものを、㋐～㋒から選びましょう。（　　）

㋐ 徳川氏の親類の大名をさす。
㋑ 古くからの家来の大名をさす。
㋒ 関ヶ原の戦いのころ家来になった大名をさす。

記述 (8) 年表中の下線部㋓で、参勤交代の制度が加えられましたが、この制度の内容について簡単に説明しましょう。 思考・判断・表現

（　　　　　　　　）

(9) 武家諸法度に参勤交代の制度を加えた将軍の名前を書きましょう。（　　　　）

2 右のグラフを見て、答えましょう。

1つ5点（20点）

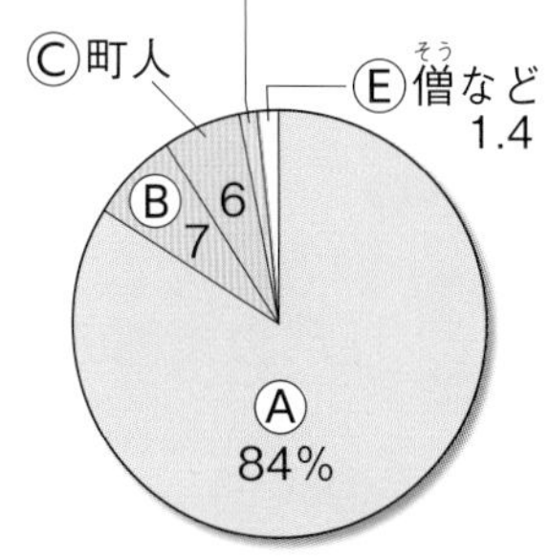

江戸時代の身分ごとの人口の割合
＊江戸時代終わりごろの数字。

(1) よく出る グラフ中のⒶにあてはまる身分の名前を書きましょう。

（　　　　）

(2) 次の説明にあてはまる身分を、グラフ中のⒶ～Ⓔから選びましょう。 技能　①（　　）②（　　）③（　　）

① 政治をおこない、名字を名のり、刀をさすなどの特権をもっていた。

② 庄屋（名主）のもとで五人組をつくり、きまりに対し共同で責任を負った。

③ 服装や行事・祭りの参加などで厳しい制約を受けながらも、すぐれた生活用品をつくったり、芸能を伝えたりした。

3 右の写真と絵を見て、答えましょう。

1つ5点（25点）

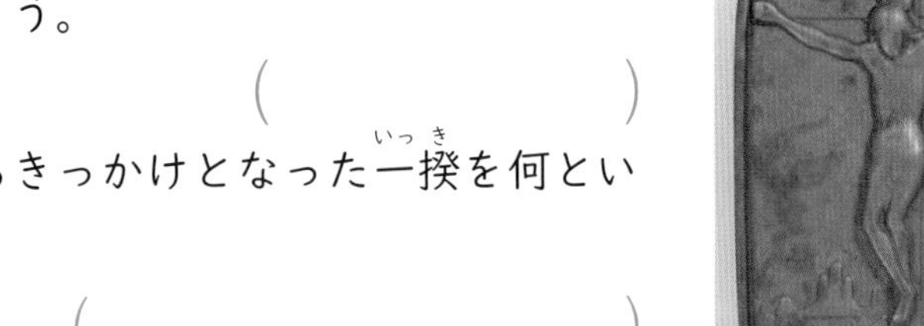

(1) 右のⒶは、幕府がキリスト教を取りしまるため、人々に役人の前でふませたものです。名前を書きましょう。

（　　　　）

(2) (1)を使った取りしまりが強められるきっかけとなった一揆を何というでしょう。

（　　　　）

(3) 右のⒷは、オランダとの貿易のため長崎湾内につくられた人工の島です。名前を書きましょう。

（　　　　）

記述 (4) できたらスゴイ! 幕府は貿易する国を制限し、オランダと中国（清）との貿易だけを認めました。それは、この2つの国がどのような国だったからですか。簡単に説明しましょう。

思考・判断・表現

（　　　　　　　　）

(5) できたらスゴイ! 次の文は、17世紀中ごろのある藩について説明したものです。この藩の名前を、［　　］から選びましょう。

（　　　　）

> この藩は、アイヌの人々と交易する権利を持っていた。不正な取り引きをおこなう藩に対する不満が高まり、シャクシャインを中心に多くのアイヌの人々が立ち上がったが、戦いはこの藩の勝利に終わった。

対馬藩　松前藩　薩摩藩

ふりかえり ❶(8)がわからないときは、48ページの❶にもどって確認してみよう。

ぴったり1 準備

3分でまとめ

2．日本のあゆみ

8 江戸の社会と文化・学問①

学習日　　月　　日

めあて
江戸の人々の文化や学問について理解しよう。

教科書 148～157ページ　答え 28ページ

次の（　　）に入る言葉を、下から選びましょう。

1 江戸のまちのようす／町人文化の広がり

教科書 148～153ページ

江戸の人口

- 江戸時代の17世紀前半から19世紀にかけて、人口が増加している。

江戸の町人文化

- 江戸や大阪、京都では、力をつけた町人たちが、好みに合った文化を生み出した。
- 男性が演じる劇（①　　　　）や、人形を使って演じられる（②　　　　）が人々に楽しまれた。
- **近松門左衛門**の作品は、歌舞伎や人形浄瑠璃を発展させた。
- 歌舞伎や人形浄瑠璃は、ユネスコ（国連教育科学文化機関）の**無形文化遺産**に登録されている。
- （③　　　　）…歌舞伎役者や人の世（浮世）の日常の姿を題材にした色あざやかな版画。

　→代表的な絵師としては、（④　　　　）がおり、彼は風景画『東海道五十三次』をえがいた。

　→オランダの画家ゴッホ（1853～1890年）の作品には浮世絵をまねたものが数多く残っている。

近松門左衛門（1653～1724年）

『東海道五十三次』のうちの鳴海（愛知県）

2 蘭学のはじまり／国学の広がりと子どもの教育

教科書 154～157ページ

ワンポイント　江戸時代の学問

蘭学	●オランダ語の書物を通して、ヨーロッパの学問を研究する学問。 ●（⑤　　　　）と**前野良沢**は、オランダ語で書かれた人体かいぼう書をほん訳して、**『解体新書』**を出版した。 ●（⑥　　　　）は、西洋の天文学や測量術を学び、全国を測量して、正確な日本地図をつくろうとした。  杉田玄白（1733～1817年）
国学	●仏教や儒学が伝わる前の日本人の考え方を明らかにしようとする学問。 ●（⑦　　　　）は、奈良時代の『古事記』の研究を進め、『古事記伝』を書いた。 ●国学を学んだ人の中に、天皇を中心とする政治にもどそうという動きがでた。

子どもたちの教育

- 百姓や町人の子どもたちが「読み・書き・そろばん」などをならった（⑧　　　　）という塾が開かれた。
- 寺子屋での教育は、明治時代の社会を発展させる力になった。
- 武士や武士の子どものために、藩校がつくられた。

寺子屋のようす

選んだ言葉に✓

□寺子屋	□人形浄瑠璃	□浮世絵	□本居宣長
□伊能忠敬	□歌舞伎	□歌川広重	□杉田玄白

学習日　月　日

ぴたトリビア

儒学…中国で生まれ、主君と家来など上下の秩序をたいせつにした学問で、人々を支配するうえで役に立つとされ、幕府の学問所や藩校で学ばれました。

教科書 148～157ページ　答え 28ページ

1 右の絵を見て、答えましょう。

(1) Ⓐで人々が見ている劇を何といいますか。
（　　　）

(2) 庶民の生活を題材にした(1)や人形浄瑠璃の作品を多く残した人物の名前を書きましょう。
（　　　）

(3) Ⓑのような人の世の日常の姿を題材にした色あざやかな版画を何というでしょう。
（　　　）

(4) (3)の代表作であるⒷをふくむ一連の作品の名前と、この作品をえがいた人物の名前を書きましょう。

作品名（　　　）
人物名（　　　）

2 次の文を読んで、答えましょう。

A　中津藩（大分県）の医者で、小浜藩（福井県）の医者である杉田玄白らとともに（①）語の人体かいぼう書をほん訳し、『（②）』を出版した。

B　佐原（千葉県）の商人であったが、50才を過ぎてから西洋の天文学や測量術を学んだ。全国を測量して歩き、正確な（③）をつくろうとした。

C　松阪（三重県）の商人の家に生まれ、医師をしていたが、仏教や儒学が伝わる前の日本人の考え方を明らかにしようと、奈良時代にまとめられた『（④）』の研究を進め、『（④）伝』を書いた。

(1) 文中の①～④にあてはまる言葉を書きましょう。

①（　　　）②（　　　）
③（　　　）④（　　　）

(2) A～Cは、だれについて書かれた文ですか。人物の名前を書きましょう。

A（　　　）
B（　　　）
C（　　　）

(3) Cの文中の下線部の学問を何といいますか。（　　　）

(4) 江戸時代の百姓や町人の子どもたちが、日常生活や商品の取り引きに必要なことを学んだ塾を何というでしょう。（　　　）

ヒント
1 (4) 五街道のうちの1つの街道の宿場町や風景をえがきました。
2 (3) 学んだ人の中から、天皇中心の政治にもどそうという動きが出ました。

ぴったり1 準備

2．日本のあゆみ

8 江戸の社会と文化・学問②

学習日　月　日

めあて
江戸時代に発達した都市をそれぞれ理解しよう。

教科書 158～165ページ　答え 29ページ

次の（　）に入る言葉を、下から選びましょう。

1 発達した都市と産業／学習問題について話し合う　教科書 158～163ページ

ワンポイント　江戸時代の都市

大阪	●日本の商業の中心地で、「（①　　　　）」とよばれた。 ●大名が（②　　　　）を置いて、ねんぐ米や特産物をうりさばく。 ●全国から品物が集まる。 ●問屋の蔵が並び、品物を積んだ船でにぎわう。 にぎわう大阪の港のようす
江戸	●日本の政治の中心地で、「**将軍のおひざもと**」とよばれた。 ●人口が100万人をこえる大都市だった。

●これらの都市を結ぶ（③　　　　）や船の航路が整備された。

江戸時代の産業

●農業…くわやとうみなどの（④　　　　）の改良、**新田開発**、油かすやイワシ（ほしか）といった（⑤　　　　）で、農業の生産性が高まった。

●特産物…商人や村の有力者が工場で綿織物、酒やしょうゆなどをつくり、これらの商品は各地の**特産物**となっていった。

●町人の生活…町人は町役人を選び、町を運営した。町人にかけられる税は百姓よりも軽く、経済力で大名をしのぐ大商人があらわれた。

2 感染症とたたかい、人々の命を守った上杉鷹山と後藤新平　はってん　教科書 164～165ページ

世界をおそった感染症

●2019年に発生した、（⑥　　　　）感染症（COVID-19）が世界中に広まった。

世界中の政治や経済がえいきょうを受けたよ。

上杉鷹山と後藤新平の感染症対策

だれが	感染症の経過	対策
1795年米沢藩 藩主（⑦　　　　）	●疱瘡が流行する。	●感染した人々を支援する。 ●江戸から専門医をよぶ。 ●被害のようすをくわしく記録する。
1895年　日清戦争後 （⑧　　　　）	●中国でコレラが流行する。 ●戦地からの帰還兵によるコレラ上陸を防ぐ。	●検疫所の設置。 ●軍人の検疫を行い、帰還船を消毒する。

選んだ言葉に✓

□後藤新平　□蔵屋敷　□肥料　□新型コロナウイルス
□上杉鷹山　□農具　□天下の台所　□五街道

ぴったり2

練習

学習日　　月　　日

ぴたトリビア

江戸時代には新たな航路も開かれ、東北地方の特産物が西まわり航路で大阪まで運ばれました。

教科書 158〜165ページ　答え 29ページ

1 右の資料を見て、答えましょう。

(1) 次の文の①、②にあてはまる都市を、地図中の都市から選びましょう。

① 「将軍のおひざもと」といわれ、人口が100万人をこえていた。

(　　　　　)

② 「天下の台所」といわれ、日本の商業の中心地であった。

(　　　　　)

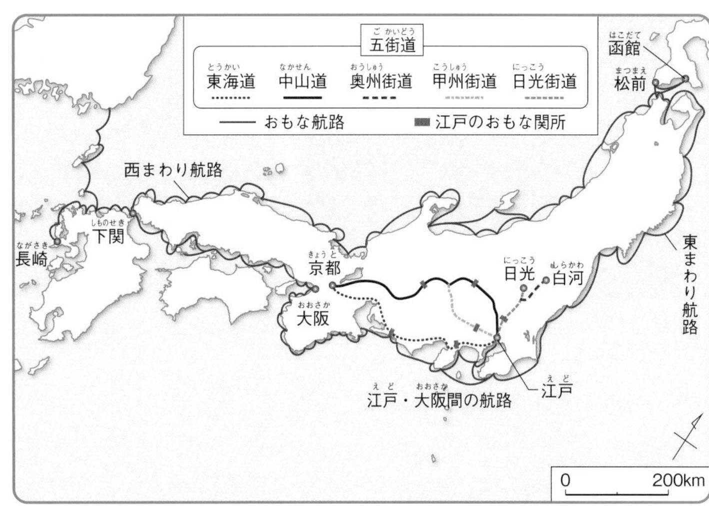

江戸時代のおもな交通

(2) 次の文の①〜③にあてはまる街道を、地図中の五街道の中から選びましょう。

① 江戸と京都を、海側で結ぶ街道。(　　　　　)

② 江戸と京都を、内陸側で結ぶ街道。(　　　　　)

③ 江戸と日光を結ぶ街道。(　　　　　)

(3) 右のグラフでは、江戸時代の初めごろに比べ、江戸時代の中ごろには耕地面積は約何倍に増えましたか。

約(　　　　　)倍

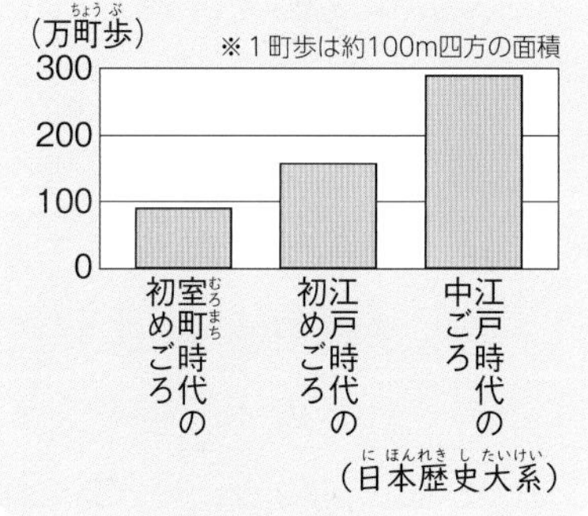

耕地面積の増加

(4) (3)のように、耕地面積が増加した理由について、次の文中の(　)にあてはまる言葉を書きましょう。

(　　　　　)

ため池や用水路をつくるなど、(　　　)を進めたから。

2 次の問いに答えましょう。

(1) 1795年に米沢藩で疱瘡が流行しました。米沢藩とは、現在の何県ですか。

(　　　　　)

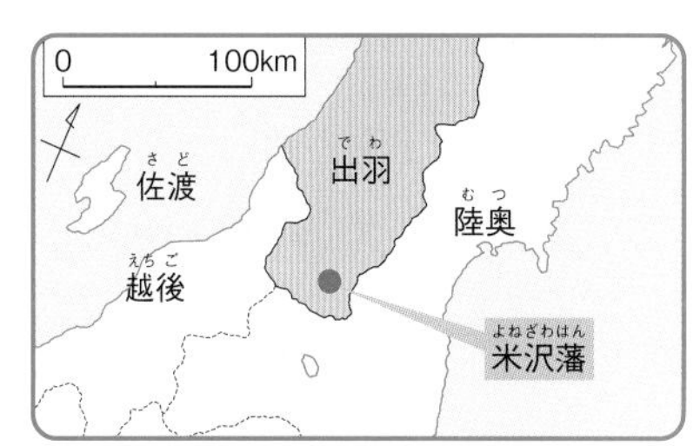

米沢藩の位置を示した地図

(2) 米沢藩の藩主の上杉鷹山がとった感染症対策について、次の文の(　)にあてはまる語句を書きましょう。

(　　　　　)

正月の祝賀はおこなわず、(　　　)のようすをくわしく記録に残す。

(3) 後藤新平が対策をすすめた感染症は何ですか。(　　　　　)

1 (2)① 現在も中部地方を細かく分けたときの地域名や新幹線に街道名が残っています。

2 (1) 東北地方の日本海側にある県です。

8 江戸の社会と文化・学問

教科書 148～165ページ　答え 30ページ

1 次の資料を見て、答えましょう。

1つ5点（30点）

(1) 江戸時代に生まれたⒶの資料の芸能を何というでしょう。（　　　　）

(2) Ⓒの資料をえがいた画家を、次の㋐～㋓から選びましょう。（　　　　）

㋐ 杉田玄白（すぎたげんぱく）　㋑ 前野良沢（まえのりょうたく）　㋒ 歌川広重（うたがわひろしげ）　㋓ 伊能忠敬（いのうただたか）

(3) できたらスゴイ! Ⓒの資料の構図や色づかいをまねて絵をえがいた、19世紀後半にかつやくしたオランダの画家の名前を書きなさい。（　　　　）

(4) Ⓐ～Ⓒの文化の説明としてあてはまるものを、次の㋐～㋓からそれぞれ選びましょう。

Ⓐ（　　）Ⓑ（　　）Ⓒ（　　）

㋐ 人形を使って、「世話物（せわもの）」や「時代物（じだいもの）」とよばれる演目が今も演じられている。

㋑ 幕府（ばくふ）が奨励（しょうれい）した、上下の秩序（ちつじょ）を大切にする学問である儒学（じゅがく）を学んでいる。

㋒ 庶民（しょみん）の暮らしなどを題材にし、男性がはでな衣装（いしょう）を着て演じている。

㋓ 日常（にちじょう）の姿（すがた）を題材にした版画で、色あざやかにえがかれている。

2 右の資料を見て、答えましょう。

1つ5点（20点）

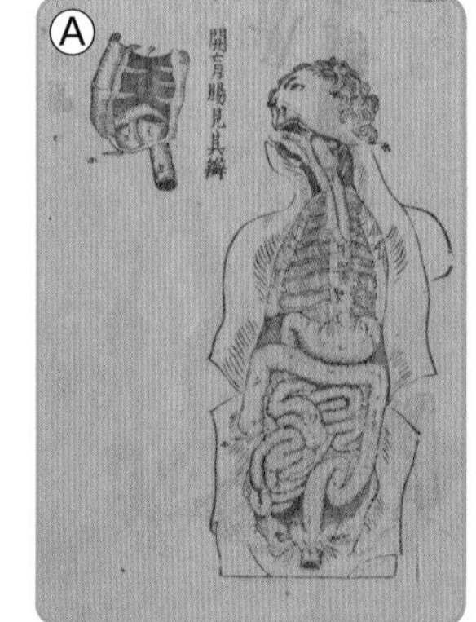

(1) Ⓐの資料は、オランダ語で書かれた書物をほん訳（やく）して出版されたものの一部です。この書物を何というでしょう。（　　　　）

(2) Ⓐの資料のように、オランダ語を通じてヨーロッパの学問を学ぶ学問を何といいますか。（　　　　）

記述 (3) できたらスゴイ! Ⓐの資料ができたころにさかんになった国学を学んだ人の中から、どのような動きが出ましたか。「将軍（しょうぐん）」「政治」という語句を使って、簡単に説明しましょう。

思考・判断・表現

（　　　　　　　　　　　　）

(4) Ⓑの資料を見て、江戸時代の教育について説明した文として正しいものを、㋐～㋓から選びましょう。（　　　　）

㋐ 寺子屋（てらこや）は大都市だけにあった。

㋑ 藩校（はんこう）では百姓（ひゃくしょう）やその子どもたちが農業を学んだ。

㋒ 幕府はオランダで生まれた儒学を重んじた。

㋓ 僧（そう）・庄屋（しょうや）（名主（なぬし））・武士（ぶし）などが寺子屋を開いた。

学習日　月　日

3 次の文を読んで、あとの問いに答えましょう。

1つ5点（50点）

A　大阪は㋐「天下の台所」とよばれ、㋑江戸は「（①）」とよばれて栄えた。
B　農業では、油かすや干したイワシ（②）といった㋒肥料を使うようになった。
C　㋓商人や有力者が小さな工場を建てて、各地で㋔特産物がつくられるようになった。
D　米沢藩の上杉鷹山は㋕感染症の対策をおこなった。

(1) よく出る 文中の①・②にあてはまる言葉を書きましょう。

①（　　　）　②（　　　）

記述 (2) 下線部㋐について、大阪が「天下の台所」とよばれた理由を、簡単に書きましょう。

思考・判断・表現

（　　　）

(3) 下線部㋑について、右の地図から奥州街道と中山道にあたる街道を、㋐～㋔から選びましょう。

奥州街道（　　　）
中山道（　　　）

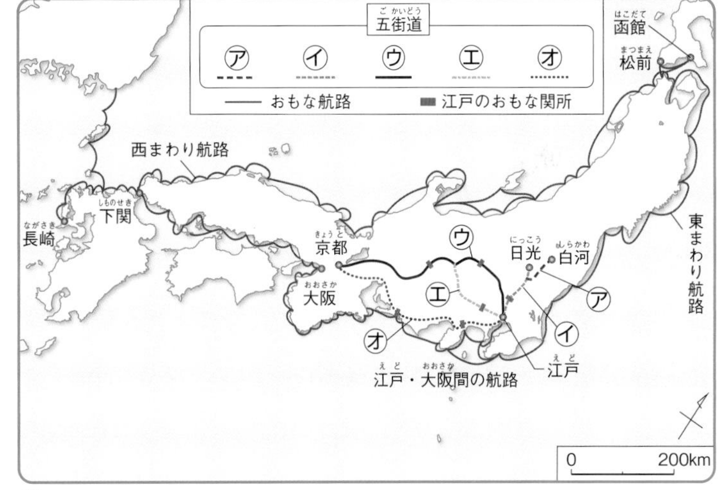

江戸時代のおもな特産物と交通

(4) 下線部㋒について、肥料を使うようになって、農業はどのように変化しましたか。あてはまるものを、Ⓐ～Ⓓから選びましょう。（　　　）

Ⓐ　農作業が速く楽になった。
Ⓑ　ため池や用水路が整備された。
Ⓒ　新田開発が進んで、耕地面積が増加した。
Ⓓ　農産物の生産性が高まった。

(5) 下線部㋓について、次の文の（　　）にあてはまることばを次の㋐～㋓から選びましょう。（　　　）

経済力では、（　　　）をしのぐ大商人もあらわれた。

㋐　町人　㋑　百姓　㋒　天皇　㋓　大名

(6) できたらスゴイ！ 下線部㋔について、右のⒶは、兵庫県伊丹である特産物をつくっているようすです。この特産物を、次の㋐～㋓から選びましょう。

技能（　　　）

㋐　酒　㋑　絹織物　㋒　たばこ　㋓　陶磁器

(7) 下線部㋕について、上杉鷹山の感染症対策としてあてはまるもの2つに○をつけましょう。

㋐（　　）検疫所を設置する。
㋑（　　）感染して生活が苦しくなった人々を支援する。
㋒（　　）被害のようすをくわしく記録に残す。
㋓（　　）軍人の検疫をし、帰還船を消毒する。

ふりかえり　3(2)がわからないときは、56ページの1にもどって確認してみよう。

2. 日本のあゆみ

9 明治の新しい国づくり①

◎めあて
開国と江戸幕府がたおれた流れをおさえよう。

教科書 166～171ページ　答え 31ページ

次の（　　）に入る言葉を、下から選びましょう。

1 江戸時代から新しい時代へ／黒船の来航と開国　教科書 166～169ページ

✪ 明治時代

- **明治時代**…江戸幕府がたおれたあとの1868～1912年まで続いた時代。
- 江戸は（①　　　　）という名前に改められ、新しい政府が天皇中心の政治を進めた。
- 洋風の建物や服装が増え、学校は現代の学校と似たものになった。

ペリー（1794～1858年）

ワンポイント 開国

- 1853年、（②　　　　）がアメリカ合衆国の軍艦（黒船）4せきを率いて、浦賀（神奈川県）にあらわれ、アメリカ大統領の手紙を示して開国を要求した。
- 1854年、（③　　　　）を結んで、下田（静岡県）と函館（北海道）の2港を開いた。
- 1858年、アメリカと（④　　　　）を結んで、函館・横浜・長崎・新潟・神戸の5港を開いた。日本は**日米修好通商条約**と同じ内容の条約を、オランダ・ロシア・イギリス・フランスとも結んだ。

200年以上続いた鎖国の状態が終わったよ。

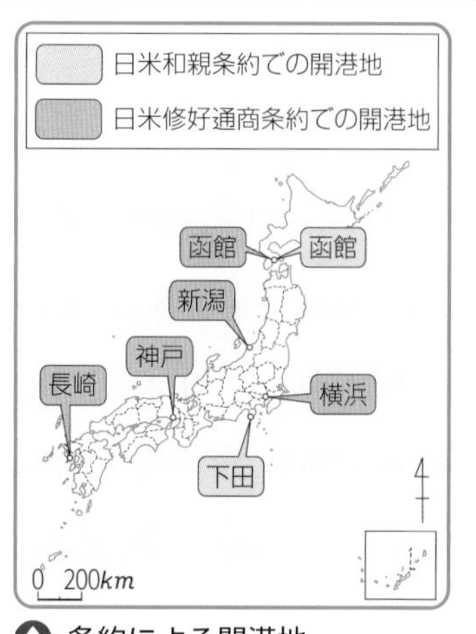

条約による開港地

2 高まる人々の不満　教科書 170～171ページ

✪ 江戸時代の終わり

- 19世紀中ごろ、もと幕府の役人であった（⑤　　　　）が大阪で兵をあげた。
- 開国後、外国との貿易によって品不足になった生糸をはじめ、ものの値段が上がり、生活に苦しむ人々による一揆や打ちこわしが各地でおこった。
- 幕府をたおして天皇中心の国家をつくろうとする運動がおこった。
  →この運動では、薩摩藩（鹿児島県）の（⑥　　　　）や**大久保利通**、長州藩（山口県）の（⑦　　　　）らが中心となった。
- 土佐藩（高知県）出身の（⑧　　　　）が、対立していた薩摩藩と長州藩の間を取りもち、手を結ばせた。
  →こうした動きにおされ、1867年、15代将軍（⑨　　　　）が政権を天皇に返したことで（**大政奉還**）、鎌倉幕府以来700年ほど続いた武士の世の中が終わった。
- 江戸幕府の**勝海舟**は、西郷隆盛と交渉し、戦わずに江戸城を明けわたして江戸のまちを守った。

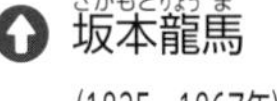
坂本龍馬（1835～1867年）

選んだ言葉に✓

□坂本龍馬　□日米和親条約　□東京　□西郷隆盛　□ペリー
□木戸孝允　□徳川慶喜　□大塩平八郎　□日米修好通商条約

ぴたトリビア

坂本龍馬は、亀山社中とよばれる貿易結社を結成し、私設海軍・貿易会社として活動しました。日本で初めての株式会社といわれています。

教科書 166～171ページ　答え 31ページ

1 右の写真と地図を見て、答えましょう。

(1) 1853年、4せきのアメリカ合衆国の軍艦があらわれた神奈川県の地名を書きましょう。（　　　　）

(2) 右の写真は、アメリカの軍艦を率いて来航した人物です。名前を書きましょう。（　　　　）

(3) 1854年、(2)の人物は再び来航し、幕府と条約を結びました。この条約の名前を書きましょう。（　　　　）

(4) (3)の条約により、右の地図中のⒶ、Ⓑの2つの港が開かれました。それぞれ地名を書きましょう。

Ⓐ（　　　　）　Ⓑ（　　　　）

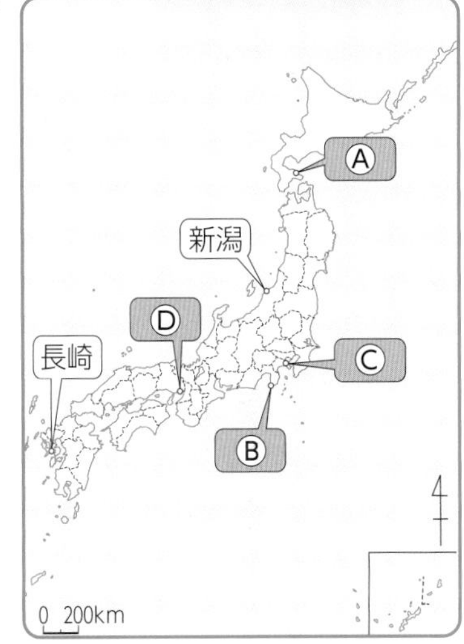

(5) 1858年、アメリカが日本に対し貿易をおこなうよう求め、結んだ条約の名前を書きましょう。

（　　　　）

(6) (5)の条約により、右の地図中のⒶ・Ⓒ・新潟・Ⓓ・長崎の港を開いて、貿易をおこなうことになりました。Ⓒ、Ⓓの地名を書きましょう。

Ⓒ（　　　　）　Ⓓ（　　　　）

2 次の問いに答えましょう。

(1) 開国後の日本のようすの説明として、正しいものには○を、まちがっているものには×をつけましょう。

①（　　）もと幕府の役人であった大塩平八郎が大阪で兵をあげた。

②（　　）生糸は品不足から値段が上がり、それとともにものの値段も上がって、生活に苦しむ人々は一揆や打ちこわしをおこした。

(2) 次の①～④の文は、だれについて説明したものですか。［　］から選びましょう。

①（　　　　）　②（　　　　）
③（　　　　）　④（　　　　）

① 対立する薩摩藩と長州藩の手を結ばせた。

② 幕府の政治を続けることはできないとして、政権を天皇に返した。

③ 同じ藩の大久保利通などとともに、幕府をたおす計画を進めた。

④ 新政府軍が江戸に攻めこもうとしたとき、③の人物と交渉し、戦わずに江戸城を明けわたし、江戸のまちを守った。

西郷隆盛　勝海舟　徳川慶喜　木戸孝允　坂本龍馬

(3) (2)の③の下線部の「同じ藩」とは何藩のことでしょう。（　　　　）

ヒント 2 (2)①、④　④の人物は幕府の海軍操練所の責任者でした。①は土佐藩を脱藩して浪人となった後、④の弟子になり、国際的な視野を身につけていきました。

9 明治の新しい国づくり②

めあて
明治政府の諸改革をその目的と合わせて理解しよう。

教科書 172～177ページ　答え 32ページ

 次の（　　）に入る言葉を、下から選びましょう。

1 新しい政府による政治

教科書 172～173ページ

明治維新

- 明治政府は、薩摩藩の**大久保利通**や長州藩の**木戸孝允**などの下級武士が中心となった。新しい世の中のしくみをつくるために進められた政治や社会の改革を（①　　　　　）という。
- 日本の首都は東京になった。
- （②　　　　　）…1868年、**明治天皇**が示した新しい政治の方針。
- （③　　　　　）…1869年、大名が治めていた領地と領民を天皇に返す。
- （④　　　　　）…1871年、天皇中心の政治をゆきわたらせるため、藩を廃止して県を置き、政府から各県に知事を派遣した。
- **身分制**を廃止したことで百姓や町人にも名字が許され、職業や住む場所も自由に選べるようになった。
- 皇族（天皇の一族）、華族（貴族や大名）、士族（武士）、平民（百姓や町人）という新しい身分となった。**解放令**により百姓や町人からも差別された人々も平民になった。
- 蝦夷地は北海道と改称され、アイヌの人々の伝統的な文化や生活様式は否定された。琉球王国には琉球藩が置かれたが、廃藩置県により国王が東京に移され、沖縄県知事が置かれた。

大久保利通
(1830～1878年)

木戸孝允
(1833～1877年)

2 明治政府の改革／文明開化とくらしの変化

教科書 174～177ページ

ワンポイント　富国強兵

- 日本の経済を発展させて、強い軍隊をもち、欧米諸国に対抗しようとした。
- 1871年、（⑤　　　　　）を中心とする岩倉使節団が欧米諸国を視察した。
- （⑥　　　　　）…1873年、20才以上の男子に3年間軍隊に入ることを義務づけた。
- （⑦　　　　　）…1873年から、土地の値段を基準に税（地租）を定めて税金を納めさせ、国の収入を安定させようとした。
- （⑧　　　　　）（群馬県）のような国営の工場をつくり、産業をさかんにする（⑨　　　　　）を進めた。

富岡製糸場のようす

文明開化

- 欧米の制度や生活様式を積極的に取り入れた。
- 郵便や電信の制度が整備され、新橋―横浜間に鉄道が開通した。新聞や雑誌の発行も盛んになり、一定の年令になった子どもに教育を受けさせるための学校の制度も定められた。
- **福沢諭吉**が『学問のすゝめ』を書き、教育の分野でかつやくした。

選んだ言葉に ✓

□地租改正　□五か条の御誓文　□版籍奉還　□廃藩置県　□富岡製糸場
□岩倉具視　□殖産興業　□明治維新　□徴兵令

学習日　月　日

ぴたトリビア

富岡製糸場…300台の機械を設置し、全国から女性労働者を集めて生糸を生産し、横浜から輸出しました。2014年に世界文化遺産に登録されました。

教科書 172〜177ページ　答え 32ページ

1 右の資料を見て、答えましょう。

(1) 右の資料は、明治天皇が示した新しい政治方針です。何というでしょう。（　　）

(2) 新しい世の中のしくみをつくるために進められた政治や社会の改革を何というでしょう。（　　）

(3) 明治政府は、江戸時代のどこの藩の下級武士たちが中心となりましたか。藩名を2つ書きましょう。（　　）（　　）

(4) 下線部㋐について、江戸時代の身分制は廃止され、新しい身分になりました。右のグラフのⒶ、Ⓑにあてはまる新しい身分の名前を書きましょう。Ⓐ（　　）Ⓑ（　　）

(5) 百姓や町人からも差別されていた人々は、ある法令が出されたことによりグラフのⒶの身分となりました。この法令の名前を書きましょう。（　　）

(6) 下線部㋑について、政府の改革の1つで、藩を廃止して県を置き、政府の役人を知事として派遣したことを何というでしょう。（　　）

一、政治は、広く会議を開き、多くの人々が意見を述べ合ったうえで決定しよう。
一、㋐国民が心を一つにして、新政策を盛んにおこなおう。
一、役人も人々も、自分の願いを実現するようにしよう。
一、㋑昔からの悪いならわしをやめて、道理に合うやり方をしよう。
一、新しい知識を世界から学び、天皇中心の国を盛んにしよう。

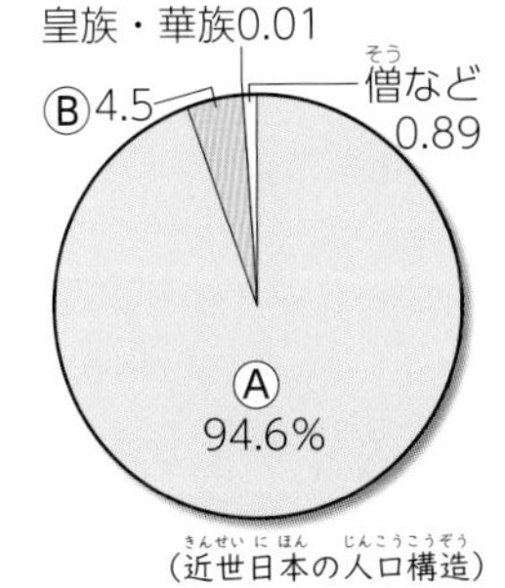

明治時代初めの新しい身分の割合

2 次の問いに答えましょう。

(1) 次の①〜④の文にあてはまることがらを、□から選びましょう。
①（　　）②（　　）③（　　）④（　　）

① 20才以上の男子に、3年間軍隊に入ることを義務づけた。
② 土地の値段を基準に税を定め、国の収入を安定させようとした。
③ 産業を盛んにするため、欧米から技術者を招き、機械を買い入れ、国営工場をつくった。
④ 日本の経済を発展させて強い軍隊をもち、欧米諸国に対抗しようとした。

富国強兵　地租改正　版籍奉還　殖産興業　徴兵令

(2) 次の文中の①、②にあてはまる言葉を書きましょう。
①（　　）②（　　）

明治時代になると、郵便や電信の制度が整い、新橋―横浜間には（①）が開通した。子どもに教育を受けさせる学校の制度も定められた。人間の自由や権利を尊重する考えも広がっていった。このような欧米の制度や生活様式を積極的に取り入れた動きを（②）という。

ヒント
1 (4)Ⓑ 古い身分制度では武士でした。
2 (2)② このころ、福沢諭吉は『学問のすゝめ』を書きました。

9 明治の新しい国づくり

時間 30分　／100　合格 80点

教科書 166～177ページ　答え 33ページ

1 右の年表を見て、答えましょう。

1つ5点（30点）

年	おもなできごと
19世紀中ごろ	幕府のもと役人であった（Ⅰ）が、大阪で兵をあげる―ⓐ
1853	ペリーが浦賀に来る―ⓑ
1854	日米和親条約が結ばれる―ⓒ
1858	日米修好通商条約が結ばれる―ⓓ

(1) よく出る 年表中の（Ⅰ）にあてはまる人物の名前を書きましょう。

（　　　　）

(2) よく出る 年表中の下線部について、この条約で開いた港を、右の地図中の㋐～㋕から２つ選びましょう。 技能

（　　）（　　）

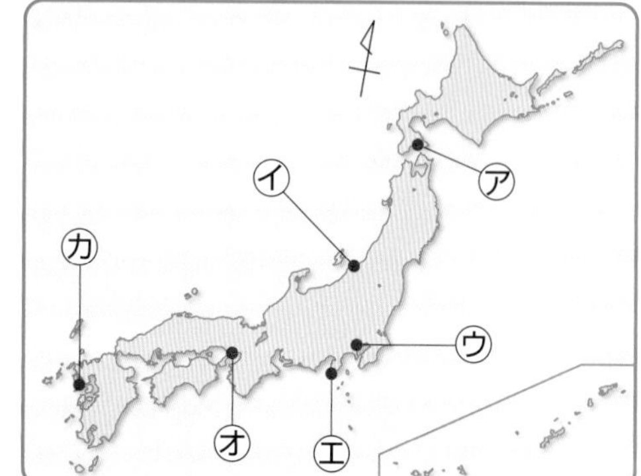

(3) 次の①、②にあてはまることがらを年表中のⓐ～ⓓから１つずつ選びましょう。

①（　　）②（　　）

① このときに結ばれた取り決めによって、日本は貿易をおこなうことになった。

② これによって、下田に領事がおかれることになった。

(4) 日本は年表中のⓓの条約と同じ内容の条約を、アメリカのほかに４か国と結びました。その４か国のうち、日本が鎖国中も交流のあった国の名前を書きましょう。

（　　　　）

2 次の問いに答えましょう。

1つ4点（20点）

(1) よく出る 次の人物とその説明について、あうものを線で結びましょう。 技能

① 坂本龍馬 ・　　・ ㋐新政府軍が江戸に攻めこもうとしたとき、西郷隆盛と交渉し、戦わずに江戸城を明けわたした。

② 岩倉具視 ・　　・ ㋑土佐藩の出身。対立していた薩摩藩と長州藩の手を結ばせた。

③ 勝海舟 ・　　・ ㋒大久保利通や木戸孝允らとともに、欧米の政治・経済のしくみや産業や文化について視察した。

(2) できたらスゴイ！ (1)の③勝海舟は、幕府のある教育施設の責任者でした。その施設の名前を書きましょう。

（　　　　）

(3) 勝海舟に弟子入りしたのは、坂本龍馬と岩倉具視のうち、どちらですか。

（　　　　）

学習日　月　日

3 右の年表を見て、答えましょう。

1つ5点（30点）

年	おもなできごと
1867	あ幕府が政権を天皇に返す
1868	い五か条の御誓文を発表する
1871	う藩を廃止し、県を置く
1872	え学校の制度を定める
1873	お徴兵令を出して、国民が軍隊に入ることを義務づける か地租改正がおこなわれる

(1) よく出る 下線部あで、政権を天皇に返した江戸幕府15代将軍の名前を書きましょう。（　　）

(2) 下線部いを国民に示したのはだれでしょう。（　　）

記述 (3) 下線部うについて、政府がこの政策をおこなった理由を、簡単に書きましょう。 思考・判断・表現

（　　）

(4) 下線部えにより、全国の町や村に設けられた教育機関は何でしょう。（　　）

(5) 下線部おにより、軍隊に入ることを定められたのはどのような人でしょう。ア～ウから選びましょう。（　　）

ア 18才以上の男子　イ 20才以上の男子　ウ 25才以上の男子

記述 (6) できたらスゴイ！ 年表中のかにより、国の収入はどのように変化しましたか、簡単に書きましょう。

思考・判断・表現

（　　）

4 右の絵を見て、答えましょう。

1つ4点（20点）

(1) よく出る 右の絵は、群馬県につくられた国営の工場のようすです。工場の名前を書きましょう。（　　）

(2) よく出る 欧米から技術者を招き、機械を買い入れ、右の絵のような国営の工場をつくって産業を盛んにする政策を何というでしょう。（　　）

(3) 明治時代に入ると、欧米の制度や生活様式が積極的に取り入れられましたが、そのようなことがらにあてはまるものを、ア～エから選びましょう。 技能（　　）

ア 藩校がつくられた。　イ 寺子屋のしくみが整った。

ウ 牛肉が食べられるようになった。　エ 浮世絵が印刷されるようになった。

(4) できたらスゴイ！ 1872年、日本ではじめての鉄道が、新橋—横浜間で開通しました。このとき、使用された車両はどこの国から輸入されたものですか。ア～エから選びましょう。（　　）

ア アメリカ　イ フランス　ウ イギリス　エ ロシア

(5) 明治時代には、人間の自由や権利を尊重する考えも広がりはじめました。このころに『学問のすゝめ』を書いた人物の名前を書きましょう。（　　）

ふりかえり 3(6)がわからないときは、62ページの2にもどって確認してみよう。

学習日 月 日

10 国力の充実をめざす日本と国際社会①

めあて
大日本帝国憲法が制定されるまでの流れをおさえよう。

教科書 178〜183ページ 答え 34ページ

次の（ ）に入る言葉を、下から選びましょう。

1 ノルマントン号事件と条約改正

教科書 178〜179ページ

ワンポイント 条約改正までのあゆみ

改正前	●江戸幕府が欧米諸国と結んだ条約は不平等であった。 （① ）を認める…外国人が日本で罪をおかしても、日本で処罰できない。 （② ）がない…輸入品にかける税金を自由に決める権利が日本にない。 ●**ノルマントン号事件**…船がそうなんしたとき、イギリス人の船員らは助かり、日本人乗客は全員なくなった事件。 →治外法権により船長は軽い罪だったことから、**条約改正**を求める声が高まる。 ●鹿鳴館…欧米諸国に追いつくために、舞踏会を開いて、日本の洋風化を示そうとした。
改正後	●1894年、外務大臣**陸奥宗光**が、イギリスとの間で治外法権を廃止。 ●1911年、外務大臣**小村寿太郎**が、アメリカとの間で関税自主権を回復。

ノルマントン号事件

2 自由民権運動の広がり／大日本帝国憲法の発布と国会の開設

教科書 180〜183ページ

自由民権運動

- （③ ）…1877年、明治政府に不満をもつ鹿児島の士族が、**西郷隆盛**を指導者にしておこした。政府の軍隊によってしずめられ、以降は言論でうったえるようになった。
- **自由民権運動**…（④ ）らが、明治維新を担った一部の人たちが政治をおこなっていることに反対し、政府に憲法を定めて国会を開くよう求める。
- 政府は1881年に、10年後に国会を開くことを約束し、板垣退助は自由党、**大隈重信**は立憲改進党という（⑤ ）をつくった。

大日本帝国憲法の発布

- 政府は、（⑥ ）らをヨーロッパに送り、皇帝の権利が強いドイツの憲法を調べさせた。
- 内閣制度をつくり、**伊藤博文**が**初代内閣総理大臣**となった。
- 1889年、明治天皇の名で**大日本帝国憲法**が発布された。

大日本帝国憲法（一部要約）
・天皇が国を治める主権をもつ
・天皇が軍隊を率いる
・国民の権利は法律の範囲内で認める

国会の開設

- 1890年、第1回（⑦ ）（国会）が開かれた。
- 帝国議会は、皇族や華族、天皇が任命する議員からなる（⑧ ）と、国民の選挙によって選ばれる**衆議院**の二院制であった。
- 衆議院の有権者は、**国税**15円以上を納めている、満25才以上の男子に限られた。

第1回の選挙の有権者は全国民の約1.1％にすぎなかったよ。

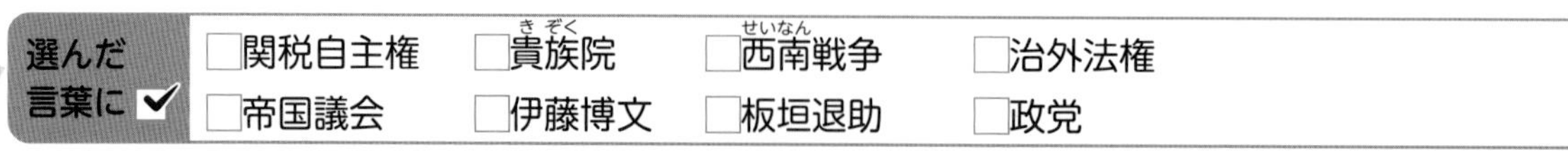
選んだ言葉に✓
□関税自主権 □貴族院 □西南戦争 □治外法権
□帝国議会 □伊藤博文 □板垣退助 □政党

ぴったり2 練習

学習日　　月　　日

ぴたトリビア

西南戦争は、最後で最大の士族の反乱です。徴兵令によって集められた近代的な政府軍によって、反乱がしずめられました。

教科書 178〜183ページ　答え 34ページ

1 右の年表を見て、答えましょう。

(1) 年表中の①にあてはまる言葉を書きましょう。
（　　　）

(2) 年表中の②、③にあてはまる国を［　］から選びましょう。
②（　　　）
③（　　　）

［アメリカ　ロシア　イギリス　オランダ］

年	おもなできごと
1858	欧米諸国と不平等な条約を結ぶ
1871	岩倉使節団が欧米諸国の視察に出発する
1883	鹿鳴館を建てる
1886	和歌山県沖で（①）事件がおこる
1894	（②）との間で治外法権の廃止を決める ⓐ
1911	（③）との間で関税自主権の回復を決める ⓑ

(3) 年表中のⓐ・ⓑのときに交渉(こうしょう)にあたった日本の外務大臣の名前を、それぞれ書きましょう。
ⓐ（　　　）　ⓑ（　　　）

2 次の文を読んで、答えましょう。

㋐明治政府の改革(かいかく)に不満をもつ士族が各地で反乱をおこした。しかし、いずれも政府の軍隊にしずめられ、以後、武力でなく言論で政府にうったえるようになった。また（①）を中心に、㋑憲法をつくって政府に（②）を開くよう求める運動が全国に広がった。㋒政府は（②）を開くことを約束し、憲法を調べるため、のちに初代内閣総理大臣になる（③）を外国に送った。そして、㋓1889年に大日本帝国憲法が発布され、翌年(よくねん)に第1回の（②）が開かれた。

(1) 文中の①〜③にあてはまる言葉・人物の名前を書きましょう。
①（　　　）
②（　　　）
③（　　　）

（①）

（③）

(2) 下線部㋐について、西郷隆盛を指導者として、1877年に鹿児島でおこった反乱の名前を書きましょう。
（　　　）

(3) 下線部㋑について、この運動を何というでしょう。（　　　）

(4) 下線部㋒について、このころ、大隈重信がつくった政党の名前を書きましょう。
（　　　）

(5) 下線部㋓の説明として正しいものには○を、まちがっているものには×をつけましょう。
①（　　）おもにアメリカの憲法を参考にしてつくられた。
②（　　）国民主権が定められた。
③（　　）内閣総理大臣が軍隊を率いると定められた。

ヒント
1 (1) この事件の後、治外法権の撤廃を求める運動がさかんになりました。
2 (2) 士族の最後で最大の反乱だといわれます。

ぴったり1 準備

2．日本のあゆみ

10 国力の充実をめざす日本と国際社会②

学習日　月　日

めあて
日本が世界の強国となっていった過程をまとめよう。

教科書 184～187ページ　答え 35ページ

 次の（　　）に入る言葉を、下から選びましょう。

1 日清・日露の戦い

教科書 184～185ページ

ワンポイント 日清戦争と日露戦争

日清戦争	原因	●朝鮮で反乱がおこる。 ●朝鮮政府が清に援軍を求め、日本も軍を送る。 ●日本と清の間で（①　　　　　　）がおこる。	 日清戦争前の東アジアの関係をえがいたふうし画
	結果	●1895年、日本が勝利し、**下関条約**が結ばれる。 ●台湾と（②　　　　　　）（遼東）半島をゆずり受け、多額の賠償金を受け取る→（③　　　　　　）がドイツ・フランスとリヤオトン（遼東）半島を返すよう求める。 ●日本はリヤオトン（遼東）半島を返還する。	
日露戦争	原因	●朝鮮（韓国）をめぐりロシアと対立した日本は、中国から得た賠償金で軍備を増強し、ロシアの勢力をおさえたい（④　　　　　　）と同盟を結ぶ。 ●1904年、日本とロシアの間で（⑤　　　　　　）がおこる。	
	結果	●日本海海戦で（⑥　　　　　　）のかつやくでロシアの艦隊を破る。 ●**アメリカ**のちゅうかいで講和条約が結ばれ、ロシアは韓国からしりぞく。	

2 日露戦争後の日本のようす

教科書 186～187ページ

✪ 日露戦争後の日本

- ロシアとの講和条約（ポーツマス条約）で賠償金が得られなかったため、苦しい生活にたえて戦争に協力した国民からは、講和に反対の声があがった。
- 1910年、日本は韓国を併合して朝鮮とし、（⑦　　　　　　）にした。
- 朝鮮の人々の中には、日本や満州に移り住む人も多くいた。

日本の支配下にあった朝鮮では、日本語の教育などが行われ、抵抗運動がおこったよ。

✪ 第一次世界大戦

- 1914年、ヨーロッパで（⑧　　　　　　）がおこり、日本も参加する。
- 日本は中国に勢力をのばし、中国では日本への抵抗運動がおこる。

✪ 日本の領土の移り変わり

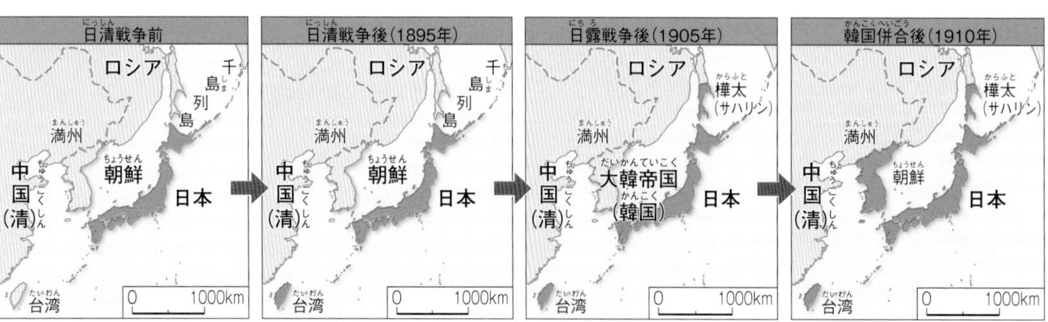

選んだ言葉に ✔

- □日露戦争　□日清戦争　□植民地　□第一次世界大戦
- □イギリス　□東郷平八郎　□リアオトン　□ロシア

ぴったり2 練習

学習日　　月　　日

ぴたトリビア
中国…1912年に清にかわってナンキン（南京）を首都とする中華民国（ちゅうかみんこく）（中国）が成立しました。

教科書 184〜187ページ　答え 35ページ

1 次の文を読んで、答えましょう。

A　ⓐと不平等な条約を結んでいたⓒで農民の反乱がおこると、ⓐと中国（清）は軍隊を送って対立し、1894年に戦争が始まった。
B　中国へ勢力をのばそうとしていたⓑは、ⓐにせまって、□半島を清に返させた。この後、ⓐとⓑはⓒをめぐって対立し、1904年に戦争となった。

(1) A、Bの文中のⓐ〜ⓒは、右の絵のⓐ〜ⓒと同じ国です。それぞれあてはまる国の名前を書きましょう。

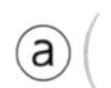
ⓐ（　　　）
ⓑ（　　　）
ⓒ（　　　）

(2) Bの文中の□にあてはまる半島の名前を書きましょう。（　　　）

(3) A、Bの文について、それぞれの戦争の名前を書きましょう。
A（　　　）　B（　　　）

(4) 右上の絵は、A、Bどちらの戦争前のようすをふうししたものでしょう。（　　）

(5) 与謝野晶子が、戦場にいる弟を心配し「君死にたまうことなかれ」という歌をよんだのは、A、Bどちらの戦争でしょう。（　　）

2 次の問いに答えましょう。

(1) 1910年、日本が植民地としたのはどこでしょう。右の地図中の㋐〜㋓から選びましょう。（　　）

(2) (1)の国では、日本の土地調査によって土地を失い、仕事を求めて日本や中国東北部に移り住む人々もいました。この中国東北部の地域の名前を書きましょう。（　　　）

(3) 1914年にヨーロッパではじまった戦争の名前を書きましょう。（　　　）

(4) (3)の戦争のときの日本について説明した、次の文の（　）には、同じ国の名前が入ります。あてはまる国の名前を書きましょう。（　　　）

日本は、（　　）に勢力をのばそうとし、それに対して（　　）の国内では日本への抵抗運動がおこった。（　　）に進出していた欧米諸国（おうべいしょこく）は、日本に対する警戒（けいかい）を強めた。

ヒント
❶ (1) 日本・中国（清）・ロシアの三国の、朝鮮をめぐる関係をふうしした絵です。
❷ (1) 1910年なので、日露戦争後のことです。

ぴったり1 準備

2. 日本のあゆみ

10 国力の充実をめざす日本と国際社会③

学習日　月　日

めあて
日本の産業の発展と社会運動について確認しよう。

教科書 188～195ページ　答え 36ページ

次の（　）に入る言葉を、下から選びましょう。

1 産業の発展と人々のくらし　教科書 188～189ページ

近代産業の発達

- 日清戦争の少し前から、生糸や綿糸、綿織物などをつくる軽工業がさかんになった。
- 政府は、日清戦争の賠償金の一部で、北九州に（①　　　　）をつくった。
- 日露戦争後には、造船などの重工業も発達した。
- いっぽうで、工場や鉱山からでるけむりや廃水で（②　　　　）が発生した。
- **足尾銅山鉱毒事件**では、栃木県選出の衆議院議員だった（③　　　　）が解決に半生をささげた。
- バスの車掌や電話の交換手などで、女性たちがかつやくするようになった。

世界でかつやくした日本人

- （④　　　　）…ドイツへ留学。破傷風の治療法を発見し、帰国後、伝染病研究所をつくる。後にペスト菌も発見。
- （⑤　　　　）…北里のもとで研究したあと、アメリカでへび毒の研究をする。ガーナで黄熱病の研究もおこなった。
- （⑥　　　　）…岩倉使節団に7才で留学生として同行した。帰国後、学校を開き、女性の教育に力を注いだ。

北里柴三郎（1853～1931年）

野口英世（1876～1928年）

2 よりよく生きる権利を求めて　教科書 190～191ページ

大正時代

- 米の値段があがり、全国各地で米の安売りを求める**米騒動**がおこった。

ワンポイント　大正時代の社会運動

労働者や農民	生活の改善や権利の拡大を求めて組合をつくった。
⑦	女性の自由と権利の拡大をめざす運動をおこなった。
差別に苦しんでいた人々	（⑧　　　　）をつくり、差別をなくす運動をはじめた。 →**山田孝野次郎**は少年代表として参加し、力強く呼びかけ、参加者に希望と勇気をあたえた。
政治	政治は、国民の代表である議会によっておこなわれるべきだとする（⑨　　　　）の主張が広まった。 結果：1925年、25才以上の全ての男子が選挙権をもつ（**普通選挙**）。

- 政府の動き…政治や社会のしくみを変えようとする運動や思想をきびしく取りしまる法律（**治安維持法**）をつくる。

選んだ言葉に✔
□全国水平社　□北里柴三郎　□平塚らいてう（らいちょう）　□民主主義
□野口英世　□津田梅子　□公害　□田中正造　□八幡製鉄所

ぴったり2

練習

学習日　　月　　日

ぴたトリビア

大正時代…明治時代が終わった1912年から、15年間続いた時代をいう。

教科書　188〜195ページ　答え　36ページ

1 次の文を読んで、答えましょう。

（①）の少し前から、（②）・綿糸・綿織物などをつくる軽工業がさかんになり、やがて（②）の輸出額は世界一になった。また（①）の賠償金の一部で（③）製鉄所もつくられ、造船業や兵器工業などの重工業も発展した。いっぽう、公害問題も発生した。

(1) 文中の①〜③にあてはまる言葉を、［　　］から選びましょう。

①（　　　）②（　　　）③（　　　）

日露（にちろ）戦争　日清戦争　生糸　毛織物　富岡（とみおか）　八幡

(2) 下線部の公害について、栃木県の足尾銅山鉱毒事件で被害者（ひがいしゃ）の救済（きゅうさい）にあたった人物の名前を書きましょう。（　　　）

(3) 右の写真の①〜③にあてはまる人物の説明としてあてはまるものを、次の㋐〜㋒からそれぞれ選びましょう。

①（　　）②（　　）③（　　）

㋐ 黄熱病の研究をした。

㋑ 留学から帰国し、女子教育に力をいれた。

㋒ 破傷風の治療法を発見した。

① 北里柴三郎

② 野口英世

③ 津田梅子

2 右の年表を見て、答えましょう。

年	おもなできごと
1912	大正時代がはじまる
1914	㋐第一次世界大戦が始まる
1918	（①）がおこる　（↑㋐↓）
1925	㋑普通選挙の制度が定められる

(1) 下線部㋐のころに、女性がかつやくした仕事としてあてはまるもの2つに○をつけましょう。

㋐（　　）日本軍の兵隊

㋑（　　）電話の交換手（こうかんしゅ）

㋒（　　）バスの車掌（しゃしょう）

㋓（　　）衆議院議員

(2) 年表中㋐のころに高まった社会運動について、次の①・②の説明にあう人物・団体の名前を書きましょう。①（　　　）②（　　　）

① 女性の自由と権利の拡大をめざす運動をおこなった人物。

② 日常生活で差別に苦しむ人々が、みずからの力で差別をなくすために設立した団体。

(3) 年表中①にあてはまる、米の安売りを求めた運動は何でしょう。（　　　）

(4) 下線部㋑の普通選挙の制度では、どのような人が選挙権をもつことになりましたか。次の㋐〜㋒から選びましょう。（　　）

㋐ 25才以上の男女　㋑ 25才以上の男子　㋒ 20才以上の男子

ヒント

1 (2) 栃木県の衆議院議員だった人物です。

2 (3) 米の値上がりに対しておこりました。

2．日本のあゆみ

10 国力の充実をめざす日本と国際社会

時間 30 分　／100　合格 80 点

教科書 178〜195ページ　答え 37ページ

1 右の年表を見て、答えましょう。

1つ4点、(2)(4)5点（30点）

年	おもなできごと
1877	鹿児島で（①）がおこる
1889	大日本帝国憲法を発布する
	↕ ㋐
1894	不平等条約の一部を改正する
	（②）がおこる（〜95）
	↕ ㋑
1904	（③）がおこる（〜05）
1910	韓国を併合する
1911	㋐不平等条約を完全に改正する
1914	（④）がおこる（〜18）
	↕ ㋒
1925	㋑普通選挙の制度を定める

(1) よく出る 年表中の①にあてはまる反乱の名前を書きましょう。（　　　）

(2) よく出る 台湾が日本の領土になったのは、年表中の①〜④のどの反乱や戦争のあとでしょう。 技能（　　　）

(3) 次の①〜③のできごとは、年表中のどこに入りますか、㋐〜㋒から1つずつ選びましょう。 技能

①（　　　）②（　　　）③（　　　）

① イギリスと同盟を結ぶ。
② 第1回の帝国議会（国会）が開かれる。
③ 米騒動がおこる。

(4) 下線部㋐について説明した文として正しいものを、次の㋐〜㋒から選びましょう。（　　　）

㋐ 外務大臣陸奥宗光によって交渉がおこなわれた。
㋑ イギリスとのあいだで治外法権が廃止された。
㋒ アメリカとのあいだで関税自主権が回復された。

(5) 下線部㋑について、普通選挙と同時に政治や社会のしくみを変えようとする運動や思想を取りしまる法律が定められました。この法律の名前を書きましょう。（　　　）

2 次の写真を見て、①〜④の写真の人物についての説明として正しいものを、㋐〜㋓から選びましょう。

1つ5点（20点）

技能 ①（　　　）②（　　　）③（　　　）④（　　　）

①

②

③
④

㋐ 日本海海戦でロシアの艦隊を破った。
㋑ 「君死にたまうことなかれ」という歌を発表した。
㋒ 「もともと、女性は実に太陽であった。」ととなえ、女性の自由と権利の拡大をめざす運動を進めた。
㋓ 身分制に苦しむ人々とともに差別をなくす運動をはじめた。

3 次の絵を見て、答えましょう。

1つ5点、(6)完答5点（30点）

Ⓐ

Ⓑ

Ⓒ

(1) よく出る Ⓐは、明治天皇が、内閣総理大臣に憲法を手わたしているところです。この憲法を中心となってつくり、初代内閣総理大臣をつとめた人物の名前を書きましょう。

（　　　　）

(2) 憲法発布後、最初の選挙がおこなわれましたが、有権者について説明した次の文の（　）にあてはまる数字を書きましょう。

（　　　　）

国税（　　）円以上を納めている満25才以上の成年男子。

(3) Ⓑの運動を指導した土佐藩出身の人物の名前を書きましょう。（　　　　）

(4) Ⓑの運動の高まりで政府が10年後に国会を開く約束をしたことから、大隈重信がつくった政党の名前を書きましょう。（　　　　）

(5) Ⓒの絵は何という事件のようすをえがいていますか。

（　　　　）

記述 (6) できたらスゴイ! Ⓒの絵にえがかれた事件で、船にのっていたイギリス人と日本人はそれぞれどうなりましたか。簡単に書きましょう。 思考・判断・表現

イギリス人は（　　　　）、日本人は（　　　　）。

4 右の写真を見て、答えましょう。

1つ5点（20点）

(1) よく出る Ⓐの写真は、製糸工場で働く女性たちを写したものです。19世紀後半から生産が盛んになり、輸出額が世界一になった製品は何でしょう。

（　　　　）

Ⓐ

Ⓑ

記述 (2) できたらスゴイ! Ⓑの写真は北九州につくられた近代的な工場を写したものです。この工場はどのようなお金を使ってつくられましたか。簡単に書きましょう。 思考・判断・表現

（　　　　）

(3) 産業が発達するいっぽうで、工場からのけむりや廃水によっておこった問題を何といいますか。（　　　　）

Ⓒ

(4) (3)の代表的な事件で、栃木県選出の衆議院議員だったⒸの写真の人物が被害者の救済などにあたった事件の名前を書きましょう。

（　　　　）

3(6)がわからないときは、66ページの1にもどって確認してみよう。

→ この本の終わりにある「冬のチャレンジテスト」をやってみよう！

2. 日本のあゆみ

11 アジア・太平洋に広がる戦争①

◎めあて
日中戦争にいたるまでの流れをしっかりおさえよう。

教科書 196～201ページ　答え 38ページ

 次の(　　)に入る言葉を、下から選びましょう。

1 好景気から不景気へ／満州事変と孤立する日本

教科書 196～199ページ

✪ 日本をおそった不景気

- 第一次世界大戦中、日本は輸出額をのばして好景気になったが、戦後は不景気になった。
- 1923年の(①　　　　　)で、日本経済は大きな打撃を受けた。
- (②　　　　　)時代になってすぐの1929年、アメリカの不景気が日本にもえいきょうし、銀行や会社が多く倒産した。
- 農村では、冷害も重なり、人々の生活がとても苦しくなった。

どんどん不景気が深刻になっていったんだね。

ワンポイント　満州事変

原因	不景気から抜け出すには「(③　　　　　)」が必要と考えた。
きっかけ	日本軍による南満州鉄道の線路の爆破を、中国軍のしわざとして攻撃をはじめた。 これを、(④　　　　　)という。
経過	中国東北部に、**満州国**をつくった。
結果	中国が、(⑤　　　　　)にうったえ、満州国は認められなかった。 ⬇ そのため、日本は国際連盟を脱退し、国際社会で孤立した。

⬆ 国際連盟で演説する日本の代表

- 満州事変後、政治家を暗殺する事件などが次々おき、政治に対する軍人の発言が強まった。
- 兵庫県の衆議院議員の(⑥　　　　　)は、軍部による横暴を国会でいましめた。

2 長引く中国との戦争

教科書 200～201ページ

✪ 日中戦争

- 1937年、ペキン(北京)の近くで日本軍と中国軍がしょうとつし、(⑦　　　　　)がはじまった。
- 日本は、シャンハイ（上海）やナンキン（南京）を占領したが、中国はアメリカやイギリスの援助を受けて戦いは続き、日中戦争は長引いた。
- 日本国内では、軍事を優先する(⑧　　　　　)の教育がおこなわれた。
- 朝鮮では、人々の姓名を日本式に改めさせたり、徴兵がおこなわれたりした。

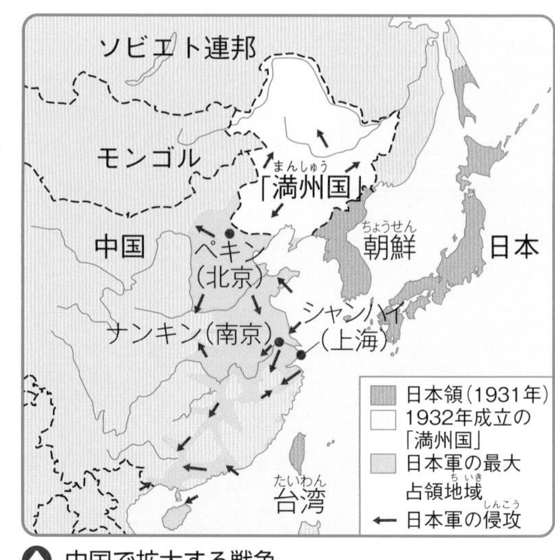

⬆ 中国で拡大する戦争

選んだ言葉に✔
□関東大震災　□満州　□軍国主義　□日中戦争
□斎藤隆夫　□国際連盟　□昭和　□満州事変

学習日　　月　　日

ぴたトリビア
五・一五事件、二・二六事件…1932年と1936年におこった、軍人が大臣らを殺害した事件です。これ以後、軍人の政治に対する発言力が強くなりました。

教科書 196〜201ページ　答え 38ページ

1 次の文を読んで、答えましょう。

第一次世界大戦後から（①）時代のはじめごろにかけて、㋐日本は不景気が深刻になり、都市では仕事を求める人があふれ、農村では農作物の値段（ねだん）が下がったうえ冷害も重なり、生活に苦しむ人が増えた。不景気からぬけ出すため、一部の軍人や政治家は（②）を日本のものにしようと考えた。㋑1931年、日本軍は南満州鉄道の線路を爆破し、これを中国軍のしわざとして攻撃をはじめ、翌年（よくねん）には㋒「満州国」をつくった。

中国はこれを日本の侵略（しんりゃく）として（③）にうったえ、（③）が満州国を認めないと決議したことから、日本は（③）を脱退した。

その後、日本では、㋓政治家を暗殺する事件が次々とひきおこされた。

(1) 文中の①〜③にあてはまる言葉を書きましょう。
①（　　　　）②（　　　　）③（　　　　）

(2) 下線部㋐について、次の問いに答えましょう。

① 不景気をより深刻にした1923年のできごとは何でしょう。（　　　　）

② 下線部㋐は、世界一の経済力をもっていたある国の不景気のえいきょうを受けたためでもあります。そのある国とはどこでしょう。（　　　　）

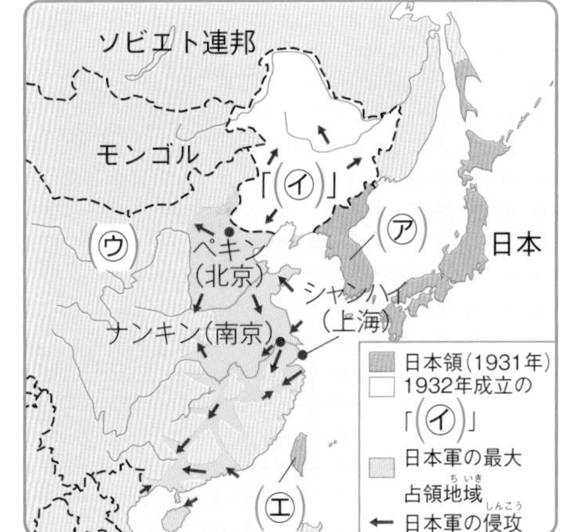

(3) 下線部㋑の事件の名前を書きましょう。（　　　　）

(4) 下線部㋒について、「満州国」がつくられたのは、右の地図中の㋐〜㋓のどこでしょう。（　　）

(5) 下線部㋓について、これらの事件のあと、日本の政治はどうなりましたか。次から1つ選びましょう。（　　）

㋐ 軍人が政治を支配するようになった。

㋑ 憲法にしたがって政治をおこなうようになった。

㋒ 議会が政治の中心となった。

2 次の問いに答えましょう。

(1) 1937年に、日本軍と中国軍がしょうとつしてはじまった戦争を何といいますか。（　　　　）

(2) (1)で中国を援助した国を、次から2つ選びましょう。（　　）（　　）

㋐ イギリス　㋑ ドイツ　㋒ イタリア　㋓ アメリカ

(3) (1)の戦時中、姓名を日本式に改めさせられたり、徴兵されたりした日本の植民地はどこでしょう。（　　　　）

ヒント
1 (2)① 明治時代以降、最も多くの死者・ゆくえ不明者が出た地震です。
2 (3) 1910年に日本に併合された地域です。

ぴったり1 準備

2．日本のあゆみ

11 アジア・太平洋に広がる戦争②

学習日　月　日

めあて
太平洋戦争のはじまりと戦時中の人々のくらしをおさえよう。

教科書 202～205ページ　答え 39ページ

次の（　）に入る言葉を、下から選びましょう。

1 アジアや太平洋に広がる戦場

教科書 202～203ページ

第二次世界大戦

- 1939年、ヨーロッパでは、ドイツがまわりの国々に攻めこんで（①　　　）がはじまった。
- 日本は、日中戦争が長引き、（②　　　）やゴムなどの資源を手に入れるため、東南アジアに進出した。
- 中国を支援したアメリカやイギリスなどの（③　　　）と、ドイツ・イタリアと軍事同盟を結んだ日本とが対立した。

太平洋戦争

- 1941年、資源の輸入を禁止された日本は、イギリス領のマレー半島とハワイの真珠湾にあるアメリカ軍基地を攻撃し、（④　　　）がはじまった。
- 日本は占領した地域の住民を戦争に協力させたことから、日本の支配に対する抵抗運動がおこった。
- **真珠湾攻撃**をおこなった（⑤　　　）は、アメリカの国力を知り、早く戦争を終結させることを考えていた。

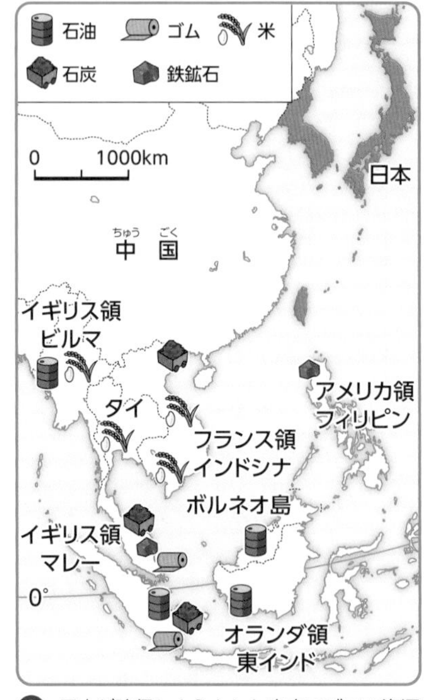

日本が確保しようとした東南アジアの資源

2 戦争で大きく変わった人々のくらし

教科書 204～205ページ

太平洋戦争の拡大

- 豊かな資源と工業力をもつアメリカ軍の反撃がはげしくなり、日本軍は各地で敗退した。

ワンポイント　戦争中の人々のくらし

- 「ぜいたくは敵だ」というスローガンも生まれ、国民生活は苦しくなった。
- 戦争に協力しない者は、非国民と責められることもあった。

●（⑥　　　）…さとう、マッチやみそ、衣料品が切符と引きかえになった。	
●（⑦　　　）…米が家族の人数に応じて配られるようになった。	 集団疎開のようす
●中学生や女学生は兵器工場で働く。	
●大学生も兵士として、戦地に送られる。	
●（⑧　　　）…空襲がはげしくなると、都市に住む小学生は、地方へ避難した。	

選んだ言葉に✓

□山本五十六　□集団疎開　□配給制　□第二次世界大戦
□連合国　□太平洋戦争　□石油　□切符制

ぴったり2
練習

学習日　　月　　日

ぴたトリビア
日本は初め、太平洋戦争を有利に進め、太平洋地域の大部分を支配下におきましたが、ミッドウェー海戦での敗戦により、戦況が一変しました。

教科書 202〜205ページ　答え 39ページ

1 次の文を読んで、答えましょう。

日中戦争が長引く中、日本は石油やゴムなどの資源を手に入れようと、欧米各国の(①)となっていた(②)に進出した。その後、㋐イギリスやアメリカとはげしく対立するようになった。資源の輸入を禁止された日本は、1941年、イギリス領のマレー半島と、ハワイの(③)にあったアメリカ軍基地を攻撃し、㋑太平洋戦争がはじまった。

(1) 文中の①〜③にあてはまる言葉を書きましょう。

①(　　　　)　②(　　　　)　③(　　　　)

(2) 下線部㋐について、日本と戦った国をまとめて何といいますか。

(　　　　)

(3) 下線部㋑について正しいものには○、まちがっているものには×をつけましょう。

①(　　)日本軍は、占領した地域で食料や燃料を取り立てた。
②(　　)占領した地域の住民の姓名を日本式に改めさせた。
③(　　)占領した地域で、子どもたちに日本と同じ軍国主義の教育をおこなった。
④(　　)占領した地域では、日本の支配に抵抗する運動がおこった。

2 右の年表を見て、答えましょう。

(1) 年表中の①〜④にあてはまる言葉を、[　　]から選びましょう。

①(　　　　)
②(　　　　)
③(　　　　)
④(　　　　)

兵器工場　鉄製品　配給制
軍事教練　疎開　徴兵制

(2) 次の①〜③の文に関係の深いできごとを、年表中のⓐ〜ⓕから、(　　)の数だけ選びましょう。

①(　　)
②(　　)
③(　　)(　　)(　　)

①日本国内の労働力が不足していた。
②政府が思うように、国民を戦争に動員できるようにした。
③食料品や日用品などの生活必需品(ひつじゅひん)が不足していた。

年	おもなできごと
1938	ⓐ国民や物資のすべてを統制(とうせい)できる権限(けんげん)を政府にあたえた法律(ほうりつ)ができる
1939	(第二次世界大戦がはじまる) ⓑ兵器の材料となる(①)の回収がはじまる
1940	ⓒさとう・マッチが切符制になる
1941	(太平洋戦争がはじまる) ⓓ米が(②)になる
1942	ⓔみそ・しょうゆ・衣料品が切符制になる
1944	学童の集団(③)がはじまる ⓕ中学生以上の全員がおもに(④)で働く

ヒント
1 (2) 日本と同盟を結んでいたドイツやイタリアとも対立しました。
2 (1)② 生活必需品は、家族の人数に応じて配られた切符などと引きかえに配給されました。

ぴったり1 準備

2．日本のあゆみ

11 アジア・太平洋に広がる戦争③

学習日　月　日

めあて
日本の敗戦までの流れを理解しよう。

教科書 206～213ページ　答え 40ページ

次の（　　）に入る言葉を、下から選びましょう。

1 空襲で焼きつくされる国土／戦場となった沖縄　教科書 206～209ページ

空襲の被害

- 1944年、アメリカ軍は太平洋の島々を占領し、日本本土への（①　　　　）をおこなった。

東京や大阪などのおもな都市がねらわれたよ。

- 空襲によって全国で約30万人以上の人がなくなった。

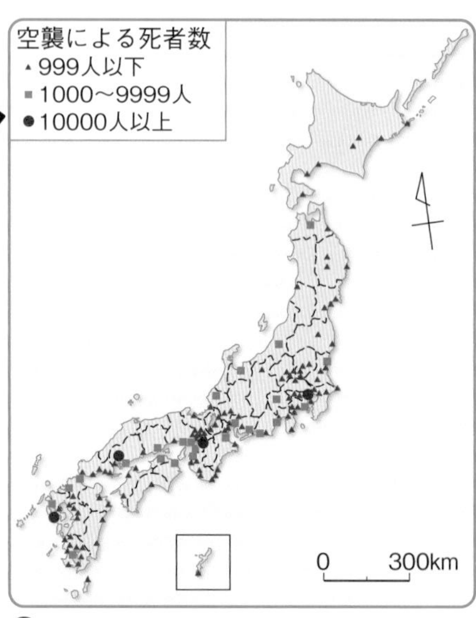

空襲を受けたおもな都市と被害

沖縄戦

- 1945年3月末、アメリカ軍の沖縄への攻撃が本格化し、4月に（②　　　　）に上陸した。
- アメリカ軍の攻撃に、「集団自決」した住民も多数いた。
- 女子学徒隊の（③　　　　）や、男子学徒の鉄血勤皇隊など、中学校の生徒も戦争に動員された。

アメリカ軍への攻撃

- 太平洋戦争の終わりには、爆弾を積んだまま、敵の船に体当たりで攻撃をおこなう特別攻撃隊（（④　　　　））が組織された。

2 広島・長崎への原爆投下と日本の敗戦／学習課題について話し合う　教科書 210～213ページ

ワンポイント　日本の敗戦まで

年月日	できごと
1943～1945年	●1943年9月にイタリア、1945年5月にドイツが連合国に降伏する。
1945年7月	●アメリカ・イギリス・中国が、日本に無条件降伏をうながす。 ●（⑤　　　　）を発表する。
1945年8月6日	●アメリカ軍が（⑥　　　　）に**原子爆弾**を投下する。
1945年8月8日	●（⑦　　　　）が日本との約束をやぶり、満州などに侵攻する。
1945年8月9日	●アメリカ軍が（⑧　　　　）に原爆を投下する。
1945年8月15日	●**ポツダム宣言**を受け入れて降伏したことを、昭和天皇がラジオで国民に伝える（玉音放送）。

原爆が爆発したときのようす

- 終戦後も、ソ連によりシベリアに抑留された人や、満州で肉親と別れて中国人に育てられた**中国残留孤児**などがいた。

選んだ言葉に☑

□長崎　□広島　□ポツダム宣言　□沖縄島
□空襲　□特攻隊　□ひめゆり学徒隊　□ソ連

ぴったり2

練習

学習日　　月　　日

ぴたトリビア

戦争が終わったあと、海外にいた日本人約660万人の引きあげがはじまりましたが、生きて帰国できなかった人々も多くいました。

教科書 206〜213ページ　答え 40ページ

1 右の地図を見て、答えましょう。

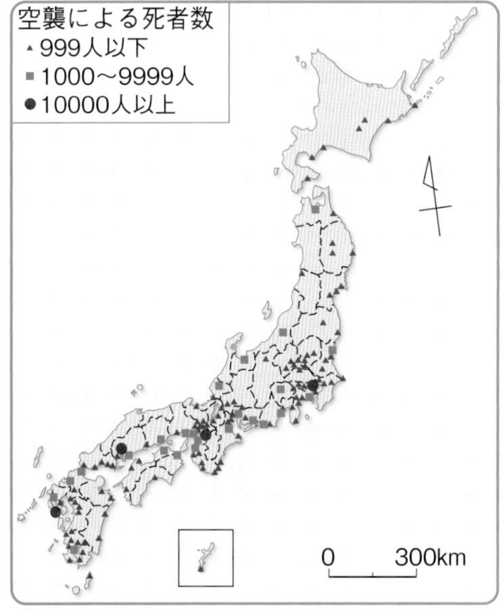

空襲を受けたおもな都市とその被害

(1) 広島・長崎以外で、空襲で特に大きな被害を受けた都市を２つ書きましょう。

(　　　　)(　　　　)

(2) 1945年４月にアメリカ軍が上陸を開始した島の名前を書きましょう。(　　　　)島

(3) (2)でおこなわれた地上戦の説明について、正しいものには○を、まちがっているものには×を書きましょう。

①(　　)鉄血勤皇隊のように、命がけの看護(かんご)活動によって日本軍を支えた女子学徒たちもいた。

②(　　)子どもや女性、高齢者(こうれいしゃ)の住民までが戦争に巻(ま)きこまれ、なかには「集団自決」する人々もいた。

③(　　)爆弾を積んで敵の船に体当たり攻撃をする特攻隊に入る若者を、この地でだけ集めた。

2 右の写真を見て、答えましょう。

Ⓐ

Ⓑ

(1) 右の写真は、ある爆弾(ばくだん)が投下されたあとの都市のようすです。

① この爆弾の名前を書きましょう。

(　　　　)

② 写真Ⓐ、Ⓑの都市の名前を書きましょう。

Ⓐ(　　　　)

Ⓑ(　　　　)

(2) 1945年８月に、満州や樺太(からふと)南部、千島(ちしま)列島に侵攻してきた国の名前を書きましょう。

(　　　　)

(3) 日本は、連合国側が発表した宣言を受け入れて降伏しました。この宣言を何というでしょう。

(　　　　)

(4) 昭和(しょうわ)天皇が、ラジオで国民に降伏を伝えたのはいつでしょう。

1945年(　　　)月(　　　)日

ヒント
1 (2) 日本国内で地上戦がおこなわれたのはここだけです。
2 (4) この日は終戦記念日と呼ばれています。

11 アジア・太平洋に広がる戦争

時間 30分 ／100 合格 80点

教科書 196〜213ページ 答え 41ページ

1 右の年表を見て、答えましょう。

1つ5点（55点）

年	おもなできごと
1929（昭和4）	世界中が不景気になる
1931	ⓐ満州事変がおこる
	↕㋐
1933	ⓑ日本が（②）を脱退する
	↕㋑
1937	日中戦争がはじまる
	↕㋒
1939	ⓒ第二次世界大戦がはじまる
1940	日本がドイツ・イタリアと同盟を結ぶ ㋐日本が東南アジアに軍隊を進める
1941	ⓓ太平洋戦争がはじまる
	↕㋓
①	㋑日本がポツダム宣言を受け入れて降伏する

(1) よく出る 右の年表中の①にあてはまる年を西暦で書きましょう。（　　　）

(2) よく出る 右の年表中の②にあてはまる言葉を書きましょう。（　　　）

(3) 次の①、②のできごとは、年表中のどこに入りますか、㋐〜㋓から1つずつ選びましょう。 技能

①（　　　）②（　　　）

① 二・二六事件がおこる。

② 工場などで働く人や物資を、政府が思うように戦争につぎこむことができる法律ができる。

(4) できたらスゴイ! 次の①、②の文は、年表中のⓐ〜ⓓのどのできごとについて説明したものですか。1つずつ選びましょう。 技能

①（　　　）②（　　　）

① このあと、日本は国際社会から孤立するようになった。

② 日本軍が南満州鉄道の線路を爆破し、これを中国軍のしわざとして攻撃した。

(5) 年表中のⓐのあと、日本は中国東北部に国をつくり、日本軍の考えにそった政治を進めました。この国の名前を書きましょう。（　　　）

記述 (6) できたらスゴイ! 年表中の下線部㋐にあるように、日本が東南アジアに軍隊を進めた理由を簡単に書きましょう。 思考・判断・表現

（　　　）

(7) 年表中のⓓは、どのようにしてはじまりましたか。次の文の①、②にあてはまる言葉を書きましょう。 ①（　　　）②（　　　）

> 日本軍が、イギリス領の（①）半島と、（②）の真珠湾にあるアメリカ軍基地を攻撃してはじまった。

(8) よく出る 年表中の下線部㋑の数か月前、日本国内でゆいいつアメリカ軍が上陸して、住民を巻きこんだ地上戦がおこなわれた島の名前を書きましょう。（　　　）島

2 次の文を読んで、答えましょう。

1つ4点（20点）

① 物資が不足し、さとうや米・衣料品などの生活必需品は、（　　）や配給制になった。
② 大学生は、不足する兵力を補うために兵士として動員された。
③ 空襲を受けても、命を守るためににげるより、火を消すことが優先された。
④ 戦争に協力するよう呼びかける標語を書いた看板が立てられ、国民生活は苦しくなっていった。

Ⓐ

Ⓑ

Ⓒ

Ⓓ

(1) よく出る ①の文中の（　　）にあてはまる言葉を書きましょう。（　　　　）

(2) ①～④の文に関係のある写真を、Ⓐ～Ⓓから１つずつ選びましょう。　技能

①（　　）②（　　）③（　　）④（　　）

3 右の地図を見て、答えましょう。

1つ5点（25点）

(1) よく出る 右の地図は、アメリカ軍の飛行機からの攻撃を受けた都市とその被害者数を示したものです。このような空中からの攻撃のことを何というでしょう。（　　　　）

(2) (1)の攻撃で、全国でどれくらいの人がなくなりましたか。次の［　　］から選びましょう。（　　　　）

約９万人　　約30万人　　約660万人

(3) できたらスゴイ！ (1)による被害をさけるため、都市に住む小学生たちが、まとまって親もとをはなれて地方へ避難したことを何というでしょう。（　　　　）

▲999人以下
■1000～9999人
●10000人以上
Ⓐ
0　300km

記述 (4) (1)は、どのような場所に集中していますか。被害の大きいところに注目して簡単に書きましょう。　思考・判断・表現

（　　　　　　　　　　　　　　　　）

(5) よく出る 右の地図中のⒶの都市には、現在、戦争の悲惨さを示す世界文化遺産として指定されている建物があります。この建物の名前を書きましょう。（　　　　）

ふりかえり 1(6)がわからないときは、76ページの1にもどって確認してみよう。

12 新しい日本へのあゆみ①

3分でまとめ

学習日　　月　　日

めあて
戦後の日本の新しい国づくりと世界の情勢を理解しよう。

教科書 214〜219ページ　答え 42ページ

 次の(　　)に入る言葉を、下から選びましょう。

1 終戦直後の人々のくらし／新しい国づくりがはじまる

教科書 214〜217ページ

終戦直後の人々のくらし

- 空襲で焼けた都市では、住む家や衣服などの日用品が不足した。
- 足りない食料品は、満員の列車に乗って農村に買い出しに行ったり、(①　　　　)で買った。
- 校舎が焼けた学校は、校庭にいすを並べて「青空教室」で授業が行われた。
- 日本は、アメリカを中心とする連合国軍に占領され、**連合国軍総司令部(GHQ)** の指令で改革を進めた。

連合国軍最高司令官マッカーサー

ワンポイント　新しい国づくりの改革

- 多くの農民が農地をもてるようになる。
- 教育制度が改革され、(②　　　　)が9年間となる。
- 労働組合の結成をすすめる。
- 政治にえいきょうをあたえた大会社を解体する。
- 男女が平等になる。
- 軍隊を解散する。
- 政党が復活する。
- 言論・思想の自由を認める。

- (③　　　　)…1946年11月3日に公布、1947年5月3日に施行された。

2 日本の国際社会への復帰

教科書 218〜219ページ

第二次世界大戦後の世界

- 国際社会の平和のため、(④　　　　)がつくられた。
- (⑤　　　　)(**東西冷戦**)…アメリカとソ連を中心とする国々に分かれて対立した。
- アメリカは、ソ連などの国と対抗するために、日本との講和を急いだ。

アメリカは日本を西側諸国の一員にしようとしたんだね。

日本の国際社会への復帰

- (⑥　　　　)平和条約…1951年、日本はアメリカやイギリスなど48か国と平和条約を結び、翌年に独立した。
- (⑦　　　　)…サンフランシスコ平和条約と同じ日に結ばれ、アメリカ軍が日本にとどまることが決まった。
- 朝鮮半島では、南部をアメリカが占領して大韓民国(韓国)が成立し、北部をソ連が占領して朝鮮民主主義人民共和国(北朝鮮)が成立した。1950年に両国間で(⑧　　　　)がおこった。
- 朝鮮戦争をきっかけに、**自衛隊**のもとになる**警察予備隊**がつくられた。また、アメリカが大量の物資を日本に注文したことから、日本の経済が立ち直った。
- 1956年に(⑨　　　　)と国交が回復し、国際連合への加盟が認められた。

サンフランシスコ平和条約の調印式

選んだ言葉に✓
□国際連合　□ソ連　□やみ市　□義務教育　□日米安全保障条約
□朝鮮戦争　□日本国憲法　□冷たい戦争　□サンフランシスコ

学習日　　月　　日

ぴたトリビア

朝鮮特需（とくじゅ）…朝鮮戦争で、アメリカが日本に兵器を大量に注文したことから、日本では産業がさかんになり、経済が早く立ち直りました。

教科書 214～219ページ　答え 42ページ

1 次の文を読んで、答えましょう。

戦争に敗れた日本は、（①）を中心とする連合国軍に占領された。（②）を最高司令官とする連合国軍総司令部が設置され、日本の民主化を進めるための指令が出された。1946年には、国民主権・基本的人権の尊重・平和主義を定めた（③）が公布された。

(1) 文中の①～③にあてはまる言葉を書きましょう。

①（　　　）②（　　　）③（　　　）

(2) 次の絵は、文中の下線部にもとづいておこなわれた改革についてえがいたものです。Ⓐ～Ⓕにあてはまる言葉を、[　　]から選びましょう。

Ⓐ（　　　）Ⓑ（　　　）Ⓒ（　　　）
Ⓓ（　　　）Ⓔ（　　　）Ⓕ（　　　）

軍隊を（Ⓐ）する

（Ⓑ）制度を改革する

（Ⓒ）が復活する

（Ⓓ）の結成をすすめる

（Ⓔ）・思想の自由を認める

男女が（Ⓕ）になる

平等　解散　政党　言論　労働組合　教育

2 戦後の日本と世界について説明した文として、正しいものには○を、まちがっているものには×をつけましょう。

①（　　）1945年、第二次世界大戦後の平和を守る国際組織として国際連盟がつくられた。
②（　　）1951年、アメリカのニューヨークで講和会議が開かれ、日本は48か国と平和条約を結んだ。
③（　　）日本は平和条約と同時に、日米安全保障条約を結んだ。
④（　　）日米安全保障条約により、日本からアメリカ軍の基地はなくなった。
⑤（　　）朝鮮半島では、北部に大韓民国が、南部に朝鮮民主主義人民共和国がつくられ、1950年に朝鮮戦争がおこった。
⑥（　　）1956年にソ連と国交を回復したことをきっかけに、日本は国際社会に復帰した。

ヒント
1 (2)Ⓕ　この改革で、女性に参政権があたえられることになりました。
2 ⑤　朝鮮半島は北をソ連が、南をアメリカが占領しました。

ぴったり1 準備

2．日本のあゆみ

12 新しい日本へのあゆみ②

学習日　　月　　日

めあて：高度経済成長と国際社会における日本の立場を理解しよう。

教科書 220〜223ページ　答え 43ページ

次の（　　）に入る言葉を、下から選びましょう。

1 産業の発展と人々のくらしの変化

教科書 220〜221ページ

ワンポイント　高度経済成長

- （①　　　　　　）…1950年代中ごろからはじまった急速な経済の成長。
  - →1960年に政府は、**国民所得倍増計画**を発表した。
  - →技術革新が進み、鉄鋼や自動車、石油化学などの重工業が発達。
  - →東海道新幹線や高速道路が整備された。
  - →1968年、（②　　　　　　）額（GNP）が世界第2位になった。
- 家庭電化製品の普及の変化
  - →1960年代…白黒テレビ、電気せんたく機、冷蔵庫が広まる。
  - →1970年代…（③　　　　　　）（カー、クーラー、カラーテレビ）が、多くの家庭に広がる。
- 都市の人口増加にともない、大きな団地が郊外に建設される。
- 産業の発展とともに（④　　　　　　）などの環境問題がおこる。

350兆円 / 300 / 250 / 200 / 150 / 100 / 50 / 0
1970　80　90　2000　10年
（工業統計表）

工業生産額の変化

2 国際社会のなかの日本

教科書 222〜223ページ

国際社会のなかの日本

- 1964年、世界93の国と地域が参加した（⑤　　　　　　）と22か国が参加した**パラリンピック**が東京で開かれた。
- 1964年、国際経済全般について協議する（⑥　　　　　　）（OECD）に加盟し、開発途上国に経済援助をおこなう。
- 1965年、韓国と国交を開く。
  - →2002年、サッカーワールドカップを共同で開催する。
- 1970年、（⑦　　　　　　）が開かれる。
- 1972年、**冬季オリンピック札幌大会**が開かれる。
- 1972年、中国との国交を正常化する。
- 1975年、第1回先進国首脳会議が開かれる。
- 1978年、中国と（⑧　　　　　　）条約を結ぶ。
- 1997年、京都で**地球温暖化防止会議**が開かれる。
- 2021年、東京オリンピック・パラリンピックが開かれる。
- 2025年、大阪府で**日本国際博覧会**が開かれる予定である。

オリンピック東京大会

日本万国博覧会

日本の研究の成果

- すぐれた研究が世界に認められ、ノーベル賞を受賞する日本人が増えた。

選んだ言葉に✓

□オリンピック　□3C　□経済協力開発機構　□高度経済成長
□国民総生産　□公害　□日本万国博覧会　□日中平和友好

学習日　　月　　日

ぴたトリビア

国民総生産（GNP）…その国の人々によってつくられた、ものやサービスなどの価格の合計をあらわしたものです。

教科書 220～223ページ　答え 43ページ

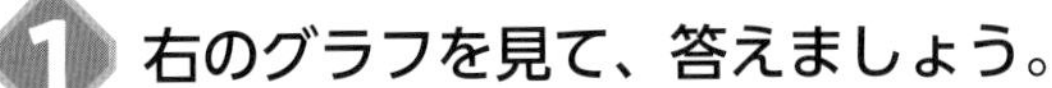

1 右のグラフを見て、答えましょう。

(1) 1950年代中ごろから、日本の経済が急速に成長したことを何というでしょう。
（　　　　　）

(2) (1)のころの日本のようすとして、正しいものには〇、まちがっているものには×をつけましょう。

①（　　）中学校や高校を出た若者が、地方の大工場に集団で就職（しゅうしょく）した。

②（　　）鉄鋼（てっこう）や自動車、石油化学などの重工業が発達した。

③（　　）国民総生産額が世界第2位となった。

④（　　）政府の住宅対策として、大きな団地が農村に建設された。

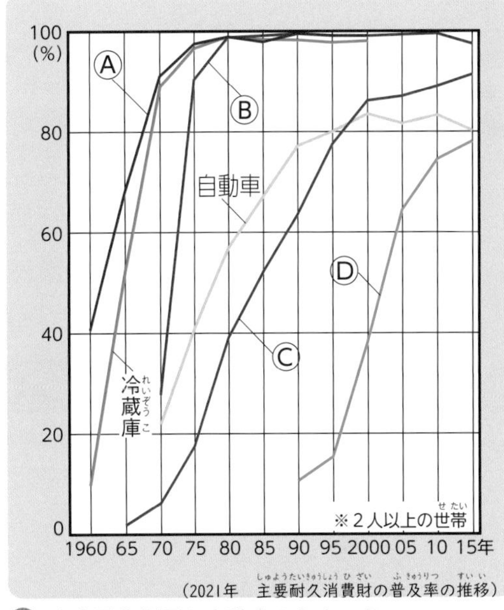

家庭電化製品と自動車のふきゅう

(3) 右のグラフのⒶ～Ⓓにあてはまる家庭電化製品を、[　　]から1つずつ選びましょう。

Ⓐ（　　　　）　Ⓑ（　　　　）
Ⓒ（　　　　）　Ⓓ（　　　　）

パソコン　電気せんたく機　携帯（けいたい）電話　クーラー　カラーテレビ

(4) (1)で産業が発展した一方、水や空気が汚染（おせん）されたことでおこった環境問題を何というでしょう。（　　　　　）

2 右の年表を見て答えましょう。

(1) 年表中の①・②にあてはまる正式な国名を答えましょう。
①（　　　　　）
②（　　　　　）

(2) 年表中のⒶ～Ⓒにあてはまる都市名を答えましょう。
Ⓐ（　　　　　）
Ⓑ（　　　　　）
Ⓒ（　　　　　）

(3) 年表中のaによって日本がおこなったことを、次から1つ選びましょう。（　　）

㋐ 開発途上国に経済援助をおこなった。
㋑ 日本万国博覧会を開催（かいさい）した。
㋒ 国民所得倍増計画を発表した。

年	おもなできごと
1964	経済協力開発機構に加盟する…a
1965	（①）と国交が回復する
1972	（②）と国交が回復する
1978	日中平和友好条約が結ばれる
1997	（Ⓐ）で地球温暖化防止会議が開かれる
2021	（Ⓑ）でオリンピックが開かれる
2025	（Ⓒ）で日本国際博覧会が開かれる予定

ヒント
1 (1) 政府は、経済を成長させるために予算を使いました。
2 (3) 先進国の仲間入りをした日本の役割です。

ぴったり1 準備

2．日本のあゆみ

12 新しい日本へのあゆみ③

学習日　　月　　日

めあて
現在の日本と日本を取りまく国際社会を理解しよう。

教科書 224〜231ページ　答え 44ページ

次の（　　）に入る言葉を、下から選びましょう。

1 日本と国際社会を取りまく問題　教科書 224〜225ページ

ワンポイント 日本の領域

- 国の領土・領海・領空を定めることは、国民の生活を守ることにつながる。
- （①　　　　　　）…領海の外側にある水域で、領土の海岸線から200海里まで。沿岸国はその水域の資源を利用することができる。

周りの国との問題
●日本固有の領土である（②　　　　　）や竹島をめぐる問題の解決をめざしている。
●尖閣諸島周辺では、海上保安庁が不審船を取りしまっている。
●沖縄は、1972年にアメリカの占領から日本に復帰したが、現在も（③　　　　　）が残され、安全性やそう音の問題がある。
●2002年、（④　　　　　）が日本人を北朝鮮に無理やり連れ去っていたことを認めた。

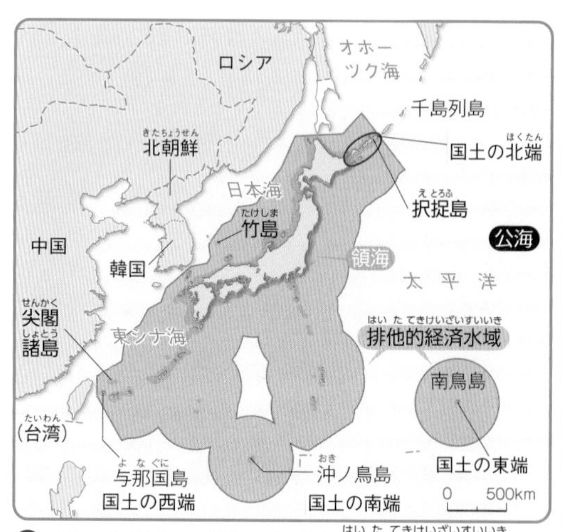

日本の領土・領海・領空と排他的経済水域

世界の問題

- 世界では、戦争や紛争、貧困、環境問題などがある。
- 2015年に国際連合で、「（⑤　　　　　）な開発目標（SDGs）」が採択された。
- 2020年には、新型コロナウイルス感染症（COVID-19）が世界的に大流行（パンデミック）した。

2 これからの日本とわたしたち　教科書 226〜227ページ

日本の問題

- 近年の日本では、（⑥　　　　　）が進み、人口が減少しており、（⑦　　　　　）の問題が大きくなっている。
- 大規模な自然災害への問題がある。
- 在日韓国・朝鮮人に対する差別などが残っている。
- 先住民の（⑧　　　　　）民族に対しては、1997年アイヌ文化振興法が定められた。また、アイヌ民族を先住民族と明記した法律（アイヌ施策推進法）が制定された。

先進国の中でも、日本の少子高齢化の進行はとても速いんだ。

選んだ言葉に✓

□少子高齢化	□北方領土	□持続可能	□社会保障制度
□排他的経済水域	□北朝鮮	□アメリカ軍基地	□アイヌ

ぴったり2 練習

学習日　　月　　日

ぴたトリビア

海里…領海や領海の外側の排他的経済水域の範囲は、海の上のきょりをあらわす「海里」という単位（1海里＝約1850m）を使って示されます。

教科書 224～231ページ　答え 44ページ

1 右の地図を見て、次の問いに答えましょう。

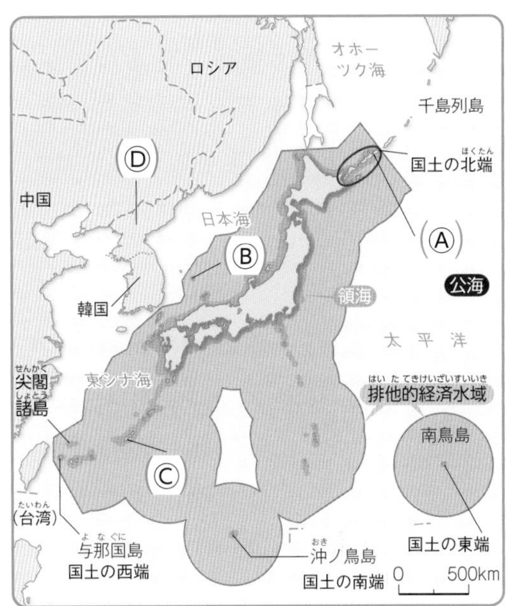

(1) 地図中の――――は、排他的経済水域を示しています。この水域は、領土の海岸線から何海里まででしょう。
（　　　　）海里

(2) 地図中のⒶ・Ⓑは、日本の固有の領土です。それぞれ何というでしょう。
Ⓐ（　　　　）
Ⓑ（　　　　）

(3) 地図中のⒸは、1972年に日本に復帰しましたが、現在もアメリカ軍基地が残っています。Ⓒの都道府県名を答えましょう。
（　　　　）

(4) 地図中のⒹは、2002年に無理やり日本人を連れ去ったことを認めた国です。Ⓓの国名を答えましょう。
（　　　　）

(5) 2015年に17の「持続可能な開発目標（SDGs）」を採択した国際的な組織を何というでしょう。
（　　　　）

(6) 2020年に世界で大流行（パンデミック）した感染症を何というでしょう。
（　　　　）

2 次の写真を見て、答えましょう。

Ⓐ

Ⓑ ウポポイ（民族共生象徴空間）

Ⓒ

(1) 写真Ⓐは、障害のある人が働いているようすです。障害のある人をふくめて、すべての国民が健康で文化的な生活を送れるように、国が国民の生活を保障する制度を何というでしょう。
（　　　　）

(2) 写真Ⓑは、ある先住民族の古式舞踊を上演しているようすです。この日本の先住民族を何というでしょう。
（　　　　）

(3) 写真Ⓒは、ロシア軍が2022年に侵攻した国のようすです。この国の名前を書きましょう。
（　　　　）

ヒント
1 (2) Ⓐはロシア、Ⓑは韓国に不法に占拠されています。
2 (1) 少子高齢化が進んでいることからも制度の必要性が高まっています。

2．日本のあゆみ
12 新しい日本へのあゆみ

時間30分
／100
合格80点

教科書 214〜231ページ　答え 45ページ

1 次の文を読んで、答えましょう。

1つ5点（25点）

第二次世界大戦後、日本はアメリカを中心とする連合国軍に占領され、あ連合国軍総司令部の最高司令官マッカーサーのもと、い日本を民主化するための改革が進められた。1946年には、う日本国憲法も公布され、翌年施行された。

(1) 下線部あは、アルファベット3文字で何とよばれましたか。

（　　　　）

(2) よく出る 下線部いの改革について説明した文として、正しいものには○を、まちがっているものには×をつけましょう。

①（　　）労働組合の結成は禁止された。

②（　　）教育制度を改革し、小学校6年間、中学校3年間の義務教育となった。

③（　　）20才以上のすべての男女に選挙権があたえられた。

(3) 下線部うの日本国憲法に定められた主権者を書きましょう。

（　　　　）

2 右の年表を見て、答えましょう。

1つ5点（30点）

(1) 年表中の①〜③にあてはまる言葉を、［　　］から選びましょう。

①（　　　　）

②（　　　　）

③（　　　　）

国際連盟　国際連合
サッカーワールドカップ
万国博覧会　日米安全保障条約

年	主なできごと
1950（昭和25）	ⓐ朝鮮戦争がおこる
1951	ⓑサンフランシスコ平和条約と（①）が結ばれる
1956	ⓒソ連と国交を回復し、（②）に加盟する
1964	オリンピック東京大会が開かれる
1970	大阪で日本（③）が開かれる
1978	ⓓ日中平和友好条約が結ばれる

(2) 次の①、②の文は、年表中のどのできごとに関して説明したものですか、ⓐ〜ⓓから1つずつ選びましょう。　技能

①（　　）　②（　　）

① 翌年に日本が独立を回復した。

② 日本に警察予備隊がつくられた。

記述 (3) できたらスゴイ！ 年表中の下線部について、この戦争は、日本の経済が立ち直るきっかけとなりました。その理由を簡単に書きましょう。　思考・判断・表現

（　　　　）

3 右の資料を見て、答えましょう。

1つ4点（20点）

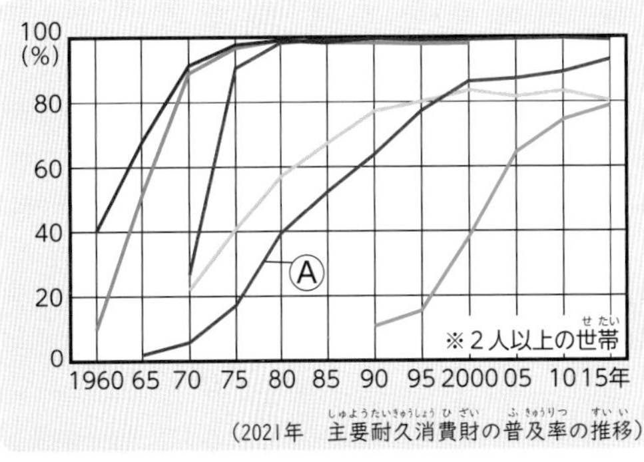

(1) よく出る 日本で、1950年代中ごろからはじまった急速な経済成長を何というでしょう。

（　　　　）

(2) 1960年に政府が発表した、産業を発展させる計画を何というでしょう。

（　　　　）

(3) 資料中のⒶは、カー・カラーテレビとならんで3Cと呼ばれました。Ⓐにあてはまる家庭電化製品を［　］から選びましょう。

（　　　　）

クーラー　スマートフォン　電気冷蔵庫
携帯電話　パソコン

(4) できたらスゴイ！ 急速な経済発展で、日本は、1968年に国民総生産額がアメリカに次いで世界第２位になりました。国民総生産額をアルファベット３文字で何というでしょう。

（　　　　）

記述 (5) 経済発展のいっぽうで、右上の写真に見られるような社会問題もおきました。どのような社会問題がおきたのか、簡単に書きましょう。

思考・判断・表現

（　　　　）

4 右の年表を見て、答えましょう。

1つ5点（25点）

年	おもなできごと
1964	㋐経済協力開発機構に加盟する
1965	韓国と国交が回復する
1972	（①）と国交が回復する
1975	第１回㋑先進国首脳会議が開かれる
1978	日中平和友好条約が結ばれる
1997	京都で（②）防止会議が開かれる
2015	国連で「（③）な開発目標（SDGs）」が採択される
2021	東京でオリンピックが開かれる

(1) 年表中の①～③にあてはまる言葉を書きましょう。

①（　　　　）
②（　　　　）
③（　　　　）

(2) 下線部㋐について、このころの日本のようすとして正しいものを、１つ選びましょう。

（　　　　）

㋐ 北朝鮮と国交を回復した。
㋑ 民主的な国家として出発した。
㋒ 先進国の仲間入りをした。
㋓ アメリカ軍基地が残されることが決まった。

(3) 下線部㋑について、この会議をカタカナで何というでしょう。

（　　　　）

ふりかえり ２(3)がわからないときは、82ページの２にもどって確認してみよう。

3．世界のなかの日本とわたしたち

1 日本とつながりの深い国々①

学習日　　月　　日

めあて　アメリカ合衆国のようすと、日本とのつながりをおさえよう。

教科書 232～239ページ　答え 46ページ

次の（　　）に入る言葉や数字を、下から選びましょう。

1 世界に目を向けよう／日本とつながりの深い国々

教科書 232～235ページ

✪ 世界に目を向けよう／日本とつながりの深い国々

- 世界には、2020年現在、（①　　　　）か国あり、外国には約140万人の日本人が住み、日本には約288万人の外国人が住んでいる。
- 世界では、環境汚染や、飢えや貧困、紛争などの問題がおこっている。
- 政治や歴史、SDGsなどの学習で知った国々のことを調べる。

2 アメリカ合衆国のくらし／子どもたちのようす

教科書 236～239ページ

ワンポイント　アメリカ合衆国

基本データ	●面積…約983.4万km^2 ●人口…約3億3100万人（2020年） ●首都…（②　　　　） ●おもな言語…（③　　　　）
文化	●ファストフード、パソコン、コンビニエンスストア、野球はアメリカで生まれる。 ●アメリカの映画や（④　　　　）は日本でも人気がある。 ●日本との貿易額が多い国の1つで、アメリカからは小麦などの（⑤　　　　）の輸入が多い。
産業	●広い農地で（⑥　　　　）を使った大規模な農業がおこなわれている。 ●宇宙開発など最先端の研究がおこなわれている。

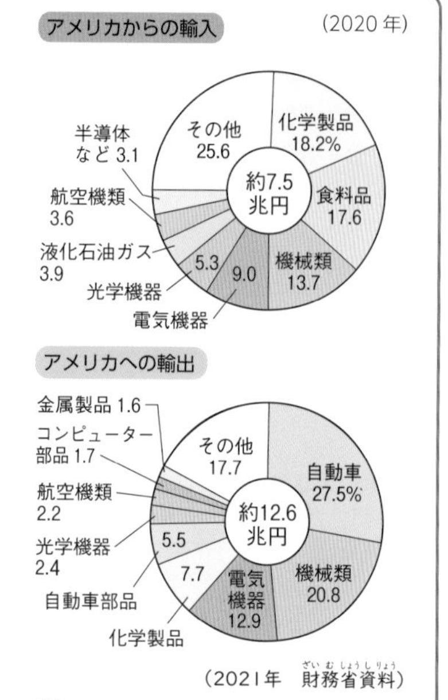

日本とアメリカの貿易

✪ 子どもたちのようす

- 新学期のはじまりは（⑦　　　　）か10月で、次の年の5月か6月ごろに1学年が終わる。
- 先住民のほか、世界中から移り住んだ人々がくらしているため、人々の心を1つにする「忠誠の誓い」をおこなう。
- 通学には（⑧　　　　）で通う。
- 昼食は、お弁当だったり、売店、カフェテリアを利用したりなどさまざまである。
- 毎年10月31日の夜、仮装した子どもたちが近所の家をまわる、ハロウィンがおこなわれる。

スクールバスでの登校

アメリカでは、人に対して、自分の考えをはっきりいうことを大切にしているよ。

選んだ言葉に✓

□9月　□農産物　□英語　□ワシントンD.C.
□196　□大型機械　□スクールバス　□テーマパーク

付録　取りはずしてお使いください。

社会
歴史年表ドリル
6年

このドリルを使って
歴史の流れを
マスターしよう。

年　　組

1 縄文時代・弥生時代・古墳時代

◎（　　）にあてはまることがら（人物やものの名前、できごとなど）を書きましょう。

年	できごと
1万年前ごろ	狩りや漁のくらしが行われる
	①（　　　　　）土器や石器がつくられる
2300年前ごろ	米づくりの技術が発展する
	②（　　　　　）土器や鉄器、青銅器が使われるようになる
239	邪馬台国の③（　　　　　）が魏（中国）に使いを送る
4世紀ごろ	大和政権（大和朝廷）が成立し、支配が広がる
	各地の豪族が④（　　　　　）をつくる

用語チェック

じょう	もん	じ	だい
縄	文	時	代

や	よ	い	じ	だい
弥	生	時	代

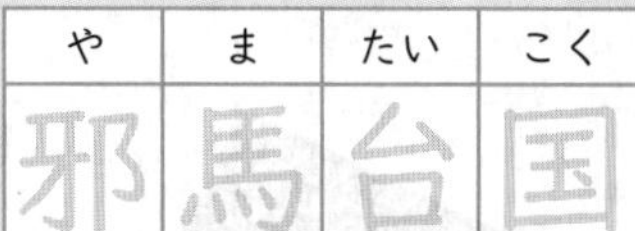

や	ま	たい	こく
邪	馬	台	国

ぎ
魏

やまと	せい	けん	ちょう	てい
大和	政	権	（朝	廷）

ごう	ぞく
豪	族

◎ 卑弥呼にインタビューをしてみましょう！

（2世紀末～3世紀前期）

●卑弥呼に質問したいことを書きましょう。

●卑弥呼の答えを予想して書いてみましょう。

② 飛鳥時代(あすかじだい)

◎（　）にあてはまることがら（人物やものの名前、できごとなど）を書きましょう。

年	できごと
6世紀ごろ	大陸から仏教(ぶっきょう)が伝わる
	蘇我氏(そがし)の勢いが強くなる
593	①（　　　　　　　）が天皇(てんのう)を助ける役職につく
604	②（　　　　　　　）が定められる
607	③（　　　　　　　）が遣隋使(けんずいし)として隋(ずい)にわたる
	奈良(なら)に④（　　　　　　　）ができる
645	⑤（　　　　　　　）や中臣鎌足(なかとみのかまたり)による大化(たいか)の改新(かいしん)

☑ 用語チェック

天皇（てん のう）

遣隋使（けん ずい し）

中臣鎌足（なか とみの かま たり）

大化の改新（たい か の かい しん）

◎ 聖徳太子(しょうとくたいし)にインタビューをしてみましょう！

(574〜622)

●聖徳太子に質問したいことを書きましょう。

●聖徳太子の答えを予想して書いてみましょう。

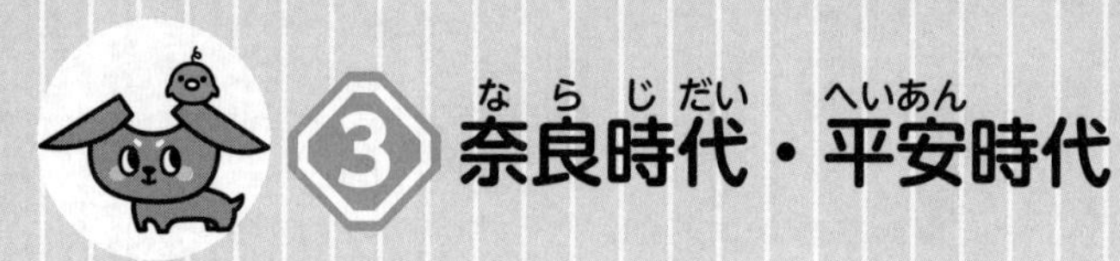

③ 奈良時代・平安時代

◎（　）にあてはまることがら（人物やものの名前、できごとなど）を書きましょう。

年	できごと
710	①（　　　　　）に都を移す　奈良時代
	『古事記』『日本書紀』ができる
752	東大寺の大仏の開眼式が行われる
	唐から来た②（　　　　　）が唐招提寺をつくる
794	③（　　　　　）に都を移す　平安時代
894	菅原道真の意見で遣唐使をやめる
	かな文字の使用が広まる
	日本風の文化（国風文化）が育つ
	④（　　　　　）が『枕草子』をあらわす
	⑤（　　　　　）が『源氏物語』をあらわす
1016	⑥（　　　　　）が摂政になる
	この頃から武士の力が強くなる
1053	藤原頼通が宇治に平等院鳳凰堂をつくる

☑ 用語チェック

こ	じ	き
古	事	記

こく	ふう	ぶん	か
国	風	文	化

げん	じ	もの	がたり
源	氏	物	語

◎ 藤原道長にインタビューをしてみましょう！

(966～1027)

●藤原道長に質問したいことを書きましょう。

●藤原道長の答えを予想して書いてみましょう。

④ 平安時代・鎌倉時代

◎（　　）にあてはまることがら（人物やものの名前、できごとなど）を書きましょう。

年	できごと	
1167	①（　　　　　　）が太政大臣になる	平安時代
1185	源氏が平氏をほろぼす	
1192	②（　　　　　　）が征夷大将軍になる	鎌倉時代
	北条氏が鎌倉幕府の実権をにぎる	
	→③（　　　　　　）（将軍を助ける役職）となり政治を行う	
	中国から禅宗が伝わる	
	新しい仏教がおこる	
1274	元がせめてくる ─ ④（　　　　　　）	
1281	元が再びせめてくる ─ ④	
1333	鎌倉幕府がほろぶ	

☑ 用語チェック

かま	くら	じ	だい
鎌	倉	時	代

げん	じ
源	氏

せい	い	たい	しょう	ぐん
征	夷	大	将	軍

ほう	じょう	し
北	条	氏

ぜん	しゅう
禅	宗

ぶっ	きょう
仏	教

◎ 源頼朝にインタビューをしてみましょう！

(1147～1199)

●源頼朝に質問したいことを書きましょう。

- - - - - - - - - - - - - - - - - - - -

- - - - - - - - - - - - - - - - - - - -

●源頼朝の答えを予想して書いてみましょう。

- - - - - - - - - - - - - - - - - - - -

- - - - - - - - - - - - - - - - - - - -

⑤ 室町時代

◎（　　）にあてはまることがら（人物やものの名前、できごとなど）を書きましょう。

年	できごと
1333	鎌倉幕府がほろぶ
1338	①（　　　　　　　　）が征夷大将軍になる
1397	②（　　　　　　　　）が金閣をつくる
1404	中国との貿易（勘合貿易）をはじめる
1467	応仁の乱が起こる（〜1477）
	水墨画がさかんになる
	各地で一揆が発生する
1489	③（　　　　　　　　）が銀閣をつくる
1543	種子島に鉄砲が伝わる
1549	④（　　　　　　　　　　　　）がキリスト教を伝える
1573	⑤（　　　　　　　　）が室町幕府をほろぼす

☑ 用語チェック

むろまちじだい 室町時代

きんかく 金閣

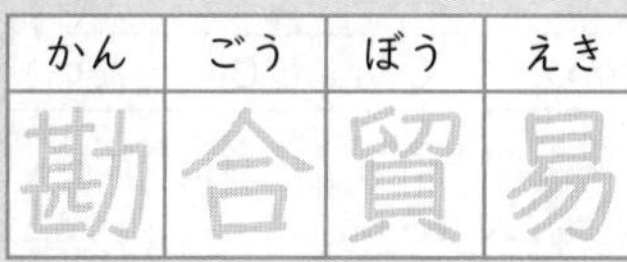

かんごうぼうえき 勘合貿易

すいぼくが 水墨画

ぎんかく 銀閣

◎ 足利義満にインタビューをしてみましょう！

(1358〜1408)

●足利義満に質問したいことを書きましょう。

●足利義満の答えを予想して書いてみましょう。

⑥ 安土桃山時代

◎（　　）にあてはまることがら（人物やものの名前、できごとなど）を書きましょう。

年	できごと
1575	長篠の戦いが起こる
1577	織田信長によって安土の城下町で自由な商工業をみとめる
	①（　　　　　　　　）が行われる
	検地・刀狩が行われる
1590	②（　　　　　　　　）が全国を統一する
1592・97	②が朝鮮にせめこむ
1600	③（　　　　　　　　）の戦いが起こる

☑ 用語チェック

種子島（たねがしま）　鉄砲（てっぽう）　室町幕府（むろまちばくふ）

安土桃山時代（あづちももやまじだい）　検地（けんち）　刀狩（かたながり）

◎ 豊臣秀吉にインタビューをしてみましょう！

(1537～1598)

●豊臣秀吉に質問したいことを書きましょう。

- -

- -

●豊臣秀吉の答えを予想して書いてみましょう。

- -

- -

⑦ 江戸時代・前半

◎（　　）にあてはまることがら（人物やものの名前、できごとなど）を書きましょう。

年	できごと
1603	①（　　　　　　　）が征夷大将軍になり、江戸幕府を開く
	日光に①をまつる東照宮ができる
1635	参勤交代の制度ができる
1637	島原・天草一揆が起こる（～1638）
1641	鎖国が完成する
	大阪を中心に町人文化がさかえる
	②（　　　　　　　　　　）が歌舞伎などの脚本をあらわす
1774	③（　　　　　　　）や前野良沢らが『解体新書』をあらわす

☑ 用語チェック

え	ど	じ	だい
江	戸	時	代

さん	きん	こう	たい
参	勤	交	代

かい	たい	しん	しょ
解	体	新	書

◎ 徳川家康にインタビューをしてみましょう！

(1542～1616)

●徳川家康に質問したいことを書きましょう！

●徳川家康の答えを予想して書いてみましょう。

8 江戸時代・後半

◎（　）にあてはまることがら（人物やものの名前、できごとなど）を書きましょう。

年	できごと
	江戸で町人文化がさかえる
1798	①（　　　　　　　）が『古事記伝』を完成させる
1821	②（　　　　　　　）の死後、日本地図が完成する
	葛飾北斎が『富嶽三十六景』をえがく
1833	天保の大ききんがおこる（～1839）
	百姓一揆や打ちこわしが増える
	歌川広重が『東海道五十三次』をえがく
1837	大阪で③（　　　　　　　）の乱が起こる
1853	④（　　　　　　　）が黒船で浦賀に来る
1858	各国と不平等な条約を結ぶ
1867	⑤（　　　　　　　）が朝廷に政権を返す（大政奉還）

☑ 用語チェック

ひゃく	しょう	いっ	き
百	姓	一	揆

うた	がわ	ひろ	しげ
歌	川	広	重

たい	せい	ほう	かん
大	政	奉	還

◎ 伊能忠敬にインタビューをしてみましょう。

(1745～1818)

●伊能忠敬に質問したいことを書きましょう。

●伊能忠敬の答えを予想して書いてみましょう。

9 明治時代

◎（　）にあてはまることがら（人物やものの名前、できごとなど）を書きましょう。

年	できごと
1868	明治維新　→ 江戸を東京と改める
	西洋文化が入ってくる　→ 文明開化
1871	岩倉具視らが①（　　　　　　）諸国を視察する（～1873）
1872	②（　　　　　　）が『学問のすゝめ』をあらわす
1877	西南戦争が起こる
	自由民権運動がさかんになる
1889	③（　　　　　　）が発布される
1891	④（　　　　　　）が足尾銅山の鉱毒事件での解決に取り組む
1894	条約改正で領事裁判権が撤廃される
1894	⑤（　　　　　　）が起こる（～1895）
1904	⑥（　　　　　　）が起こる（～1905）
1910	韓国併合が行われる
1911	条約改正で関税自主権を回復する

用語チェック

めい	じ	い	しん
明	治	維	新

ぶん	めい	かい	か
文	明	開	化

じ	ゆう	みん	けん	うん	どう
自	由	民	権	運	動

◎ 田中正造にインタビューをしてみましょう。

(1841～1913)
国立国会図書館「近代日本人の肖像」

●田中正造に質問したいことを書きましょう。

●田中正造の答えを予想して書いてみましょう。

⑩ 大正時代

◎（　　）にあてはまることがら（人物やものの名前、できごとなど）を書きましょう。

年	できごと
1914	日本が①（　　　　　　　　　　）に参戦する（〜1918）
	民主主義への意識が高まる
1918	米そうどうが起こる
1920	国際連盟に加盟する
1922	全国水平社ができる
1923	関東地方で②（　　　　　　　）が起こる
1925	③（　　　　　　　）制度が定められる
1925	ラジオ放送が始まる

☑ 用語チェック

たい	しょう	じ	だい
大	正	時	代

こく	さい	れん	めい
国	際	連	盟

ぜん	こく	すい	へい	しゃ
全	国	水	平	社

かん	とう	だい	しん	さい
関	東	大	震	災

◎ 平塚らいてうにインタビューをしてみましょう！

(1886〜1971)　日本近代文学館

●平塚らいてうに質問したいことを書きましょう。

●平塚らいてうの答えを予想して書いてみましょう。

⑪ 昭和時代

◎（　）にあてはまることがら（人物やものの名前、できごとなど）を書きましょう。

年	できごと
1931	満州事変が起こる
1937	日中戦争が起こる（〜1945）
1941	①（　　　　　　）が起こる（〜1945）
1945	広島と長崎に原子爆弾が投下される
1945	ポツダム宣言を受け入れ降伏する
1946	②（　　　　　　）が公布される
1951	③（　　　　　　　　）平和条約と日米安全保障条約を結ぶ
1953	テレビ放送（白黒）がはじまる
1956	ソ連と国交を回復、国際連合に加盟する
1960	テレビのカラー放送が正式にはじまる
1964	東海道新幹線が開業する
1964	オリンピック・パラリンピック東京大会が開かれる
1965	韓国と日韓基本条約を結び国交を正常化
1970	大阪で日本万国博覧会が開かれる
1972	冬季オリンピック札幌大会が開かれる
1972	④（　　　　　　）が日本に復帰する
1972	中国と国交を正常化
1978	中国と日中平和友好条約を結ぶ

☑ 用語チェック

日米安全保障条約（にち べい あん ぜん ほ しょう じょう やく）

国際連合（こく さい れん ごう）

東海道新幹線（とう かい どう しん かん せん）

日中平和友好条約（にっ ちゅう へい わ ゆう こう じょう やく）

⑫ 平成時代・令和時代

◎（　　）にあてはまることがら（人物やものの名前、できごとなど）を書きましょう。

年	できごと
1991	ソ連が解体する
1993	法隆寺や姫路城などが日本で初めて①（　　　　　　）に登録される
1993	EU（ヨーロッパ連合）ができる
1994	日本が子どもの権利条約を承認する
1995	阪神・淡路大震災が起こる
1996	広島県にある②（　　　　　　）が①に登録される
1998	冬季オリンピック・パラリンピック大会が③（　　　　　　）で開かれる
2000	九州・沖縄サミットが開かれる
2001	アメリカで同時多発テロが起こる
2002	サッカーワールドカップ大会が日韓共同で開かれる
2003	イラク戦争が起こる
2004	イラクの復興支援に自衛隊が派遣される
2005	愛知県で日本国際博覧会が開かれる
2011	④（　　　　　　）大震災が起こる
2021	オリンピック・パラリンピック大会が⑤（　　　　　　）で開かれる

☑ 用語チェック

ほう	りゅう	じ
法	隆	寺

ひめ	じ	じょう
姫	路	城

はん	しん		あわ	じ	だい	しん	さい
阪	神	・	淡	路	大	震	災

⑬ 資料読み取り問題

◎ 次の絵を見て、あとの問いに答えましょう。

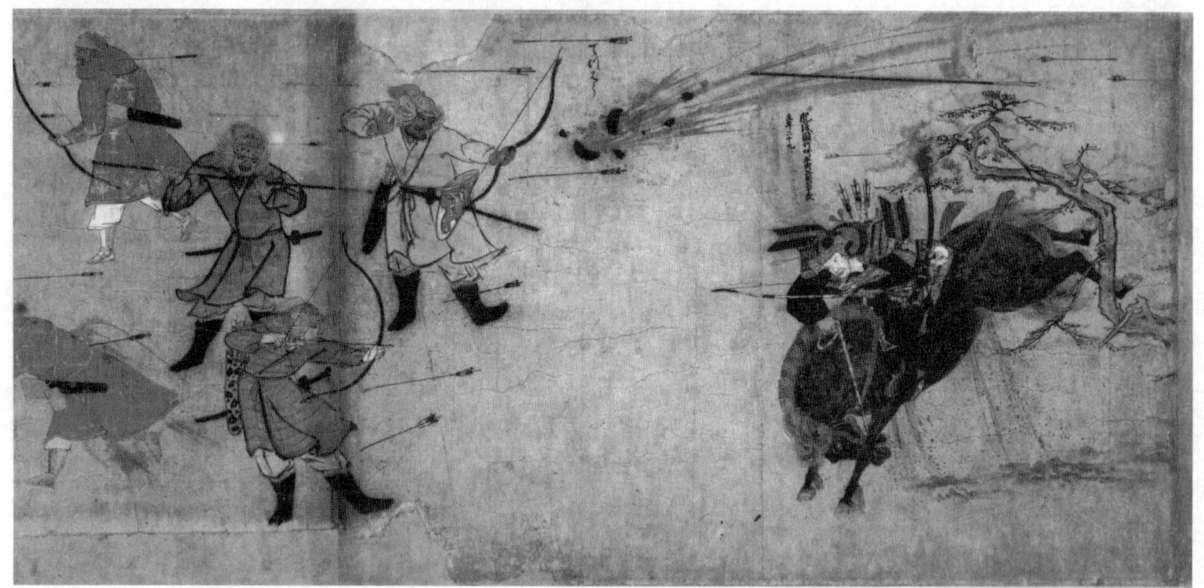

皇居三の丸尚蔵館収蔵

この絵は「蒙古襲来絵詞」という作品です。鎌倉時代後半に、モンゴル人が日本に攻めてきた時の日本の武士たちの戦いの様子がえがかれています。

●モンゴル人は絵の左右どちらにえがかれていますか。

●日本の武士を○でかこみましょう。

●絵を見て気づいたことを書きましょう。

◎ 次の絵を見て、あとの問いに答えましょう。

文部科学省ホームページ（https://www.mext.go.jp/）

この絵は「小学入門教授図解」という作品です。明治時代初めの小学校における授業の様子がえがかれています。

●絵を見て、今の学校と異なることを書いてみましょう。

●絵を見て、今の学校と同じことや似ていることを書いてみましょう。

答　え

p.2　❶①縄文　②弥生　③卑弥呼
④古墳

p.3　❷①聖徳太子　②十七条の憲法
③小野妹子　④法隆寺
⑤中大兄皇子

p.4　❸①平城京　②鑑真　③平安京
④清少納言　⑤紫式部
⑥藤原道長

p.5　❹①平清盛　②源頼朝
③執権　④元寇

p.6　❺①足利尊氏　②足利義満
③足利義政
④フランシスコ・ザビエル
⑤織田信長

p.7　❻①楽市・楽座　②豊臣秀吉
③関ヶ原

p.8　❼①徳川家康　②近松門左衛門
③杉田玄白

p.9　❽①本居宣長　②伊能忠敬
③大塩平八郎　④ペリー
⑤徳川慶喜

p.10　❾①欧米　②福沢諭吉
③大日本帝国憲法
④田中正造　⑤日清戦争
⑥日露戦争

p.11　❿①第一次世界大戦
②関東大震災　③普通選挙

p.12　⓫①太平洋戦争　②日本国憲法
③サンフランシスコ　④沖縄

p.13　⓬①世界遺産　②原爆ドーム
③長野　④東日本　⑤東京

イラスト：山田奈穂

ぴったり2 練習

学習日　　月　　日

ぴたトリビア

人種のサラダボウル…アメリカには先住民や、ヨーロッパ系、アフリカ系、アジア系などさまざまな人がいることから、こうよばれます。

教科書 232～239ページ　答え 46ページ

1 次の問いに答えましょう。

(1) 国や地域に関係なく、けがをしている人や苦しんでいる人がいるところに行って、医療活動をしている団体の名前を書きましょう。

(　　　　　　)医師団

(2) 日本とのきょりが近く、歴史的にも遣唐使を送るなど日本と深いつながりがある国の名前を書きましょう。

(　　　　　　)

2 次の問いに答えましょう。

(1) アメリカの首都の名前を書きましょう。(　　　　　　)

(2) 1853年、アメリカから日本に来航し、開国を要求した人物の名前を書きましょう。

(　　　　　　)

(3) 右のグラフのⒶ～Ⓒにあてはまる品目を、[　　]から選びましょう。

Ⓐ(　　　　　　)

Ⓑ(　　　　　　)

Ⓒ(　　　　　　)

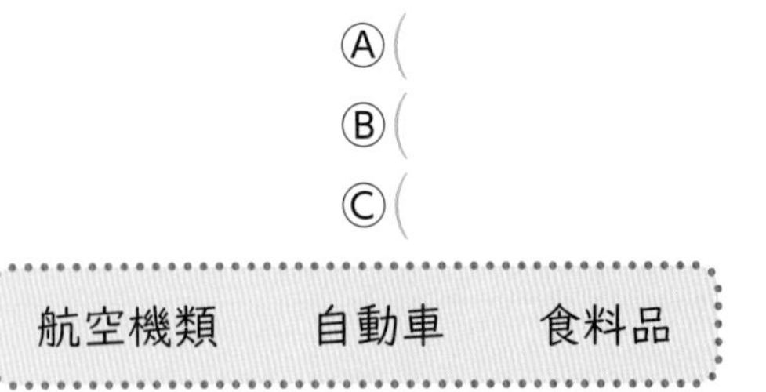

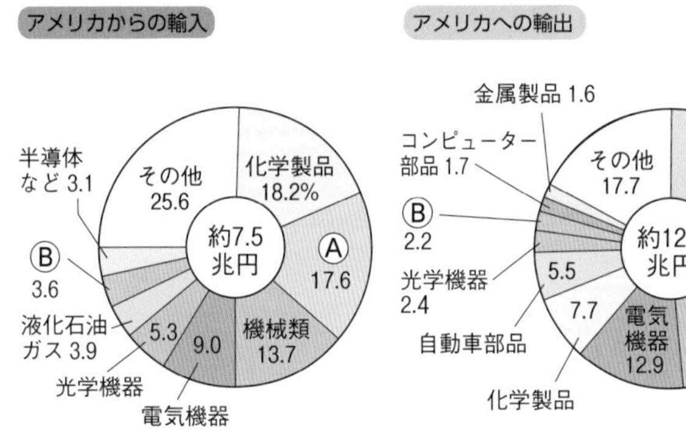

日本とアメリカとの貿易

(4) アメリカの貿易や農業、文化などについて説明した文として、正しいものには○を、まちがっているものには×をつけましょう。

①(　　)日本のアメリカからの輸入額は、日本からアメリカへの輸出額を上回っている。

②(　　)小麦やだいずなどは、広大な農地で大型機械を使って大規模に作られている。

③(　　)パソコンや野球などは日本で生まれ、アメリカに広まった。

(5) アメリカの子どもたちが、学校に通うために使う乗り物は何でしょう。

(　　　　　　)

(6) アメリカでは、学校の新学期はいつはじまるでしょう。

(　　　　　　)月か(　　　　　　)月ごろ

(7) アメリカの学校で、民族のちがう人々の心を1つにするため、勉強がはじまる前に国旗に向かっておこなうことは何でしょう。

(　　　　　　)の誓い

(8) アメリカでは、10月31日の夜に仮装した子どもたちが近所の家々をまわり、おかしをもらいますが、この行事を何というでしょう。(　　　　　　)

ヒント 2 (2) 黒船とよばれた軍艦で江戸湾の入口の浦賀にあらわれました。
(8) 「トリック　オア　トリート！」と言いながら近所の家々をまわります。

ぴったり1 準備

3. 世界のなかの日本とわたしたち

1 日本とつながりの深い国々②

学習日　月　日

めあて
中華人民共和国とブラジル連邦共和国とのつながりを調べよう。

教科書 240〜247ページ　答え 47ページ

 次の(　)に入る言葉を、下から選びましょう。

1 中華人民共和国とのつながり／子どもたちのようす

教科書 240〜243ページ

ワンポイント　中華人民共和国

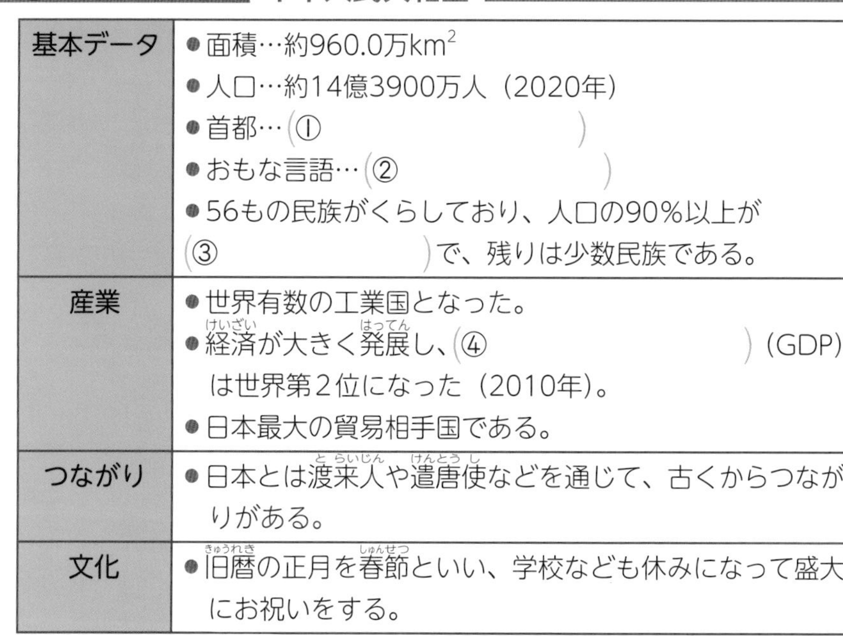

基本データ	●面積…約960.0万km² ●人口…約14億3900万人（2020年） ●首都…(①　　) ●おもな言語…(②　　) ●56もの民族がくらしており、人口の90%以上が(③　　)で、残りは少数民族である。
産業	●世界有数の工業国となった。 ●経済が大きく発展し、(④　　)（GDP）は世界第2位になった（2010年）。 ●日本最大の貿易相手国である。
つながり	●日本とは渡来人や遣唐使などを通じて、古くからつながりがある。
文化	●旧暦の正月を春節といい、学校なども休みになって盛大にお祝いをする。

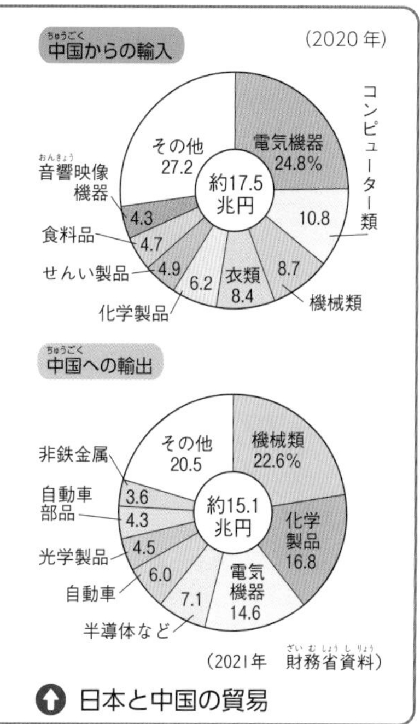

日本と中国の貿易

子どもたちのようす

- 「小学」「初級中学」の9年間が義務教育となっている。
- (⑤　　)のえいきょうで、一人の子どもの教育に力を入れている。

2 ブラジル連邦共和国のくらし／子どもたちのようす

教科書 244〜247ページ

ブラジル連邦共和国

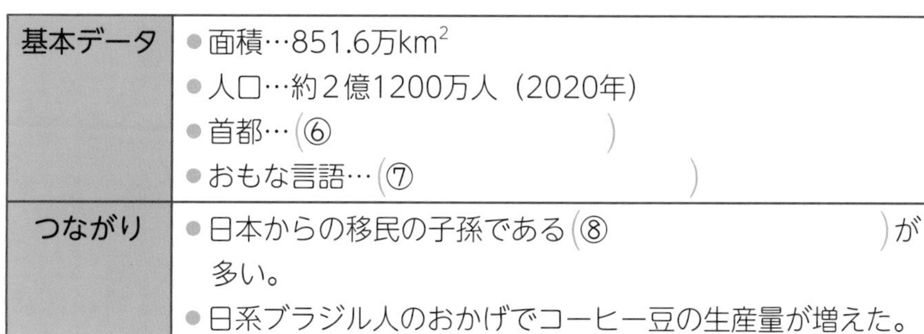

基本データ	●面積…851.6万km² ●人口…約2億1200万人（2020年） ●首都…(⑥　　) ●おもな言語…(⑦　　)
つながり	●日本からの移民の子孫である(⑧　　)が多い。 ●日系ブラジル人のおかげでコーヒー豆の生産量が増えた。

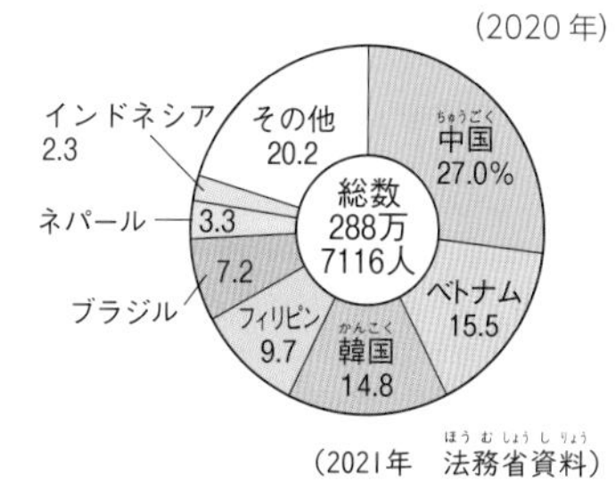

日本でくらす外国人の内訳

子どもたちのようす

- ブラジルは南半球にあるので、1月は夏休み、7月は冬休みになる。
- サッカーがとてもさかんで、子どものころからサッカーに親しむ。

選んだ言葉に✓

□中国語　□ペキン（北京）　□日系ブラジル人　□ブラジリア
□ポルトガル語　□漢民族　□一人っ子政策　□国内総生産

ぴったり2

練習

ぴたトリビア

リオのカーニバル…ブラジルの東部にあるリオデジャネイロで行われるキリスト教のお祭りで、世界中から人が集まります。

学習日　　月　　日

教科書　240〜247ページ　　答え　47ページ

1 次の問いに答えましょう。

(1) 中国の正式な国の名前を書きましょう。（　　　　）

(2) 中国は、世界でも人口の多い国の１つですが、どのくらいの人口ですか。［　　］から選びましょう。（　　　　）

約５億人　　約10億人　　約14億人　　約20億人

(3) 右のグラフのⒶ〜Ⓒにあてはまる品目を、［　　］から選びましょう。

Ⓐ（　　　　）
Ⓑ（　　　　）
Ⓒ（　　　　）

電気機器　　食料品　　衣類

(2020年)

中国からの輸入

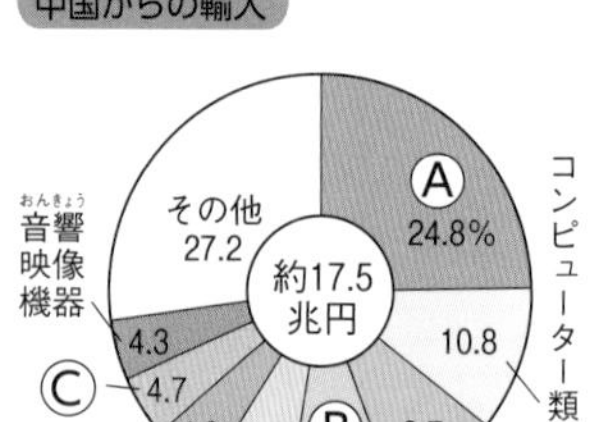

中国への輸出

約15.1兆円
機械類 22.6%
化学製品 16.8
Ⓐ 14.6
半導体など 7.1
自動車 6.0
光学製品 4.5
自動車部品 4.3
非鉄金属 3.6
その他 20.5

(2021年　財務省資料)

日本と中国との貿易

(4) 中国は、2010年にその国の人々によってつくられたものやサービスの価格から、原材料費をさし引いた価値である国内総生産が世界第２位になりました。国内総生産はアルファベットで何というでしょう。（　　　　）

(5) 中国のようすについて説明した文として、正しいものには○を、まちがっているものには×をつけましょう。

①（　　）ペキン（北京）やシャンハイ（上海）などの大都市には日本企業も多く進出している。

②（　　）国の政策のえいきょうで、子どもが３人以上いる家庭が多い。

③（　　）中国では、食事をするとき、大皿で複数の人が囲んで食べる。

2 次の問いに答えましょう。

(1) ブラジルが世界一の生産量をほこる、飲料に加工される農産物は何でしょう。（　　　　）

(2) 右のグラフのうち、ブラジルはどこに入るでしょう。Ⓐ〜Ⓓから選びましょう。（　　）

(3) ブラジルで、子どものころから親しむスポーツは何でしょう。（　　　　）

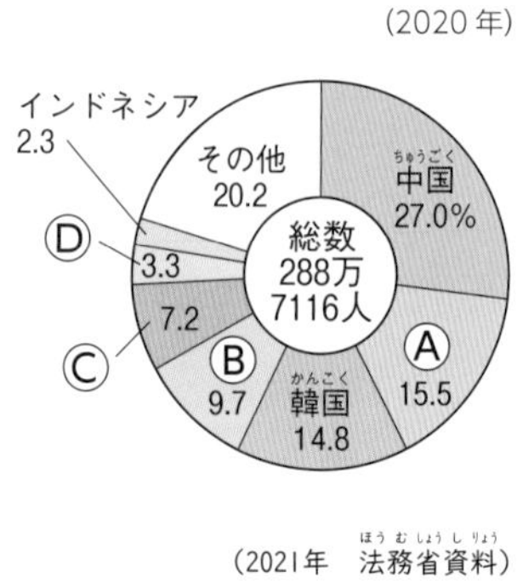

(2020年)

総数288万7116人
中国 27.0%
Ⓐ 15.5
韓国 14.8
Ⓑ 9.7
Ⓒ 7.2
Ⓓ 3.3
インドネシア 2.3
その他 20.2

(2021年　法務省資料)

日本でくらす外国人の内わけ

(4) ブラジルのようすについて説明した文として、正しいものには○を、まちがっているものには×をつけましょう。

①（　　）カーニバルは、リオデジャネイロだけでおこなわれている。

②（　　）ブラジルの初等教育は９年間で、高校にあたる中等教育が３年間である。

③（　　）日本からブラジルに移住した人々の子孫は、日系ブラジル人とよばれる。

ヒント

1 (5)② 一人っ子政策がおこなわれていました。

2 (1) 日系ブラジル人も農園で多く働いていました。

ぴったり1 準備

3．世界のなかの日本とわたしたち

1 日本とつながりの深い国々③

学習日　月　日

めあて　韓国とのつながり、国際交流についておさえよう。

教科書 248～259ページ　答え 48ページ

次の（　　）に入る言葉を、下から選びましょう。

1 大韓民国のくらし／子どもたちのようす

教科書 248～251ページ

ワンポイント　大韓民国

基本データ	●面積…10.0万km² ●人口…約5100万人（2020年） ●首都…（①　　　） ●おもな言語…（②　　　）
つながり	●（③　　　）からソウルまでは1時間30分ほどで着く。 ●主食は（④　　　）を食べる。 ●つけ物であるキムチもよく食べる。

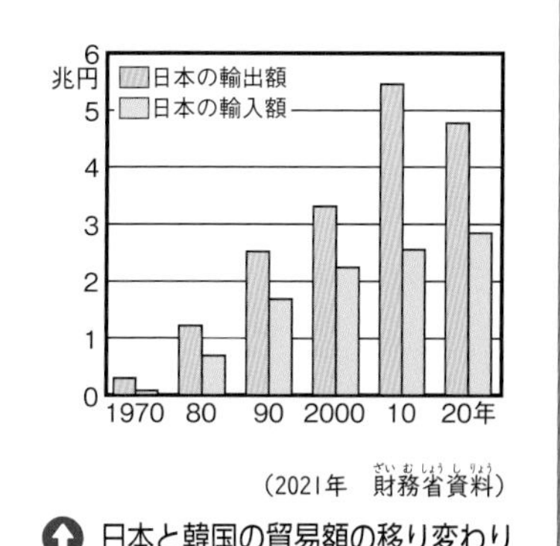

日本と韓国の貿易額の移り変わり

子どもたちのようす

- 義務教育は、初等学校６年間、中等学校３年間で、高校の３年間もほぼ全員が進学する。
- （⑤　　　）を活用した授業がさかんで、受験競争が厳しい。

2 調べてきた国々のようす／スポーツによる国際交流／文化による国際交流

教科書 252～259ページ

調べてきた国々のようす

- 日本と歴史や経済、移住によるつながりなど、結びつきの深い国が多くある。
- 中国や韓国とはきょり的に近いけれど、問題もある。

スポーツによる国際交流

- ４年に１度開催される（⑥　　　）は、世界的なスポーツの祭典である。
- **パラリンピック**は、障がいのある人たちが参加する大会である。
- オリンピックやパラリンピックは、スポーツを通して国々の理解を深め、平和な世界をつくることが目的である。
- 2019年には、ラグビーのワールドカップが日本で開催された。
- 日章旗（（⑦　　　））と君が代…日の丸は江戸幕府の船印だった。日の丸と君が代は、日本の国旗・国歌として慣れ親しまれてきた。

オリンピックのシンボルマーク

オリンピックは、民族や人種、宗教などのちがいをこえて、平和をめざしているよ。

文化による国際交流

- イタリアで開かれている**国際建築展**では、世界中の建築家が出展している。
- それぞれの国の伝統食が味わえる国際食品・飲料展が千葉県で開かれた。
- 日本の伝統芸能である（⑧　　　）は、世界各地で公演がおこなわれている。

選んだ言葉に✓

□ソウル　□オリンピック　□米　□福岡空港
□韓国語　□歌舞伎　□日の丸　□ICT

韓国の食事は、はしやスプーンを使います。おかずははし、ごはんやスープはスープーンで食べます。韓国のはしやスプーンは金属でできています。

教科書 248～259ページ　答え 48ページ

1 次の問いに答えましょう。

(1) 韓国の正式な国の名前を書きましょう。（　　　）

(2) 韓国の首都の名前を書きましょう。（　　　）

(3) 日本にもつくられている、韓国料理や韓国食材の店がたくさん並んでいる地域を何というでしょう。（　　　）

(4) 韓国にある、数多くの乗客や貨物便が利用する、世界有数の空港を何というでしょう。（　　　）

(5) 右のグラフを見て、日本の輸入額をⒶ、Ⓑから選びましょう。（　　　）

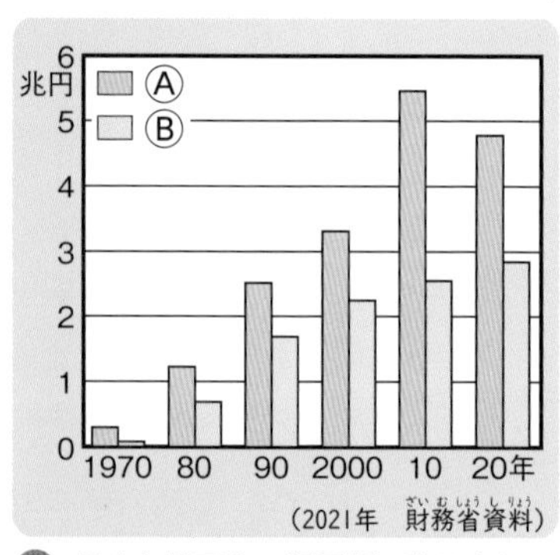

日本と韓国との貿易額の移り変わり

(6) 韓国の生活などについて説明した文として、正しいものには○を、まちがっているものには×をつけましょう。

①（　　　）福岡空港から韓国の首都まで約540kmで、約8時間で着く。

②（　　　）主食は米である。

③（　　　）小学校は6年間で、授業時間は4時間で短い。

④（　　　）ほとんどの小学生がコンピューターを使いこなしている。

2 次の問いに答えましょう。

(1) 2021年のオリンピック・パラリンピックが開催された日本の中心都市の名前を書きましょう。（　　　）

(2) オリンピック・パラリンピックは夏季・冬季それぞれ何年に1度開催されるでしょう。（　　　）年

(3) 右の写真は、オリンピックの表しょう式のようすです。まん中の日本の国旗は、日章旗以外に、何というでしょう。（　　　）

(4) 2019年に日本で、アジアで初めてとなるワールドカップが開催されたスポーツは何でしょう。（　　　）

(5) イタリアなどで開催されている、世界各国の建築家たちが作品を出展している展覧会の名前を書きましょう。（　　　）

(6) 近年、日本の伝統芸能は、その魅力(みりょく)を伝えるため、海外公演もおこなわれています。江戸時代に生まれた、男性がはでな衣装(いしょう)を着て演じる劇の名前を書きましょう。（　　　）

ヒント
1 (6)③　韓国は受験競争が厳しい国です。
2 (6)　2008年にはユネスコの無形文化遺産(いさん)に登録されました。

3. 世界のなかの日本とわたしたち
1 日本とつながりの深い国々

教科書 232〜259ページ　答え 49ページ

1 次の文を読んで、答えましょう。

1つ6点（18点）

アメリカ合衆国には、㋐もとからいた先住民のほか、世界じゅうから移住してきた人々など、さまざまな民族や人種の人々がいる。広い土地を利用して、大型機械を使った大規模な農業がおこなわれており、とくに（①）やだいずなどが作られ輸出されている。また、㋑アメリカで生まれた文化などが、現在では日本にも広まっている。

(1) 文中の①にあてはまる言葉を、□から選びましょう。（　　）

コーヒー豆　　小麦

記述 (2) 下線部㋐について、このような社会であることを背景に、学校では国旗に向かい「忠誠の誓い」がおこなわれています。その理由を、簡単に書きましょう。

思考・判断・表現

（　　）

(3) 下線部㋑について、アメリカで生まれたスポーツで、現在では日本にもセ・リーグ、パ・リーグといったプロの選手がかつやくするリーグがあるスポーツは何でしょう。

（　　）

2 右のグラフを見て、答えましょう。

1つ4点（20点）

(1) 右のグラフは、アメリカからの輸入と中国からの輸入をあらわしています。中国から日本への輸入にあたるものを、Ⓐ、Ⓑから選びましょう。（　　）

(2) よく出る 右のグラフのⓐ、ⓑにあてはまるものの組み合わせとして正しいものを、㋐〜㋒から選びましょう。（　　）

㋐ ⓐ食料品　ⓑ自動車
㋑ ⓐ食料品　ⓑ電気機器
㋒ ⓐ電気機器　ⓑ食料品

Ⓐ
約7.5兆円
化学製品 18.2%
ⓐ 17.6
機械類 13.7
ⓑ 9.0
光学機器 5.3
液化石油ガス 3.9
航空機類 3.6
半導体など 3.1
その他 25.6

Ⓑ
約17.5兆円
ⓑ 24.8%
コンピューター類 10.8
機械類 8.7
衣類 8.4
化学製品 6.2
せんい製品 4.9
ⓐ 4.7
音響映像機器 4.3
その他 27.2

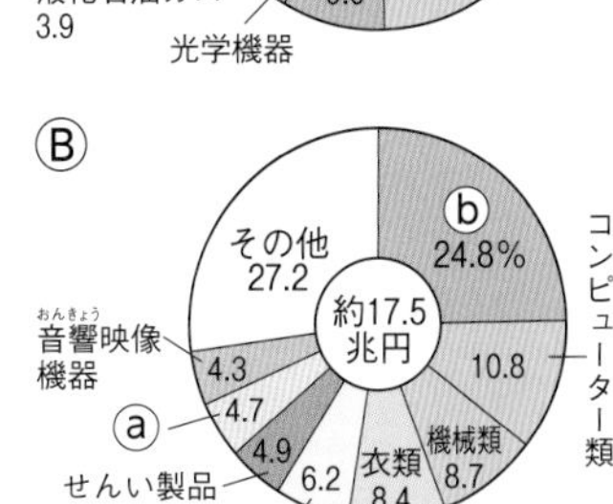

（2021年　財務省資料）

(3) 次の①〜③は、どこの国について説明したものですか。国の名前を書きましょう。

①（　　）
②（　　）
③（　　）

① 福岡空港からこの国の首都まで1時間30分ほどで着く。
② 1908年以降、日本から移住した人々の子孫が、現在約140万人住んでいる。
③ 旧暦の正月は、学校や会社が休みになり、家族でごちそうなどを食べてお祝いする。

学習日　　月　　日

3 次の国旗と地図を見て、答えましょう。

1つ4点（32点）

Ⓐ 

Ⓑ 

Ⓒ 

Ⓓ 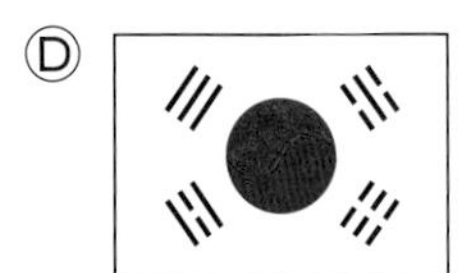

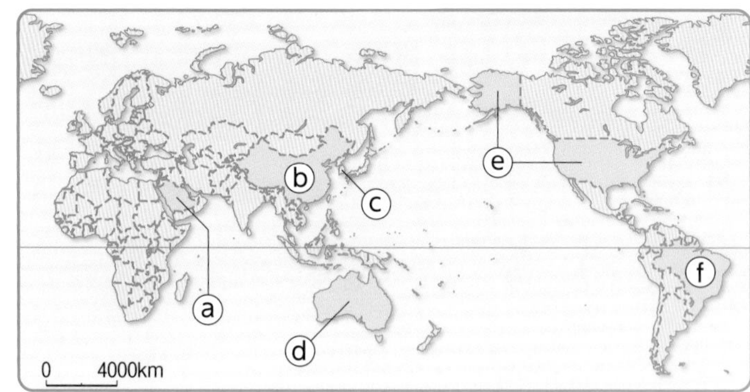

(1) Ⓐ～Ⓓの国旗は、どこの国のものでしょう。地図中のⓐ～ⓕからそれぞれ選びましょう。

技能

Ⓐ（　　　）Ⓑ（　　　）Ⓒ（　　　）Ⓓ（　　　）

(2) よく出る Ⓐ・Ⓓの国の首都の名前を書きましょう。

Ⓐ（　　　　）Ⓓ（　　　　）

(3) Ⓑ・Ⓓの国の説明として正しいものを、㋐～㋓から選びましょう。

Ⓑ（　　　）Ⓓ（　　　）

㋐ サッカーが盛(さか)んで、2014年にはワールドカップが開催(かいさい)された。

㋑ 宇宙開発の中心国で、最先端の研究がおこなわれている。

㋒ 小学校ではICTを活用した授業が盛んで、ほとんどの小学生がインターネットを使いこなしている。

㋓ 一人っ子政策のえいきょうで、一人の子どもの教育に力を入れている。

4 次の問いに答えましょう。

1つ5点（30点）

(1) よく出る 2021年には、4年に1度の世界的なスポーツの祭典が東京(とうきょう)で開催されました。この祭典の名前を2つ書きましょう。

（　　　　）（　　　　）

(2) (1)の祭典の表しょう式では、優勝(ゆうしょう)した選手の健とうをたたえて選手の国の国旗をあげ、国歌を演奏(えんそう)します。日本の国歌の名前を書きましょう。（　　　　）

記述 (3) できたらスゴイ! (1)の祭典の目的を、次の文に続けて簡単に書きましょう。

思考・判断・表現

言葉や生活習慣、宗教(しゅうきょう)、ものの考え方がちがっていても、スポーツを通して、

（　　　　　　　　　　）

(4) 魅力(みりょく)を知ってもらおうと世界各地で海外公演などがおこなわれている、男性がはでな衣装を着て演じる、江戸(えど)時代に生まれた日本の伝統芸能の名前を書きましょう。

（　　　　）

(5) 世界各国の交流を目的に、2025年に大阪(おおさか)の夢洲(ゆめしま)でおこなわれる予定の関西(かんさい)万博の正式名称(めいしょう)を書きましょう。（　　　　）

ふりかえり ❹(3)がわからないときは、94ページの❷にもどって確認してみよう。

ぴったり1 準備

3分でまとめ

3．世界のなかの日本とわたしたち

2 世界がかかえる問題と日本の役割①

学習日　　月　　日

めあて
世界のさまざまな問題とその取り組みをおさえよう。

教科書 260～265ページ　答え 50ページ

次の（　　）に入る言葉を、下から選びましょう。

1 世界がかかえるさまざまな問題／世界平和に向けた取り組み　教科書 260～263ページ

世界がかえるさまざまな問題

- 武力による争い、水道がないことからきれいな水を得られず病気になる、気候が変わって洪水になる、農業ができずに食料不足になるなどの問題がおこっている。

世界中でおこっている問題に対して、国際連合が大きな役割をはたしているよ。

世界平和に向けた取り組み

- 紛争が終わったアフリカのスーダンで、平和な状態を保つため、（①　　　　）が活動した。日本の（②　　　　）もその活動に加わり、国連施設の整備や道路補修をおこなった。
- 世界各地で、戦争中にうめられた**地雷**は、現在も約1億個あるといわれている。
- （③　　　　）…**国連児童基金**。世界の子どもが平和で健康的にくらせるように、（④　　　　）条約をもとにして、さまざまな活動を通して支援する組織。飢えや病気で困っている子どもたちに、食料や薬品を送っている。

2 世界の環境保全に向けた取り組み　教科書 264～265ページ

おもな環境問題

- ツバルでは、国土が水没するおそれがある。
- オゾンホール…フロンガスがおもな原因となって、オゾン層をこわしてしまう。
- 酸性の雨によって、森林がかれる被害が出ている。

ワンポイント　世界の環境保全に向けた取り組み

- **地球温暖化**…工場や家庭から排出される**二酸化炭素**などの（⑤　　　　）が原因。
  →南極の氷がとけて海面が高くなる→国土が水没する。
- 国連が「（⑥　　　　）」という機関をつくって地球環境問題に取り組む。
  →民間の組織（（⑦　　　　））から市民までが協力し、取り組むことが大切である。
  →（⑧　　　　）は世界の貴重な自然や遺跡を世界遺産に登録して保護する。
- 2015年、国連持続可能な開発サミットで、「**持続可能な開発目標**（⑨　　　　）」が採択された。
  →2030年までに貧困や飢え、地球環境、平和などの問題について目標を立てている。

国土が水没するおそれがあるツバル

選んだ言葉に✓

□SDGs　□国連環境計画　□子どもの権利　□国際連合
□ユニセフ　□NGO　□自衛隊　□ユネスコ　□温室効果ガス

ぴったり2

練習

学習日　月　日

ぴたトリビア

ユネスコが、世界の貴重な自然や遺跡などを世界遺産に登録して保護するのも、持続可能な開発のための取り組みの一つです。

教科書 260〜265ページ　答え 50ページ

1 次の問いに答えましょう。

(1) 右の写真は、紛争(ふんそう)が続いていたアフリカでの、日本のある組織の活動のようすです。この活動をしている組織を何というでしょう。

(　　　　)

(2) (1)の活動の内容について、説明した次の文の①、②にあてはまる言葉を答えましょう。

①(　　　　)

②(　　　　)

アフリカの(①)で紛争後におこなわれた活動で、排水管を組み立てる作業をおこないました。そのほか、(②)施設の整備や道路補修などもおこなわれました。

(3) ユニセフについて、答えましょう。

① ユニセフの正式な名前を漢字で書きましょう。(　　　　)

② ユニセフが基本にしている、世界の子どもが平和で健康的にくらせることを定めた条約を何というでしょう。(　　　　)条約

③ 日本が支援を受けた、2011年のできごとを書きましょう。

(　　　　)

2 次の文を読んで、答えましょう。

A　地球(①)は、工場や家庭などから出される二酸化炭素などの温室効果ガスが大きな原因とされる。南極の氷がとけ、㋐水没するおそれのある南太平洋の国もある。

B　フロンガスは有害な紫外線(しがいせん)を吸収(きゅうしゅう)して地球の生き物を守るはたらきのある(②)層をこわしている。

C　㋑地球環境問題は、国際社会と民間の組織などが協力し、取り組むことが大切である。

(1) 文中の①・②にあてはまる言葉を書きましょう。

①(　　　　)

②(　　　　)

(2) 下線部㋐について、水没のおそれがある右の写真の南太平洋の国の名前を書きましょう。(　　　　)

(3) 下線部㋑について、国連で2015年に採択されたSDGsを日本語で何というでしょう。

(　　　　)

1 (2) 自衛隊は、紛争が終わったあとの平和や人々を守る仕事をします。
2 (3) 17のゴール（目標）が定められています。

2 世界がかかえる問題と日本の役割②

学習日 月 日

めあて 国際連合の国際社会でのはたらきを理解しよう。

教科書 266〜273ページ 答え 51ページ

次の（　　）に入る言葉や数字を、下から選びましょう。

1 国連のはたらきと目的

教科書 266〜267ページ

国連のはたらきと目的

- 国際連合（国連）…**第二次世界大戦後**の1945年に、世界の平和と安全を守るために、（①　　　　）か国の加盟によってつくられ、（②　　　　）が定められた。
- 日本は1956年に加盟し、現在は193か国（2021年）と、世界のほとんどの国が加盟している。
- 国連本部では、加盟国の代表が話し合いをおこなう。
- （③　　　　）理事会…国際平和を守る、国連の重要な機関の一つ。国どうしの争いがおこると、停戦をはたらきかけたり、紛争の広がりを防いだりしている。
- 難民への食料支援をおこなったり、（④　　　　）をしたり、紛争地域へ支援物資をとどける活動もしている。

国連本部（ニューヨーク）

国連憲章では、国連の目的が定められているよ。

2 日本の人々の国際協力／自分の考えを深めよう

教科書 268〜271ページ

ワンポイント 日本の人々の国際協力

- 「（⑤　　　　）」…日本の国際協力をおこなう、（⑥　　　　）（JICA）の事業の一つ。
- （⑦　　　　）に隊員を派遣する。
- 日本から学校の先生を派遣して、授業計画の立て方や指導のしかた、教材の作り方を教える。
- 食料不足の国では、日本の農業技術を伝える。

- 「（⑧　　　　）」…貧困・戦争・災害などのために十分な医療を受けられない人たちに、医療援助をおこなう。
- 日本にも支部があり、2020年には88の国と地域で活動した。
- 医師団の活動は、世界の平和につながる。

- 結核研究所…1939年に設立された、日本や世界の結核対策推進のため、さまざまな研究や技術支援などをおこなう。

開発途上国
経済や産業が発展するとちゅうにある国。

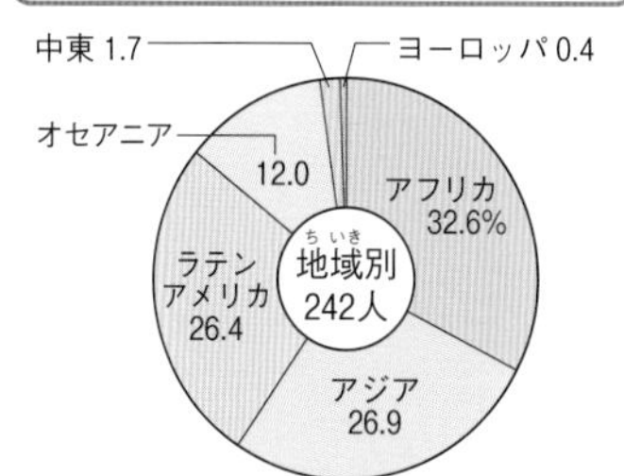

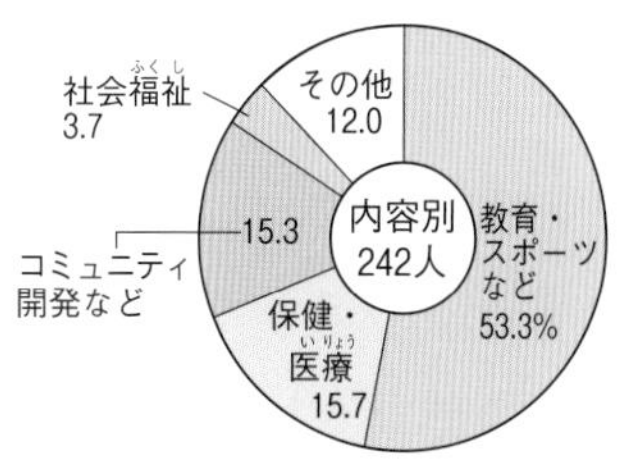

活動中の青年海外協力隊員の地域別、内容別の割合

ごみ処理の技術やICT環境の整備などが海外で役だっている日本のおもな技術だよ。

選んだ言葉に ✓
- □51
- □国境なき医師団
- □国際協力機構
- □青年海外協力隊
- □開発途上国
- □安全保障
- □国連憲章
- □平和維持活動

学習日　月　日

ぴたトリビア

国連平和維持活動（PKO）に自衛隊が参加したのは、1992年PKO法が制定された年、カンボジアが初めてです。

教科書 266〜273ページ　答え 51ページ

1 右の資料を読んで、答えましょう。

・世界の平和と安全を守り、国と国との争いを、平和的な方法で解決する。
・全ての国を平等にあつかい、国々の友好関係を発展させる。

(1) 右の資料は、第二次世界大戦後につくられた国際機関の目的をあらわした文章の一部です。

① この国際機関の名前を漢字で書きましょう。（　　）

② この資料の名前を書きましょう。（　　）

③ 日本が①に加盟した年を、□から選びましょう。（　　）年

1945　1956　1972　1978

(2) 資料中の下線部のような活動を中心となっておこなっている機関の名前を書きましょう。（　　）

(3) 資料中の下線部に関連して、(1)①の機関がおこなう、紛争のあとの国の平和と安全を守る活動を何というでしょう。（　　）

2 右のグラフを見て、答えましょう。

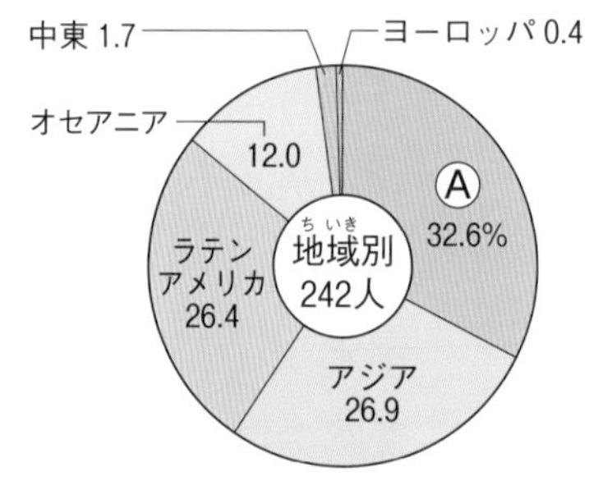

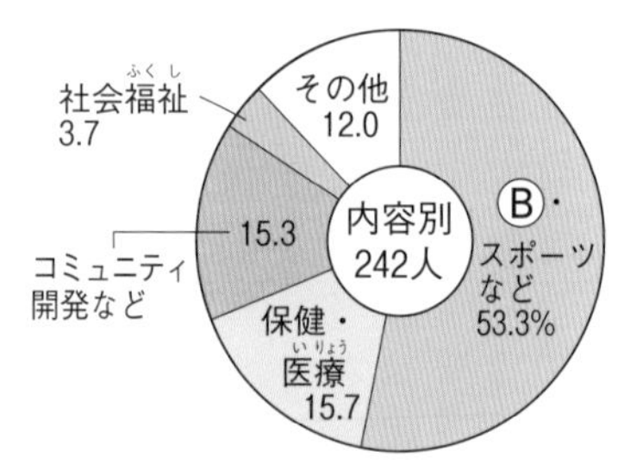

（2021年3月末　国際協力機構調べ）

(1) 右のグラフは、日本の国際協力をおこなう組織の事業の一つの活動の地域別、内容別の割合をあらわしたグラフです。

① 日本の国際協力をおこなう組織である国際協力機構をアルファベットで書きましょう。（　　）

② 開発途上国などに派遣され、その国で必要とされる手助けや支援を行う事業を何というでしょう。（　　）

(2) 右のグラフのⒶにあてはまる地域の名前を書きましょう。（　　）

(3) 右のグラフのⒷにあてはまる言葉を書きましょう。（　　）

(4) 右のグラフ中の医療について、貧困や戦争、災害で十分な医療を受けられない人のために活動している団体を何というでしょう。（　　）

(5) SDGsの目標を、次から１つ選びましょう。（　　）

㋐ かけがえのない地球　㋑ 未来に生きる子どもたちのために
㋒ だれ一人取り残さない　㋓ 人はみな、生まれながらに自由

ヒント
1 (1)③ 日本とソ連が国交を回復した年です。
2 (2) 開発途上国の多い地域です。

3．世界のなかの日本とわたしたち

2 世界がかかえる問題と日本の役割

教科書 260～273ページ　答え 52ページ

1 右の地図を見て、答えましょう。

1つ5点（50点）

(1) アフリカのスーダンの内戦後、ある国際的な組織がこの地域の平和と安全を守るために活動をしました。

① その組織の名前を書きましょう。（　　）

② 2021年現在の①の加盟国数を、［　］から選びましょう。（　　）

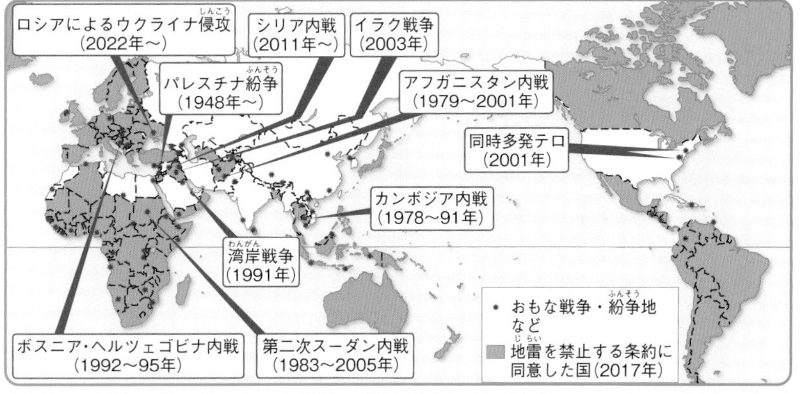

第二次世界大戦後のおもな戦争・紛争地域と地雷を禁止する条約に同意した国

31か国　51か国　193か国　203か国

記述 ③ ①の重要な機関の一つである安全保障理事会は、国どうしの争いごとがおきるとどのような活動をおこないますか。簡単に書きましょう。 思考・判断・表現

（　　）

(2) 日本の自衛隊も、南スーダンの内戦後、活動に参加しました。自衛隊の活動の内容として正しいものを、次から2つ選びましょう。 思考・判断・表現（　　）（　　）

㋐ 医療技術にかかわる研修をおこなった。
㋑ 排水管を組み立てる作業をおこなった。
㋒ 道路の補修や国連施設の整備をおこなった。
㋓ 紛争を止めるために、紛争に加わった。

(3) 世界各地の紛争や戦争中にうめられ、ふみつけると爆発する兵器を何というでしょう。（　　）

(4) よく出る 子どもが平和で健康にくらせるように活動している国連の組織をカタカナで何というでしょう。（　　）

(5) (4)の活動としてあてはまるものを、次から2つ選びましょう。（　　）（　　）

㋐ 飢えや病気で困っている子どもに食料や薬品を送る。
㋑ 難民へ食料の支援をおこなう。
㋒ だれもが予防接種を受けられるように募金活動をする。
㋓ 紛争地域に支援物資を届ける。

(6) よく出る 世界の貴重な自然や遺跡などを世界遺産に登録して保護しようとする国連の機関をカタカナで何というでしょう。（　　）

2 次の文を読んで、答えましょう。

1つ4点（32点）

> A　南極の上空では、人間が排出する<u>ガス</u>によって、人間を有害な紫外線から守るはたらきのある層がこわされている。
> B　工場や家庭から排出される二酸化炭素などの<u>ガス</u>が増えると、地球の気温が上昇し、南極などの氷がとけて海面が高くなるおそれも出ている。
> C　自動車や工場から排出されるガスが雨にとけこむと、石やコンクリートでつくられた建物がいたんだり、木がかれたり、湖の生き物が死んだりする。

(1)　A～Cの環境問題を、㋐～㋔からそれぞれ選びましょう。　A（　　　）B（　　　）C（　　　）

㋐　地球温暖化　　㋑　大気汚染　　㋒　さばく化
㋓　酸性雨　　㋔　オゾン層の破壊

(2)　よく出る　A、Bの文中にある下線部のガスの名前を、それぞれ書きましょう。　A（　　　　）
B（　　　　）

(3)　右の写真Ⓐ、Ⓑは、A～Cのどの環境問題に関するものでしょう。　技能　Ⓐ（　　　）Ⓑ（　　　）

Ⓐ

Ⓑ

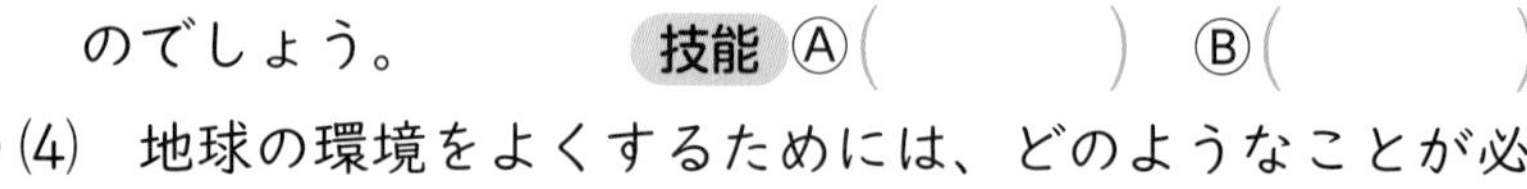

記述 (4)　地球の環境をよくするためには、どのようなことが必要ですか。簡単に書きましょう。　思考・判断・表現

（　　　　　　　　　　　　）

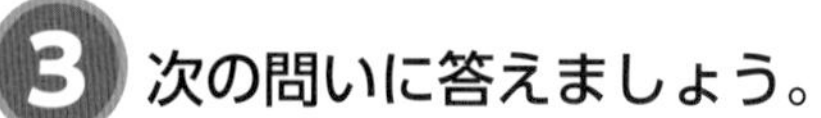

3 次の問いに答えましょう。

1つ6点（18点）

(1)　「青年海外協力隊」は、日本の国際協力をおこなう組織の事業の一つです。この組織の名前をアルファベット4文字で書きましょう。　（　　　　）

(2)　よく出る　「青年海外協力隊」が出向く、経済や産業が発展する途中の段階にある国のことを何というでしょう。
（　　　　）

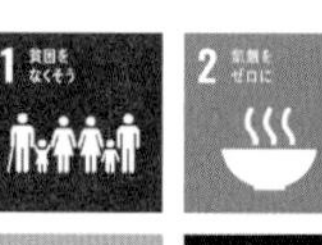

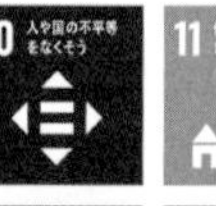

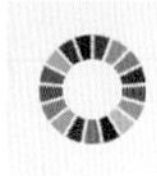

記述 (3)　できたらスゴイ！　右の資料は、「□な開発のための2030アジェンダSDGs」です。□に入る言葉を使い、SDGsについて、次の文に続けて簡単に説明しましょう。　思考・判断・表現

国連に加盟するすべての国が、2016年から2030年までに、貧困や地球環境、平和などの問題について、
（　　　　　　　　　　　　）

ふりかえり　1(3)がわからないときは、100ページの1にもどって確認してみよう。

この本の終わりにある「春のチャレンジテスト」をやってみよう！

この本の終わりにある「学力診断テスト」をやってみよう！

6年の復習　クロスワードにちょう戦！

歴史の復習をしよう！

1		■	2	■	3	■	4	■	■
	■	5				■		■	6
7			■	■	■	8			
	■		■	9	10	■	■	■	
■	11			■		■	■	12	■
13		■	■	14		15	■	16	
	■	17		■	■		■		■
18			■	■	19				■
	■		■	20	■	21	22	■	23
	■		■	24				■	
■	25			■	■			■	
■	■		■	26					

【タテのかぎ】

1　日露戦争後、日本はこの国を併合し、植民地にした。

2　小野妹子は、この国に使者として派遣された。

3　奈良時代、この国の政治や文化を学ぶため、多くの使者が命がけの航海をした。

4　太平洋戦争末期、都会の小学校は空襲をさけるため、集団で農村などに○○○した。

5　徳川家光は、○○○○交代の制度を定めた。

6　1951年、サンフランシスコで○○○条約が結ばれて、日本は独立を回復した。

10　鎖国のなか、朝鮮とはこの藩を通じて交易をした。

11　この国は、北条時宗が執権のときにせめてきた。

12　邪馬台国の女王は○○○である。

13　○○○○○太子は、十七条の憲法を制定した。

15　聖武天皇は、この寺に大仏を安置した。

17　幕末に、この藩と薩摩藩は同盟を結んだ。

20　大化の改新で○○氏はたおされた。

22　平安時代に貴族は○○○○造のやしきでくらした。

23　○○○○の乱の後、戦国時代になった。

【ヨコのかぎ】

1　「枕草子」は○○文字で書かれている。

5　薩摩藩出身の○○○○隆盛は、西南戦争に敗れ、自害した。

7　有力な豪族や天皇の墓を○○○という。

8　1922年、差別に苦しんできた人々は、全国○○○○社を結成した。

9　条約改正の交渉で、○○宗光は、領事裁判権(治外法権)の撤廃に成功した。

11　紫式部は、「○○○物語」を書いた。

13　この国とは鎖国時も交易していたが、明治時代にはこの国をせめた。

14　○○○朝廷(○○○政権)は、九州から東北地方南部までの豪族を従えた。

16　豊臣秀吉はこの国を征服しようと、朝鮮に大軍を送った。

17　明治政府は、○○を改正して収入の安定を図った。

18　歌川広重は、有名な○○○絵師。

19　○○信長は、長篠の戦いで勝利した。

21　元寇に備えて、○○の防塁を築いた。

24　唐招提寺を建てた中国の僧。

25　板垣退助は、○○○民権運動をおし進めた。

26　○○○○○○号事件をきっかけに、不平等条約改正の声が高まった。

答え

ぴったり1 **準備**

1. わが国の政治のはたらき
1 日本国憲法と政治のしくみ②

学習日　**4ページ**

めあて　国民が政治の主役として政治を行うことを理解しよう。

教科書 18~21ページ　答え 3ページ

次の（　）に入る言葉を、下から選びましょう。

1 国民主権とは　（教科書 18~19ページ）

国民主権

- 国民主権…国の政治のあり方を最終的に決める権限が国民にあること。
- 国の政治…**国会**、**内閣**、**裁判所**の三つの機関が、仕事を分担している。
- 国会の仕事…（① 選挙 ）で選ばれた国会議員が進める。
- （② 民主政治 ）…国民が選んだ代表者によって、国民のためにおこなわれる政治。
- **選挙**で投票する権利（選挙権）は、18才以上のすべての国民にある。
- 政治を動かすことがある国民の意見を（③ 世論 ）という。

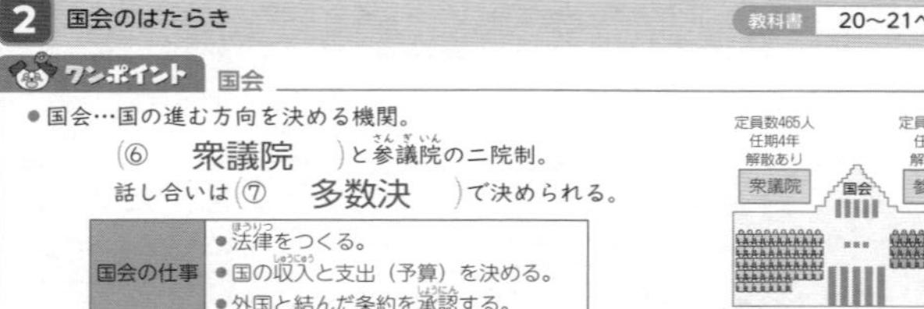

国民主権のおもな内容

世論：社会のできごとや問題について、人々がもっている意見。

日本国憲法と天皇

- 天皇は、日本の国や国民のまとまりの（④ 象徴 ）。
- 国の政治に関する権限はなく、（⑤ 内閣 ）の助言と承認にもとづいて、憲法で定められた仕事をおこなう。

2 国会のはたらき　（教科書 20~21ページ）

ワンポイント　国会

- 国会…国の進む方向を決める機関。
（⑥ 衆議院 ）と参議院の二院制。
話し合いは（⑦ 多数決 ）で決められる。

国会の仕事	・法律をつくる。 ・国の収入と支出（予算）を決める。 ・外国と結んだ条約を承認する。

定員数465人 任期4年 解散あり 衆議院　定員数248人 任期6年 解散なし 参議院　国会
国会のしくみ

- 国際連合で採択された障害者権利条約を守るために、障害者差別解消法を成立させた。

国民の祝日

- 日本の祝日は、「国民の祝日に関する法律」で定められている。
- 5月5日のこどもの日、11月3日の（⑧ 文化の日 ）、5月3日の憲法記念日など。

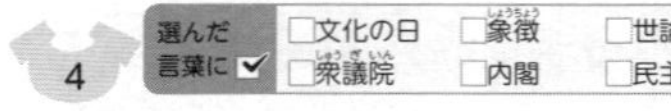
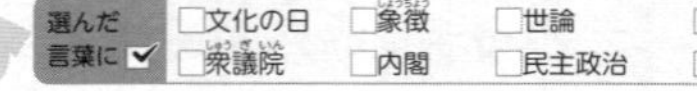

選んだ言葉に✓　□文化の日　□象徴　□世論　□多数決　□衆議院　□内閣　□民主政治　□選挙

ぴったり2 **練習**

学習日　**5ページ**

ぴたトリビア　国際連合の旗には、世界地図がオリーブの葉で囲まれたものがえがかれています。オリーブの葉は国際連合が目的とする平和の象徴です。

教科書 18~21ページ　答え 3ページ

1 次の問いに答えましょう。

(1) 右の図は、日本国憲法に示されている国民主権のおもな内容をえがいたものです。Ⓐ~Ⓒにあてはまる言葉を、［　］から選びましょう。

Ⓐ（ 国会 ）
Ⓑ（ 選挙 ）
Ⓒ（ 裁判 ）

県庁　国会　推せん　選挙　裁判　警察

国会（Ⓐ）　議員を（Ⓑ）で選ぶ　地方公共団体　知事・市(区)町村長・議員を（Ⓑ）で選ぶ　条例の改正などの請求　国民　憲法改正　国民投票　最高（Ⓒ）所　最高（Ⓒ）所（Ⓒ）官の国民審査
国民主権のおもな内容

(2) 国民主権にもとづいて国民が選んだ代表者が、国民のためにおこなう政治のことを何といいますか、漢字4字で書きましょう。（ 民主政治 ）

(3) 日本国憲法で定められている天皇について説明した次の文中の①、②にあてはまる言葉を書きましょう。①（ 国民 ）②（ 政治 ）

天皇は、日本の国や①のまとまりの象徴とされ、国の②に関する権限はなく、内閣の助言と承認にもとづいて仕事をおこなう。

2 次の問いに答えましょう。

(1) 国会の二つの話し合いの場である右の図のⒶ、Ⓑにあてはまる言葉をそれぞれ書きましょう。
Ⓐ（ 衆議院 ）Ⓑ（ 参議院 ）

定員数465人 任期4年 解散あり Ⓐ　定員数248人 任期6年 解散なし Ⓑ　国会
国会のしくみ

(2) 国会で国の進む方向を決めるとき、話し合いののち、どのような方法で決めるでしょう。（ 多数決 ）

(3) 国会の仕事にあてはまるものに○、天皇の仕事にあてはまるものに△を書きましょう。
①（ ○ ）法律や、国の収入や支出について決める。
②（ △ ）憲法改正、法律、条約を公布する。
③（ ○ ）外国と結んだ条約を承認する。
④（ △ ）衆議院を解散する。

(4) 国民の祝日は、「国民の祝日に関する法律」で定められています。①~③に入る言葉や数字を書きましょう。
①（ 5 ）②（ 3 ）③（ 文化 ）
- 憲法記念日…①月②日
- ③の日…11月3日

ヒント　1 (3) 天皇の地位は、国民全体の理解にもとづくとされています。　2 (3) 国会の仕事は、国の方向性を決めるものです。

できたかな？
□国民主権における国会のはたらきを説明してみよう。

おうちのかたへ
日本の国民主権は、民主政治で成り立っており、国民の選んだ国会議員が法律などをつくることで実現されているということを、確認しておきましょう。国会の仕事も整理しておくと、そのはたらきがよくわかります。

練習　5ページ

1 (1)国民主権とは、国の政治をどのように進めるかを最終的に決めるのは国民である、という考え方です。
(2)現在の日本の政治は、国民が選んだ国会議員で構成される国会と、内閣、裁判所の3つで政治がおこなわれています。
(3)天皇のおもな仕事には、憲法改正や法律を公布すること、国会を召集すること、国会が選んだ内閣総理大臣や最高裁判所の長官を任命することなどがあります。

2 (1)国会には、任期が4年で解散もある衆議院と、任期が6年で解散がない参議院の2つの院があります（二院制）。
(2)多数決は、賛成した人数の多いほうの意見を採用するという方法です。
(3)国会は、国の進む方向を決める機関で、主な仕事として法律や国の収入と支出（予算）を決めること、外国と結んだ条約の承認などがあります。
(4)11月3日は、日本国憲法が公布された日です。5月3日は、日本国憲法が施行された日です。

ぴったり1 準備

1. わが国の政治のはたらき
1 日本国憲法と政治のしくみ③

◎めあて 内閣と裁判所のしくみについて学ぼう。

教科書 22～25ページ　答え 4ページ

次の（　）に入る言葉を、下から選びましょう。

1 内閣のはたらき

教科書 22～23ページ

内閣

- 内閣…法律や予算にもとづいて実際の政治をおこなう。内閣の最高責任者は（①内閣総理大臣）、または首相という。
- 内閣総理大臣は、専門的な仕事を担当する国務大臣とともに閣議をおこない、国の政治の進め方を話し合う。
- 省や庁…内閣のもとで実際に仕事をする。例えば、（②　財務省　）では財政に関する仕事を、財務省内の国税庁では税金を管理している。

内閣のしくみ

2 裁判所のはたらき

教科書 24～25ページ

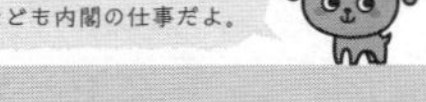

裁判所

- （③　憲法　）や法律にもとづいて、争いごとを解決したり、罪のあるなしを決めたりする。裁判の判決に納得できないときは、上級の裁判所にうったえることができる。3回まで裁判を受けることができるので、（④　三審制　）という。

裁判のしくみ

裁判員制度

- （⑤　裁判員　）制度…2009（平成21）年から国民の裁判に対する理解を深めるため、開始。国民が裁判員として裁判に参加する。

ワンポイント 三権分立

- 国の政治を進める仕事を分担している。
  →（⑥　立法　）（国会）
  →行政（内閣）
  →（⑦　司法　）（裁判所）
- 仕事をたがいに確認し合い、権力が集まらないようにしている。
- この（⑧　三権分立）のしくみによって、国民の権利と自由を保障している。

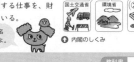

三権分立のしくみ

選んだ言葉に✓				
	□三権分立	□憲法	□財務省	□三審制
	□内閣総理大臣	□立法	□司法	□裁判員

ぴったり2 練習

ぴたトリビア　税金…国の収入の半分以上は、税金です。なかでもものを買ったときにかかる消費税は、国の収入の約19%をしめています（2021年）。

教科書 22～25ページ　答え 4ページ

1 次の文を読んで、答えましょう。

内閣は、国会で決められた法律や予算にもとづいて、政治をおこなう。内閣の最高責任者である内閣総理大臣は（①）とも呼ばれ、内閣のもとで実際に仕事をする各あ省庁の長であるい国務大臣を任命して、内閣を組織する。そのほか、外国と条約を結ぶことや、（②）の長官を指名することなども内閣の仕事である。

(1) 文中の①、②にあてはまる言葉を、［　］から選びましょう。
①（　首相　）
②（最高裁判所）

［首相　官房長官　地方裁判所　最高裁判所］

(2) 下線部あについて、教育や科学・文化・スポーツなどに関する仕事をする省の名前を書きましょう。（文部科学省）

(3) 下線部いについて、内閣総理大臣と国務大臣が国の政治の進め方を話し合う会議の名前を書きましょう。（　閣議　）

2 次の文を読んで、答えましょう。

裁判所は、憲法と法律にもとづいて、さまざまな争いごとを解決したり、罪のあるなしを決めたりしている。国民はだれでも公正なあ裁判を受ける権利をもち、い判決に納得できないときは、さらに上級の裁判所にうったえることができる。

(1) 下線部あについて、2009年からはじまった国民が裁判に参加する制度の名前を書きましょう。（裁判員制度）

(2) 右の図は、下線部いのしくみを示したものです。Ⓐ、Ⓑにあてはまる裁判所の名前を、［　］から選びましょう。
Ⓐ（最高裁判所）
Ⓑ（地方裁判所）

［地方裁判所　最高裁判所］

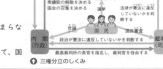

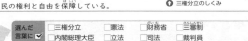

(3) より公正な裁判となるよう、3回まで裁判を受けることができるしくみを何というでしょう。（　三審制　）

(4) **1**、**2**の文にあるように、国の権力を、国会・内閣・裁判所の3つに分担し、たがいに確認し合うしくみを何というでしょう。（　三権分立　）

ヒント
1 (2) 外交に関することは外務省、経済や産業などに関することは経済産業省が担当します。
2 (4) 国会は立法、内閣は行政、裁判所は司法の仕事をそれぞれ分担しています。

できたかな？
□内閣と裁判所のはたらきをそれぞれおぼえよう。
□三権分立のしくみを説明してみよう。

おうちのかたへ
先の国会の仕事と内閣の仕事は混乱しやすいので、表にまとめるなどして、分けて覚えられるようにしましょう。また、三権分立のしくみ図をみて、どのように関わりあっているのかを一緒に考えることも大切です。

練習　7ページ

1 (1)内閣の仕事は、法律案や予算案をつくって国会に提出することや、外国と条約を結ぶこと、最高裁判所長官を指名することなどがあります。
(2)国務大臣が任命される省庁は、17省庁あります（2023年現在）。最も新しい省庁は、2023年4月に設置された、子どもを取りまく政策などに関する仕事を行う「こども家庭庁」です。
(3)閣議は、多数決で決定されるのではなく、全員一致でものごとが決定されます。

2 (1)裁判員制度は、地方裁判所でおこなわれる最初の刑事裁判に、国民が参加する制度です。
(2)日本でもっとも上級の裁判所は最高裁判所です。
(3)三審制は、裁判による誤りをなくし、人権を守るためにとりいれられたしくみです。裁判の判決に納得できないときは、3回まで裁判を受けることができます。
(4)国の権力を3つに分けることで、国民の権利と自由を保障しています。

ぴったり1 準備　8ページ

1．わが国の政治のはたらき
1 日本国憲法と政治のしくみ④

めあて：日本が平和であるための取り組みについて調べよう。

教科書 26～35ページ　答え 5ページ

次の（　）に入る言葉を、下から選びましょう。

1 平和主義と人々の願い　教科書 26～27ページ

ワンポイント　平和主義

原子爆弾（原爆）	●（① 広島 ）や長崎では、毎年式典を行い、戦争の悲惨さを伝えている。
平和主義	●日本国憲法第（② 9 ）条で、外国との争いを、戦争によって解決しないことを定めている。
③非核三原則	「核兵器をもたない、つくらない、もちこませない」

自衛隊の取り組み
- 日本の平和と安全を守るため、国境を警備している。
- 国際社会の平和や安定を助けるための活動を行う。
- 自然災害がおきたときは、救援や救助を行う。
- シビリアン・コントロール（文民統制）…自衛隊は、（④ 民主主義 ）における国民の代表である内閣総理大臣が統制する。

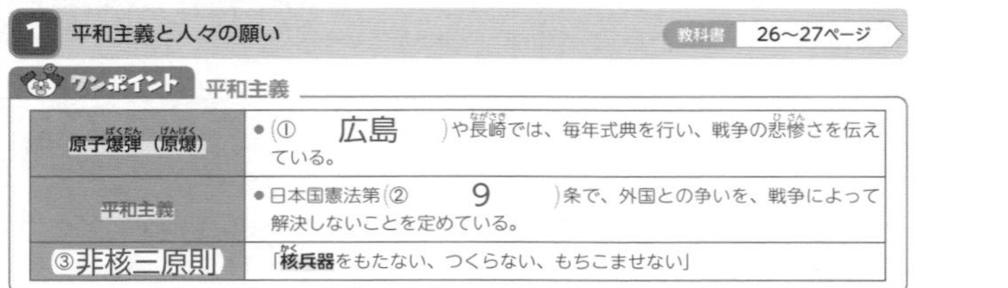

日本の領土・領海・排他的経済水域

2 平和の実現をめざして／わたしたちのくらしとのつながり　教科書 28～31ページ

世界で平和実現のために力をつくした人々
- 中村哲さん…アフガニスタンで、水不足を解消するために用水路を建設した。
- 緒方貞子さん…国連で世界の（⑤ 難民 ）を救う仕事をした。

憲法や政治とくらしとのつながり
- 日本国憲法の三原則…民主政治は国民主権と（⑥ 基本的人権 ）の尊重とかかわりが深く、平和なくらしは平和主義とつながっている。

3 さらに考えたい問題／考えたことを広げ深めよう　教科書 32～35ページ

人権
- 国や（⑦ 地方公共団体 ）は、人権意識を高める啓発活動を行う。

消費税の税率引き上げ
- 今後もふえる年金や医療などに使われる消費税の引き上げについて話し合われている。

選挙の低い投票率
- 選挙は（⑧ 国民主権 ）を支えるしくみであり、投票率をあげることが大切である。

選んだ言葉に✔　□地方公共団体　□国民主権　□9　□広島　□基本的人権　□民主主義　□難民　□非核三原則

8

ぴったり2 練習　9ページ

ぴたトリビア：世界で初めて原爆が落とされた広島では、1955年に「第1回原水爆禁止世界大会」が開かれました。

教科書 26～35ページ　答え 5ページ

1 次の問いに答えましょう。

日本国憲法（一部）

1 日本国民は、正義と秩序を基調とする国際平和を誠実に希求し、国権の発動たる戦争と、武力による威嚇又は武力の行使は、国際紛争を解決する手段としては、永久にこれを放棄する。
2 前項の目的を達するため、陸海空軍その他の戦力は、これを保持しない。国の交戦権は、これを認めない。

(1) 上の文は、日本国憲法の第何条の条文でしょう。（ 9 ）

(2) 上の条文は、日本国憲法の三つの原則のうち、何について定めたものでしょう。（ 平和主義 ）

(3) 日本は国として、非核三原則を宣言しています。次の①、②にあてはまる言葉を書きましょう。①（ もたない ）②（ もちこませない ）

「核兵器を（①）、つくらない、（②）」

(4) 右の写真で行われている自衛隊の役割を、次から選びましょう。（ イ ）
㋐ 国際社会の平和につながる活動をおこなう。
㋑ 自然災害がおきたとき、救助活動をおこなう。

(5) シビリアン・コントロールによって決められている、自衛隊を統率する役職を答えましょう。（内閣総理大臣）

(6) 平和実現のために、次の活動をした人物を、右から選んで書きましょう。①（ 中村哲 ）②（ 緒方貞子 ）
① アフガニスタンで水不足を解消するために用水路をつくった。
② 国連で世界の難民を救うための活動を行った。

緒方貞子　中村哲

2 次の問いに答えましょう。

(1) 右の図の①にあてはまる、商品を買ったりしたときに消費者が負担する税を何というでしょう。（ 消費税 ）

(2) ①の税率の引き上げが議論されている理由を、次から選びましょう。（ ウ ）
㋐ 若い世代の投票率をあげて国民主権を実現するため。
㋑ 人権意識を高め、理解を深めるため。
㋒ 高齢者の多い社会で医療や年金が必要になるため。

①率の移り変わり（1989　97　2014　19年）（2021年 財務省資料）

(3) 1989年に国連総会で採択され、日本も1994年に認めた、子ども（18才未満）の権利を守るための条約を何というでしょう。（ 子どもの権利 ）条約

ヒント　1 (5) シビリアン・コントロールは文民統制ともいいます。　2 (2) 日本は急速に少子高齢化が進んでいます。

9

できたかな？
□日本の平和主義について、憲法の内容を理解できるようになろう。

おうちのかたへ
日本の平和主義は、多くの人々の命をうばった戦争の反省から生まれました。日本国憲法の条文を読んで、憲法の内容を具体的に説明できるようにしておくと、平和主義について理解しやすいです。

練習　9ページ

1 (1)(2)日本国憲法の3つの原則のうち、平和主義については、日本国憲法の前文と第9条に定められています。
(3)日本は、核兵器が使用された唯一の国です。国の方針として、非核三原則が定められています。
(4)㋐・㋑はどちらも自衛隊の仕事です。写真は、洪水などから被災者を救出している場面なので、㋑が正しいです。
(5)シビリアン・コントロールは、文民統制ともいい、自衛隊を統制するのは、民主主義における国民の代表が最高司令官をつとめるという原則をいいます。
(6)①中村哲さんの活動のおかげで、砂ばくが農作物のとれる緑の広がる土地に生まれ変わりました。②緒方貞子さんは、平和の実現のためには、難民問題の解決が必要だとうったえました。

2 (1)(2)消費税の多くは、高齢者の生活の安定などに使われます。
(3)子どもの権利条約は、命を守られること、子どもにとってよいことを第一に考えること、意見が言えること、差別されないことの4つが原則として定められています。

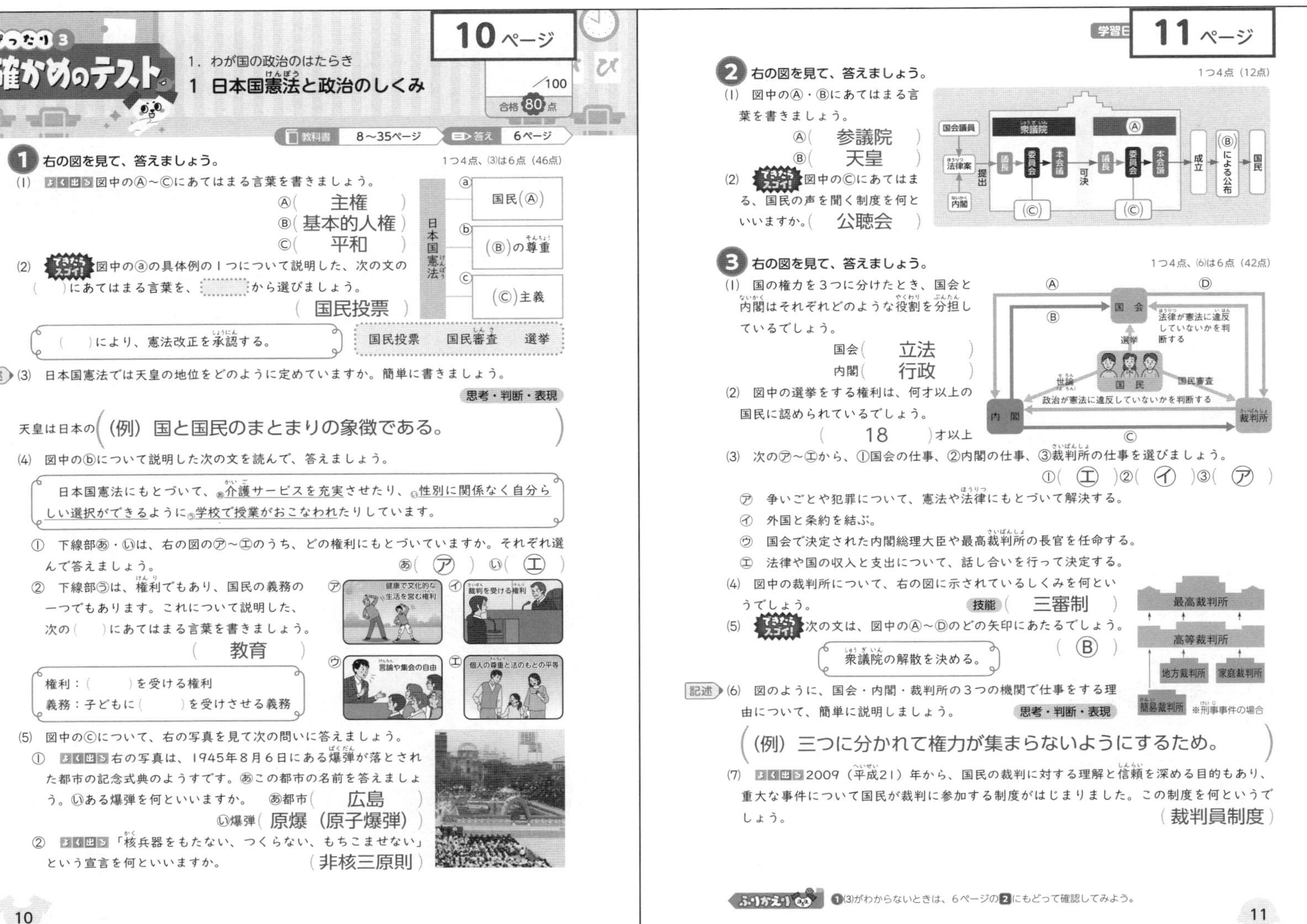

ぴったり3 確かめのテスト。

1．わが国の政治のはたらき
1 日本国憲法と政治のしくみ

10 ページ

/100 合格 80 点

教科書 8～35ページ　答え 6ページ

1 右の図を見て、答えましょう。　1つ4点、(3)は6点（46点）

(1) よく出る 図中のⓐ～ⓒにあてはまる言葉を書きましょう。
ⓐ（主権）
ⓑ（基本的人権）
ⓒ（平和）

日本国憲法 ⓐ 国民(ⓐ)　ⓑ (ⓑ)の尊重　ⓒ (ⓒ)主義

(2) てきたらスゴイ！ 図中のⓐの具体例の1つについて説明した、次の文の（　）にあてはまる言葉を、□から選びましょう。（国民投票）

（　）により、憲法改正を承認する。

国民投票　国民審査　選挙

記述 (3) 日本国憲法では天皇の地位をどのように定めていますか。簡単に書きましょう。　思考・判断・表現

天皇は日本の（(例) 国と国民のまとまりの象徴である。）

(4) 図中のⓑについて説明した次の文を読んで、答えましょう。

日本国憲法にもとづいて、ⓐ介護サービスを充実させたり、ⓘ性別に関係なく自分らしい選択ができるように、ⓤ学校で授業がおこなわれたりしています。

① 下線部ⓐ・ⓘは、右の図の㋐～㋓のうち、どの権利にもとづいていますか。それぞれ選んで答えましょう。　ⓐ（㋐）ⓘ（㋓）

② 下線部ⓤは、権利でもあり、国民の義務の一つでもあります。これについて説明した、次の（　）にあてはまる言葉を書きましょう。（教育）

権利：（　）を受ける権利
義務：子どもに（　）を受けさせる義務

㋐ 健康で文化的な生活を営む権利　㋑ 裁判を受ける権利　㋒ 言論や集会の自由　㋓ 個人の尊重と法のもとの平等

(5) 図中のⓒについて、右の写真を見て次の問いに答えましょう。

① よく出る 右の写真は、1945年8月6日にある爆弾が落とされた都市の記念式典のようすです。ⓐこの都市の名前を答えましょう。ⓘある爆弾を何といいますか。　ⓐ都市（広島）　ⓘ爆弾（原爆（原子爆弾））

② よく出る 「核兵器をもたない、つくらない、もちこませない」という宣言を何といいますか。（非核三原則）

10

11 ページ

2 右の図を見て、答えましょう。　1つ4点（12点）

(1) 図中のⒶ・Ⓑにあてはまる言葉を書きましょう。
Ⓐ（参議院）
Ⓑ（天皇）

(2) てきたらスゴイ！ 図中のⒸにあてはまる、国民の声を聞く制度を何といいますか。（公聴会）

3 右の図を見て、答えましょう。　1つ4点、(6)は6点（42点）

(1) 国の権力を3つに分けたとき、国会と内閣はそれぞれどのような役割を分担しているでしょう。
国会（立法）
内閣（行政）

(2) 図中の選挙をする権利は、何才以上の国民に認められているでしょう。（18）才以上

(3) 次の㋐～㋓から、①国会の仕事、②内閣の仕事、③裁判所の仕事を選びましょう。
①（㋓）②（㋑）③（㋐）

㋐ 争いごとや犯罪について、憲法や法律にもとづいて解決する。
㋑ 外国と条約を結ぶ。
㋒ 国会で決定された内閣総理大臣や最高裁判所の長官を任命する。
㋓ 法律や国の収入と支出について、話し合いを行って決定する。

(4) 図中の裁判所について、右の図に示されているしくみを何というでしょう。　技能（三審制）

(5) てきたらスゴイ！ 次の文は、図中のⒶ～Ⓓのどの矢印にあたるでしょう。（Ⓑ）

衆議院の解散を決める。

記述 (6) 図のように、国会・内閣・裁判所の3つの機関で仕事をする理由について、簡単に説明しましょう。　思考・判断・表現

（(例) 三つに分かれて権力が集まらないようにするため。）

(7) よく出る 2009（平成21）年から、国民の裁判に対する理解と信頼を深める目的もあり、重大な事件について国民が裁判に参加する制度がはじまりました。この制度を何というでしょう。（裁判員制度）

ふりかえり 1(3)がわからないときは、6ページの2にもどって確認してみよう。

11

確かめのテスト　10～11ページ

1 (2)憲法改正について、最終的に判断するのは国民です。国民審査は、最高裁判所の裁判官がふさわしいかどうかを判断することです。

(4)②国民の義務は、「税金を納める義務」「子どもに教育を受けさせる義務」「働く義務」の3つです。このうち、教育と働くことについては、基本的人権の権利でもあります。

(5)写真は、広島の記念式典のようすです。原子爆弾は8月6日に広島に、8月9日に長崎に落とされました。

2 (1)国会には、衆議院と参議院の2つの院があります。

3 (1)国会は立法、内閣は行政、裁判所は司法の役割をはたしています。

(3)㋒は天皇の仕事です。

(4)図は、裁判の内容に納得できない場合、それよりも上級の裁判所にうったえることができるしくみを表しています。人権を守るためのしくみです。

(7)裁判員制度では、18才以上の国民の中から裁判員が選ばれます。

記述問題のプラスワン

1 (3)日本国憲法で定められている天皇の役割について答えましょう。天皇の地位は、国民全体の理解にもとづくと定められています。

3 (6)三権分立のしくみ図をよく見て考えましょう。国の権力がひとつに集中していたら、国民の自由や権利をうばう可能性があります。3つに権力を分けることで、国民の権利を守っています。

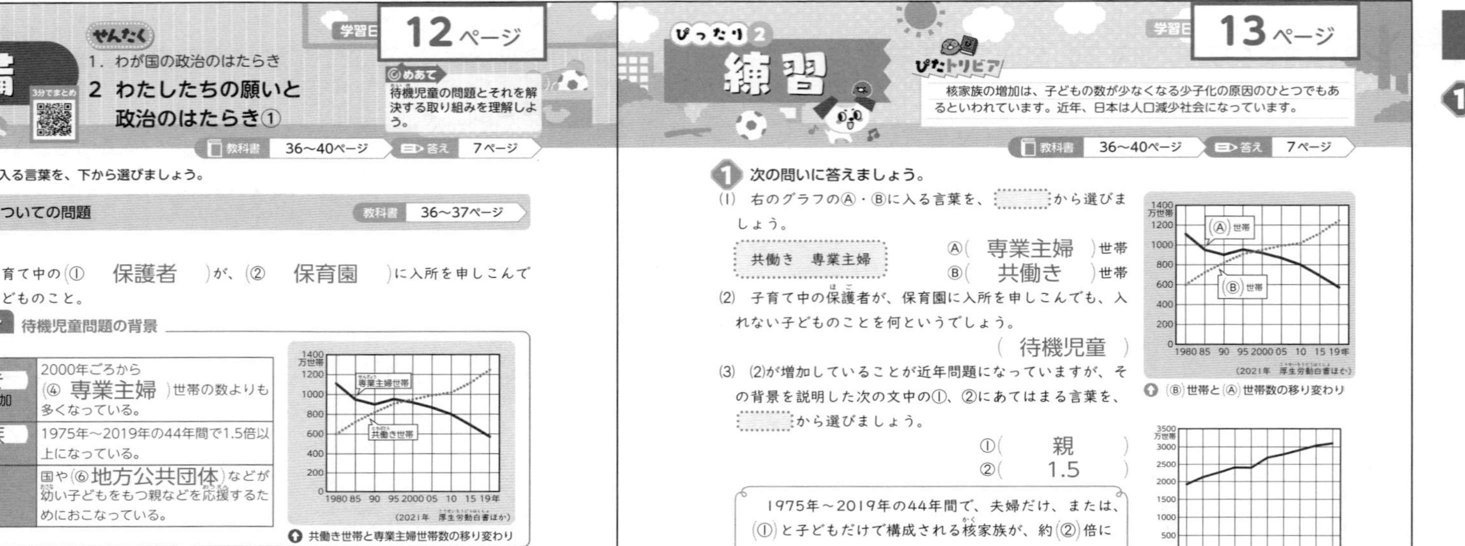

ぴったり1 準備

せんたく 1. わが国の政治のはたらき

2 わたしたちの願いと政治のはたらき①

学習日 12ページ

めあて 待機児童の問題とそれを解決する取り組みを理解しよう。

教科書 36～40ページ　答え 7ページ

次の（　）に入る言葉を、下から選びましょう。

1 待機児童についての問題　教科書 36～37ページ

待機児童

● 待機児童…子育て中の（① 保護者 ）が、（② 保育園 ）に入所を申しこんでも入れない子どものこと。

ワンポイント 待機児童問題の背景

③ 共働き 世帯の数の増加	2000年ごろから（④ 専業主婦 ）世帯の数よりも多くなっている。
⑤ 核家族 の増加	1975年～2019年の44年間で1.5倍以上になっている。
子育て支援	国や（⑥ 地方公共団体 ）などが幼い子どもをもつ親などを応援するためにおこなっている。

共働き世帯と専業主婦世帯数の移り変わり（2021年 厚生労働白書ほか）

2 東京都足立区の住民の願いと区役所のはたらき／待機児童問題への取り組み　教科書 38～40ページ

足立区の区役所の現状

● 足立区の待機児童の数は多かったが、（⑦ 2021 ）年にはゼロになっている。

● 待機児童の問題を解決するため、2011年に「足立区待機児童解消アクション・プラン」をつくった。

足立区の政策

● マンションの建設や共働き世帯の増加によって、保育施設の利用を希望する住民が増えたことで、保育施設の整備が追いつかず、待機児童が増加した。

● 「足立区待機児童解消アクション・プラン」にもとづいて、保育園を増やしたり、園ではたらく（⑧ 保育士 ）を支援する政策を行った。

● 国や東京都と連携し、保育園や保育士を増やした。

足立区の待機児童の数の移り変わり（2021年 足立区役所資料）

政策
国民や住民の願いにこたえるために、議会などの話し合いによって決定された、問題を解決するための取り組み。

選んだ言葉に✓　□地方公共団体　□保育園　□保育士　□2021　□専業主婦　□保護者　□核家族　□共働き

12

ぴったり2 練習

学習日 13ページ

ぴたトリビア 核家族の増加は、子どもの数が少なくなる少子化の原因のひとつでもあるといわれています。近年、日本は人口減少社会になっています。

教科書 36～40ページ　答え 7ページ

1 次の問いに答えましょう。

(1) 右のグラフのⒶ・Ⓑに入る言葉を、[　]から選びましょう。

[共働き　専業主婦]

Ⓐ（ 専業主婦 ）世帯
Ⓑ（ 共働き ）世帯

(2) 子育て中の保護者が、保育園に入所を申しこんでも、入れない子どものことを何というでしょう。

（ 待機児童 ）

(3) (2)が増加していることが近年問題になっていますが、その背景を説明した次の文中の①、②にあてはまる言葉を、[　]から選びましょう。

①（ 親 ）
②（ 1.5 ）

1975年～2019年の44年間で、夫婦だけ、または、（①）と子どもだけで構成される核家族が、約（②）倍にふえていることなどから、保育園などの入所希望が多く、それにともない(2)もふえている。

[親　祖父母　3　1.5]

Ⓑ世帯とⒶ世帯数の移り変わり（2021年 厚生労働白書ほか）

核家族世帯の移り変わり（2021年 国民生活基礎調査）

2 右のグラフを見て、次の問いに答えましょう。

(1) 右のグラフを見て、2010年をさかいにへりだした保育士の数は、何年からふたたびふえていますか。

（ 2016 ）年

(2) (1)の結果は、区役所の幼い子どもをもつ親を応援するための取り組みの結果です。このような取り組みを何といいますか。

（ 子育て支援 ）

(3) (1)は「足立区待機児童解消アクション・プラン」にもとづいておこなわれました。こういった、国や地方公共団体がおこなう住民の願いを実現するための方向や方針を決めて行う取り組みを何といいますか。

（ 政策 ）

足立区の保育士の数の移り変わり（2021年 足立区役所資料）

ヒント
1 (1) Ⓑ 両親がふたりとも働いている世帯のことです。
2 (1) 棒グラフが前年よりも長くなっているところを見つけましょう。

13

練習 13ページ

1 (1)だんだんと減っているⒶが専業主婦世帯で、増えているⒷが共働き世帯です。近年、女性の社会進出が進み、共働き世帯が増えてきています。

(2)少子化が進んでいますが、共働き世帯が増えたことで、保育所を利用したい親が増え、待機児童が増えました。全国の待機児童の数は、2018年からは減ってきています。

(3)核家族世帯とは、夫婦だけ、または親とその子どもだけで構成される家族のことです。1975年の核家族の数は、約2000万世帯でしたが、2019年には約3000万世帯になっています。3000÷2000＝1.5となり、約1.5倍となります。

2 (1)2016年までは、ほぼ横ばいで変わっていませんが、2016年から2018年にかけて大きく増加していることがわかります。

(2)保育園を増やしたり、園で働く保育士を支援したりするなどの政策をおこないました。

できたかな？

□現在の日本で起きている待機児童の問題を理由とともに説明してみよう。
□東京都足立区の待機児童問題への取り組みを言ってみよう。

おうちのかたへ

政治が、わたしたちの生活に大きく影響していることを、待機児童の問題を通じて考えてみるようにしましょう。政策によって、待機児童が減った事実をグラフからしっかり読み取れるようにしておくことが大切です。

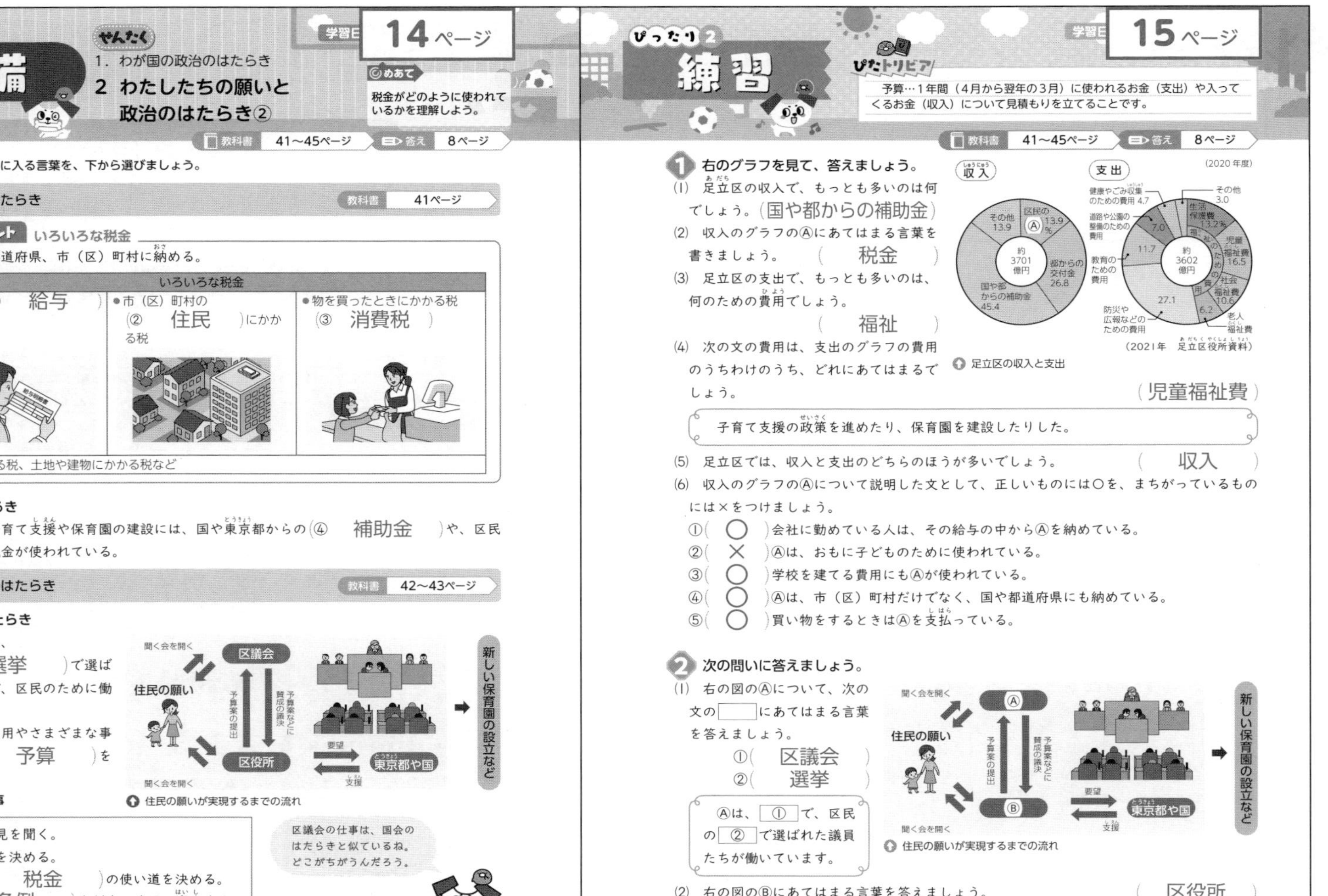

14ページ

ぴったり1 準備

せんたく 1. わが国の政治のはたらき

2 わたしたちの願いと政治のはたらき②

めあて 税金がどのように使われているかを理解しよう。

教科書 41～45ページ　答え 8ページ

次の（　）に入る言葉を、下から選びましょう。

1 税金のはたらき　教科書 41ページ

ワンポイント いろいろな税金

税金…国や都道府県、市（区）町村に納める。

いろいろな税金		
●会社員の（① 給与 ）にかかる税	●市（区）町村の（② 住民 ）にかかる税	●物を買ったときにかかる税（③ 消費税 ）

●会社にかかる税、土地や建物にかかる税など

税金のはたらき

●足立区の子育て支援や保育園の建設には、国や東京都からの（④ 補助金 ）や、区民が納める税金が使われている。

2 区議会のはたらき　教科書 42～43ページ

区議会のはたらき

●区議会では、（⑤ 選挙 ）で選ばれた議員が、区民のために働いている。

●子育ての費用やさまざまな事業の（⑥ 予算 ）を決定する。

住民の願いが実現するまでの流れ

区議会の仕事

●区民の意見を聞く。

●区の予算を決める。

●区の（⑦ 税金 ）の使い道を決める。

●（⑧ 条例 ）を制定、改正、廃止する。

区議会の仕事は、国会のはたらきと似ているね。どこがちがうんだろう。

選んだ言葉に✓　□補助金　□予算　□住民　□税金　□条例　□選挙　□給与　□消費税

14

15ページ

ぴったり2 練習

ぴたトリビア 予算…1年間（4月から翌年の3月）に使われるお金（支出）や入ってくるお金（収入）について見積もりを立てることです。

教科書 41～45ページ　答え 8ページ

1 右のグラフを見て、答えましょう。

(1) 足立区の収入で、もっとも多いのは何でしょう。（国や都からの補助金）

(2) 収入のグラフのⒶにあてはまる言葉を書きましょう。（ 税金 ）

(3) 足立区の支出で、もっとも多いのは、何のための費用でしょう。（ 福祉 ）

(4) 次の文の費用は、支出のグラフの費用のうちわけのうち、どれにあてはまるでしょう。（児童福祉費）

子育て支援の政策を進めたり、保育園を建設したりした。

足立区の収入と支出

(5) 足立区では、収入と支出のどちらのほうが多いでしょう。（ 収入 ）

(6) 収入のグラフのⒶについて説明した文として、正しいものには○を、まちがっているものには×をつけましょう。

①（ ○ ）会社に勤めている人は、その給与の中からⒶを納めている。

②（ × ）Ⓐは、おもに子どものために使われている。

③（ ○ ）学校を建てる費用にもⒶが使われている。

④（ ○ ）Ⓐは、市（区）町村だけでなく、国や都道府県にも納めている。

⑤（ ○ ）買い物をするときはⒶを支払っている。

2 次の問いに答えましょう。

(1) 右の図のⒶについて、次の文の□にあてはまる言葉を答えましょう。

①（ 区議会 ）

②（ 選挙 ）

Ⓐは、①で、区民の②で選ばれた議員たちが働いています。

住民の願いが実現するまでの流れ

(2) 右の図のⒷにあてはまる言葉を答えましょう。（ 区役所 ）

ヒント 1 (1) 円グラフの割合がもっとも多いものを選びます。 2 (1)② 住民が議員を選ぶ方法です。

15

できたかな？

□税金には、どのような種類があるか、確認しよう。

□区議会の役割を説明してみよう。

おうちのかたへ

税金については、子どもが理解しにくいものです。教科書を見ながら、いろいろな種類の税金をはらっていることを話し合うこともひとつの学習になります。

練習　15ページ

1 (1)(2)足立区の収入のグラフを見ると、国や都からの補助金が45.4％で最も多く、次いで都からの交付金26.8％、区民の税金は13.9％となっています。

(3)福祉のための費用は、合計すると46.5％となり、支出の約半分をしめていることがわかります。

(5)足立区の収入は約3701億円、支出は約3602億円なので、3701－3602＝99となり、99億円収入のほうが多いということになります。

(6)②Ⓐの税金は、福祉や防災、道路や公園の整備、健康やごみ出しのための費用などにも使われています。

⑤買い物をするときにはらう税金は、消費税といいます。子どものわたしたちも、税金をはらっているのです。

2 (1)①国の政治は、国会で決められますが、区の福祉や防災、道路の整備などの身近な問題を解決するための予算は、区議会によって決められます。

(2)区議会で決められたことを、実際におこなうのは区役所です。

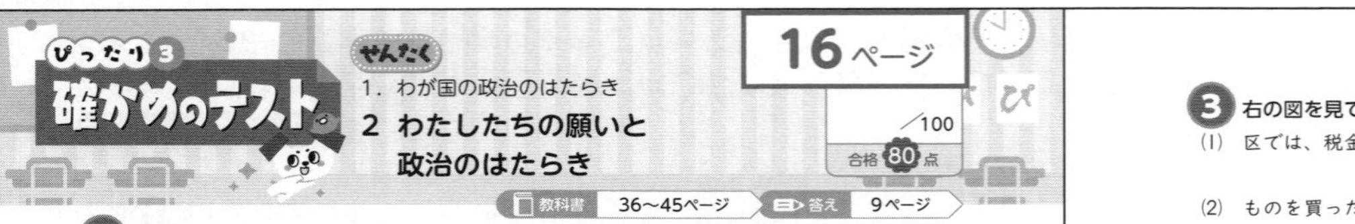

/100 合格80点

教科書 36～45ページ　答え 9ページ

1 よく出る 子どもをもつ家庭のなやみや願いについてみんなで話し合いました。次の文章を読んで、①～④にあてはまる言葉を書きましょう。　1つ5点（20点）

Aさん　テレビや新聞で「待機児童（たいきじどう）」という言葉を見たり聞いたりすることが多いね。
Bさん　子育て中の保護者が、子どもを（①）に入れたいと希望したのに、入れなかった子どものことだよね。
Cさん　（①）の問題がおきている理由の1つとして、両親がともに働いている（②）世帯が増えていることがあるそうだよ。
Aさん　今は、おじいさんやおばあさんと住んでいる子どもがへっているんだよね。
Cさん　夫婦だけか、親とその子どもだけの家族のことを（③）というよ。（③）も（②）世帯と同じように増えてきているから、待機児童の問題がより深刻（しんこく）になっているね。
Aさん　子どもをもつ家庭は、国や地方公共団体に、子育ての支援（しえん）などの（④）に取り組んでほしいと願っているんだ。

①（ 保育園 ）②（ 共働き ）
③（ 核家族 ）④（ 政策 ）

2 右のグラフを見て、答えましょう。　1つ5点（25点）

(1) 右の2つのグラフの説明として、正しいものには○を、まちがっているものには×をつけましょう。　技能
①（ × ）足立（あだち）区では、待機児童の数は2011年以降、ふえ続けている。
②（ × ）足立区では、保育士の数が、2008年以降、ふえ続けている。
③（ ○ ）足立区の待機児童がもっとも多かった年度は、2011年である。
④（ ○ ）足立区では、保育士の数が2020年から2年連続で2000人をこえている。

(2) 待機児童をへらすための取り組みを、次から1つ選びましょう。（ ㋑ ）
㋐ マンションの建設を進める
㋑ 保育士を支援（しえん）する
㋒ 専業主婦の支援をする

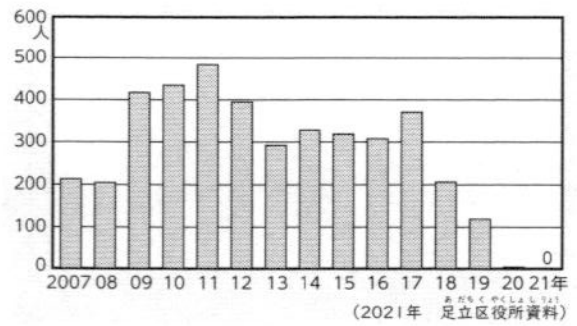

足立区の待機児童の移り変わり（2021年 足立区役所資料）

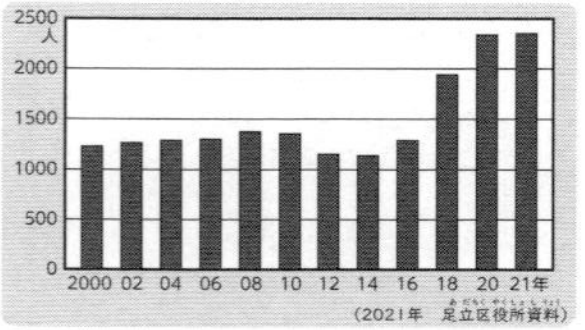

足立区の保育士の数の移り変わり（2021年 足立区役所資料）

3 右の図を見て、答えましょう。　1つ5点（30点）

(1) 区では、税金の使いみちは、どこで話し合われますか。（ 区議会 ）
(2) ものを買ったときにかかる税を何というでしょう。（ 消費税 ）
(3) 税金を使っておこなわれることがらを、㋐～㋕から3つ選びましょう。（ ㋐ ）（ ㋒ ）（ ㋕ ）（順不同）
㋐ 橋や道路の工事・整備
㋑ コンビニエンスストアの建設・営業
㋒ 学校の建設・修理や運営
㋓ スーパーの建設・営業
㋔ 映画館の建設・営業
㋕ 警察署（けいさつしょ）や交番の建設

税金の集められ方
物を買ったとき　会社に勤めている人　自分で商売をしている人　区に住んでいる人　土地や建物をもっている人　区役所 税務署
税金の使われ方

記述 (4) よく出る 税金を使えなかったら、火事がおきたときにどのようなことになりますか。次の文に続けて考えて書きましょう。　思考・判断・表現
火事がおきたとき、（（例）消防署や消防車が動かせなくて、火を消すことができない。）

4 右の図を見て、答えましょう。　1つ5点（25点）

(1) よく出る 図中のⒶ～Ⓒにあてはまるものを、次の㋐～㋓から選びましょう。
Ⓐ（ ㋐ ）
Ⓑ（ ㋑ ）
Ⓒ（ ㋓ ）
㋐ 予算案を提出する。
㋑ 区民の声を聞く。
㋒ 予算案の議決をおこなう。
㋓ 国や都に意見書や要望を出す。

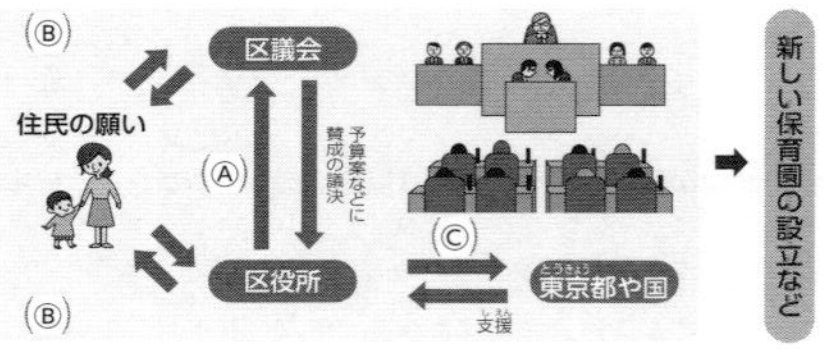

住民の願い　区議会　区役所　予算案などに賛成の議決　東京都や国　支援　新しい保育園の設立など

(2) 足立区の支出額の移り変わりのグラフを見て、もっとも支出額が多いのは何年度でしょう。　技能（ 2020 ）年度
(3) 足立区の支出でもっとも多いのは、何のための費用ですか。　技能（ 福祉 ）

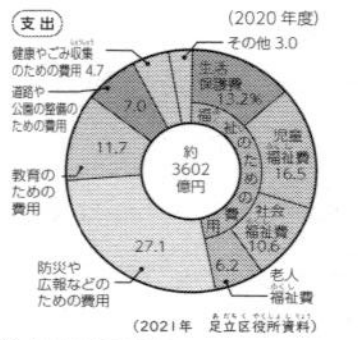

足立区の支出（2021年 足立区役所資料）

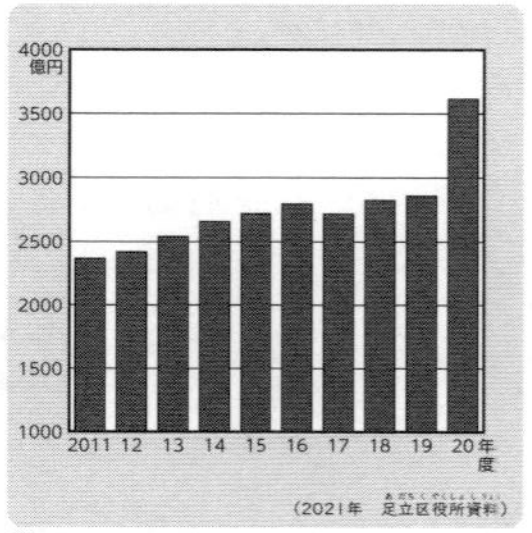

足立区の支出額の移り変わり（2021年 足立区役所資料）

ふりかえり ④(1)がわからないときは、14ページの②にもどって確認してみよう。

記述問題のプラスワン

3 (4)火事がおきたときには、119番に電話すると、消防署から消防車がかけつけて消火してくれます。消防署の運営は税金でおこなわれています。

確かめのテスト　16～17ページ

1 ②共働き世帯は、1995～2000年の間に、専業主婦世帯の数をこえました。
③核家族（かく）世帯は1975年から増加し、2019年には、1975年の1.5倍以上になりました。

2 (1)①足立区の待機児童の数は、ふえた時期もありますが、全体的にはへっています。
②保育士の数は、2014年からふえ続けています。

3 (1)区議会は、区民の選挙で選ばれた区議会議員によって構成されます。
(3)税金を使っておこなわれることは、橋や道路の整備、学校や警察、消防などの、ないと多くの人が困る事業です。税金が使えないと、学校で使う教科書がなくなる、道路工事などがおこなわれず、道路がこわれたままになるといった問題がおこります。

4 (1)予算案を提出するのは区役所の仕事です。区役所は、区議会で決定された予算にもとづいて、さまざまな仕事をおこないます。区議会は、提出された予算案を審議して、決定します。議案の決定は多数決でおこなわれます。
(3)福祉（ふくし）のための支出が、全体の約半分をしめます。

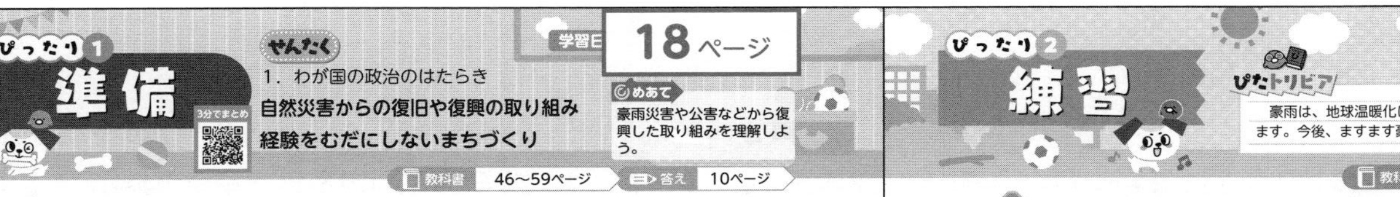

せんたく
1．わが国の政治のはたらき
自然災害からの復旧や復興の取り組み
経験をむだにしないまちづくり

3分でまとめ

めあて
豪雨災害や公害などから復興した取り組みを理解しよう。

教科書 46～59ページ　答え 10ページ

次の（　　）に入る言葉を、下から選びましょう。

1 平成26年広島豪雨災害・平成30年西日本豪雨災害／災害の発生と政治のはたらき／災害復興に向けた取り組み　教科書 46～51ページ

ワンポイント　災害復興に向けた取り組み

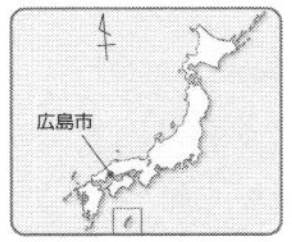

- 平成26年広島豪雨災害・平成30年西日本豪雨災害
  →2014（平成26）年8月20日広島市の広島豪雨災害、2018（平成30年）7月の西日本豪雨では、大きな被害が出た。
- 災害の発生と政治のはたらき
  →広島市は、（①災害対策基本法）にもとづき、（②災害対策本部）を設置し、被害状況の確認や（③　避難所　）の開設をおこなった。
  →**広島県広域消防相互応援協定**にもとづいて、ほかの市へ支援を求めた。
  →広島県は、市の要請にもとづき、（④　自衛隊　）に災害派遣要請を出した。
  →国は、住民の生活や命を守るため復旧・復興に向けた支援をおこなう。

広島市

国や県	**砂防ダム**の建設
広島市	「復興まちづくりビジョン」 ●砂防ダムの建設、避難路の整備、雨水排水施設などの整備、住宅再建など ●費用は（⑤　税金　）を使う。

復旧…人々の生活を立て直すこと。水道や電気などのライフラインをもとにもどすこと。
復興…地域の人々の安心や、町に活気を取りもどすこと。

2 水俣市の挑戦／水俣市による地域の活性化／地域活性化のための取り組み　教科書 52～57ページ

水俣市の挑戦
- （⑥　水俣病　）のあやまちをくり返さないため、環境に配慮した取り組みをおこなっている。
- 水俣市は取り組みが評価され、（⑦　SDGs未来都市　）に選ばれた。

水俣市

水俣市による地域の活性化
- 家庭ごみの分別回収、減量化に取り組み、国から**環境モデル都市**に認定された。
- さまざまな分野で研究活動などをおこなう**水俣環境アカデミア**を開設した。
- 国や県と連携して、農林水産物の**ブランド化**を進める。

地域活性化の取り組み
- 国は、大きな予算が必要な高速道路の整備や温泉地の整備などをおこなっている。
- 水俣市は国から（⑧　エコタウン事業　）の認可を受けて、廃棄物ゼロや**リサイクル**を進める取り組みをおこなっている。

選んだ言葉に☑
□災害対策基本法　□避難所　□エコタウン事業　□水俣病
□SDGs未来都市　□自衛隊　□災害対策本部　□税金

ぴたトリビア
豪雨は、地球温暖化によって、水蒸気量がふえ、発生すると考えられています。今後、ますます豪雨被害がふえると予想されています。

教科書 46～59ページ　答え 10ページ

1 平成26年広島豪雨災害・平成30年西日本豪雨災害のときの取り組みについて、右下の図を見て、答えましょう。

(1) 次の文と図の①～④にあてはまる言葉を書きましょう。
①（　自衛隊　）
②（　警察　）
③（　避難所　）
④（　支援物資　）

災害が発生すると、被災した市（区）町村と国や都道府県が協力して、救助や支援にあたる。都道府県は、被災者救助のために、（①）の派遣要請や、（②）への協力要請をおこなう。被災した市（区）町村は、被災者に（③）を開設したり、生活に必要な水や食料などの（④）を提供したりする。

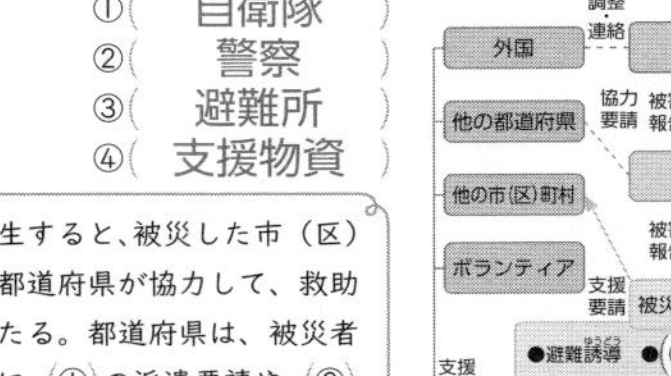

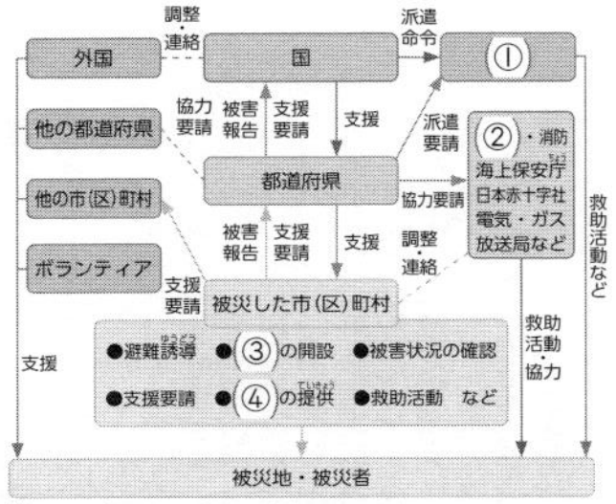

災害が発生した直後の政治のはたらき

(2) 災害が発生したとき、広島市に設置されたのは何でしょう。（災害対策本部）
(3) 災害が発生したとき、市（区）町村どうしが互いに応援しあって災害への対応や復旧にすみやかにあたれるようにする協定を何というでしょう。（広域消防相互応援協定）
(4) 災害からの復旧・復興、災害に強いまちづくりのために必要なお金は、何でまかなわれているでしょう。（　税金　）

2 水俣市の経験をむだにしないまちづくりについて説明した文として、正しいものには○を、まちがっているものには×をつけましょう。

(1)（ ○ ）水俣市は、水俣病のあやまちをくり返さないため、環境に配慮したまちづくりを進めている。
(2)（ ○ ）水俣市は、未来にわたって豊かで活力ある地域社会をつくろうとする取り組みが評価されて、SDGs未来都市に選ばれた。
(3)（ × ）家庭ごみの分別や減量化などの環境への取り組みを基本として、さまざまな分野で研究を行うエコタウン事業を開設した。
(4)（ ○ ）環境に配慮して、有機さいばいや無農薬で栽培されたデコポンやサラダたまねぎ、みなまた茶などを地域ブランドとしてブランド化している。
(5)（ × ）水俣市は地域活性化のため、国の力を借りず、地域の人々の協力だけでさまざまな取り組みを進めている。

ヒント
1 (4) ライフラインの復旧や、砂防ダムの建設、避難路の整備などに使われます。
2 (1) 水俣病は、工場の排水にふくまれた有機水銀が原因の公害病です。

できたかな？
□災害が起きたときに、市（区）町村がどのような取り組みをするのか言ってみよう。
□水俣市の現在の取り組みをおこなうまでの背景を理解しよう。

おうちのかたへ
自然災害がおきたとき、市（区）町村はさまざまなはたらきかけをして、復旧・復興に向けて動きます。それぞれの機関との関係性をしくみ図をみて、どの機関が何をおこなっているのかを整理おくと覚えやすいです。

練習　19ページ

1 (1)被災した地域では、国や都道府県、ほかの市区町村など多くの関係機関に協力を求めて、被災した人々を助けるために動きます。避難所は、地域の学校など、人々が安心して避難できる、また避難しやすい場所に指定されています。
(2)災害対策本部は、市（区）町村にもうけられます。

2 (1)水俣病は、日本の４つの大きな公害病のうちのひとつです。
(2)SDGs未来都市とは、中長期を見通した、持続可能なまちづくりのために、さまざまな取り組みをおこなっている地方公共団体を、国が認めたものです。
(3)家庭ごみの分別や減量化、環境への取り組みを基本として設立されたのは、エコタウン事業ではなく、水俣環境アカデミアです。
(4)水俣病を経験したまちとして、環境にもやさしく、消費者にもやさしい安心で安全な商品を売り出しています。
(5)水俣市は、国の力も借りて、地域活性化を進めています。

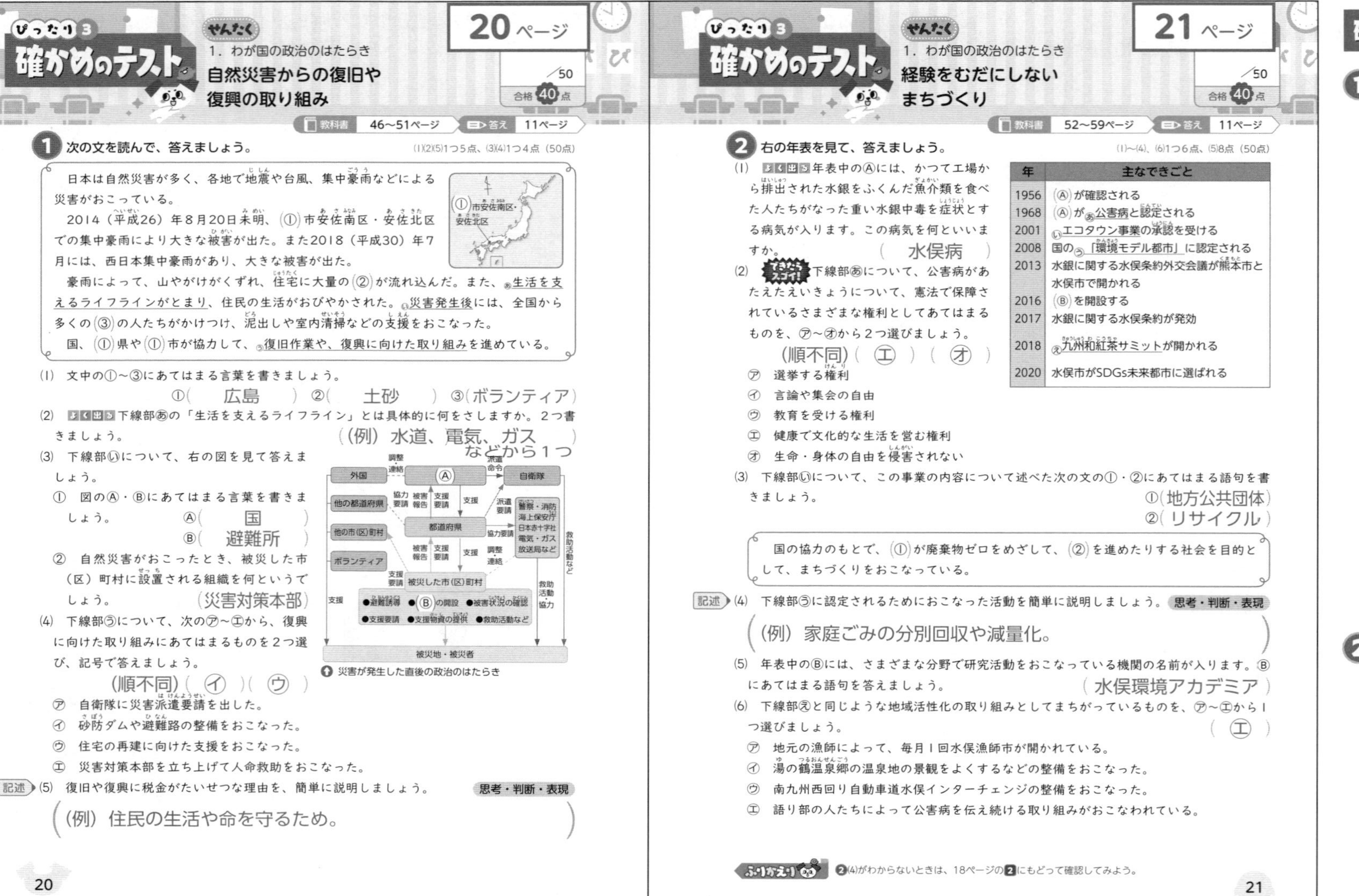

ぴったり3 確かめのテスト せんたく 1. わが国の政治のはたらき
自然災害からの復旧や復興の取り組み

20ページ　/50　合格40点　教科書 46~51ページ　答え 11ページ

1 次の文を読んで、答えましょう。　(1)(2)(5)1つ5点、(3)(4)1つ4点（50点）

日本は自然災害が多く、各地で地震や台風、集中豪雨などによる災害がおこっている。
2014（平成26）年8月20日未明、（①）市安佐南区・安佐北区での集中豪雨により大きな被害が出た。また2018（平成30）年7月には、西日本集中豪雨があり、大きな被害が出た。
豪雨によって、山やがけがくずれ、住宅に大量の（②）が流れ込んだ。また、㋐生活を支えるライフラインがとまり、住民の生活がおびやかされた。㋑災害発生後には、全国から多くの（③）の人たちがかけつけ、泥出しや室内清掃などの支援をおこなった。
国、（①）県や（①）市が協力して、㋒復旧作業や、復興に向けた取り組みを進めている。

(1) 文中の①~③にあてはまる言葉を書きましょう。
①（広島）②（土砂）③（ボランティア）

(2) よく出る 下線部㋐の「生活を支えるライフライン」とは具体的に何をさしますか。2つ書きましょう。
（(例) 水道、電気、ガス などから1つ）

(3) 下線部㋑について、右の図を見て答えましょう。
① 図のⓐ・ⓑにあてはまる言葉を書きましょう。
ⓐ（国）
ⓑ（避難所）
② 自然災害がおこったとき、被災した市（区）町村に設置される組織を何というでしょう。
（災害対策本部）

(4) 下線部㋒について、次の㋐~㋓から、復興に向けた取り組みにあてはまるものを2つ選び、記号で答えましょう。
(順不同)（㋑）（㋒）
㋐ 自衛隊に災害派遣要請を出した。
㋑ 砂防ダムや避難路の整備をおこなった。
㋒ 住宅の再建に向けた支援をおこなった。
㋓ 災害対策本部を立ち上げて人命救助をおこなった。

記述 (5) 復旧や復興に税金がたいせつな理由を、簡単に説明しましょう。　思考・判断・表現
（(例) 住民の生活や命を守るため。）

災害が発生した直後の政治のはたらき

ぴったり3 確かめのテスト せんたく 1. わが国の政治のはたらき
経験をむだにしないまちづくり

21ページ　/50　合格40点　教科書 52~59ページ　答え 11ページ

2 右の年表を見て、答えましょう。　(1)~(4)、(6)1つ6点、(5)8点（50点）

年	主なできごと
1956	ⓐが確認される
1968	ⓐが㋐公害病と認定される
2001	㋑エコタウン事業の承認を受ける
2008	国の㋒「環境モデル都市」に認定される
2013	水銀に関する水俣条約外交会議が熊本市と水俣市で開かれる
2016	ⓑを開設する
2017	水銀に関する水俣条約が発効
2018	㋓九州和紅茶サミットが開かれる
2020	水俣市がSDGs未来都市に選ばれる

(1) よく出る 年表中のⓐには、かつて工場から排出された水銀をふくんだ魚介類を食べた人たちがなった重い水銀中毒を症状とする病気が入ります。この病気を何といいますか。
（水俣病）

(2) てきたらスゴイ! 下線部㋐について、公害病があたえたえいきょうについて、憲法で保障されているさまざまな権利としてあてはまるものを、㋐~㋔から2つ選びましょう。
(順不同)（㋓）（㋔）
㋐ 選挙する権利
㋑ 言論や集会の自由
㋒ 教育を受ける権利
㋓ 健康で文化的な生活を営む権利
㋔ 生命・身体の自由を侵害されない

(3) 下線部㋑について、この事業の内容について述べた次の文の①・②にあてはまる語句を書きましょう。
①（地方公共団体）
②（リサイクル）

国の協力のもとで、（①）が廃棄物ゼロをめざして、（②）を進めたりする社会を目的として、まちづくりをおこなっている。

記述 (4) 下線部㋒に認定されるためにおこなった活動を簡単に説明しましょう。　思考・判断・表現
（(例) 家庭ごみの分別回収や減量化。）

(5) 年表中のⓑには、さまざまな分野で研究活動をおこなっている機関の名前が入ります。ⓑにあてはまる語句を答えましょう。
（水俣環境アカデミア）

(6) 下線部㋓と同じような地域活性化の取り組みとしてまちがっているものを、㋐~㋓から1つ選びましょう。
（㋓）
㋐ 地元の漁師によって、毎月1回水俣漁師市が開かれている。
㋑ 湯の鶴温泉郷の温泉地の景観をよくするなどの整備をおこなった。
㋒ 南九州西回り自動車道水俣インターチェンジの整備をおこなった。
㋓ 語り部の人たちによって公害病を伝え続ける取り組みがおこなわれている。

ふりかえり **2**(4)がわからないときは、18ページの**2**にもどって確認してみよう。

確かめのテスト　20~21ページ

1 (1)ボランティアとは、自分の意思で、ほかの人や社会のために助けになる活動のこと、またはその活動をおこなう人のことです。
(2)生活を送るのに必要な、電気や水道、ガス、通信網などのことをいいます。
(3)②災害対策本部は、災害対策基本法にもとづいて設置されます。人命救助を第一にして、被災者の避難のために避難所を開設したり、被害状況を確認したりします。
(4)復興とは、自然災害などで傷ついた地域を、前の状態にもどし、より盛んにすることです。

2 (2)公害病になると、身体に障害が残るので、生命・身体の自由を侵害されない権利が侵されたことになります。また、健康な生活が送れません。
(5)環境に配慮した取り組みについて、研究をおこなう機関です。
(6)㋓は、水俣病の悲惨な出来事を後世に伝えるための活動です。

記述問題のプラスワン

1 (5)わたしたちの生活は税金によって支えられています。

2 (4)水俣市では、水俣病の教訓を受けついで、環境問題に取り組んできました。そこで、1993年からごみの分別回収をはじめたのです。

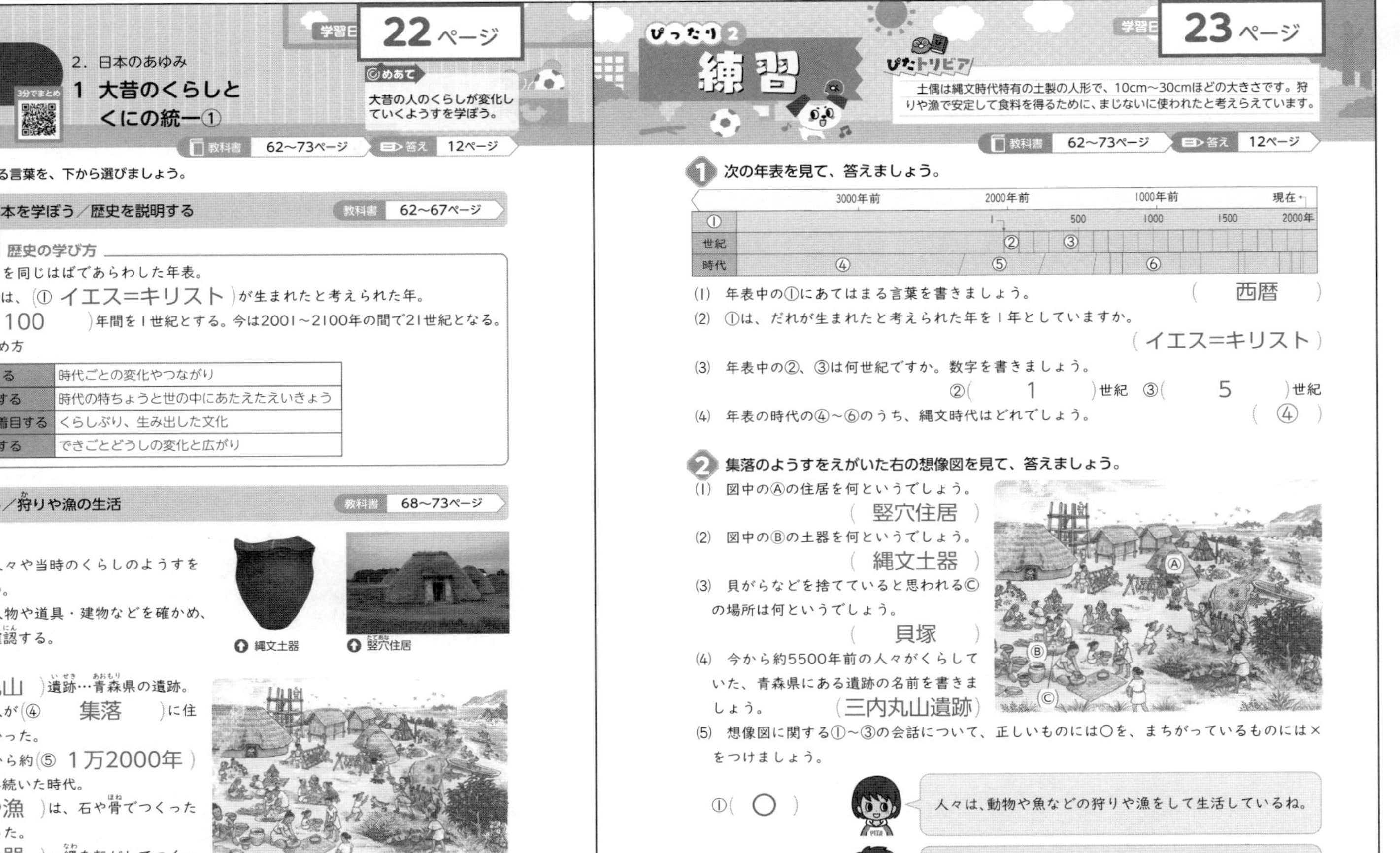

ぴったり1 準備　22ページ

2. 日本のあゆみ
1 大昔のくらしと くにの統一①

めあて：大昔の人のくらしが変化していくようすを学ぼう。

教科書 62〜73ページ　答え 12ページ

次の（　）に入る言葉を、下から選びましょう。

1 歴史学習の基本を学ぼう／歴史を説明する　教科書 62〜67ページ

ワンポイント　歴史の学び方
- 年表…年月を同じはばであらわした年表。
- 西暦…西暦1年は、（① イエス=キリスト）が生まれたと考えられた年。
- 世紀…（② 100）年間を1世紀とする。今は2001〜2100年の間で21世紀となる。
- 歴史を学ぶまとめ方

年表をつくる	時代ごとの変化やつながり
人物に着目する	時代の特ちょうと世の中にあたえたえいきょう
人々のくらしに着目する	くらしぶり、生み出した文化
地形に着目する	できごとどうしの変化と広がり

2 大昔のくらし／狩りや漁の生活　教科書 68〜73ページ

大昔のくらし
- 想像図…昔の人々や当時のくらしのようすを絵にかいたもの。
- 想像図から、人物や道具・建物などを確かめ、時代を年表で確認する。

縄文時代の生活
- （③ 三内丸山）遺跡…青森県の遺跡。最大で約500人が（④ 集落）に住み、戦いはなかった。
- 縄文時代…今から約（⑤ 1万2000年）前から約1万年続いた時代。
- （⑥ 狩りや漁）は、石や骨でつくった道具でおこなった。
- （⑦ 縄文土器）…縄を転がしてつくったもようがあり、食べ物をにたきしたり、たくわえたりするために使われた。
- （⑧ 竪穴住居）…地面をほって平らにし、数本の柱の上に屋根をかけた住居。
- 土偶…豊作をいのるまじないに使われた。

縄文土器　竪穴住居　縄文時代のようす（想像図）

貝がらや木の実などが捨てられていた貝塚は、当時の人々の生活のようすを知ることができるものが出土するよ。

選んだ言葉に✓　□竪穴住居　□イエス=キリスト　□100　□三内丸山　□縄文土器　□1万2000年　□集落　□狩りや漁

22

ぴったり2 練習　23ページ

ぴたトリビア：土偶は縄文時代特有の土製の人形で、10cm〜30cmほどの大きさです。狩りや漁で安定して食料を得るために、まじないに使われたと考えられています。

教科書 62〜73ページ　答え 12ページ

1 次の年表を見て、答えましょう。

(1) 年表中の①にあてはまる言葉を書きましょう。（西暦）
(2) ①は、だれが生まれたと考えられた年を1年としていますか。（イエス=キリスト）
(3) 年表中の②、③は何世紀ですか。数字を書きましょう。②（1）世紀　③（5）世紀
(4) 年表の時代の④〜⑥のうち、縄文時代はどれでしょう。（④）

2 集落のようすをえがいた右の想像図を見て、答えましょう。

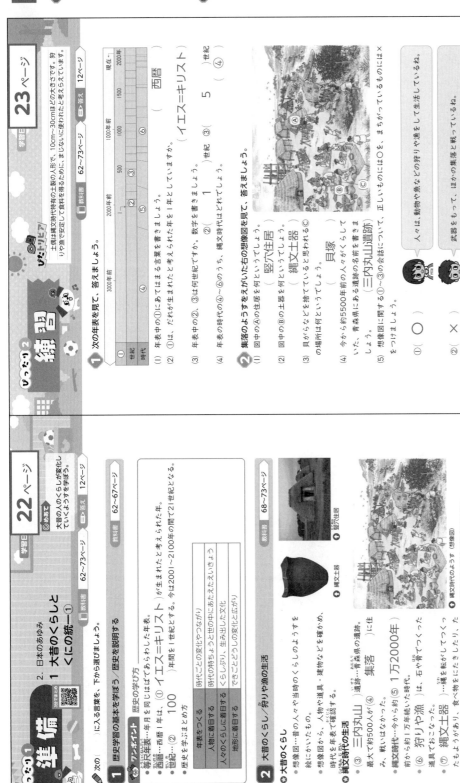

(1) 図中のⒶの住居を何というでしょう。（竪穴住居）
(2) 図中のⒷの土器を何というでしょう。（縄文土器）
(3) 貝がらなどを捨てていると思われるⒸの場所は何というでしょう。（貝塚）
(4) 今から約5500年前の人々がくらしていた、青森県にある遺跡の名前を書きましょう。（三内丸山遺跡）
(5) 想像図に関する①〜③の会話について、正しいものには○を、まちがっているものには×をつけましょう。

①（○）人々は、動物や魚などの狩りや漁をして生活しているね。
②（×）武器をもって、ほかの集落と戦っているね。
③（○）小さな住居だけではなく、大きな住居や高く登れるやぐらのような建物があるね。

ヒント　1 (3) 100年間を1世紀としています。　2 (2) 縄を転がしてつくったもようのものが多く見られます。

23

練習　23ページ

1 (1)〜(3)西暦は、イエス=キリストが生まれた年を1年として数えます。西暦は、1年〜100年までを1世紀、101年〜200年までを2世紀として数えます。

(4)④は縄文時代、⑤は弥生時代、⑥は平安時代です。

2 (1)Ⓐの竪穴住居は、地面をほった穴に数本の柱を立て、その上に屋根をかけてつくられた住居です。

(2)集落のようすは、狩りや採集をおこなって生活しているので、縄文時代のようすだとわかります。縄文時代には、縄目の文様がついた縄文土器が使われました。

(3)貝塚は、人々が食べた貝のからや、土器の破片、食べた動物の骨などが捨てられた場所です。貝塚を調査することで、縄文時代の人々の生活のようすを知ることができます。

(5)縄文時代の人々は、狩りや木の実の採集などをしてくらしていました。人々の間に身分の差はなく、大きな争いなどはなかったと考えられています。

できたかな？

□歴史を学ぶのに必要な、西暦、世紀、時代名をそれぞれ理解しよう。
□縄文時代の人々の生活のようすを説明してみよう。

おうちのかたへ

縄文時代は、人々の間に身分の差がなく、協力しながら狩りや採集をして生活していたと考えられています。教科書の絵を見て、どのような生活なのかを確認しておくと、縄文時代とあとの弥生時代との違いを理解するのにも役立ちます。

ぴったり1 準備

2. 日本のあゆみ

1 大昔のくらしと くにの統一②

学習日

24ページ

めあて 米作りが始まって社会がどう変化したかを理解しよう。

教科書 74〜77ページ　答え 13ページ

次の（　）に入る言葉を、下から選びましょう。

1 米作りが広がったころ

教科書 74〜75ページ

登呂遺跡からわかること

- **登呂遺跡**…静岡県にある1800年ほど前の水田やむらのあとが残る遺跡。米の保存に使ったと考えられる（① 高床倉庫 ）や住居のあとが見つかる。
- （② 弥生土器 ）…高温で焼かれたうすくてかたい、もようの少ない土器。

弥生土器

米作りの伝来

- 米作り…今から2400年ほど前に、大陸や（③ 朝鮮 ）半島から移り住んだ人によって伝えられ、（④ 九州 ）北部から東日本へ伝わる。
- 米作りには多くの人手が必要だったため、指導者を中心にまとまり、米作りや豊作をいのるまつりをおこない、むらとしてまとまっていった。
- **弥生時代**…約2400年前から3世紀中ごろまでの、米作りがはじまり、広がった時代。

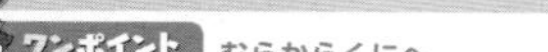

2 むらからくにへ

教科書 76〜77ページ

ワンポイント むらからくにへ

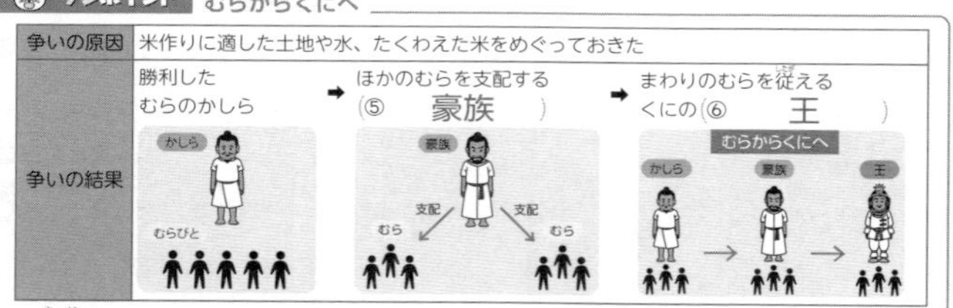

争いの原因
米作りに適した土地や水、たくわえた米をめぐっておきた
争いの結果
勝利した むらのかしら
ほかのむらを支配する （⑤ 豪族 ）
まわりのむらを従える くにの（⑥ 王 ）
かしら
むらびと
豪族
支配
むら
むらからくにへ
王

- 佐賀県（⑦ 吉野ケ里 ）遺跡…くにの王が住んだ**集落**と考えらえる遺跡。矢じりや剣、物見やぐらや集落を囲むほり、木のさくなどが出土し、争いがあったことがわかる。

邪馬台国と卑弥呼

- 中国の古い歴史書に3世紀ごろの日本のようすが書かれている。
- **邪馬台国**…（⑧ 倭 ）（日本）でもっとも勢いが強く、30ほどのくにを従えた。
- 邪馬台国の女王（⑨ 卑弥呼 ）が王にたてられ、神のおつげを伝え、弟が政治をおこなった。

吉野ケ里遺跡

選んだ言葉に✓ □倭 □王 □高床倉庫 □卑弥呼 □吉野ケ里 □朝鮮 □弥生土器 □九州 □豪族

ぴったり2 練習

学習日

25ページ

ぴたトリビア 銅鐸…銅鐸は、祭りのときにかざったり鳴らしたりしたものと考えられています。狩りや脱穀などの場面がえがかれている銅鐸もあります。

教科書 74〜77ページ　答え 13ページ

1 集落のようすをえがいた右の想像図を見て、答えましょう。

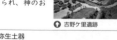

(1) この図は、何時代のようすをえがいたものでしょう。（ 弥生時代 ）

(2) この図で人々がさいばいしているものは何でしょう。（ 稲（米） ）

(3) 図中Ⓐの建物を何というでしょう。（ 高床倉庫 ）

(4) 図中Ⓑの土器を何というでしょう。（ 弥生土器 ）

(5) 図に関連して説明した文として、正しいものには○を、まちがっているものには×をつけましょう。

①（ ○ ）集落の指導者を中心に、豊作をいのる祭りなどがおこなわれた。
②（ ○ ）物見やぐらや木のさくが見られるように、むらどうしの争いがあった。
③（ × ）この時代の集落のようすがわかる遺跡として、奈良県の登呂遺跡がある。
④（ × ）この時代の土器は低温で焼かれ、厚みがあってもろかった。

2 次の文を読んで、答えましょう。

「ⓐ倭では、いちばん勢いの強い①が30ほどのくにを従えている。倭は、もとは男のⓑ王が治めていたが、争いがたえなかった。そこで、くにぐにが相談し、①の女王②を倭の王にたてると、争いが終わって平和になった。」
「②は、神のおつげを伝えて人々の心をとらえ、弟が②の考えにもとづいて政治をおこなっている。…〈略〉…宮殿には物見やぐらやさくを設け、いつも兵士が守っている。」

(1) 文中の①、②にあてはまる言葉を書きましょう。①（ 邪馬台国 ）②（ 卑弥呼 ）

(2) 下線部ⓐの倭とは、現在のどこの国をさすでしょう。（ 日本 ）

(3) 下線部ⓑのくにの王は、むらのかしらから成長し勢力を強めた者がなりましたが、このような者を何とよんだでしょう。（ 豪族 ）

(4) 上の文は、中国の古い歴史書に書かれているものですが、何世紀ごろのようすをあらわしていますか。（ 3 ）世紀

(5) くにの王が住んだ集落と考えられている吉野ケ里遺跡がある県名を書きましょう。（ 佐賀県 ）

ヒント
1 (3) 収穫したものを保存した倉庫です。
2 (5) 人骨にささった矢じりや、先の欠けた剣が出土しています。

できたかな？

□米作りが広がって、人々の生活がどのように変わったかを説明しよう。
□むらからくにへの変化を「かしら」、「豪族」、「王」を使って言ってみよう。

おうちのかたへ

弥生時代の社会のようすをえがいた絵と、縄文時代の絵を比べて、どのように社会が変化したかを比較しましょう。弥生時代には、身分の差や貧富の差がうまれました。社会の大きな変化を「米作り」というキーワードとともに理解することが大切です。

練習 25ページ

1 (1)(2)弥生時代には、米作りが大陸から伝わりました。
(3)Ⓐは、つくった米を保存するための高床倉庫です。
(4)この絵は、米作りのようすがえがかれているので、弥生時代のようすだとわかります。弥生時代には、縄文土器よりもうすくて赤っぽい弥生土器が使われました。
(5)①米作りには多くの人手が必要で、さまざまな農作業がありました。そのため、人々をまとめ、指導する人があらわれました。指導者は祭りなどをおこない、むらとしてまとまりをつくっていきました。
②物見やぐらや木のさくは、ほかのむらとの戦いに備えてつくられました。
③登呂遺跡は静岡県の遺跡です。

2 (1)邪馬台国の女王卑弥呼については、中国でまとめられた古い歴史書に記述があります。
(4)邪馬台国があったのは、3世紀の前半だと考えられています。
(5)吉野ケ里遺跡は、佐賀県にある弥生時代の遺跡です。周囲にほりがめぐらされており、むらどうしの戦いがあったことがわかります。

2. 日本のあゆみ
1 大昔のくらしとくにの統一③

◎めあて 大和朝廷がくにを統一した過程を理解しよう。

教科書 78～83ページ 答え 14ページ

次の（　）に入る言葉を、下から選びましょう。

1 古墳づくりと渡来人
教科書 78～79ページ

ワンポイント 古墳時代について

古墳とは	その地域を支配していた（① 豪族 ）の墓。まわりには（② はにわ ）が並べられた。
時代	3世紀中ごろ～7世紀初めごろ
地域	大和（奈良県）や河内（大阪府）が中心（3世紀後半～4世紀）
わかること	大型の（③ 前方後円墳 ）がつくられた。➡強大な権力をもった人物がいた。
例	5世紀ごろにつくられた大阪府堺市にある（④ 大仙古墳 ）（仁徳天皇陵古墳）

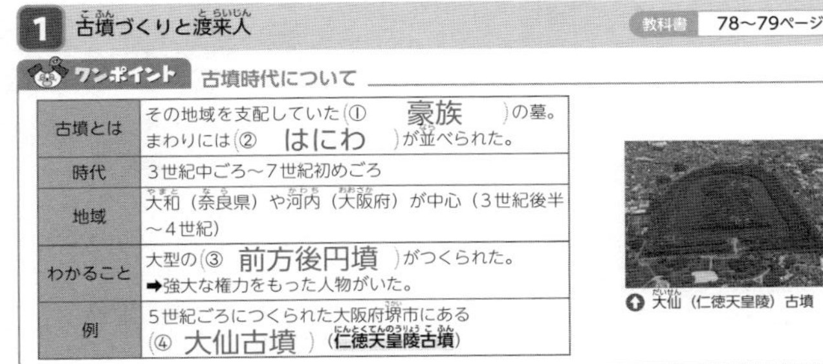
大仙（仁徳天皇陵）古墳

新しい文化
- 古墳時代に、中国や朝鮮半島から日本に移り住んだ人を（⑤ 渡来人 ）という。
- 渡来人が伝えたもの…はた織りや土器づくり、鍛冶、土木や建築の技術、（⑥ 漢字 ）や仏教など。

2 大和朝廷とくにの統一／学習問題について話し合う
教科書 80～83ページ

古墳の広がり
- 前方後円墳は、九州から東北地方までの範囲で広がっている。
- （⑦ 近畿 ）地方に大きな古墳が集まっている。

大和朝廷（大和政権）の成立
- 4～5世紀ごろ、大和・河内地方に勢いのある強いくにができた。
- **大和朝廷（大和政権）**…（⑧ 大王 ）（のちの**天皇**）を中心に、各地の豪族を政府の役人とする政治のしくみができた。
- 熊本県や埼玉県で「ワカタケル大王」の名が刻まれた刀剣が見つかり、大和朝廷の勢力が広くおよんでいたことがわかる。
- 渡来人も朝廷でだいじな役についた。

神話に書かれた国の成り立ち
- 『（⑨ 古事記 ）』『**日本書紀**』…8世紀の初めにつくられた国の成り立ちを示した書物。4～5世紀のようすが神話として伝えられている。
- 『（⑩ 風土記 ）』…地方の自然などについて書かれている。

稲荷山古墳から出土した鉄剣

選んだ言葉に✓：□古事記 □近畿 □風土記 □前方後円墳 □豪族 □大仙古墳 □はにわ □漢字 □大王 □渡来人

ぴたトリビア：渡来人が日本に漢字を伝えるまで、日本には文字がなかったので、渡来人は大和朝廷（大和政権）で記録したり外交などの仕事をしました。

教科書 78～83ページ 答え 14ページ

1 右の写真を見て、答えましょう。

(1) 右の写真は、日本最大の古墳で、仁徳天皇の墓ともいわれています。この古墳の名前を書きましょう。（大仙(仁徳天皇陵)古墳）

(2) この古墳がある場所を、右の地図中の㋐～㋓から選びましょう。（ ㋒ ）

(3) 大きな古墳がつくられたことからわかることとして、正しいものには○を、まちがっているものには×をつけましょう。
- ①（ × ）戦いはなく、自然に合わせてくらしていた。
- ②（ ○ ）各地に強大な力で人々を治めた王や豪族がいた。
- ③（ ○ ）すでに古墳をつくるだけのすぐれた土木技術があった。
- ④（ × ）このころは豊かで、人がなくなるとみんな大きな墓をつくった。

2 右の地図を見て、答えましょう。

(1) 右の地図の Ⓐ にあてはまる語句を書きましょう。（前方後円墳）

(2) ▮が多く分布している地域はどこですか。現在の都道府県名を2つ書きましょう。（順不同）（ 大阪府 ）（ 奈良県 ）

(3) (2)の地域について説明した次の文中の①～③にあてはまる言葉を書きましょう。
①（ 大王 ）
②（大和朝廷(大和政権)）
③（ 渡来人 ）

(2)の地域では勢いの強いくにがほかのくにの王を従えて支配するようになり、その中心人物は（①）と呼ばれた。しだいに（①）を中心とする政治のしくみがととのえられ、（②）といわれる政府が成立した。また、（②）は中国や朝鮮半島から日本に移り住んだ（③）を政府のだいじな役につけ、国内の技術や文化を高めていった。

Ⓐの分布図（おもなⒶ　Ⓐの長さ ■300m以上 ■150～300m未満　0 300km）

(4) (3)の③の人たちが日本に伝えたものを、㋐～㋕から3つ選びましょう。（順不同）（ ㋑ ）（ ㋒ ）（ ㋔ ）
㋐ 縄文土器　㋑ 漢字　㋒ はた織り
㋓ 貝塚　㋔ 紙のつくり方　㋕ 土偶

(5) 8世紀初めにつくられた国の成り立ちを記した書物で、4～5世紀のようすを神話として伝えている書物の名前を、2つ書きましょう。（ 古事記 ）（ 日本書紀 ）（順不同）

ヒント：1 (1) 大阪府堺市にあります。2 (1) 前が方形（四角形）、後ろが円形の古墳です。

できたかな？
□古墳時代には広い地域を支配する王があらわれ、その権力をしめす古墳がつくられたことをおさえておこう。
□渡来人が伝えたものを言ってみよう。

おうちのかたへ
おもな前方後円墳の分布を示した地図から、大和朝廷の権力が東北地方から九州地方まで広がっていたことを確認しましょう。渡来人の力も借りて、大和朝廷が倭（日本）の中心として支配を広げたことを理解することが大切です。

練習 27ページ

1 (1)大阪府の堺市にあります。2019年に、「百舌鳥・古市古墳群」のひとつとして世界遺産に登録されました。

(2)㋐は縄文時代の三内丸山遺跡、㋑は弥生時代の登呂遺跡、㋓は弥生時代の吉野ヶ里遺跡がある場所です。

(3)①弥生時代以降、身分の差やむらどうし、くにどうしの争いがおこるようになりました。
④大きな墓をつくったのは、その地域を支配していた王や豪族とよばれた人々です。

2 (1)古墳の前が方形、後ろが円形の形の古墳のことです。古墳には、四角い方墳、まるい円墳などの形もあります。

(2)大和朝廷があったと考えられる大和（奈良県）、河内（大阪府）に多いです。

(4)渡来人は、大陸から日本に移り住んだ人々のことです。㋐の縄文土器、㋓の貝塚、㋕の土偶は、すべて縄文時代のものです。

(5)「日本書紀」「古事記」は8世紀の初めにつくられた書物です。

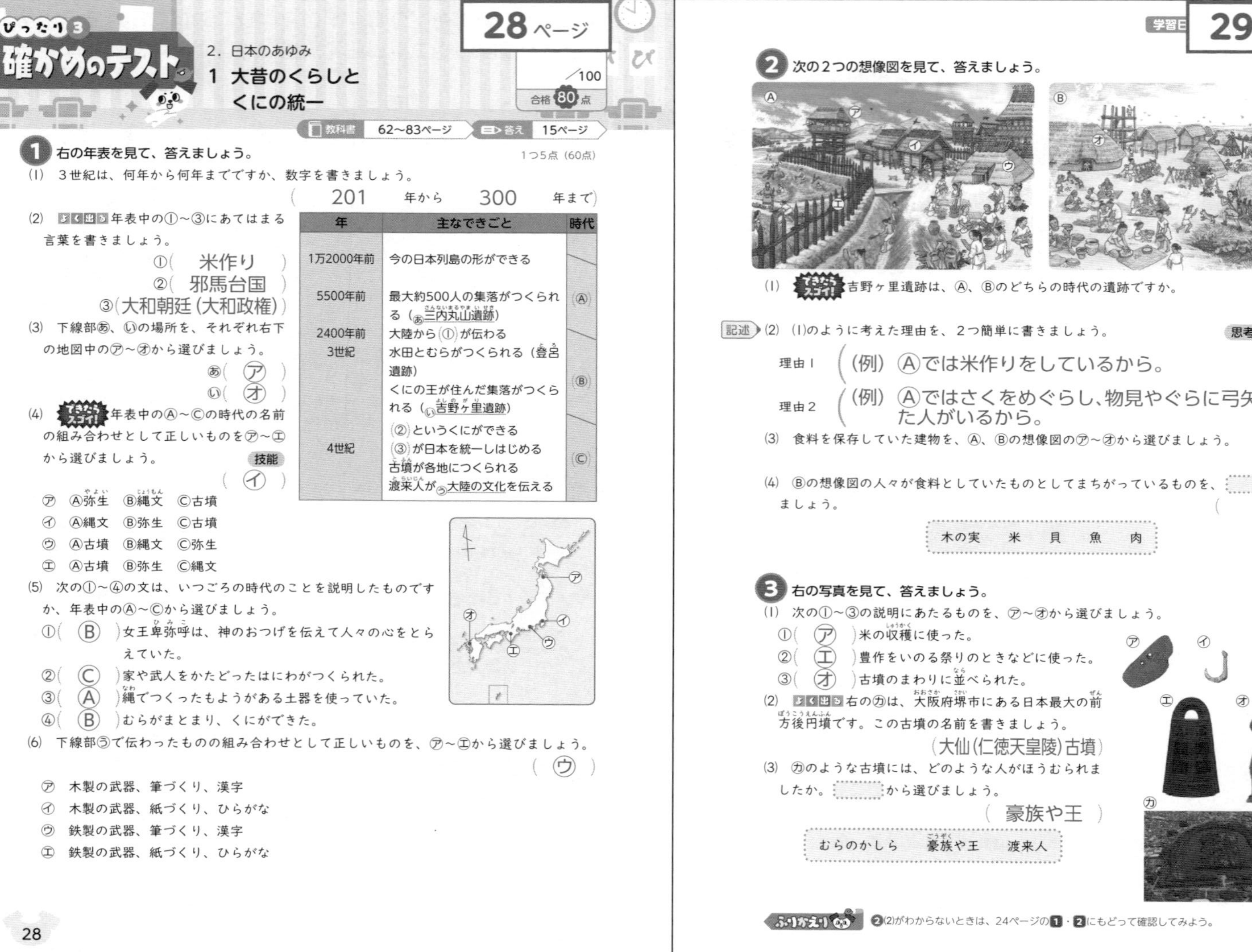

ぴったり3 確かめのテスト。 2．日本のあゆみ 1 大昔のくらしと くにの統一

28ページ

/100 合格80点

教科書 62～83ページ 答え 15ページ

1 右の年表を見て、答えましょう。 1つ5点（60点）

(1) 3世紀は、何年から何年までですか、数字を書きましょう。（ 201 年から 300 年まで）

(2) よく出る 年表中の①～③にあてはまる言葉を書きましょう。

①（ 米作り ）

②（ 邪馬台国 ）

③（大和朝廷（大和政権））

年	主なできごと	時代
1万2000年前	今の日本列島の形ができる	
5500年前	最大約500人の集落がつくられる（あ三内丸山遺跡）	Ⓐ
2400年前	大陸から（①）が伝わる	
3世紀	水田とむらがつくられる（登呂遺跡） くにの王が住んだ集落がつくられる（い吉野ヶ里遺跡）	Ⓑ
4世紀	（②）というくにができる （③）が日本を統一しはじめる 古墳が各地につくられる 渡来人が、う大陸の文化を伝える	Ⓒ

(3) 下線部あ、いの場所を、それぞれ右下の地図中の㋐～㋔から選びましょう。

あ（ ㋐ ）

い（ ㋔ ）

(4) てきたらスゴイ！ 年表中のⒶ～Ⓒの時代の名前の組み合わせとして正しいものを㋐～㋓から選びましょう。 技能 （ ㋑ ）

㋐ Ⓐ弥生 Ⓑ縄文 Ⓒ古墳

㋑ Ⓐ縄文 Ⓑ弥生 Ⓒ古墳

㋒ Ⓐ古墳 Ⓑ縄文 Ⓒ弥生

㋓ Ⓐ古墳 Ⓑ弥生 Ⓒ縄文

(5) 次の①～④の文は、いつごろの時代のことを説明したものですか、年表中のⒶ～Ⓒから選びましょう。

①（ Ⓑ ）女王卑弥呼は、神のおつげを伝えて人々の心をとらえていた。

②（ Ⓒ ）家や武人をかたどったはにわがつくられた。

③（ Ⓐ ）縄でつくったもようがある土器を使っていた。

④（ Ⓑ ）むらがまとまり、くにができた。

(6) 下線部うで伝わったものの組み合わせとして正しいものを、㋐～㋓から選びましょう。（ ㋒ ）

㋐ 木製の武器、筆づくり、漢字

㋑ 木製の武器、紙づくり、ひらがな

㋒ 鉄製の武器、筆づくり、漢字

㋓ 鉄製の武器、紙づくり、ひらがな

28

29ページ

2 次の2つの想像図を見て、答えましょう。 1つ4点（20点）

(1) てきたらスゴイ！ 吉野ヶ里遺跡は、Ⓐ、Ⓑのどちらの時代の遺跡ですか。（ Ⓐ ）

記述 (2) (1)のように考えた理由を、2つ簡単に書きましょう。 思考・判断・表現

理由1（（例） Ⓐでは米作りをしているから。）

理由2（（例） Ⓐではさくをめぐらし、物見やぐらに弓矢をもった人がいるから。）

(3) 食料を保存していた建物を、Ⓐ、Ⓑの想像図の㋐～㋔から選びましょう。 技能 （ ㋑ ）

(4) Ⓑの想像図の人々が食料としていたものとしてまちがっているものを、［　］から選びましょう。（ 米 ）

木の実　米　貝　魚　肉

3 右の写真を見て、答えましょう。 1つ4点（20点）

(1) 次の①～③の説明にあたるものを、㋐～㋔から選びましょう。 技能

①（ ㋐ ）米の収穫に使った。

②（ ㋓ ）豊作をいのる祭りのときなどに使った。

③（ ㋔ ）古墳のまわりに並べられた。

(2) よく出る 右の㋕は、大阪府堺市にある日本最大の前方後円墳です。この古墳の名前を書きましょう。（大仙（仁徳天皇陵）古墳）

(3) ㋕のような古墳には、どのような人がほうむられましたか。［　］から選びましょう。（ 豪族や王 ）

むらのかしら　豪族や王　渡来人

ふりかえり 2(2)がわからないときは、24ページの1・2にもどって確認してみよう。

29

確かめのテスト　28～29ページ

1 (1)1世紀は1年～100年です。3世紀は201年～300年までとなります。

(2)①米作りが伝わって、人々の生活や社会が変化しました。

②女王卑弥呼が治めたとされる国です。

(5)①邪馬台国の女王卑弥呼は弥生時代の人物です。

②はにわは、古墳のまわりに置かれた土製品です。人や馬、家などさまざまな形のものがあります。

③縄目のもようがついているものは縄文時代につくられた縄文土器です。

(6)木製の武器は大陸から伝わったものではありません。ひらがなは後の時代に日本で生み出されたものです。

2 (1)吉野ヶ里遺跡は弥生時代の遺跡です。弥生時代には、米をめぐって争いがおこり、村には木のさくや、物見やぐらがつくられました。

(4)Ⓑは縄文時代のようすです。まだ、大陸から米作りが伝わっていません。

3 (1)①㋐は稲の穂を刈り取るのに使いました。㋓は銅鐸とよばれるものです。

(3)渡来人は古墳がつくられはじめたころ、大陸から渡ってきた人々のことです。

記述問題のプラスワン

2 (2)縄文時代は狩りや採集で生活をしていました。弥生時代には米作りが伝わり、人々の間に身分の差が生まれ、米をめぐってむらどうしの争いがおこるようになりました。

ぴったり1 準備

2. 日本のあゆみ
2 天皇を中心とした政治①

めあて 天皇を中心とした国づくりのようすを学ぼう。

教科書 84～89ページ　答え 16ページ

次の（　）に入る言葉を、下から選びましょう。

1 法隆寺と聖徳太子／聖徳太子の政治　教科書 84～87ページ

法隆寺
- **法隆寺**…飛鳥地方（奈良盆地の東南部）の北西の斑鳩町にある。
- 1400年以上前に（① 聖徳太子 ）（厩戸皇子）が建てたとされる。
- 現存する世界最古の木造建築で、1993（平成5）年に世界文化遺産に登録された。

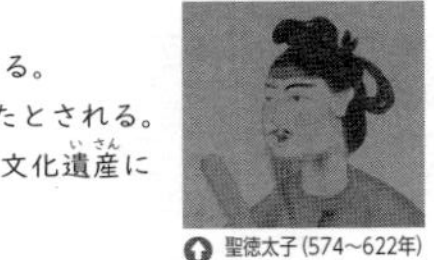
聖徳太子(574～622年)

ワンポイント 聖徳太子の政治
- （② 天皇 ）を中心とする政治のしくみを整えた。
- 豪族の（③ 蘇我 ）氏とともに政治をおこなった。
- **仏教**を国づくりに取り入れようとした。

政策
（④ 冠位十二階 ）…役人の位を12段階に分け、家がらではなく能力によって、役人につかせた。
（⑤ 十七条の憲法 ）…役人の心得を示した。
遣隋使…（⑥ 小野妹子 ）らを中国（隋）に送り、対等な国の交わりを結ぼうとした。

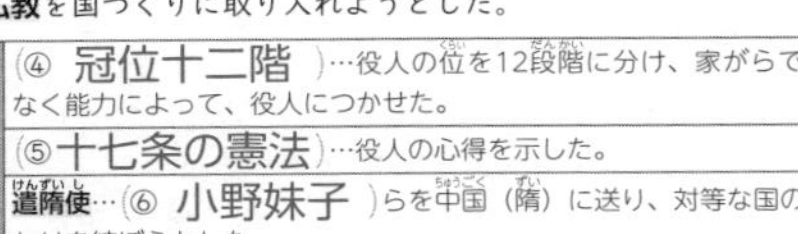
法隆寺

2 新しい国づくり　教科書 88～89ページ

大化の改新
- **大化の改新**…645年、（⑦ 中大兄皇子 ）（のちの天智天皇）と中臣鎌足（のちの藤原鎌足）は、聖徳太子の死後、天皇をしのぐほどの力をもった蘇我氏をほろぼした。
- **遣唐使**が学んだ中国の制度を参考にし、天皇を中心としたより強力な国づくりを進めた。

飛鳥時代
- （⑧ 藤原京 ）…7世紀の終わりに飛鳥地方の奈良県橿原市につくられた、日本で最初の本格的な都。
  →中国の（⑨ 唐 ）の都、長安にならってつくられた。

・稲のとれ高のおよそ3%を納める。
・1年に10日、都で働くか、布を納める。
・地方の特産物を納める。
・1年に60日以内、地方の役人のもとで働く。
・都や北九州の守り（さきもり）につく。
おもな税と労働

- 8世紀初めごろには、国を治めるための法律（律令）ができた。
- 農民が国に納める税のしくみも整えられた。
- 有力な豪族は、朝廷の重要な役職について（⑩ 貴族 ）となった。
- 飛鳥時代…飛鳥地方に都がおかれた、592～710年のあいだの時代。

選んだ言葉に✓　□中大兄皇子　□貴族　□十七条の憲法　□天皇　□藤原京　□冠位十二階　□聖徳太子　□小野妹子　□蘇我　□唐

ぴったり2 練習

ぴたトリビア 2019年には「平成」から「令和」に元号が変わりました。「大化」は日本で初めて定められた元号といわれています。

教科書 84～89ページ　答え 16ページ

1 右の資料を見て、答えましょう。

(1) 右の資料は、役人の心得を示したものです。何というでしょう。（ 十七条の憲法 ）
(2) この心得を定めた人物はだれでしょう。（聖徳太子（厩戸皇子））
(3) 資料中の①に入る言葉を書きましょう。（ 仏教 ）

- 争いをやめてなかよくしなさい。
- （①）を敬いなさい。
- 天皇の命令を守りなさい。
- 役人たちは礼儀正しくしなさい。
- おたがいに信じ合いなさい。

(4) 資料中の①を取りいれ、(2)の人物が飛鳥地方に建てた寺の名前を書きましょう。（ 法隆寺 ）
(5) (2)の人物は、家がらではなく、能力によって役人を取り立てる制度を定めました。この制度の名前を書きましょう。（冠位十二階）
(6) (2)の人物は、中国の国家のしくみや文化を学ばせるために小野妹子らを中国に送りましたが、このときの中国の国名を、［　］から選びましょう。（ 隋 ）

倭　隋　唐

2 右の年表を見て、答えましょう。

(1) 年表中の①は、中国に送られた使者です。名前を書きましょう。（ 遣唐使 ）
(2) 年表中の②の政治改革を何というでしょう。（大化の改新）
(3) (2)の政治改革において、蘇我氏をほろぼした人物を2人書きましょう。
（順不同）（中大兄皇子(天智天皇)）（中臣鎌足(藤原鎌足)）

年	主なできごと
630	①を送る
645	②がはじまる
694	③が完成する
8世紀初め	新しく税の制度が統一される

(4) 年表中の③は日本でつくられた最初の本格的な都です。都の名前を書きましょう。（ 藤原京 ）
(5) 年表中の下線部について、次の①～④にあてはまる言葉や数字を、［　］から選びましょう。
①（ 3 ）
②（ 布 ）
③（ 特産物 ）
④（ 北九州 ）

- 稲のとれ高のおよそ（①）%を納める。
- 1年に10日、都で働くか、（②）を納める。
- 地方の（③）を納める。
- 都や（④）の守りにつく。

布　飛鳥　3　北九州　特産物　60

ヒント
1 (4) 現存する世界最古の木造建築で、世界文化遺産に登録されています。
2 (5)④ ここを守る兵士として送られた人たちは、さきもりと呼ばれました。

できたかな？
□仏教の考え方を取り入れておこなわれた聖徳太子の政治を言ってみよう。
□大化の改新によって、政治がどのように変わったのかを説明してみよう。

おうちのかたへ
聖徳太子が定めた十七条の憲法と冠位十二階の制度はどのような目的でつくられたのか理解することが大切です。大化の改新では、どのような政治がめざされ、どのようなしくみが整ったのかを確認しておきましょう。

練習 31ページ

1 (1)～(3)十七条の憲法は、役人の心得を示すために聖徳太子（厩戸皇子）が定めたものです。仏教の考えを取り入れました。

(4)聖徳太子が建てた法隆寺は、現在残されているものの中で、最古の木造建築です。1993年に、法隆寺地域の仏教建造物として世界文化遺産に登録されました。

(5)徳、仁、礼、信、義、智をそれぞれ大小にわけて、ぼうしの色で官位を見分けるようにしました。

(6)倭は、古代における日本の呼び名です。唐は、隋の後におこった国です。

2 (1)このころ、中国は隋から唐にかわっていました。

(2)(3)この改革がおこなわれ、日本で初めて「大化」という元号が定められました。この元号から、中大兄皇子と中臣鎌足らが蘇我氏を倒しておこなった改革を大化の改新といいます。

(4)天智天皇がなくなった後、再び都が飛鳥地方にもどされました。

(5)北九州の守りにつく兵士はさきもりといわれ、税の中でも負担が大きいものでした。

ぴったり1 **準備**

2. 日本のあゆみ
2 天皇を中心とした政治②

学習日 32ページ

めあて
聖武天皇が大仏をつくった目的と背景を理解しよう。

教科書 90〜93ページ　答え 17ページ

次の（　）に入る言葉を、下から選びましょう。

1 平城京と聖武天皇の願い
教科書 90〜91ページ

ワンポイント　平城京と聖武天皇の政治
- ８世紀の初め、都は奈良の平城京に移され、
（① 天皇 ）中心の政治のしくみがととのっていた。
- （② 奈良時代 ）…８世紀に都が奈良の平城京におかれた時代。
- 聖武天皇の政治

背景	8世紀の中ごろ、伝染病が流行したり、（③ 貴族 ）の反乱がおきたりして、世の中が乱れた。
目的	（④ 仏教 ）の力を借りて、社会の不安をしずめ、国を治めようとした。
内容	●全国に（⑤ 国分寺 ）と国分尼寺を建てた。 ●都に国分寺と国分尼寺の中心となる（⑥ 東大寺 ）を建てた。 ●東大寺には大仏をつくった。

聖武天皇（701〜756年）

東大寺の大仏

2 行基と大仏づくりを支えた人々
教科書 92〜93ページ

行基の活動
- 行基…農民に仏教の教えを説き、道路や橋、ため池などをつくって農民のくらしを助け、農民からしたわれていた僧。
- 朝廷ははじめ、行基は人々をまどわすとして、その活動を取りしまっていた。

大仏づくり
- 大仏づくりには多くの人々の手助けが必要だった。
- 聖武天皇は、人々からしたわれていた行基を高い位の僧に任命して、多くの人に大仏づくりに協力してもらった。
- （⑦ 銅 ）で大仏をつくることや大仏殿を建てることには、すぐれた技術が必要だった。
- かつて中国や朝鮮半島から日本に移り住んだ（⑧ 渡来人 ）の子孫が技術者としてかつやくした。
- 大仏は、行基がなくなってから３年後に完成した。

行基（668〜749年）

大仏に使われた銅は、日本最古の銅山跡といわれる山口県の銅山の銅が使われたんだよ。

選んだ言葉に✓　□東大寺　□銅　□仏教　□奈良時代　□渡来人　□天皇　□国分寺　□貴族

ぴったり2 **練習**

学習日 33ページ

ぴたトリビア
大仏にはつくられた当時、約440kgもの金でかざられていて、黄金色にかがやいていました。日本で初めて金が採掘された宮城県の金が使われました。

教科書 90〜93ページ　答え 17ページ

1 右の年表を見て、答えましょう。

(1) 右の年表は、だれの生がいについてまとめたものでしょう。（ 聖武天皇 ）

(2) ①に入る言葉を［　］から選びましょう。
藤原京　平城京　平安京　恭仁京
（ 平城京 ）

(3) (1)の人物は、年表中の②と国分尼寺を全国に建てるよう命じました。②にあてはまる言葉を書きましょう。（ 国分寺 ）

(4) 年表中の②や大仏をつくったのは、何の力によって社会の不安をしずめ、国を治めるためですか。（ 仏教 ）

年	おもなできごと
701	生まれる
710	都が（①）（奈良県）に移る
724	天皇の位につく
737	都で病気が流行する
740	貴族の反乱がおこる
741	（②）を建てる命令を出す
743	大仏をつくる命令を出す
749	天皇の位を退く
752	大仏の開眼式をおこなう
756	なくなる

2 次の会話を読んで、答えましょう。

Aさん　修学旅行で奈良に行くね。何を見るのが楽しみ？
Bさん　そうだなぁ。やっぱり、奈良といえば㋐大仏かな。
Cさん　（①）の人たちはどうやって、あれほど大きな大仏をつくったのかしら？
Aさん　大仏づくりのために働いた人は、のべ約260万人だそうよ。
Bさん　多くの人に大仏づくりに協力してもらうため、㋑僧がかつやくしたと聞いたよ。
Cさん　ほかにも、銅で大仏をつくったり、大仏殿を建てたりするのに、すぐれた技術をもっていた（②）の子孫もかつやくしたそうね。

(1) 下線部㋐の大仏がある、右の写真Ⓐの寺の名前を書きましょう。（ 東大寺 ）

(2) 会話中の①には、大仏がつくられた時代の名前が入ります。何時代ですか。（ 奈良時代 ）

(3) 右の写真Ⓑは、下線部㋑の僧です。名前を書きましょう。（ 行基 ）

(4) 会話中の②には、かつて中国や朝鮮半島から日本に移り住んだ人たちをさす言葉が入ります。何というでしょう。（ 渡来人 ）

ヒント
1 (3) 仏教の力で社会の不安をしずめようとしてつくられました。
2 (3) この僧は、道路や橋・ため池などをつくって、農民のくらしを助けていました。

できたかな？
□聖武天皇が大仏をつくった理由を言ってみよう。
□大仏づくりに行基が協力したことをおさえよう。

おうちのかたへ
8世紀の中ごろの社会の様子と、聖武天皇が大仏をつくった理由を関連付けておきましょう。聖武天皇が大仏をつくった理由は問題でよく問われます。しっかりおさえておきましょう。

練習 33ページ

1 (1)年表中の「大仏をつくる命令を出す」から聖武天皇だとわかります。
(2)平城京に都があった時代を奈良時代といいます。
(3)当時の国ごとに国分寺と、女性のためのお寺である国分尼寺を建てました。国分寺と国分尼寺の中心となる寺として、奈良に東大寺が建てられました。
(4)8世紀の中ごろから、伝染病や貴族の反乱などがおこり、社会が乱れました。聖武天皇は、仏教の力によって、世の中を安定させようとしました。

2 (2)東大寺の大仏がつくられたのは、平城京に都がある時代なので、奈良時代です。
(3)行基は、農民に仏教の教えを説き、道路や橋、ため池などをつくって農民の生活を助けており、多くの農民にしたわれていました。聖武天皇は、大仏づくりに多くの人手がいることから、行基に協力をたのみました。
(4)渡来人は、漢字などを伝え、朝廷のなかで、記録などの重要な仕事についていました。

ぴったり1 準備

2. 日本のあゆみ
2 天皇を中心とした政治③

めあて 奈良時代の社会のようすと文化について理解しよう。

教科書 94〜97ページ　答え 18ページ

次の（　）に入る言葉を、下から選びましょう。

1 よみがえる人々のくらし
教科書 94〜95ページ

奈良時代のくらし

（① 木簡 ）…朝廷に税である荷物を納めたときに使われた荷札。
→平城宮跡などから出土しており、荷札には産地や荷物の内容が書かれている。
- 奈良の（② 平城京 ）には約10万人の人々が住んでいた。
- 政治をおこなう貴族の生活を支えるため、全国から都に荷物が送られた。

木簡

農民の負担
- 割りあてられた土地を耕し、税として米を地方の役所に納めた。
- 絹・塩・鉄などの地方の特産物を都に運んで納めた。
- 都の役所や寺などをつくる工事や、兵士として都や（③ 北九州 ）の守りについた。
- 都や北九州への往復に必要な食料などは、農民自身が用意するなど負担が大きかった。

2 大陸から持ち帰ったもの
教科書 96〜97ページ

ワンポイント 世界とつながる道

〈中国〉
- （④ シルクロード ）（絹の道）を通じて、西アジアやヨーロッパと交流をおこなう。

正倉院

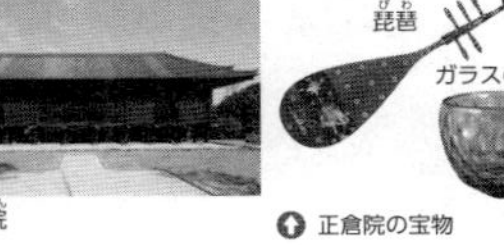

正倉院の宝物

〈日本〉
- 中国（唐）に送っていた（⑤ 遣唐使 ）を通じて、世界の文化とつながる。
→（⑥ 正倉院 ）…東大寺にあり、聖武天皇の持ち物や宝物などが保管されている。宝物のなかには、遣唐使が持ち帰ったとされる、インドや西アジアでつくられたガラス食器や楽器、書物、仏像、香料、薬などがある。

大陸から日本にやってきた人
- （⑦ 鑑真 ）…日本への航海に苦労し、10年かけてようやくたどり着いた中国の高僧。日本についたころには、目がみえなくなっていたが、奈良に（⑧ 唐招提寺 ）を建て、日本の仏教の発展に大きな役割を果たした。

鑑真

選んだ言葉に☑
□遣唐使　□平城京　□木簡　□唐招提寺
□シルクロード　□北九州　□鑑真　□正倉院

ぴったり2 練習

ぴたトリビア 貴族の食事…農民が納める各地の特産物が使われ、品数も多く、はすの実入りごはん、干したタコ、焼いたアワビ、チーズに似た乳製品などがありました。

教科書 94〜97ページ　答え 18ページ

1 次の文を読んで、答えましょう。

> 奈良時代の農民は、国から割りあてられた土地を耕し、税として（①）を地方の役所に納めたり、あ絹・塩・鉄などの地方の（②）をい都に運んで納めたりしていた。
> このほか、都の役所や寺をつくる工事で働いたり、兵士として都や北九州の守りについたりする農民もいた。

(1) 文中の①、②にあてはまる言葉を書きましょう。
①（ 米（稲） ）②（ 特産物 ）

(2) 下線部あのように、地方から納められた、②の産地や荷物の内容が書かれた荷札を何といいますか。（ 木簡 ）

(3) 下線部いの都とは、何という都ですか。（ 平城京 ）

(4) 奈良時代の人々のくらしの説明として、正しいものには○を、まちがっているものには×をつけましょう。
①（ × ）農民たちは食料などを貴族に負担してもらい、都や地方へ行った。
②（ ○ ）農民のなかには、土地を捨ててにげ出す人もいた。
③（ × ）貴族と農民のくらしはどちらも豊かだった。
④（ ○ ）貴族の生活は農民が納める税によって支えられていた。

2 右の写真を見て、答えましょう。

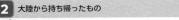

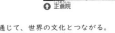

(1) 東大寺にある右の写真Ⓐの宝物が保管されている宝庫の名前を書きましょう。（ 正倉院 ）

(2) (1)には、だれの持ち物や宝物が保管されていますか。（ 聖武天皇 ）

(3) 写真Ⓐの宝物は、日本から中国に送られた使者が持ち帰ったものといわれています。この使者を何というでしょう。（ 遣唐使 ）

(4) 写真Ⓐの宝物が持ち帰られたころ、中国は、絹の道と呼ばれる交易路を通じて、西アジアやヨーロッパと交流を盛んにおこなっていました。この交易路の名前を、カタカナで書きましょう。（ シルクロード ）

(5) 何度も航海に失敗して目が見えなくなったにもかかわらず来日して仏教の発展につくした、写真Ⓑの中国の僧の名前を書きましょう。（ 鑑真 ）

(6) (5)の僧が奈良に建てた寺の名前を書きましょう。（ 唐招提寺 ）

ヒント
1 (2) 平城宮跡からたくさん出土しています。
2 (4) 宝物のなかの5本の弦の琵琶は、インドで生まれたものとされています。

できたかな？
□奈良時代の農民の負担にはどのようなものがあったか言ってみよう。
□中国の唐から伝わったものや鑑真について説明してみよう。

おうちのかたへ
奈良時代には国家のしくみが整いました。農民の負担については、表にするなどしてまとめましょう。また奈良時代には、大陸とのつながりで文化が形成されました。シルクロードを通って日本に伝わったものも確認しておきましょう。

練習 35ページ

1 (1)稲のとれ高の約3％を納める税、地方の特産物を納める税のほか、1年に10日都で働くか、布を納める税、都や北九州の守りにつく税などがありました。
(2)木簡には、税の産地と荷物の内容が書かれていました。平城宮跡や当時の役所のあとから出土しています。
(4)①農民たちは、都や地方へ行くときは自分の負担でした。
②税などの重い負担のために、土地を捨ててにげだす農民もいました。
③貴族のくらしは豊かでしたが、農民の生活は質素でした。
④貴族のぜいたくな生活は、農民が納めた税や労働で支えられていました。

2 (1)〜(3)東大寺の正倉院には、聖武天皇にゆかりのあるものや、遣唐使が大陸から持ち帰ったものなどが納められています。
(4)中国から西アジアやヨーロッパへ絹が運ばれたことから、シルクロード（絹の道）とよばれました。
(5)(6)鑑真は、何度も遭難して10年かけて日本にわたってきました。唐招提寺を建て、正しい仏教の教えを伝えました。

次の（　）に入る言葉を、下から選びましょう。

1 貴族のくらしを調べる　教科書 98～99ページ

貴族のくらし
- 平安京…8世紀の終わり、京都につくられた都。
- （① 平安時代 ）…都が平安京に移された794年から12世紀終わりごろまで、約400年間続いた時代。
- 貴族が朝廷の政治を進めた。
- 貴族は（② 寝殿造 ）の住宅様式のやしきに住み、（③ 年中行事 ）や儀式をおこない、教養として和歌やけまりなどを楽しんだ。

貴族のやしき

藤原道長
- （④ 中臣鎌足 ）の子孫の藤原氏は、むすめを天皇のきさきとし、生まれた子が天皇になることで大きな力をもった。
- 11世紀ごろに藤原道長が力を強め、朝廷の高い位についた。

この世をば　我が世とぞ思う
望月の欠けたることも　なしと思えば

藤原道長がよんだ歌

藤原道長（966～1027年）

2 貴族のくらしから文化が生まれる／今に続く年中行事　教科書 100～103ページ

ワンポイント　日本風の文化

背景	●（⑤ 菅原道真 ）の意見で、遣唐使を取りやめたころから、中国文化をもとにした日本風の文化が発達した。
文化	●漢字をもとにして、ひらがなやかたかなといった（⑥ かな文字 ）がうまれた。 紫式部の小説『（⑦ 源氏物語 ）』 清少納言の随筆『枕草子』 ●貴族の生活のようすをえがいた（⑧ 大和絵 ）が生まれた。

漢字をくずしてつくられた→ひらがな

於	衣	宇	以	安
於	衣	宇	以	安
お	え	う	い	あ
於	江	宇	伊	阿
オ	エ	ウ	イ	ア

漢字の一部を省略してつくられた→かたかな

かな文字の発達

年中行事
- 貴族は、正月や端午の節句、七夕、お月見など、毎年決まった時期に行われる**年中行事**をたいせつにした。
- 賀茂祭（葵祭）のように、長いあいだ受けつがれ、今も続いている行事がある。

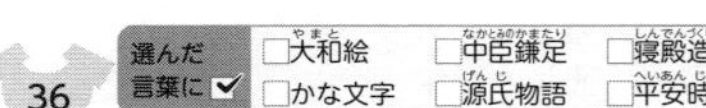

□大和絵　□中臣鎌足　□寝殿造　□菅原道真
□かな文字　□源氏物語　□平安時代　□年中行事

36

ぴったり2
練習
学習日　37ページ

ぴたトリビア　菅原道真は、藤原氏の陰謀により九州の大宰府に流されました。現在は学問の神様として太宰府天満宮に祀られています。

教科書 98～105ページ　答え 19ページ

1 右の想像図と歌を見て、答えましょう。

(1) 右のような貴族のやしきがあった時代、京都にあった都の名前を書きましょう。（ 平安京 ）
(2) 貴族たちが住んでいた右のようなやしきの住宅様式を何というでしょう。（ 寝殿造 ）
(3) 貴族のくらしの説明として、正しいものには○を、まちがっているものには×をつけましょう。
①（ ○ ）和歌やけまりなどを楽しんだ。
②（ ○ ）貴族が朝廷の政治を進めた。
③（ ○ ）年中行事がおこなわれ、細かいしきたりがたいせつにされた。

この世をば　我が世とぞ思う
望月の欠けたることも　なしと思えば

(4) 右の歌をよんだのはだれでしょう。（ 藤原道長 ）
(5) (4)の人物の説明として、正しいものには○を、まちがっているものには×をつけましょう。
①（ × ）右の歌は(4)の人物の子どもが天皇の位についたときによんだものである。
②（ ○ ）(4)の人物は、中臣鎌足の子孫である。

2 右の資料と写真を見て、答えましょう。

(1) かな文字のうち、漢字をくずしてつくられた文字を何というでしょう。（ ひらがな ）
(2) かな文字のうち、漢字の一部を省略してつくられた文字を何というでしょう。（ かたかな ）
(3) 次の①、②にあてはまる作品名を書きましょう。
①（ 枕草子 ）②（ 源氏物語 ）
① 清少納言が書いた随筆。宮廷の生活や自然の変化を生き生きと表現した。
② 紫式部が書いた小説。光源氏という貴族を主人公にし、心の動きをこまやかにえがいた。
(4) 物語の場面など貴族の生活や風景をえがいた絵画を何というでしょう。（ 大和絵 ）
(5) 右の表を見て、答えなさい。
① 表のような、毎年決まった時期におこなわれる行事のことを何といいますか。（ 年中行事 ）
② 現在もおこなわれている、7月の①は何でしょう。（ 七夕 ）

於	衣	宇	以	安	
お	え	う	い	あ	ひらがな
於	江	宇	伊	阿	
オ	エ	ウ	イ	ア	かたかな

月	行事
1月	七草がゆ　初もうで
2月	節分
3月	ひな祭り
4月	花まつり
5月	端午の節句
6月	
7月	（①）
8月	お盆
9月	彼岸　お月見
10月	
11月	七五三
12月	大みそか

ヒント
2 (4) この絵画の代表的な作品に「源氏物語絵巻」があります。
2 (5)② たんざくに願いを書いてかざるようになったのは江戸時代からです。

37

練習　37ページ

1 (1)都が京都の平安京に移されてから、約400年間を平安時代といいます。
(2)寝殿造は、平安時代の中ごろに成立した貴族の住宅様式です。
(4)藤原道長は、大化の改新で中大兄皇子とともに蘇我氏をたおした中臣鎌足の子孫です。藤原道長はむすめを天皇のきさきにし、生まれた子を天皇にすることで、朝廷で大きな権力を持って、政治をおこないました。
(5)①右の歌は、藤原道長が3ばんめの娘を天皇のきさきにしたときによんだ歌です。

2 (1)(2)漢字は、古墳時代に渡来人が伝えた文字です。漢字をくずしてつくられたひらがな、漢字の一部を省略してつくられたかたかなは、平安時代はおもに女性に使われました。
(3)清少納言も紫式部も天皇のきさきに仕えた女性です。
(5)①このころに始まった年中行事には、七夕や端午の節句などがあります。平安時代の貴族は、年中行事などをおこなうことも仕事のひとつでした。

できたかな？
□藤原氏が朝廷で権力を持った理由を説明してみよう。
□平安時代から続いている年中行事をまとめておこう。

おうちのかたへ
平安時代には貴族が力をもって政治をおこないました。藤原氏が権力をもつことができた理由はよく問われます。また、平安時代には日本特有の文化が生まれました。現在まで続いている文化をおぼえておくようにしましょう。

2. 日本のあゆみ
2 天皇を中心とした政治
3 貴族が生み出した新しい文化

38ページ

/100　合格80点

教科書 84〜105ページ　答え 20ページ

1 右の年表を見て、答えましょう。 1つ4点（24点）

年	主なできごと
589	（①）が中国を統一する
593	聖徳太子が政治をとる―――ⓐ
618	唐が中国を統一する　↕㋐
645	大化の改新がはじまる―――ⓑ　↕㋑
710	奈良に都を移す―――ⓒ　↕㋒
794	京都に都を移す　↕㋓
894	遣唐使を取りやめる

(1) 年表中の①にあてはまる中国の国名を、漢字１字で書きましょう。（　隋　）

(2) よく出る 年表中ⓐの聖徳太子は、大和朝廷の役人を家がらではなく、本人の能力によって取り立てる制度をつくりました。この制度を何というでしょう。（冠位十二階）

(3) 年表中のⓑの中心となった人物のうち、のちの藤原氏の祖となったのは、だれでしょう。（中臣鎌足（藤原鎌足））

(4) 年表中のⓒの都の名前を書きましょう。（　平城京　）

(5) てきたらスゴイ！ 次のできごとがおこった時期を、年表中の㋐〜㋓から１つずつ選びましょう。 技能

①（　㋒　）②（　㋑　）

① 鑑真が中国から来日し、日本の仏教の発展に大きな役割をはたした。
② 藤原京がつくられた。

2 次のA・Bの文を読んで、答えましょう。 1つ4点（24点）

A　わたしは、蘇我氏をほろぼして大化の改新を進め、のちに天智天皇になりました。
B　わたしは、（①）を使って宮廷の生活や自然の変化を生き生きと表現した随筆『枕草子』を書きました。

(1) Bの文中の①にあてはまる言葉を書きましょう。（かな文字）

(2) A、Bの「わたし」にあてはまる人物を、［　］から１人ずつ選びましょう。
A（中大兄皇子）B（清少納言）

［中大兄皇子　清少納言　行基　紫式部　小野妹子］

(3) Aの人物は、新しい国づくりを進め、国に税を納めるしくみをつくりました。税の制度の説明として、正しいものには○を、まちがっているものには×をつけましょう。

㋐（　×　）稲のとれ高のおよそ５％を納める。
㋑（　×　）１年に60日以内、都で働くか、布を納める。
㋒（　○　）都や北九州地方の守りにつく。

38

39ページ

学習日

3 右の写真を見て、答えましょう。 (1)(2)(4)1つ5点、(3)(5)1つ6点（27点）

(1) よく出る Ⓐの琵琶が保管されている宝庫の名前を書きましょう。（　正倉院　）

(2) てきたらスゴイ！ Ⓑの建物について説明した文としてまちがっているものを、㋐〜㋒から選びましょう。（　㋒　）

㋐ Ⓑの建物は、現存する世界最古の木造建築である。
㋑ Ⓑの建物は、世界文化遺産に登録されている。
㋒ Ⓑの建物を建てたのは蘇我氏である。

(3) Ⓒは、朝廷に納められた特産物を記録した木簡です。このような税のきまりなどもふくめ、８世紀初めごろにできた国を治めるための法律を何といいますか。漢字２字で書きましょう。（　律令　）

(4) 平安時代の貴族は、Ⓓの想像図のような住宅様式のやしきに住んでいました。この住宅様式を何というでしょう。（　寝殿造　）

(5) Ⓐ〜Ⓓの資料のうち、インドの影響をうけているものを１つ選びましょう。 技能（　Ⓐ　）

この本の終わりにある「夏のチャレンジテスト」をやってみよう！

4 右の資料を読んで、答えましょう。 1つ5点（25点）

Ⓐこの世をば　我が世とぞ思う　望月の欠けたることも　なしと思えば

Ⓑ・争いをやめてなかよくしなさい。
・（①）を敬いなさい。
・天皇の命令を守りなさい。
（一部、省略したもの）

Ⓒわたしは、（①）の力によって、国じゅうが幸せになることを願っている。そこで、国じゅうの銅を使って大仏をつくり、大きな山をけずってでも大仏殿を建てたいと思う。

(1) よく出る Ⓐの歌をよんだ人物の名前を書きましょう。（　藤原道長　）

(2) Ⓑ、Ⓒの資料の文中の①にあてはまる言葉を書きましょう。（　仏教　）

(3) よく出る Ⓒの下線部について、この大仏がある寺の名前を書きましょう。（　東大寺　）

(4) てきたらスゴイ！ 右のⒶ〜Ⓒの資料を年代の古い順に並べましょう。 技能
（Ⓑ → Ⓒ → Ⓐ）

記述 (5) Ⓒの人物は、①の力で社会の不安をしずめ、国を治めようとしました。この人物が大仏をつくる以外におこなったことを簡単に書きましょう。 思考・判断・表現

（（例）全国に国分寺と国分尼寺を建てた。）

ふりかえり　4(5)がわからないときは、32ページの1にもどって確認してみよう。

39

確かめのテスト　38〜39ページ

1 (1)聖徳太子が政治をうごかしていたころの中国は隋です。中国の進んだ政治を学ぶため、小野妹子を遣隋使として、派遣しました。
(3)大化の改新で、蘇我氏をたおしたのは、中大兄皇子と中臣鎌足らです。
(4)平城京に都が置かれた時代を奈良時代といいます。
(5)①鑑真は奈良時代に日本に来日しました。
②藤原京は飛鳥時代につくられた、本格的な都です。

2 (2)A中大兄皇子はのちに天皇に即位して天智天皇となりました。
B源氏物語を書いた紫式部と区別しておきましょう。
(3)㋐稲のとれ高の約３％を納めました。
㋑１年で10日、都で働くか、布を納めました。

3 (1)Ⓐはシルクロードを通って、大陸から伝わった琵琶です。
(2)Ⓑの建物は法隆寺です。

4 (1)藤原氏の全盛期をきずいた藤原道長がよんだ歌です。
(2)Ⓑは聖徳太子のつくった十七条の憲法、Ⓒは聖武天皇が大仏をつくるときに出した命令です。

記述問題のプラスワン

4 (5)８世紀の中ごろから、伝染病がはやったり、貴族の反乱がおこったりして社会が不安定になりました。聖武天皇はばく大な費用をつぎこんで、国ごとに国分寺と国分尼寺を建て、仏教の力をかりて国を治めようとしました。

ぴったり1 準備
2. 日本のあゆみ
4 武士による政治のはじまり
めあて 武士の政権がどのように成立したのかを理解しよう。
ぴったり2 練習
ぴたトリビア 厳島神社…平清盛が航海の神として信仰していた厳島神社は、平氏によって整備され、現在は世界文化遺産に登録されています。

40ページ

教科書 106～115ページ　答え 21ページ

次の（　）に入る言葉を、下から選びましょう。

1 武士のくらし／源氏と平氏の戦い

教科書 106～109ページ

武士のくらし

- 武士の生活…武芸の訓練などが中心だった。
- 武士の家や庭…見張りのためのやぐらがあり、庭には畑があった。
- 武士の服装…ふだんは直垂、戦時には大鎧をつけた。女性は小袖を着た。

源氏と平氏の戦い

- （① 平清盛 ）…平氏のかしらで、武士としてはじめて太政大臣となった。むすめを天皇のきさきにし、一族で朝廷の重要な地位を占めた。
- （② 源頼朝 ）…源氏のかしら。源頼朝が子どものころ、父が平清盛と戦って敗れた（平治の乱）。
- 伊豆（静岡県）に流されていた源頼朝は、弟の（③ 源義経 ）や関東地方の武士と協力し、1185年に壇ノ浦（山口県）で平氏をほろぼした。

平清盛（1118～1181年）

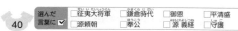

源頼朝（1147～1199年）

2 源頼朝と鎌倉幕府／元との戦い／元との戦いのあと

教科書 110～115ページ

ワンポイント 鎌倉幕府

- 鎌倉幕府…源頼朝が鎌倉（神奈川県）ではじめた武士による政府。鎌倉は、攻めこまれにくい地形をしていた。幕府の続いた約140年間を（④ 鎌倉時代 ）という。

鎌倉幕府の家来（御家人）	●（⑤ 守護 ）…地方の軍事や警察 ●地頭…税（ねんぐ）の取り立て、犯罪の取りしまり
将軍と御家人の関係	●将軍は御家人の領地の支配を認める＝（⑥ 御恩 ） ●御家人は将軍のために戦う＝（⑦ 奉公 ）

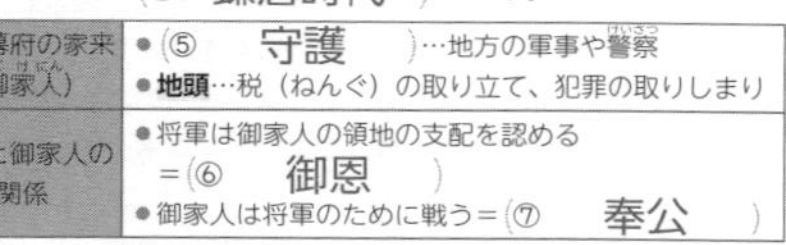

将軍と御家人の関係

- 1192年に源頼朝が（⑧ 征夷大将軍 ）となる。
- 源氏の将軍が3代でたえると、執権（将軍を助ける役職）の北条氏が政治を進めた。
- 1221年の承久の乱で幕府は北条政子のうったえで団結し、朝廷と戦い、勝利した。

元との戦い

- 元…モンゴルが中国に攻めこみつくった大国で、日本にも使者を送り従うよう要求してきた。
- 執権の（⑨ 北条時宗 ）が要求をはねつけたため、2度にわたり元軍が九州北部に攻めてきた。集団戦法や火薬兵器（てつはう）に苦しんだが、御家人たちの激しい抵抗やあらしにより、元軍は引きあげた。
- 御恩として領地をもらえなかった御家人が多く、幕府への不満が高まった。

選んだ言葉に☑　□征夷大将軍　□鎌倉時代　□御恩　□平清盛　□北条時宗　□源頼朝　□奉公　□源義経　□守護

40

41ページ

教科書 106～115ページ　答え 21ページ

1 右の年表を見て、答えましょう。

(1) 年表中の①～③にあてはまる言葉を書きましょう。
①（ 平清盛 ）
②（ 壇ノ浦 ）
③（ 源頼朝 ）

年	主なできごと
	武士が力をもちはじめる
1159	平治の乱
1167	（①）が太政大臣になる ↕㋐
1185	源義経が（②）の戦いで平氏を破る……平氏がほろぶ ↕㋑
1192	（③）が征夷大将軍になる ↕㋒

(2) 年表中の下線部について説明した次の文のⒶにあてはまる言葉を書きましょう。
（ 武芸 ）

ふだんは領地のやしきに一族で住み、家来や農民に農業をさせながら、戦にそなえて（Ⓐ）の訓練にはげんだ。

(3) 年表中③の人物が鎌倉に開いた、武士による政府の名前を書きましょう。
（ 鎌倉幕府 ）

(4) (3)の将軍と御家人の関係についてあらわした右の図中のあ、いにあてはまる言葉を書きましょう。
あ（ 奉公 ）　い（ 御恩 ）

将軍　あ（いざ鎌倉）　い（領地）　御家人

(5) (3)の将軍が、家来である御家人につけた地方の役職は、守護とあと1つは何でしょう。
守護・（ 地頭 ）

(6) 承久の乱がおこった時期を、年表中の㋐～㋒から選びましょう。
（ ㋒ ）

2 右の絵を見て、答えましょう。

(1) 右の絵は、武士がどこの国の軍と戦っている絵ですか。国の名前を書きましょう。
（ 元 ）

(2) この戦いのときの執権の名前を書きましょう。
（ 北条時宗 ）

(3) この戦いに関する説明として、正しいものには○を、まちがっているものには×をつけましょう。
①（ × ）戦いに勝ち、幕府の力はますます強くなった。
②（ ○ ）多くの御家人は領地がもらえず、幕府に不満をもつようになった。
③（ × ）幕府は、朝廷と協力して幕府を立て直した。
④（ ○ ）御家人たちは、集団戦法や火薬兵器に苦しみながら戦った。
⑤（ ○ ）肥後（熊本県）の御家人の竹崎季長がかつやくした。

ヒント
1 (6) 承久の乱のとき、(1)の③の妻の北条政子が御家人たちに団結をうったえました。
2 (3)② それまでは、将軍から御家人に対し、手がらとして領地が与えられていました。

41

できたかな？

□武士の政権が成立した流れを説明してみよう。
□鎌倉幕府が、元との戦いのあと、その力を失っていった理由を言ってみよう。

おうちのかたへ

初めて武士として朝廷の高位についた平清盛と源頼朝の政治のしかたの違いをおさえておきましょう。鎌倉幕府は、元との戦いのあとに弱まります。鎌倉幕府と御家人の関係から、元との戦いのあとの鎌倉幕府が弱まった理由を説明できることが大切です。

練習 41ページ

1 (1)①平清盛は、武士として初めて太政大臣になりました。
②壇ノ浦は、現在の山口県にあります。
(3)鎌倉は、一方を海、三方を山に囲まれていて、とても攻めにくい地形をしていました。源頼朝は、幕府を守るために、鎌倉に幕府を開きました。
(4)将軍が御家人に新たな領地をあたえたり、今までの領地を保護したりすることを御恩、御家人が将軍のために戦うことを奉公といいます。
(5)守護は、国ごとにおかれて、軍事や警察の仕事をおこないました。地頭は私有地で、税（ねんぐ）の取り立てなどをおこないました。
(6)承久の乱は、源氏の将軍が3代でたえたあと、朝廷が幕府をたおそうとして兵をあげた反乱のことです。北条政子の御家人へのうったえもあり、幕府軍が勝利しました。

2 (3)①②元との戦いには勝ちましたが、新たな領地をもらえた御家人は少なく、御家人の不満が高まり幕府の力は弱まりました。
③元との戦いのあと、鎌倉幕府はほろびました。

ぴったり1 準備

2. 日本のあゆみ
5 今に伝わる室町の文化と人々のくらし

めあて
室町文化がどのように今に受けつがれているか、確認しよう。

教科書 116〜125ページ　答え 22ページ

次の（　）に入る言葉を、下から選びましょう。

1 京都に幕府がおかれたころのようす／金閣と銀閣を調べる／今に伝わる室町文化　教科書 116〜121ページ

室町幕府

- 14世紀なかばに、（① 足利尊氏 ）が京都に幕府を開いた。
- 3代将軍足利義満が幕府の役所を室町におき、幕府が続いた約240年間を（② 室町時代 ）という。
- 足利義満は有力な**大名**をおさえて、中国（明）との貿易をおこなった。

足利義満

ワンポイント 金閣と銀閣

場所	**金閣**（京都の北山）	（③ 銀閣 ）（京都の東山）
建てた人	3代将軍足利義満	8代将軍足利義政
特徴	●2・3層に金ぱくをはりつめた。	●（④ 書院造 ）…今の和室のもとになる、障子や畳などがある建築様式。 ●障子や、ふすまには水墨画がえがかれた。

書院造の部屋（東求堂）

室町時代の争い

- （⑤ 応仁の乱 ）…足利義政のときにおこった。この戦乱をきっかけに幕府の力が弱まり、（⑥ 戦国時代 ）になった。

応仁の乱
大名が二手にわかれて11年間も戦った。京都は焼けて、幕府の力が弱まった。

室町文化

- （⑦ 雪舟 ）は自然を題材にした水墨画を数多くえがいた。
- 書院造の庭には、石や砂を使って山や水を表す**石庭**がつくられた。
- 茶を飲む習慣や、生け花などが盛んになり、現在も続く。
- 『浦島太郎』『ものぐさ太郎』などのおとぎ話の絵本がつくられた。
- （⑧ 能 ）…物語などを劇にして、面をつけて舞う芸能。
→**観阿弥**・**世阿弥**親子が、足利義満の応援によって、芸術にまで高めた。
- 能の合間には、こっけいな（⑨ 狂言 ）が演じられた。

2 鎌倉・室町時代を生きた人々のくふうや努力　教科書 122〜123ページ

鎌倉・室町時代のくらし

- 鎌倉時代…牛や馬で農地を深く耕し収穫をふやそうとした。稲をかり取ったあとに麦を植える（⑩ 二毛作 ）も広まった。
- 室町時代…米作りを村全体でおこなうようになり、戦乱が続いた15世紀中ごろには生活を守るために団結するようになった。
- 人が多く集まるところで、各地から品物が集まり、市が開かれるようになった。
- 農具や織物、紙すきなどの手工業が発達した。

二毛作
1年に2回、同じ畑でちがう農作物をつくること。米を作った田で、麦をつくるなど。

選んだ言葉に☑　□銀閣　□応仁の乱　□二毛作　□雪舟　□戦国時代　□足利尊氏　□室町時代　□狂言　□能　□書院造

ぴったり2 練習

ぴたトリビア
祇園祭…京都市の八坂神社のお祭りで、1000年以上続いています。応仁の乱で一時中止されましたが、京都の人たちの努力で復興しました。

教科書 116〜125ページ　答え 22ページ

1 右の写真を見て、答えましょう。

(1) 室町幕府を開いた人物の名前を書きましょう。（ 足利尊氏 ）
(2) 右の写真Ⓐ、Ⓑを建てた人物の名前を書きましょう。Ⓐ（ 足利義政 ）Ⓑ（ 足利義満 ）
(3) 右の写真Ⓐの近くにある建物には、今の和室のもととなった建築様式が用いられました。その建築様式の名前を書きましょう。（ 書院造 ）
(4) (3)について説明した次の文の①、②にあてはまる言葉を書きましょう。①（たたみ（畳））②（ 生け花 ）

(3)の建築様式は、ふすまや障子でしきられ、（①）がしきつめられた。床の間に花をかざる（②）もとても盛んになり、多くの流派を生み出して現在まで続いている。

(5) 室町時代に、能の役者としてその芸術性を高めた親子の名前を書きましょう。(順不同)（ 観阿弥 ）（ 世阿弥 ）
(6) 雪舟が完成させた、墨のこさを調節しながら自然や建物などのようすをえがいた、右の写真Ⓒのような絵を何というでしょう。（ 水墨画 ）
(7) 写真Ⓐを建てた人物のときに、大名が二手に分かれて戦った戦乱の名前を書きましょう。（ 応仁の乱 ）

2 鎌倉・室町時代の人々のくらしに関する次の会話を読んで、正しいものには○を、まちがっているものには×をつけましょう。

(1)（ × ）鎌倉時代には、とうもろこしをかり取ったあとに稲を作る二毛作が広まったそうだね。
(2)（ ○ ）室町時代には、村全体で用水路を整備するなど、米作りも協力しておこなうようになったそうね。
(3)（ ○ ）15世紀中ごろに戦乱が続くようになると、自分たちの生活や村を守るために、村全体の団結を強めたみたいだね。

ヒント
1 (3) Ⓐの近くにある建物は東求堂といい、4畳半の部屋に床の間などがあります。
1 (7) 1467年からはじまったこの戦乱は、しだいに地方に広がり、11年間も続きました。

できたかな？
□室町文化を代表する金閣と銀閣の、それぞれ建てた人と特徴を説明してみよう。
□今につながる室町文化を言ってみよう。

おうちのかたへ
室町時代の文化は、今に続いているものがたくさんあります。文化について、それぞれまとめておきましょう。また応仁の乱の後、大名同士が戦う戦国時代になります。室町幕府が衰えた原因が応仁の乱であることをつかんでおきましょう。

練習　43ページ

1 (1)足利尊氏は、鎌倉幕府に仕えていた御家人で、鎌倉幕府をたおすのに力をつくしました。
(2)Ⓐは銀閣、Ⓑは金閣とよばれている建物です。銀閣は室町幕府8代将軍足利義政が、金閣は室町幕府3代将軍足利義満が建てました。
(3)(4)書院造では、ふすまや障子、畳などが使われています。
(5)観阿弥と世阿弥は、足利義満の協力を得て、能を芸術として高めました。
(6)雪舟は、中国にわたって水墨画を学び、帰国してから独自の水墨画をつくりあげました。
(7)応仁の乱は、京都でおこり、約11年間も続きました。京都の町は焼け、室町幕府の力は弱まりました。この戦乱のあと、戦国時代になります。

2 (1)鎌倉時代には、稲をかり取ったあとに、麦などをつくる二毛作が広まりました。
(2)村全体で用水路を整えたり、土地に適した稲の品種を選んだりして、生産量が増えました。
(3)山城国では、大名を追い出し、8年間にわたって自分たちで政治をおこないました。

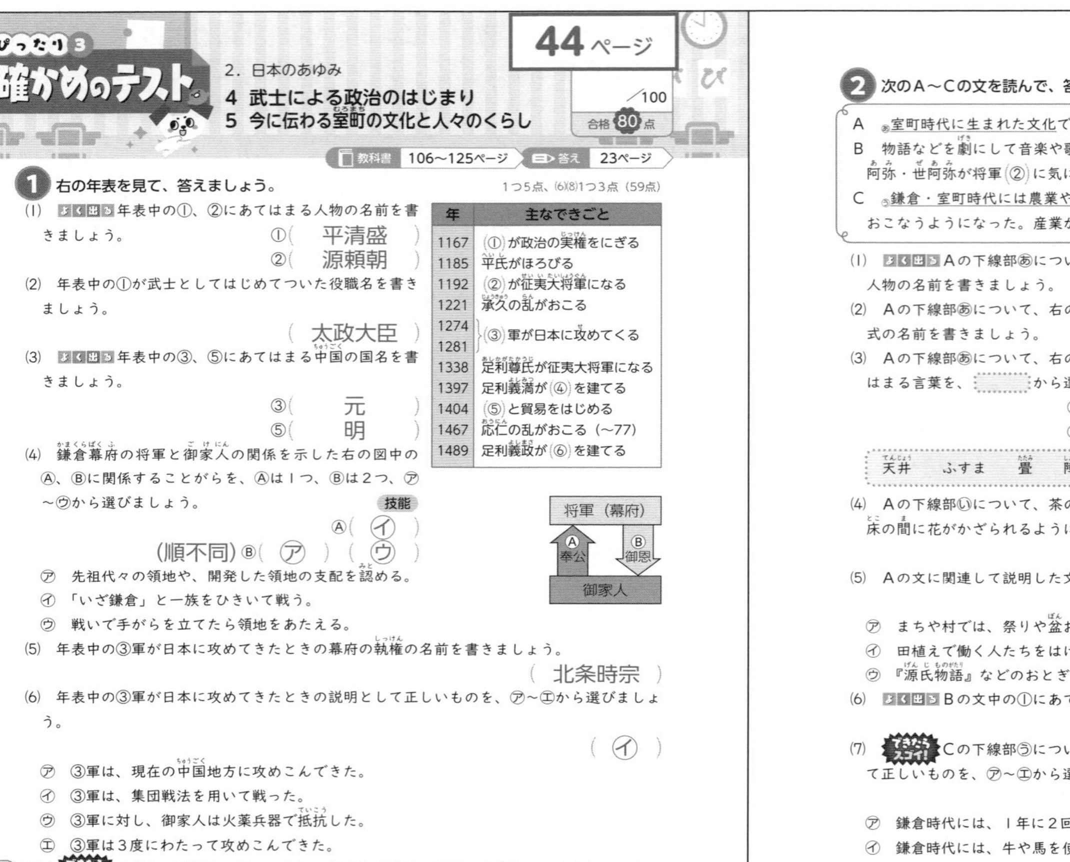

ぴったり3 確かめのテスト。 2. 日本のあゆみ
4 武士による政治のはじまり
5 今に伝わる室町の文化と人々のくらし

44ページ ／100 合格80点

教科書 106〜125ページ 答え 23ページ

1 右の年表を見て、答えましょう。 1つ5点、(6)(8)1つ3点（59点）

(1) 年表中の①、②にあてはまる人物の名前を書きましょう。 ①（平清盛） ②（源頼朝）

年	主なできごと
1167	（①）が政治の実権をにぎる
1185	平氏がほろびる
1192	（②）が征夷大将軍になる
1221	承久の乱がおこる
1274 1281	（③）軍が日本に攻めてくる
1338	足利尊氏が征夷大将軍になる
1397	足利義満が（④）を建てる
1404	（⑤）と貿易をはじめる
1467	応仁の乱がおこる（〜77）
1489	足利義政が（⑥）を建てる

(2) 年表中の①が武士としてはじめてついた役職名を書きましょう。（太政大臣）

(3) 年表中の③、⑤にあてはまる中国の国名を書きましょう。 ③（元） ⑤（明）

(4) 鎌倉幕府の将軍と御家人の関係を示した右の図中のⒶ、Ⓑに関係することがらを、Ⓐは1つ、Ⓑは2つ、㋐〜㋒から選びましょう。 技能

Ⓐ（㋑） （順不同）Ⓑ（㋐）（㋒）

将軍（幕府） Ⓐ奉公 Ⓑ御恩 御家人

㋐ 先祖代々の領地や、開発した領地の支配を認める。
㋑ 「いざ鎌倉」と一族をひきいて戦う。
㋒ 戦いで手がらを立てたら領地をあたえる。

(5) 年表中の③軍が日本に攻めてきたときの幕府の執権の名前を書きましょう。（北条時宗）

(6) 年表中の③軍が日本に攻めてきたときの説明として正しいものを、㋐〜㋓から選びましょう。（㋑）

㋐ ③軍は、現在の中国地方に攻めこんできた。
㋑ ③軍は、集団戦法を用いて戦った。
㋒ ③軍に対し、御家人は火薬兵器で抵抗した。
㋓ ③軍は3度にわたって攻めこんできた。

記述 (7) 年表中の③軍との戦いのあと、幕府と御家人の関係がくずれていきました。その理由を簡単に書きましょう。 思考・判断・表現

（(例) 御恩としての領地をもらえず、幕府に対する御家人の不満が高まったから。）

(8) 年表中の④、⑥にあてはまる建物の名前を書きましょう。 ④（金閣） ⑥（銀閣）

44

学習日 45ページ

2 次のA〜Cの文を読んで、答えましょう。 1つ4点、(8)5点（41点）

A ㋐室町時代に生まれた文化で、㋑現在まで続いているものもある。
B 物語などを劇にして音楽や歌に合わせて面をつけて舞う（①）は、（①）の役者であった観阿弥・世阿弥が将軍（②）に気に入られ、その応援・協力によって芸術性を高めた。
C ㋒鎌倉・室町時代には農業や手工業が発達し、室町時代には村全体で協力して米作りをおこなうようになった。産業が盛んになると、各地で㋓市が開かれるようになった。

(1) Aの下線部㋐について、中国で水墨画を学び、帰国後に独自の形式を完成させた人物の名前を書きましょう。（雪舟）

(2) Aの下線部㋐について、右の写真のような建築様式の名前を書きましょう。（書院造）

(3) Aの下線部㋐について、右の写真のⒶ、Ⓑにあてはまる言葉を、[　]から選びましょう。 技能 Ⓐ（障子） Ⓑ（ふすま）

天井　ふすま　畳　障子　かけじく

(4) Aの下線部㋑について、茶の湯が広まったことで、床の間に花がかざられるようになりました。これを何というでしょう。（生け花）

(5) Aの文に関連して説明した文としてまちがっているものを、㋐〜㋒から選びましょう。（㋒）

㋐ まちや村では、祭りや盆おどりが盛んになった。
㋑ 田植えで働く人たちをはげまし、楽しませる、田楽もおこなわれた。
㋒ 『源氏物語』などのおとぎ話の絵本がつくられた。

(6) Bの文中の①にあてはまる言葉と、②にあてはまる人物の名前を書きましょう。 ①（能） ②（足利義満）

(7) Cの下線部㋒について、鎌倉・室町時代の農業や手工業について説明した文として正しいものを、㋐〜㋓から選びましょう。（㋓）

㋐ 鎌倉時代には、1年に2回米作りをおこなっていた。
㋑ 鎌倉時代には、牛や馬を使わず、すべて手作業で農地を耕していた。
㋒ 室町時代には、鉄製のすきやくわはまだ使われていなかった。
㋓ 室町時代には、織物や紙すきをおこなう職人もいた。

記述 (8) Cの下線部㋓について、どのような場所で市が開かれたと考えられますか。簡単に書きましょう。 思考・判断・表現

（(例) 人が多く集まるところ。）

ふりかえり ❶(7)がわからないときは、40ページの❷にもどって確認してみよう。

45

記述問題のプラスワン

1 (7)鎌倉幕府の将軍と御家人は、御恩と奉公の関係で結ばれていました。御家人は将軍のために戦い、将軍は、そのほうびとして新たな領地をあたえます。しかし、元との戦いのときは新たな領地をあたえられませんでした。

2 (8)鎌倉時代や室町時代には、手工業も発達しました。産業が盛んになり、市が開かれるようになりました。「人のゆききが盛んなところ」、「交通の便のよいところ」なども正解とします。

確かめのテスト 44〜45ページ

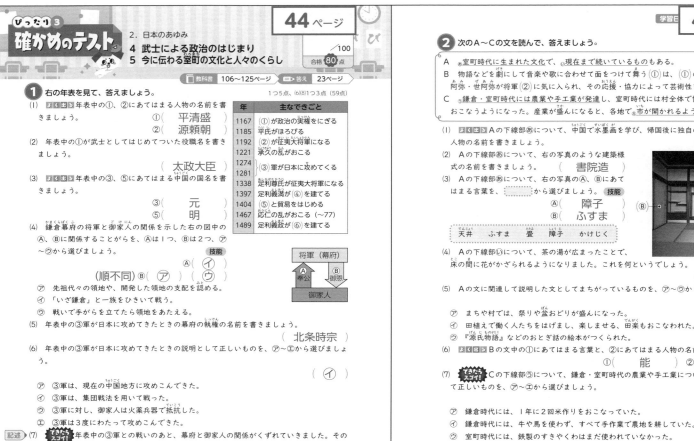

1 (1)①1167年は平安時代の末期です。平安時代の末期に武士として初めて太政大臣になった人物があてはまります。

(3)③鎌倉幕府は、元軍に攻められて、その力が弱まりました。

⑤足利義満が明との貿易をはじめました。

(5)北条時宗は、高麗を従えた元からの日本も従うようにという要求をはねのけました。

(6)元軍は、現在の九州地方に攻めてきました。元軍の火器を使った戦法や集団戦法に日本は苦しめられました。

2 (1)雪舟は、自然を題材とした水墨画を多く残しました。

(2)(3)写真は、銀閣の近くにある東求堂の内部です。障子やふすま、畳などが見られます。

(4)室町時代に始まった茶の湯や生け花は、多くの流派を生み出して、現在まで続いています。

(5)㋒「源氏物語」は平安時代に紫式部がかな文字を使ってかいた物語です。「浦島太郎」「一寸法師」などのおとぎ話の絵本もかな文字でつくられました。

2. 日本のあゆみ

6 戦国の世の統一

めあて 戦国の世を統一した2人の人物とその流れを理解しよう。

教科書 126～137ページ　答え 24ページ

次の（　）に入る言葉を、下から選びましょう。

1 安土桃山時代の人々のくらし／長篠の戦いを調べる／鉄砲とキリスト教が日本に伝わる／新しい時代を切りひらいた織田信長

教科書 126～133ページ

戦国大名

- 室町幕府の力がおとろえると、全国各地で力をもった大名（**戦国大名**）が勢力を争った。

長篠の戦い

- 武田勝頼軍と織田・徳川連合軍が長篠（愛知県）で戦い、織田信長が（① 鉄砲 ）を使って武田軍を破った。

鉄砲とキリスト教が伝わる

- 種子島（鹿児島県）に漂着したポルトガル人が鉄砲を伝える。
- 鹿児島に上陸した（② フランシスコ＝ザビエル ）が**キリスト教**を伝える。
- （③ 南蛮貿易 ）…長崎や平戸（長崎県）、府内（大分県）、堺（大阪府）などの港を中心におこなわれ、スペインやポルトガルから鉄砲や火薬、生糸、絹織物などが伝わる。

織田信長

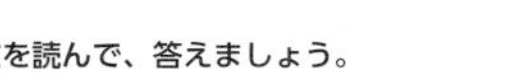
織田信長（1534～1582年）

- 尾張（愛知県）の小さな大名だったが、1560年に（④ 桶狭間の戦い ）で駿河（静岡県）の今川義元を破り、1573年に室町幕府をほろぼした。
- 外国と貿易をおこない、鉄砲の生産の中心である堺を支配した。
- 1576年、（⑤ 安土城 ）（滋賀県）をきずき、その城下町で自由な商工業を認める**楽市・楽座**をおこなった。
- キリスト教の布教を認めたが、一方で、一向宗の中心地である石山本願寺を降伏させた。
- 1582年、京都の本能寺で家来の（⑥ 明智光秀 ）にせめられ、みずから命をたった。

2 豊臣秀吉の天下統一／学習問題について話し合う

教科書 134～137ページ

ワンポイント 豊臣秀吉の政策

- 尾張で身分の低い武士の子に生まれ、信長に仕え有力な武将になった。
- 明智光秀をたおして、信長の死後8年で天下を統一した。

政策	内容
（⑦ 検地 ）	収穫高を調べ、耕作してねんぐを納める百姓の名前を検地帳に記録した。
（⑧ 刀狩 ）	百姓の刀や鉄砲を取り上げた。

豊臣秀吉（1537～1598年）

➡結果：武士と百姓の身分が区別された。

- （⑨ 安土桃山時代 ）…信長や秀吉が天下を統一しようと争いをくり返していた時代。
- 秀吉は、中国（明）を従えようと、朝鮮へ2度出兵したが、秀吉の死で兵を引き上げた。

選んだ言葉に✓

□明智光秀	□検地	□桶狭間の戦い	□刀狩	□安土城
□フランシスコ＝ザビエル	□安土桃山時代	□南蛮貿易	□鉄砲	

ぴたトリビア キリスト教…1549年にスペインの宣教師フランシスコ＝ザビエルが鹿児島に来てキリスト教を伝え、安土にはキリスト教の教会や学校が建てられました。

教科書 126～137ページ　答え 24ページ

1 右の絵を見て、答えましょう。

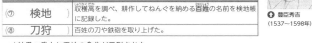

(1) Ⓐの絵でえがかれている戦いの名前を書きましょう。（長篠の戦い）

(2) Ⓐの絵で、あの軍は武器として何を使っていますか。（ 鉄砲 ）

(3) あの軍の武器は、どこの国の人が日本に伝えましたか。（ポルトガル）

(4) Ⓑの絵は、何をしているようすをえがいたものですか。（ 検地 ）

(5) Ⓑの絵の作業をおこなうよう命じたのはだれでしょう。（ 豊臣秀吉 ）

(6) Ⓑの絵の作業により、検地帳に記録された、百姓が納めたものは何でしょう。（ ねんぐ ）

2 次の文を読んで、答えましょう。

A キリスト教を保護して、布教を認めた。
B （①）令を出して、百姓から武器を取り上げ、農業に専念させた。
C 明を従えようと、2度も（②）に大軍を送ったが、失敗に終わった。
D （③）の中心地である石山本願寺を降伏させた。
E 安土城をきずいて、城下での自由な商工業を認めた。
F 桶狭間の戦いで駿河の（④）を破り、全国にその名が広まった。

(1) 文中の①～④にあてはまる言葉を書きましょう。
①（ 刀狩 ）②（ 朝鮮 ）
③（ 一向宗 ）④（ 今川義元 ）

(2) A～Fの文について、織田信長に関するものはア、豊臣秀吉に関するものはイを書きましょう。
A（ ア ）B（ イ ）C（ イ ）
D（ ア ）E（ ア ）F（ ア ）

(3) Aの下線部のキリスト教を日本に伝えた人物はだれでしょう。（ フランシスコ＝ザビエル ）

(4) 織田信長を京都の寺でおそって自害させた人はだれでしょう。（ 明智光秀 ）

(5) 織田信長や豊臣秀吉らが天下を統一しようと争いをくり返していた時代を、何時代というでしょう。（ 安土桃山時代 ）

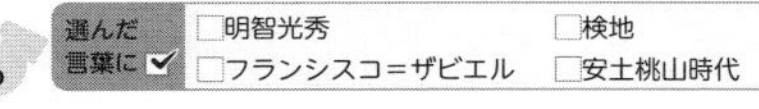
ヒント 1 (1) 1575年におこった甲斐の武田軍と織田・徳川連合軍の戦いです。
2 (2)B 検地の政策と合わせて、武士と百姓の身分をはっきりさせました。

練習 47ページ

1 (1)(2)Ⓐは、長篠の戦いの様子をえがいたものです。織田・徳川連合軍は、鉄砲を使って、当時最強といわれていた武田軍の騎馬隊をしりぞけました。

(3)鹿児島県の種子島に漂着したポルトガル人が伝えました。その後、鉄砲は、大阪府の堺市や、滋賀県の国友でつくられるようになりました。

(4)～(6)豊臣秀吉は、収穫高を調べ、耕作する百姓の名前を検地帳にし、確実にねんぐを納めさせるようにしました。

2 (1)③織田信長は、地域の政治を自分たちで行おうとする一向宗の信者達と各地で戦っていました。石山本願寺は、10年もの戦いののちに降伏させることができました。

(3)フランシスコ＝ザビエルはスペインの宣教師です。

(4)明智光秀は、織田信長の家臣でした。

(5)織田信長が拠点としていた安土城、豊臣秀吉が大阪城を建てるまえに拠点としていた京都の伏見城（桃山）から、安土桃山時代といわれます。

できたかな？

□織田信長の政策を言ってみよう。
□豊臣秀吉の政策を「検地」、「刀狩」という言葉を使って説明してみよう。

おうちのかたへ

織田信長と豊臣秀吉の政策について、分類できるように表などにまとめておきましょう。二人は比較して出題されやすいです。また、豊臣秀吉の政策により、身分がはっきりと区分されたこともよく出題されます。その政策をおぼえておきましょう。

48ページ

2. 日本のあゆみ

7 武士による政治の安定①

めあて
江戸幕府の大名の統治のしくみを理解しよう。

教科書 138～143ページ　答え 25ページ

次の（　）に入る言葉を、下から選びましょう。

1 江戸幕府を開いた徳川家康／江戸幕府による大名の支配　教科書 138～141ページ

徳川家康

- 豊臣秀吉の命令で**江戸**（東京）に移り、関東を治めた。
- （① 関ケ原の戦い ）…1600年の「天下分け目の戦い」で豊臣方に勝利。
- 1603年、征夷大将軍になり、江戸幕府を開き、豊臣氏をほろぼした。
- （② 江戸時代 ）…1868年まで約260年間続いた時代。

徳川家康（1542～1616年）

ワンポイント　江戸幕府の大名支配

- 幕府は全国の大名を３つに分けて支配した。
  - （③ 親藩 ）…徳川氏の親類の大名
  - **譜代**…古くからの家来の大名
  - **外様**…関ケ原の戦いのころ家来になった大名
- （④ 武家諸法度 ）…大名が守るきまり。そむいた大名は厳しく罰した。
- ３代将軍（⑤ 徳川家光 ）は、大名が１年おきに領地と江戸を行き来し（大名行列）、妻子は人質として江戸に住む（⑥ 参勤交代 ）の制度を武家諸法度に加えた。**参勤交代**は大名の大きな負担になった。

おもな大名の配置

2 江戸時代の身分制と人々のくらし　教科書 142～143ページ

身分制

- **身分制**…親から子へ代々受けつがれ、武士が人々を支配するのに都合のよい制度であった。
- （⑦ 武士 ）…名字を名のり、刀をさすなどの特権をもつ。
- 百姓…農村などに住み、おもに農業をおこなう。村役人（庄屋、名主など）を決めて村の運営をし、幕府や藩へ収穫の半分ほどのねんぐを納めた。
- 5、6けんずつで（⑧ 五人組 ）をつくり、共同責任を負った。
- （⑨ 町人 ）…城下町に住み、商工業をおこなう。
- 百姓や町人からも差別された人々…服装や行事・祭りの参加などで厳しい制約を受けるが、農業や手工業でねんぐを納め、生活用品をつくったり、芸能を伝えたりして、当時の文化や社会を支えた。
- しだいに女性の地位を男性より低くみる考え方が強まった。

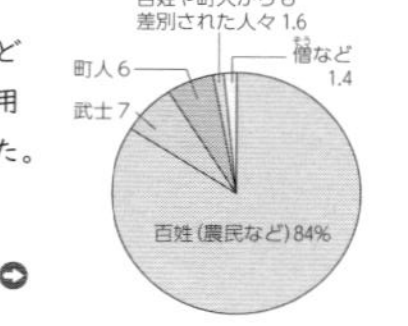

江戸時代の身分ごとの人口の割合
＊江戸時代終わりごろの数字。

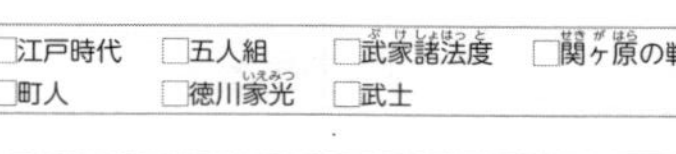

48

49ページ

ぴったり2　練習

ぴたトリビア　日光東照宮（栃木県日光市）…徳川家康をまつっている神社で、家康の孫の家光の時代に、おもな建物が建てかえられました。

教科書 138～143ページ　答え 25ページ

1 次の資料と絵を見て、答えましょう。

Ⓐ
- 大名は江戸に①すること。
- 城を修理する場合はとどけ出ること。
- 大名はかってに結婚してはならない。

（一部要約）

Ⓑ

(1) 資料Ⓐの江戸に幕府を開いた人物はだれでしょう。（ 徳川家康 ）
(2) 資料Ⓐの①にあてはまる言葉を漢字２字で書きましょう。（ 参勤 ）
(3) 資料Ⓐのきまりの名前を書きましょう。（ 武家諸法度 ）
(4) Ⓑの絵は、資料Ⓐの①のようすをえがいたものです。Ⓑの絵の行列の名前を書きましょう。（ 大名行列 ）
(5) 資料Ⓐの①の制度を定めたのはだれでしょう。（ 徳川家光 ）
(6) 大名のうち、①徳川氏の古くからの家来の大名、②関ケ原の戦いのころ家来になった大名を、それぞれ何というでしょう。①（ 譜代 ）②（ 外様 ）

2 右の資料を見て、答えましょう。

(1) 右のグラフ中のⒶ～Ⓒにあてはまる言葉を、［　］から選びましょう。
Ⓐ（ 百姓 ）Ⓑ（ 武士 ）Ⓒ（ 町人 ）
［町人　武士　百姓］

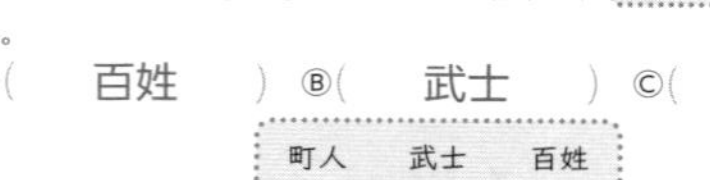

江戸時代の身分ごとの人口の割合
＊江戸時代終わりごろの数字。

(2) 右の「生活の心得」は、ある身分の人々に対して出されたものです。その身分の人々を、グラフ中のⒶ～Ⓒから選びましょう。（ Ⓐ ）
(3) 幕府は、Ⓐの人々に共同責任を負わせるしくみをつくりました。そのしくみを何といいますか。（ 五人組 ）
(4) グラフ中のⒷの人々にあたえられていた特権は何ですか。次の①、②にあてはまる言葉を書きましょう。①（ 名字 ）②（ 刀 ）
（①を名のり、②をさすこと。）

「生活の心得」一部要約
一　朝早く起きて草をかり、昼は田畑を耕し、夜は縄をない、俵をあみ、油断なく仕事にはげめ。
一　酒や茶を買って飲んではならない。

ヒント
1 (6) 徳川氏の親類の大名は親藩といわれます。
2 (1) ⒶやⒸの人々は税（ねんぐなど）を納め、Ⓑの人々のくらしを支えていました。

49

できたかな？
□江戸幕府は、どのようなしくみで大名を支配していたのか言ってみよう。
□江戸時代の身分制度を説明してみよう。

おうちのかたへ
江戸時代には、大名を３つに分けて全国に配置し、参勤交代の制度で大名に費用を使わせることで、江戸幕府に反抗しにくい体制がつくられました。おもな大名の配置などの地図を見て、確認しておくと江戸幕府のねらいがわかりやすいです。

練習　49ページ

1 (2)～(5)Ⓐは、江戸幕府が大名を統治するために定めた武家諸法度という決まりの一部です。参勤交代の制度は、江戸幕府３代将軍徳川家光が定めました。この制度により、大名の妻子は江戸で生活することになり、多くの費用を使うことになりました。
(6)徳川氏の古くからの家来は譜代、関ヶ原の戦いのころに家来になった大名を外様といいます。江戸から遠くに配置された外様大名は、江戸に参勤するのに、多くの費用が必要でした。

2 (1)人口の８割以上をしめるⒶが農村に住む百姓、次にⒷ武士、Ⓒは都市に住む町人です。
(2)百姓の生活の心得として岐阜県で示されたものの一部です。
(3)幕府や藩は、百姓に五人組とよばれるまとまりをつくり、ねんぐを納めることや、決まりを破る者があると、共同で責任をとらせました。
(4)江戸時代には、武士は百姓や町人を支配する身分でした。

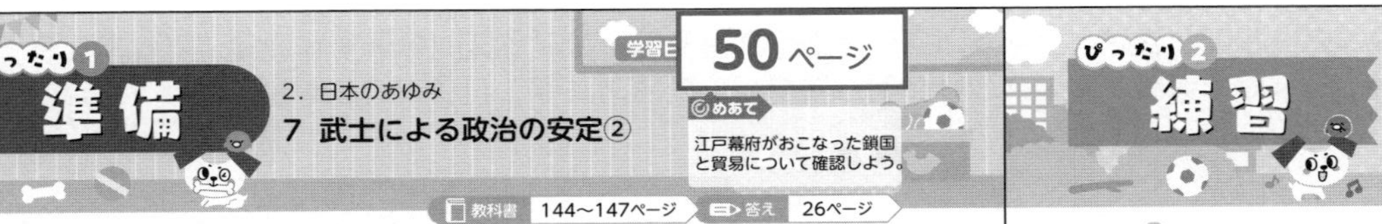

ぴったり1 準備　50ページ

2．日本のあゆみ

7 武士による政治の安定②

めあて：江戸幕府がおこなった鎖国と貿易について確認しよう。

教科書 144~147ページ　答え 26ページ

次の（　）に入る言葉を、下から選びましょう。

1 キリスト教の禁止と貿易の取りしまり　教科書 144~145ページ

江戸時代はじめの外国との関係

- 徳川家康が（① 朝鮮 ）との国交を回復させる。
- 大名や商人に貿易の許可状である（② 朱印状 ）をあたえ、外国との貿易に力を入れた。
- 東南アジア各地に（③ 日本町 ）ができた。

キリスト教の禁止と貿易の取りしまり

- ヨーロッパからきた宣教師により、（④ キリスト教 ）が広まり、信者も急増した。
- キリスト教の禁止…キリスト教信者の勢力が大きくなって大名が幕府に従わなくなることをおそれた。
- **島原・天草一揆**…3代将軍の徳川家光のとき、島原（長崎県）・天草（熊本県）で益田時貞（（⑤ 天草四郎 ））を中心に、キリスト教信者の百姓らが一揆をおこした。
  →幕府が大軍を送っておさえ、一揆のあとには（⑥ ふみ絵 ）をふませるなどキリスト教の取りしまりを強めた。
- キリスト教を広めない中国（清）とオランダの商人とだけ、長崎での貿易を認めた。
- （⑦ 鎖国 ）…日本人が外国に行くことを禁止し、貿易を制限する制度。

日本とアジア各地との貿易

2 江戸時代の海外との交流　教科書 146~147ページ

ワンポイント　海外との交流

国（相手）	藩（場所）	内容
オランダ 中国	長崎 （出島）	●出島のオランダ館長が、海外のできごとを記した報告書を提出した。
朝鮮	対馬藩	●将軍が変わるごとに（⑧ 朝鮮通信使 ）が来日した。
琉球王国	薩摩藩	●日本や中国、東南アジアとの貿易で栄えた。 ●17世紀初めに薩摩藩に征服された。
アイヌ民族	松前藩	●北海道に昔から住んでいた人々。 ●松前藩の不正な取り引きに対して、（⑨ シャクシャイン ）らが立ち上がったが、おさえられた。

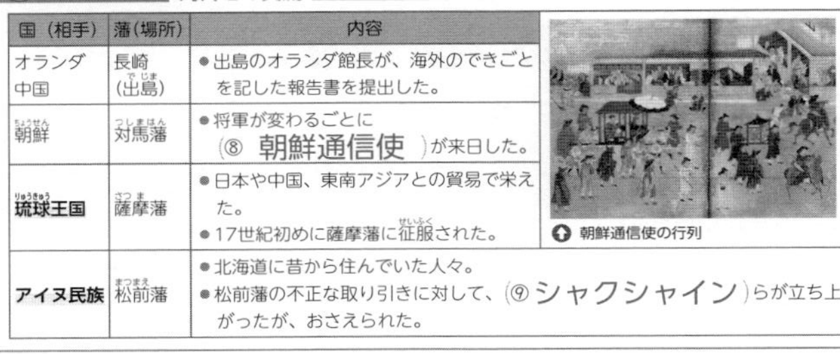

朝鮮通信使の行列

選んだ言葉に✓

□ふみ絵　□キリスト教　□シャクシャイン　□朝鮮　□鎖国　□朱印状　□朝鮮通信使　□天草四郎　□日本町

ぴったり2 練習　51ページ

ぴたトリビア　雨森芳洲（1668~1755年）…対馬藩で朝鮮通信使を接待する役についた人物です。朝鮮通信使は、江戸時代を通じて12回来日しました。

教科書 144~147ページ　答え 26ページ

1 右の地図と絵を見て、答えましょう。

(1) Ⓐの地図の□にあてはまる言葉を書きましょう。（ 日本町 ）

(2) Ⓐの地図のように、日本はアジア各地と貿易をおこなっていました。貿易をするため、大名や商人が幕府からあたえられた許可状を何といいますか。（ 朱印状 ）

(3) 3代将軍の徳川家光のときのできごとの説明として、正しいものには○を、まちがっているものには×を書きましょう。

①（ × ）益田時貞を中心に、蝦夷地の百姓約3万7000人が一揆をおこした。

②（ × ）一揆に参加した百姓らは、その後、出島から出ることをゆるされなかった。

(4) (3)の一揆のあと、Ⓑの絵のような取りしまりがおこなわれました。人々が役人の前でふんでいるものは何でしょう。（ ふみ絵 ）

(5) Ⓑは、何のためにおこなわれていますか。次の（　）にあてはまる言葉を書きましょう。（ キリスト教 ）

（　）の信者ではないことを確かめるため。

(6) (3)の一揆のあと、幕府は、日本人が外国に行くことを禁止し、貿易を制限しました。この制度を何というでしょう。（ 鎖国 ）

(7) (6)の制度のもとで、長崎での貿易が認められた国を2つ書きましょう。
（順不同）（ 中国（清） ）（ オランダ ）

Ⓐ 日本とアジア各地との貿易

Ⓑ

2 右の地図を見て、答えましょう。

(1) Ⓐの地域に昔から住んでいた民族の名前を書きましょう。（ アイヌ民族 ）

(2) Ⓐの地域に住んでいた民族と交易する権利をもっていた藩は何藩でしょう。（ 松前藩 ）

(3) 幕府は、朝鮮と国交を回復し、Ⓑにある藩が貿易をおこないました。何藩でしょう。（ 対馬藩 ）

(4) 将軍がかわるごとに朝鮮から来日した使節の名前を書きましょう。（ 朝鮮通信使 ）

(5) Ⓒの地域で、日本・中国・東南アジアとの貿易で栄えていた国の名前を書きましょう。（ 琉球王国 ）

ヒント
1 (7) このうち1つの国は、長崎湾内につくられた出島で貿易をおこないました。
2 (5) 17世紀初め、この国は薩摩藩にせめられ、政治をかんとくされるようになりました。

できたかな？

□江戸幕府が鎖国の政策をおこなうようになった理由を言ってみよう。
□鎖国下でおこなわれた貿易について、それぞれの場所、藩などをまとめよう。

おうちのかたへ

江戸幕府がキリスト教を禁止した理由と、鎖国への動きは、年表をつくって確認しておきましょう。島原・天草一揆がどのように江戸幕府の政策に関係したのか、おさえておきましょう。

練習　51ページ

1 (1)(2)徳川家康は、朱印状をあたえて東南アジアとおこなう貿易に力をいれました。その結果、貿易は盛んになり、東南アジアの各地に日本町ができました。

(3)①3代将軍徳川家光のときに、九州の島原・天草地方の人々が一揆をおこしました。②出島はオランダと貿易をおこなうためにつくられた島です。

(4)キリスト教で信こうしているイエス＝キリストや、イエスの母であるマリアをえがいたものです。

(5)幕府は、キリスト教の信者たちの勢力が大きくなり、幕府に従わなくなることをおそれて、キリスト教を禁止しました。

2 (1)Ⓐは蝦夷地とよばれました。先住民はアイヌ民族です。

(2)松前藩は、アイヌとの交易をおこなっていましたが、不正な取り引きに対して、17世紀にアイヌの首長であるシャクシャインを中心に反乱をおこされました。しかし、幕府の力を借りた松前藩におさえられました。

(5)Ⓒの琉球王国は、17世紀に薩摩藩にせめられ、薩摩藩の支配を受けるようになりました。

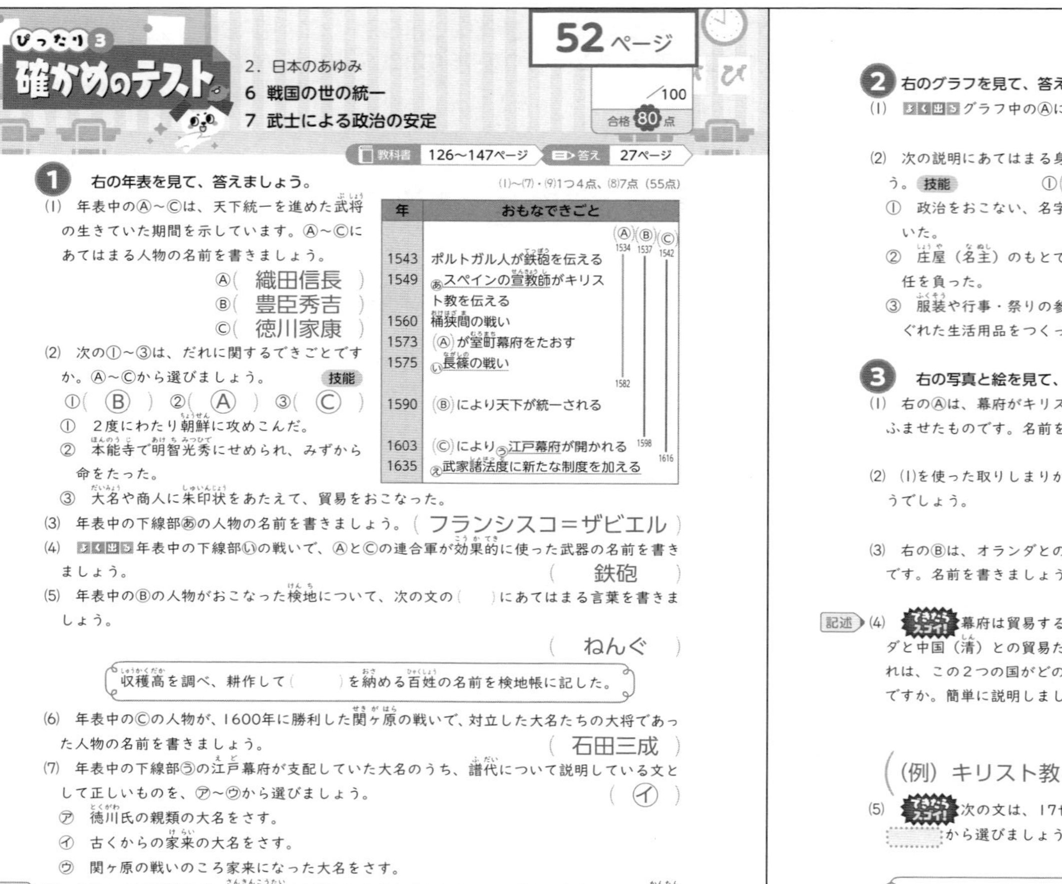

ぴったり3

確かめのテスト

2. 日本のあゆみ
6 戦国の世の統一
7 武士による政治の安定

52ページ

合格80点 /100

教科書 126~147ページ　答え 27ページ

1 右の年表を見て、答えましょう。 (1)~(7)・(9)1つ4点、(8)7点（55点）

年	おもなできごと
1543	ポルトガル人が鉄砲を伝える
1549	あスペインの宣教師がキリスト教を伝える
1560	桶狭間の戦い
1573	Ⓐが室町幕府をたおす
1575	い長篠の戦い
1590	Ⓑにより天下が統一される
1603	Ⓒによりう江戸幕府が開かれる
1635	え武家諸法度に新たな制度を加える

（Ⓐ 1534–1582、Ⓑ 1537–1598、Ⓒ 1542–1616）

(1) 年表中のⒶ~Ⓒは、天下統一を進めた武将の生きていた期間を示しています。Ⓐ~Ⓒにあてはまる人物の名前を書きましょう。
Ⓐ（ 織田信長 ）
Ⓑ（ 豊臣秀吉 ）
Ⓒ（ 徳川家康 ）

(2) 次の①~③は、だれに関するできごとですか。Ⓐ~Ⓒから選びましょう。 技能
①（ Ⓑ ） ②（ Ⓐ ） ③（ Ⓒ ）
① 2度にわたり朝鮮に攻めこんだ。
② 本能寺で明智光秀にせめられ、みずから命をたった。
③ 大名や商人に朱印状をあたえて、貿易をおこなった。

(3) 年表中の下線部あの人物の名前を書きましょう。（ フランシスコ＝ザビエル ）

(4) よく出る 年表中の下線部いの戦いで、ⒶとⒸの連合軍が効果的に使った武器の名前を書きましょう。（ 鉄砲 ）

(5) 年表中のⒷの人物がおこなった検地について、次の文の（　）にあてはまる言葉を書きましょう。
（ ねんぐ ）
収穫高を調べ、耕作して（　）を納める百姓の名前を検地帳に記した。

(6) 年表中のⒸの人物が、1600年に勝利した関ヶ原の戦いで、対立した大名たちの大将であった人物の名前を書きましょう。（ 石田三成 ）

(7) 年表中の下線部うの江戸幕府が支配していた大名のうち、譜代について説明している文として正しいものを、㋐~㋒から選びましょう。（ ㋑ ）
㋐ 徳川氏の親類の大名をさす。
㋑ 古くからの家来の大名をさす。
㋒ 関ヶ原の戦いのころ家来になった大名をさす。

記述 (8) 年表中の下線部えで、参勤交代の制度が加えられましたが、この制度の内容について簡単に説明しましょう。 思考・判断・表現
（(例) 大名は1年おきに領地と江戸を行き来し、妻子は人質として江戸に住んだ。）

(9) 武家諸法度に参勤交代の制度を加えた将軍の名前を書きましょう。（ 徳川家光 ）

52

学習日

53ページ

2 右のグラフを見て、答えましょう。 1つ5点（20点）

(1) よく出る グラフ中のⒶにあてはまる身分の名前を書きましょう。（ 百姓 ）

(2) 次の説明にあてはまる身分を、グラフ中のⒶ~Ⓔから選びましょう。 技能
①（ Ⓑ ） ②（ Ⓐ ） ③（ Ⓓ ）
① 政治をおこない、名字を名のり、刀をさすなどの特権をもっていた。
② 庄屋（名主）のもとで五人組をつくり、きまりに対し共同で責任を負った。
③ 服装や行事・祭りの参加などで厳しい制約を受けながらも、すぐれた生活用品をつくったり、芸能を伝えたりした。

Ⓓ差別された人々1.6　Ⓒ町人　Ⓔ僧など1.4　Ⓑ7　6　Ⓐ84%
江戸時代の身分ごとの人口の割合
＊江戸時代終わりごろの数字。

3 右の写真と絵を見て、答えましょう。 1つ5点（25点）

(1) 右のⒶは、幕府がキリスト教を取りしまるため、人々に役人の前でふませたものです。名前を書きましょう。（ ふみ絵 ）

(2) (1)を使った取りしまりが強められるきっかけとなった一揆を何というでしょう。（ 島原・天草一揆 ）

(3) 右のⒷは、オランダとの貿易のため長崎湾内につくられた人工の島です。名前を書きましょう。（ 出島 ）

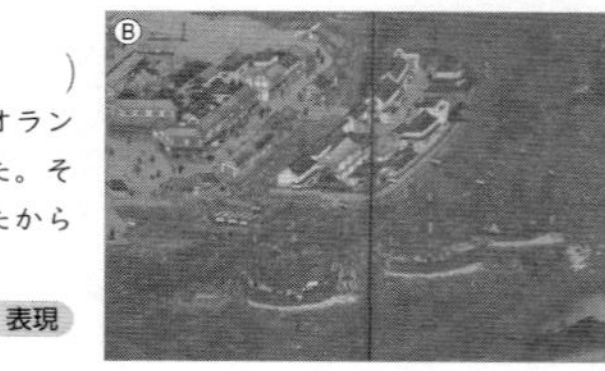

記述 (4) てきたらスゴイ! 幕府は貿易する国を制限し、オランダと中国（清）との貿易だけを認めました。それは、この2つの国がどのような国だったからですか。簡単に説明しましょう。 思考・判断・表現
（(例) キリスト教を広めない国だったから。）

(5) てきたらスゴイ! 次の文は、17世紀中ごろのある藩について説明したものです。この藩の名前を、□から選びましょう。（ 松前藩 ）

この藩は、アイヌの人々と交易する権利を持っていた。不正な取り引きをおこなう藩に対する不満が高まり、シャクシャインを中心に多くのアイヌの人々が立ち上がったが、戦いはこの藩の勝利に終わった。

対馬藩　松前藩　薩摩藩

ふりかえり (1)(8)がわからないときは、48ページの1にもどって確認してみよう。

53

確かめのテスト 52~53ページ

1 (1)織田信長、豊臣秀吉、徳川家康の3人は、それぞれのおこなった政策の内容と合わせて覚えておきましょう。

(2)①豊臣秀吉は、明を征服するため、朝鮮半島に2度出兵しました。

(4)長篠の戦いは、織田・徳川の連合軍と、武田軍との戦いです。当時最強といわれていた武田軍の騎馬隊を、織田・徳川軍が鉄砲を効果的に使ってやぶりました。

(7)㋐は親藩、㋒は外様大名の説明です。

(9)江戸幕府3代将軍徳川家光は、生まれながらの将軍として、権力をふるいました。

2 (2)①は武士でⒷ、②は百姓でⒶ、③は差別された人々の説明です。

3 (1)Ⓐをふませることで、キリスト教徒を発見しようとしました。

(2)九州の島原・天草で、ねんぐの重い負担と、厳しいキリスト教への取りしまりに対して、島原・天草一揆がおこりました。

(5)対馬藩は、朝鮮との貿易の窓口となっていた藩、薩摩藩は琉球王国を支配した藩です。

記述問題のプラスワン

1 (8)大名は、一年おきに、江戸と領地を行き来する制度です。江戸での妻子の生活費や、江戸での滞在費用、参勤交代をするための行き来の費用など、多くの費用がかかりました。

3 (4)南蛮貿易の相手だったスペインやポルトガルは、積極的にキリスト教を広める国でした。

ぴったり1 準備

2. 日本のあゆみ
8 江戸の社会と文化・学問①

◎めあて 江戸の人々の文化や学問について理解しよう。

教科書 148〜157ページ　答え 28ページ

次の(　　)に入る言葉を、下から選びましょう。

1 江戸のまちのようす／町人文化の広がり　教科書 148〜153ページ

江戸の人口

- 江戸時代の17世紀前半から19世紀にかけて、人口が増加している。

江戸の町人文化

- 江戸や大阪、京都では、力をつけた町人たちが、好みに合った文化を生み出した。
- 男性が演じる劇(①　歌舞伎　)や、人形を使って演じられる(②　人形浄瑠璃　)が人々に楽しまれた。
- 近松門左衛門の作品は、歌舞伎や人形浄瑠璃を発展させた。
- 歌舞伎や人形浄瑠璃は、ユネスコ（国連教育科学文化機関）の**無形文化遺産**に登録されている。
- (③　浮世絵　)…歌舞伎役者や人の世(浮世)の日常の姿を題材にした色あざやかな版画。
  →代表的な絵師としては、(④　歌川広重　)がおり、彼は風景画『東海道五十三次』をえがいた。
  →オランダの画家ゴッホ(1853〜1890年)の作品には浮世絵をまねたものが数多く残っている。

近松門左衛門(1653〜1724年)

『東海道五十三次』のうちの鳴海(愛知県)

2 蘭学のはじまり／国学の広がりと子どもの教育　教科書 154〜157ページ

ワンポイント　江戸時代の学問

蘭学	●オランダ語の書物を通して、ヨーロッパの学問を研究する学問。 ●(⑤　杉田玄白　)と前野良沢は、オランダ語で書かれた人体かいぼう書をほん訳して、『**解体新書**』を出版した。 ●(⑥　伊能忠敬　)は、西洋の天文学や測量術を学び、全国を測量して、正確な日本地図をつくろうとした。
国学	●仏教や儒学が伝わる前の日本人の考え方を明らかにしようとする学問。 ●(⑦　本居宣長　)は、奈良時代の『古事記』の研究を進め、『古事記伝』を書いた。 ●国学を学んだ人の中に、天皇を中心とする政治にもどそうという動きがでた。

杉田玄白(1733〜1817年)

子どもたちの教育

- 百姓や町人の子どもたちが「読み・書き・そろばん」などをならった(⑧　寺子屋　)という塾が開かれた。
- 寺子屋での教育は、明治時代の社会を発展させる力になった。
- 武士や武士の子どものために、藩校がつくられた。

寺子屋のようす

選んだ言葉に✓　□寺子屋　□人形浄瑠璃　□浮世絵　□本居宣長　□伊能忠敬　□歌舞伎　□歌川広重　□杉田玄白

ぴったり2 練習

ぴたトリビア　儒学…中国で生まれ、主君と家来など上下の秩序をたいせつにした学問で、人々を支配するうえで役に立つとされ、幕府の学問所や藩校で学ばれました。

教科書 148〜157ページ　答え 28ページ

1 右の絵を見て、答えましょう。

(1) Ⓐで人々が見ている劇を何といいますか。　(　歌舞伎　)

(2) 庶民の生活を題材にした(1)や人形浄瑠璃の作品を多く残した人物の名前を書きましょう。　(　近松門左衛門　)

(3) Ⓑのような人の世の日常の姿を題材にした色あざやかな版画を何というでしょう。　(　浮世絵　)

(4) (3)の代表作であるⒷをふくむ一連の作品の名前と、この作品をえがいた人物の名前を書きましょう。
作品名(　東海道五十三次　)
人物名(　歌川広重　)

2 次の文を読んで、答えましょう。

A　中津藩（大分県）の医者で、小浜藩（福井県）の医者である杉田玄白らとともに(①)語の人体かいぼう書をほん訳し、『(②)』を出版した。
B　佐原（千葉県）の商人であったが、50才を過ぎてから西洋の天文学や測量術を学んだ。全国を測量して歩き、正確な(③)をつくろうとした。
C　松阪（三重県）の商人の家に生まれ、医師をしていたが、仏教や儒学が伝わる前の日本人の考え方を明らかにしようと、奈良時代にまとめられた『(④)』の研究を進め、『(④)伝』を書いた。

(1) 文中の①〜④にあてはまる言葉を書きましょう。
①(　オランダ　)　②(　解体新書　)
③(　(日本)地図　)　④(　古事記　)

(2) A〜Cは、だれについて書かれた文ですか。人物の名前を書きましょう。
A(　前野良沢　)
B(　伊能忠敬　)
C(　本居宣長　)

(3) Cの文中の下線部の学問を何といいますか。　(　国学　)

(4) 江戸時代の百姓や町人の子どもたちが、日常生活や商品の取り引きに必要なことを学んだ塾を何というでしょう。　(　寺子屋　)

ヒント　1 (4) 五街道のうちの1つの街道の宿場町や風景をえがきました。
2 (3) 学んだ人の中から、天皇中心の政治にもどそうという動きが出ました。

できたかな？

□江戸時代にできた、現在にもつながっている芸能を言ってみよう。
□蘭学と国学のちがいを説明してみよう。

おうちのかたへ

江戸時代には、町人が担い手の文化が発達しました。現在まで続いているものを、室町時代の文化とくらべて、判別できるようにしておきましょう。また国学は、後の世にも影響をあたえます。どのようなつながりがあるかを確認しておいてください。

練習　55ページ

1 (1)Ⓐの歌舞伎や人形浄瑠璃は、江戸時代に生まれて、現在も続いている芸能です。
(2)近松門左衛門の作品は、歌舞伎や人形浄瑠璃を大きく発展させました。
(3)浮世絵は、歌舞伎役者や日常の姿をえがいたもので、数多く印刷されました。また、のちにヨーロッパの画家にも大きなえいきょうをあたえました。
(4)歌川広重は、風景画を数多く残した浮世絵の画家です。江戸から京都までの風景をえがいた「東海道五十三次」を完成させました。

2 (1)①オランダ語の書物をとおしてヨーロッパの学問を研究する学問を蘭学といいます。
(3)国学は、のちに、将軍や大名による政治を批判し、天皇中心の政治にもどそうとする運動につながりました。
(4)百姓や町人の子どもたちが学んだ寺子屋では、読み・書き・そろばんなどが教えられました。武士の子どもたちは藩校とよばれる学校で、学問や武道を習いました。

ぴったり1 準備 56ページ

2. 日本のあゆみ
8 江戸の社会と文化・学問②

◎めあて 江戸時代に発達した都市をそれぞれ理解しよう。

教科書 158～165ページ　答え 29ページ

次の（　）に入る言葉を、下から選びましょう。

1 発達した都市と産業／学習問題について話し合う　教科書 158～163ページ

ワンポイント 江戸時代の都市

大阪	●日本の商業の中心地で、「(① 天下の台所)」とよばれた。 ●大名が(② 蔵屋敷)を置いて、ねんぐ米や特産物をうりさばく。 ●全国から品物が集まる。 ●問屋の蔵が並び、品物を積んだ船でにぎわう。
江戸	●日本の政治の中心地で、「**将軍のおひざもと**」とよばれた。 ●人口が100万人をこえる大都市だった。

にぎわう大阪の港のようす

●これらの都市を結ぶ(③ 五街道)や船の航路が整備された。

江戸時代の産業

●農業…くわやとうみなどの(④ 農具)の改良、**新田開発**、油かすやイワシ（ほしか）といった(⑤ 肥料)で、農業の生産性が高まった。
●特産物…商人や村の有力者が工場で綿織物、酒やしょうゆなどをつくり、これらの商品は各地の**特産物**となっていった。
●町人の生活…町人は町役人を選び、町を運営した。町人にかけられる税は百姓よりも軽く、経済力で大名をしのぐ大商人があらわれた。

2 感染症とたたかい、人々の命を守った上杉鷹山と後藤新平　はってん　教科書 164～165ページ

世界をおそった感染症

●2019年に発生した、(⑥ 新型コロナウイルス)感染症（COVID-19）が世界中に広まった。

世界中の政治や経済がえいきょうを受けたよ。

上杉鷹山と後藤新平の感染症対策

だれが	感染症の経過	対策
1795年米沢藩 藩主(⑦ 上杉鷹山)	●疱瘡が流行する。	●感染した人々を支援する。 ●江戸から専門医をよぶ。 ●被害のようすをくわしく記録する。
1895年 日清戦争後 (⑧ 後藤新平)	●中国でコレラが流行する。 ●戦地からの帰還兵によるコレラ上陸を防ぐ。	●検疫所の設置。 ●軍人の検疫を行い、帰還船を消毒する。

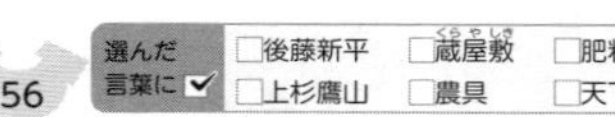

選んだ言葉に✓
□後藤新平　□蔵屋敷　□肥料　□新型コロナウイルス
□上杉鷹山　□農具　□天下の台所　□五街道

ぴったり2 練習 57ページ

ぴたトリビア
江戸時代には新たな航路も開かれ、東北地方の特産物が西まわり航路で大阪まで運ばれました。

教科書 158～165ページ　答え 29ページ

1 右の資料を見て、答えましょう。

(1) 次の文の①、②にあてはまる都市を、地図中の都市から選びましょう。
① 「将軍のおひざもと」といわれ、人口が100万人をこえていた。（ 江戸 ）
② 「天下の台所」といわれ、日本の商業の中心地であった。（ 大阪 ）

(2) 次の文の①～③にあてはまる街道を、地図中の五街道の中から選びましょう。
① 江戸と京都を、海側で結ぶ街道。（ 東海道 ）
② 江戸と京都を、内陸側で結ぶ街道。（ 中山道 ）
③ 江戸と日光を結ぶ街道。（ 日光街道 ）

江戸時代のおもな交通

(3) 右のグラフでは、江戸時代の初めごろに比べ、江戸時代の中ごろには耕地面積は約何倍に増えましたか。約（ 2 ）倍

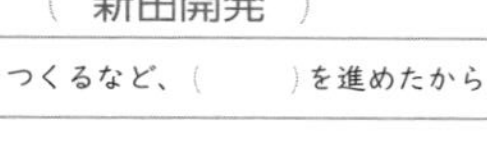

耕地面積の増加

(4) (3)のように、耕地面積が増加した理由について、次の文中の（　）にあてはまる言葉を書きましょう。（ 新田開発 ）
ため池や用水路をつくるなど、（　　）を進めたから。

2 次の問いに答えましょう。

(1) 1795年に米沢藩で疱瘡が流行しました。米沢藩とは、現在の何県ですか。（ 山形県 ）
(2) 米沢藩の藩主の上杉鷹山がとった感染症対策について、次の文の（　）にあてはまる語句を書きましょう。（ 被害 ）
正月の祝賀はおこなわず、（　　）のようすをくわしく記録に残す。

米沢藩の位置を示した地図

(3) 後藤新平が対策をすすめた感染症は何ですか。（ コレラ ）

ヒント
1 (2)① 現在も中部地方を細かく分けたときの地域名や新幹線に街道名が残っています。
2 (1) 東北地方の日本海側にある県です。

できたかな？
□江戸時代に発達した江戸、大阪の都市の特徴を言ってみよう。
□江戸時代の感染症との戦いが現在世界で目標とされているSDGsがめざすどのゴールと一致しているか、考えてみよう。

おうちのかたへ
江戸時代には、政治の中心として江戸、商業の中心として大阪が栄えました。大阪には問屋の蔵がならび、品物を積んだ船でにぎわっている様子がよく出題されます。それぞれの都市の特徴をまとめるなどしておくとよいです。

練習 57ページ

1
(1)江戸は「将軍のおひざもと」とよばれた政治の中心、大阪は「天下の台所」とよばれた商業の中心地でした。
(2)五街道は、江戸と日光を結ぶ日光街道、白河までのびる奥州街道、江戸から京都まで内陸部をとおる中山道、海側を通る東海道、江戸から甲府を経て中山道とつながる甲州街道の5つです。
(3)江戸時代の初めごろは約150万町歩、江戸時代中ごろは約300万町歩になっているので、300÷150＝2となり、約2倍になっています。
(4)農業では、くわやとうみなどの農具の改良も進み、新田開発もおこなわれたことで、生産量が増えました。

2
(1)米沢藩は、現在の山形県にありました。
(2)ほかに、感染して生活が苦しくなった人々の支援や、江戸から専門医をよびよせるなどの対策をおこないました。
(3)後藤新平は、大正時代の1920年に、東京市長になった人物です。

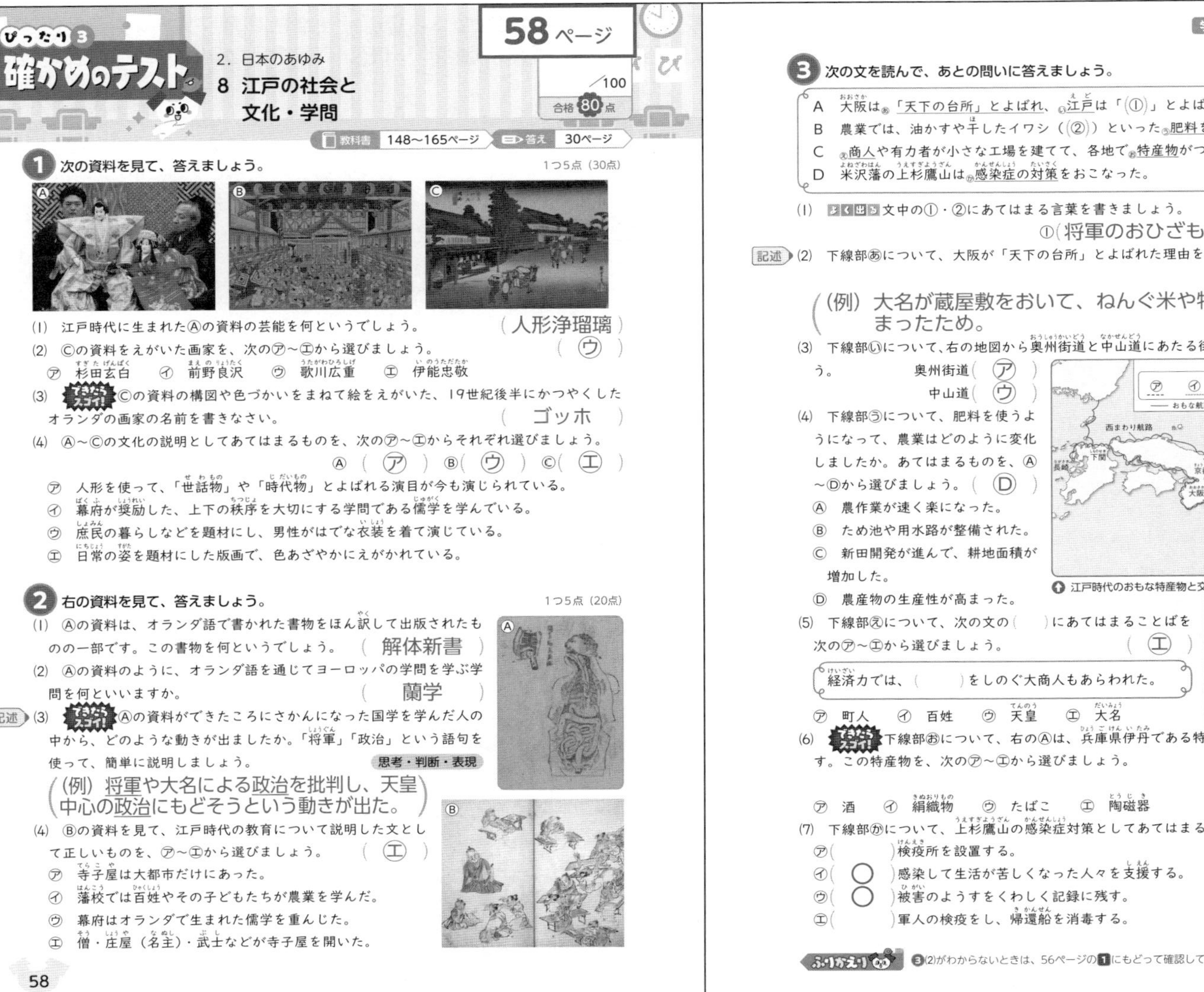

ぴったり3 確かめのテスト

2．日本のあゆみ
8 江戸の社会と文化・学問

58ページ

/100 合格80点

教科書 148〜165ページ　答え 30ページ

1 次の資料を見て、答えましょう。　1つ5点（30点）

Ⓐ Ⓑ Ⓒ

(1) 江戸時代に生まれたⒶの資料の芸能を何というでしょう。（人形浄瑠璃）
(2) Ⓒの資料をえがいた画家を、次の㋐〜㋓から選びましょう。（㋒）
㋐ 杉田玄白　㋑ 前野良沢　㋒ 歌川広重　㋓ 伊能忠敬
(3) てきたらスゴイ！ Ⓒの資料の構図や色づかいをまねて絵をえがいた、19世紀後半にかつやくしたオランダの画家の名前を書きなさい。（ゴッホ）
(4) Ⓐ〜Ⓒの文化の説明としてあてはまるものを、次の㋐〜㋓からそれぞれ選びましょう。
Ⓐ（㋐）Ⓑ（㋒）Ⓒ（㋓）
㋐ 人形を使って、「世話物」や「時代物」とよばれる演目が今も演じられている。
㋑ 幕府が奨励した、上下の秩序を大切にする学問である儒学を学んでいる。
㋒ 庶民の暮らしなどを題材にし、男性がはでな衣装を着て演じている。
㋓ 日常の姿を題材にした版画で、色あざやかにえがかれている。

2 右の資料を見て、答えましょう。　1つ5点（20点）
(1) Ⓐの資料は、オランダ語で書かれた書物をほん訳して出版されたものの一部です。この書物を何というでしょう。（解体新書）
(2) Ⓐの資料のように、オランダ語を通じてヨーロッパの学問を学ぶ学問を何といいますか。（蘭学）
記述 (3) てきたらスゴイ！ Ⓐの資料ができたころにさかんになった国学を学んだ人の中から、どのような動きが出ましたか。「将軍」「政治」という語句を使って、簡単に説明しましょう。　思考・判断・表現
（(例) 将軍や大名による政治を批判し、天皇中心の政治にもどそうという動きが出た。）
(4) Ⓑの資料を見て、江戸時代の教育について説明した文として正しいものを、㋐〜㋓から選びましょう。（㋓）
㋐ 寺子屋は大都市だけにあった。
㋑ 藩校では百姓やその子どもたちが農業を学んだ。
㋒ 幕府はオランダで生まれた儒学を重んじた。
㋓ 僧・庄屋（名主）・武士などが寺子屋を開いた。

58

学習日　59ページ

3 次の文を読んで、あとの問いに答えましょう。　1つ5点（50点）

A 大阪は㋐「天下の台所」とよばれ、㋑江戸は「（①）」とよばれて栄えた。
B 農業では、油かすや干したイワシ（（②））といった㋒肥料を使うようになった。
C ㋓商人や有力者が小さな工場を建てて、各地で㋔特産物がつくられるようになった。
D 米沢藩の上杉鷹山は㋕感染症の対策をおこなった。

(1) よく出る 文中の①・②にあてはまる言葉を書きましょう。
①（将軍のおひざもと）②（ほしか）
記述 (2) 下線部㋐について、大阪が「天下の台所」とよばれた理由を、簡単に書きましょう。　思考・判断・表現
（(例) 大名が蔵屋敷をおいて、ねんぐ米や特産物が全国から集まったため。）
(3) 下線部㋑について、右の地図から奥州街道と中山道にあたる街道を、㋐〜㋔から選びましょう。
奥州街道（㋐）
中山道（㋒）
(4) 下線部㋒について、肥料を使うようになって、農業はどのように変化しましたか。あてはまるものを、Ⓐ〜Ⓓから選びましょう。（Ⓓ）
Ⓐ 農作業が速く楽になった。
Ⓑ ため池や用水路が整備された。
Ⓒ 新田開発が進んで、耕地面積が増加した。
Ⓓ 農産物の生産性が高まった。

江戸時代のおもな特産物と交通

(5) 下線部㋓について、次の文の（　）にあてはまることばを次の㋐〜㋓から選びましょう。（㋓）
経済力では、（　）をしのぐ大商人もあらわれた。
㋐ 町人　㋑ 百姓　㋒ 天皇　㋓ 大名
(6) てきたらスゴイ！ 下線部㋔について、右のⒶは、兵庫県伊丹である特産物をつくっているようすです。この特産物を、次の㋐〜㋓から選びましょう。　技能（㋐）
㋐ 酒　㋑ 絹織物　㋒ たばこ　㋓ 陶磁器
(7) 下線部㋕について、上杉鷹山の感染症対策としてあてはまるもの2つに○をつけましょう。
㋐（　）検疫所を設置する。
㋑（○）感染して生活が苦しくなった人々を支援する。
㋒（○）被害のようすをくわしく記録に残す。
㋓（　）軍人の検疫をし、帰還船を消毒する。

ふりかえり ❸(2)がわからないときは、56ページの❶にもどって確認してみよう。

59

確かめのテスト　58〜59ページ

1 (1)(2)Ⓐは人形浄瑠璃、Ⓑは歌舞伎、Ⓒは歌川広重のえがいた「東海道五十三次」の絵です。
(3)19世紀後半のオランダの画家ゴッホは、日本の浮世絵をまねて多くの絵をえがきました。
(4)㋑は、幕府の学問所のようすです。

2 (1)小浜藩（福井県）の医者だった杉田玄白と、中津藩（大分県）の医者だった前野良沢が、ほん訳して出版しました。
(4)㋐寺子屋は、町や村につくられました。㋑藩校では、武士の子どもたちが学びました。㋒儒学は中国でうまれました。

3 (3)㋐は奥州街道、㋑は日光街道、㋒は中山道、㋓は甲州街道、㋔は東海道です。
(4)Ⓐの農業が速く楽になったのは、くわやとうみなどの農具が改良されたからです。
(5)大名に金を貸す商人もあらわれました。
(7)㋐・㋓は、後藤新平がおこなった感染症対策です。

記述問題のプラスワン

2 (3)国学は、日本の古典をもとに、仏教や儒学が伝わる前の日本人の考え方を明らかにしようとする学問です。古代には天皇中心の政治がおこなわれていたことと合わせて考えましょう。

3 (2)大阪には問屋の蔵が並び、品物をつんだ船でにぎわっていることが、本誌56ページの港のようすをえがいた絵などから読み取れます。大阪は、全国各地から、多くの品物が集まってきました。

ぴったり1 準備

2. 日本のあゆみ

9 明治の新しい国づくり①

めあて 開国と江戸幕府がたおれた流れをおさえよう。

教科書 166～171ページ　答え 31ページ

次の（　）に入る言葉を、下から選びましょう。

1 江戸時代から新しい時代へ／黒船の来航と開国

教科書 166～169ページ

明治時代

- 明治時代…江戸幕府がたおれたあとの1868～1912年まで続いた時代。
- 江戸は（① 東京 ）という名前に改められ、新しい政府が天皇中心の政治を進めた。
- 洋風の建物や服装が増え、学校は現代の学校と似たものになった。

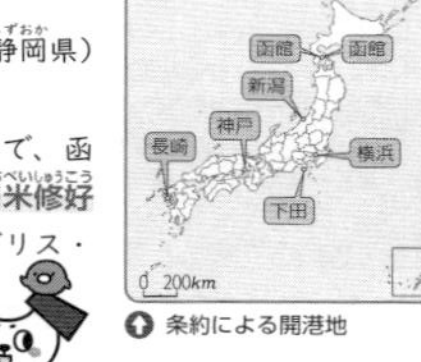
ペリー（1794～1858年）

ワンポイント 開国

- 1853年、（② ペリー ）がアメリカ合衆国の軍艦（黒船）4せきを率いて、浦賀（神奈川県）にあらわれ、アメリカ大統領の手紙を示して開国を要求した。
- 1854年、（③ 日米和親条約 ）を結んで、下田（静岡県）と函館（北海道）の2港を開いた。
- 1858年、アメリカと（④ 日米修好通商条約 ）を結んで、函館・横浜・長崎・新潟・神戸の5港を開いた。日本は日米修好通商条約と同じ内容の条約を、オランダ・ロシア・イギリス・フランスとも結んだ。

200年以上続いた鎖国の状態が終わったよ。

条約による開港地

2 高まる人々の不満

教科書 170～171ページ

江戸時代の終わり

- 19世紀中ごろ、もと幕府の役人であった（⑤ 大塩平八郎 ）が大阪で兵をあげた。
- 開国後、外国との貿易によって品不足になった生糸をはじめ、ものの値段が上がり、生活に苦しむ人々による一揆や打ちこわしが各地でおこった。
- 幕府をたおして天皇中心の国家をつくろうとする運動がおこった。
  →この運動では、薩摩藩（鹿児島県）の（⑥ 西郷隆盛 ）や大久保利通、長州藩（山口県）の（⑦ 木戸孝允 ）らが中心となった。
- 土佐藩（高知県）出身の（⑧ 坂本龍馬 ）が、対立していた薩摩藩と長州藩の間を取りもち、手を結ばせた。
  →こうした動きにおされ、1867年、15代将軍（⑨ 徳川慶喜 ）が政権を天皇に返したことで（大政奉還）、鎌倉幕府以来700年ほど続いた武士の世の中が終わった。
- 江戸幕府の勝海舟は、西郷隆盛と交渉し、戦わずに江戸城を明けわたして江戸のまちを守った。

坂本龍馬（1835～1867年）

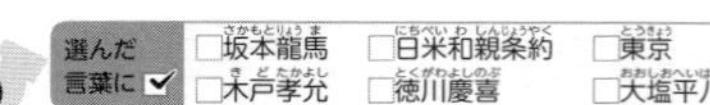

選んだ言葉に✓

□坂本龍馬	□日米和親条約	□東京	□西郷隆盛	□ペリー
□木戸孝允	□徳川慶喜	□大塩平八郎	□日米修好通商条約	

ぴったり2 練習

ぴたトリビア 坂本龍馬は、亀山社中とよばれる貿易結社を結成し、私設海軍・貿易会社として活動しました。日本で初めての株式会社といわれています。

教科書 166～171ページ　答え 31ページ

1 右の写真と地図を見て、答えましょう。

(1) 1853年、4せきのアメリカ合衆国の軍艦があらわれた神奈川県の地名を書きましょう。（ 浦賀 ）

(2) 右の写真は、アメリカの軍艦を率いて来航した人物です。名前を書きましょう。（ ペリー ）

(3) 1854年、(2)の人物は再び来航し、幕府と条約を結びました。この条約の名前を書きましょう。（ 日米和親条約 ）

(4) (3)の条約により、右の地図中のⒶ、Ⓑの2つの港が開かれました。それぞれ地名を書きましょう。
Ⓐ（ 函館 ）Ⓑ（ 下田 ）

(5) 1858年、アメリカが日本に対し貿易をおこなうよう求め、結んだ条約の名前を書きましょう。
（ 日米修好通商条約 ）

(6) (5)の条約により、右の地図中のⒶ・Ⓒ・新潟・Ⓓ・長崎の港を開いて、貿易をおこなうことになりました。Ⓒ、Ⓓの地名を書きましょう。
Ⓒ（ 横浜 ）Ⓓ（ 神戸 ）

2 次の問いに答えましょう。

(1) 開国後の日本のようすの説明として、正しいものには○を、まちがっているものには×をつけましょう。
①（ × ）もと幕府の役人であった大塩平八郎が大阪で兵をあげた。
②（ ○ ）生糸は品不足から値段が上がり、それとともにものの値段も上がって、生活に苦しむ人々は一揆や打ちこわしをおこした。

(2) 次の①～④の文は、だれについて説明したものですか。　　から選びましょう。
①（ 坂本龍馬 ）②（ 徳川慶喜 ）
③（ 西郷隆盛 ）④（ 勝海舟 ）

① 対立する薩摩藩と長州藩の手を結ばせた。
② 幕府の政治を続けることはできないとして、政権を天皇に返した。
③ 同じ藩の大久保利通などとともに、幕府をたおす計画を進めた。
④ 新政府軍が江戸に攻めこもうとしたとき、③の人物と交渉し、戦わずに江戸城を明けわたし、江戸のまちを守った。

西郷隆盛　勝海舟　徳川慶喜　木戸孝允　坂本龍馬

(3) (2)の③の下線部の「同じ藩」とは何藩のことでしょう。（ 薩摩藩 ）

ヒント 2 (2)①、④　④の人物は幕府の海軍操練所の責任者でした。①は土佐藩を脱藩して浪人となった後、④の弟子になり、国際的な視野を身につけていきました。

できたかな？

□鎖国の状態から開国するまでの流れを説明してみよう。
□江戸幕府が倒れ、新政府になるまでのできごとを確認しておこう。

おうちのかたへ

幕末は、外国との関係などで江戸幕府から明治新政府に変わるまで、色々なできごとが絡んでいます。江戸幕府の政策が、どのようなできごとがあって開国に結びつき、倒幕にいたったのか、一連の流れでおさえておくことが大切です。

練習 61ページ

1 (1)(2)神奈川県の浦賀沖に大きな軍艦にのってあらわれたペリーは、アメリカ大統領の手紙を持っており、日本に開国をうながしました。
(3)(4)日米和親条約によって、下田(静岡県）と函館（北海道）の2つの港が開かれました。この条約では、アメリカ船に日本での物資の補給を認めました。
(5)(6)日米修好通商条約によって、日本の鎖国とよばれた状態が終わりました。日本は、函館、横浜、新潟、神戸、長崎の5つの港を開きました。また、同じ内容の条約を、ロシア、イギリス、フランス、オランダとの間にも結びました。

2 (1)①大塩平八郎が兵をあげた事件は開国前のできごとです。
(2)①③坂本龍馬は、薩摩藩の西郷隆盛と大久保利通、長州藩の木戸孝允らの手を結ばせました。②政権を天皇に返したできごとを、大政奉還といいます。④勝海舟は、幕府の海軍操練所の責任者でした。江戸に攻めこもうとしていた新政府軍と交渉し、江戸城を戦火から救いました。

ぴったり1 準備

2. 日本のあゆみ
9 明治の新しい国づくり②

学習日 62ページ

めあて 明治政府の諸改革をその目的と合わせて理解しよう。

教科書 172~177ページ　答え 32ページ

次の（　）に入る言葉を、下から選びましょう。

1 新しい政府による政治

教科書 172~173ページ

明治維新

- 明治政府は、薩摩藩の大久保利通や長州藩の木戸孝允などの下級武士が中心となった。新しい世の中のしくみをつくるために進められた政治や社会の改革を（① 明治維新 ）という。
- 日本の首都は東京になった。
- （② 五か条の御誓文）…1868年、明治天皇が示した新しい政治の方針。
- （③ 版籍奉還 ）…1869年、大名が治めていた領地と領民を天皇に返す。
- （④ 廃藩置県 ）…1871年、天皇中心の政治をゆきわたらせるため、藩を廃止して県を置き、政府から各県に知事を派遣した。
- **身分制**を廃止したことで百姓や町人にも名字が許され、職業や住む場所も自由に選べるようになった。
- 皇族（天皇の一族）、華族（貴族や大名）、士族（武士）、平民（百姓や町人）という新しい身分となった。**解放令**により百姓や町人からも差別された人々も平民になった。
- 蝦夷地は北海道と改称され、アイヌの人々の伝統的な文化や生活様式は否定された。琉球王国には琉球藩が置かれたが、廃藩置県により国王が東京に移され、沖縄県知事が置かれた。

大久保利通 (1830~1878年)

木戸孝允 (1833~1877年)

2 明治政府の改革／文明開化とくらしの変化

教科書 174~177ページ

ワンポイント 富国強兵
- 日本の経済を発展させて、強い軍隊をもち、欧米諸国に対抗しようとした。
- 1871年、（⑤ 岩倉具視 ）を中心とする岩倉使節団が欧米諸国を視察した。
- （⑥ 徴兵令 ）…1873年、20才以上の男子に3年間軍隊に入ることを義務づけた。
- （⑦ 地租改正 ）…1873年から、土地の値段を基準に税（地租）を定めて税金を納めさせ、国の収入を安定させようとした。
- （⑧ 富岡製糸場 ）（群馬県）のような国営の工場をつくり、産業をさかんにする（⑨ 殖産興業 ）を進めた。

富岡製糸場のようす

文明開化
- 欧米の制度や生活様式を積極的に取り入れた。
- 郵便や電信の制度が整備され、新橋—横浜間に鉄道が開通した。新聞や雑誌の発行も盛んになり、一定の年令になった子どもに教育を受けさせるための学校の制度も定められた。
- 福沢諭吉が『学問のすゝめ』を書き、教育の分野でかつやくした。

選んだ言葉に ✓
□地租改正　□五か条の御誓文　□版籍奉還　□廃藩置県　□富岡製糸場
□岩倉具視　□殖産興業　□明治維新　□徴兵令

ぴったり2 練習

学習日 63ページ

ぴたトリビア 富岡製糸場…300台の機械を設置し、全国から女性労働者を集めて生糸を生産し、横浜から輸出しました。2014年に世界文化遺産に登録されました。

教科書 172~177ページ　答え 32ページ

1 右の資料を見て、答えましょう。

(1) 右の資料は、明治天皇が示した新しい政治方針です。何というでしょう。　（五か条の御誓文）

(2) 新しい世の中のしくみをつくるために進められた政治や社会の改革を何というでしょう。　（ 明治維新 ）

(3) 明治政府は、江戸時代のどこの藩の下級武士たちが中心となりましたか。藩名を2つ書きましょう。
(順不同)（ 薩摩藩 ）（ 長州藩 ）

(4) 下線部ⓐについて、江戸時代の身分制は廃止され、新しい身分になりました。右のグラフのⒶ、Ⓑにあてはまる新しい身分の名前を書きましょう。
Ⓐ（ 平民 ）Ⓑ（ 士族 ）

(5) 百姓や町人からも差別されていた人々は、ある法令が出されたことによりグラフのⒶの身分となりました。この法令の名前を書きましょう。　（ 解放令 ）

(6) 下線部ⓑについて、政府の改革の1つで、藩を廃止して県を置き、政府の役人を知事として派遣したことを何というでしょう。　（ 廃藩置県 ）

一、政治は、広く会議を開き、多くの人々が意見を述べ合ったうえで決定しよう。
一、ⓐ国民が心を一つにして、新政策を盛んにおこなおう。
一、役人も人々も、自分の願いを実現するようにしよう。
一、ⓑ昔からの悪いならわしをやめて、道理に合うやり方をしよう。
一、新しい知識を世界から学び、天皇中心の国を盛んにしよう。

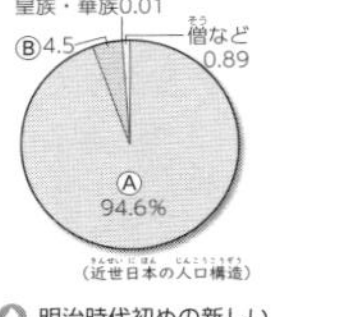

明治時代初めの新しい身分の割合

2 次の問いに答えましょう。

(1) 次の①~④の文にあてはまることがらを、［　］から選びましょう。
①（ 徴兵令 ）②（ 地租改正 ）③（ 殖産興業 ）④（ 富国強兵 ）
① 20才以上の男子に、3年間軍隊に入ることを義務づけた。
② 土地の値段を基準に税を定め、国の収入を安定させようとした。
③ 産業を盛んにするため、欧米から技術者を招き、機械を買い入れ、国営工場をつくった。
④ 日本の経済を発展させて強い軍隊をもち、欧米諸国に対抗しようとした。

富国強兵　地租改正　版籍奉還　殖産興業　徴兵令

(2) 次の文中の①、②にあてはまる言葉を書きましょう。
①（ 鉄道 ）②（ 文明開化 ）

明治時代になると、郵便や電信の制度が整い、新橋—横浜間には（①）が開通した。子どもに教育を受けさせる学校の制度も定められた。人間の自由や権利を尊重する考えも広がっていった。このような欧米の制度や生活様式を積極的に取り入れた動きを（②）という。

ヒント
1 (4)Ⓑ 古い身分制度では武士でした。
2 (2)② このころ、福沢諭吉は『学問のすゝめ』を書きました。

練習 63ページ

1 (1)五か条の御誓文は、天皇が神に誓う形で出されました。政治は国民の声を聞いておこなうことなどが示されています。
(3)江戸幕府を倒すのに力をつくした薩摩藩と長州藩が中心となりました。薩摩藩の中心人物は西郷隆盛、大久保利通ら、長州藩は木戸孝允らです。
(4)Ⓐは、江戸時代の百姓、町人、差別を受けた人々が平民とされた人々です。Ⓑは江戸時代の武士の身分で、士族とされました。
(5)解放令で、差別を受けた人々は平民とされましたが、社会の中で、結婚や就職などでの差別は残りました。
(6)天皇中心の政治を全国にゆきわたらせるためにおこなわれました。

2 (1)④富国強兵とは、日本の国力をつけ、経済を発展させて、強い軍隊をもつことが目的でした。
(2)文明開化によって、牛肉、カレーライス、アイスクリームなどの欧米の食べ物も日本で食べられるようになりました。

できたかな？
□明治政府の新しい政治の改革について順番に説明してみよう。

おうちのかたへ
明治政府の新しい改革は、天皇中心の政治をおこなうこと、欧米に負けない国をつくることが目的です。それぞれの制度を目的で分けて表にすることで、おぼえやすくなります。

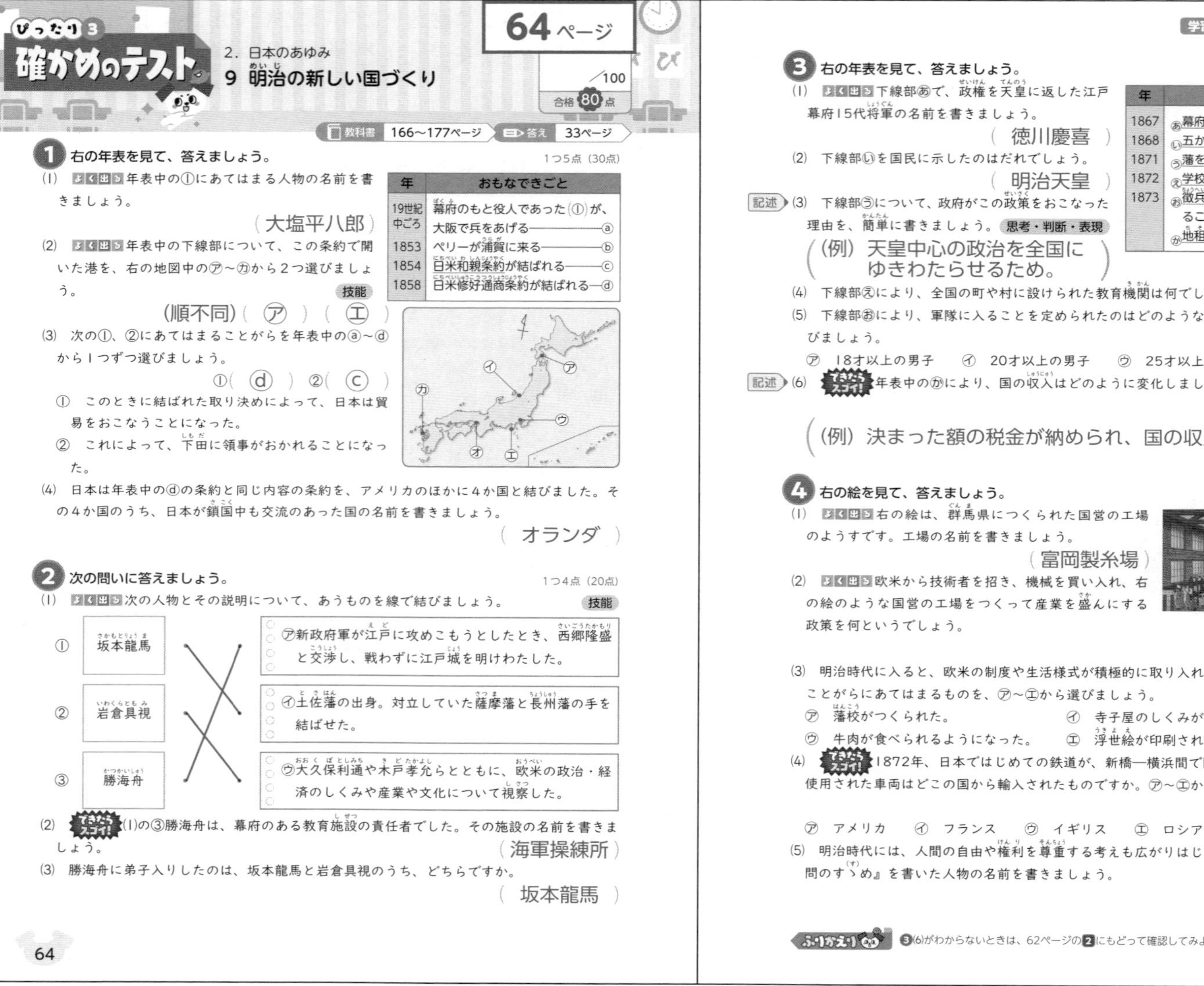

ぴったり3 確かめのテスト

2. 日本のあゆみ

9 明治の新しい国づくり

64ページ

100 合格80点

教科書 166～177ページ　答え 33ページ

1 右の年表を見て、答えましょう。　1つ5点（30点）

年	おもなできごと
19世紀中ごろ	幕府のもと役人であった①が、大阪で兵をあげる―ⓐ
1853	ペリーが浦賀に来る―ⓑ
1854	日米和親条約が結ばれる―ⓒ
1858	日米修好通商条約が結ばれる―ⓓ

(1) よく出る 年表中の①にあてはまる人物の名前を書きましょう。　（大塩平八郎）

(2) よく出る 年表中の下線部について、この条約で開いた港を、右の地図中の㋐～㋕から２つ選びましょう。　技能　（順不同）（㋐）（㋓）

(3) 次の①、②にあてはまることがらを年表中のⓐ～ⓓから１つずつ選びましょう。　①（ⓓ）②（ⓒ）

① このときに結ばれた取り決めによって、日本は貿易をおこなうことになった。

② これによって、下田に領事がおかれることになった。

(4) 日本は年表中のⓓの条約と同じ内容の条約を、アメリカのほかに４か国と結びました。その４か国のうち、日本が鎖国中も交流のあった国の名前を書きましょう。　（オランダ）

2 次の問いに答えましょう。　1つ4点（20点）

(1) よく出る 次の人物とその説明について、あうものを線で結びましょう。　技能

① 坂本龍馬　② 岩倉具視　③ 勝海舟

㋐新政府軍が江戸に攻めこもうとしたとき、西郷隆盛と交渉し、戦わずに江戸城を明けわたした。

㋑土佐藩の出身。対立していた薩摩藩と長州藩の手を結ばせた。

㋒大久保利通や木戸孝允らとともに、欧米の政治・経済のしくみや産業や文化について視察した。

(2) てきたらスゴイ! (1)の③勝海舟は、幕府のある教育施設の責任者でした。その施設の名前を書きましょう。　（海軍操練所）

(3) 勝海舟に弟子入りしたのは、坂本龍馬と岩倉具視のうち、どちらですか。　（坂本龍馬）

64

学習日　65ページ

3 右の年表を見て、答えましょう。　1つ5点（30点）

年	おもなできごと
1867	㋐幕府が政権を天皇に返す
1868	㋑五か条の御誓文を発表する
1871	㋒藩を廃止し、県を置く
1872	㋓学校の制度を定める
1873	㋔徴兵令を出して、国民が軍隊に入ることを義務づける ㋕地租改正がおこなわれる

(1) よく出る 下線部㋐で、政権を天皇に返した江戸幕府15代将軍の名前を書きましょう。　（徳川慶喜）

(2) 下線部㋑を国民に示したのはだれでしょう。　（明治天皇）

記述 (3) 下線部㋒について、政府がこの政策をおこなった理由を、簡単に書きましょう。　思考・判断・表現　（（例）天皇中心の政治を全国にゆきわたらせるため。）

(4) 下線部㋓により、全国の町や村に設けられた教育機関は何でしょう。　（小学校）

(5) 下線部㋔により、軍隊に入ることを定められたのはどのような人でしょう。㋐～㋒から選びましょう。　（㋑）

㋐ 18才以上の男子　㋑ 20才以上の男子　㋒ 25才以上の男子

記述 (6) てきたらスゴイ! 年表中の㋕により、国の収入はどのように変化しましたか。簡単に書きましょう。　思考・判断・表現　（（例）決まった額の税金が納められ、国の収入が安定した。）

4 右の絵を見て、答えましょう。　1つ4点（20点）

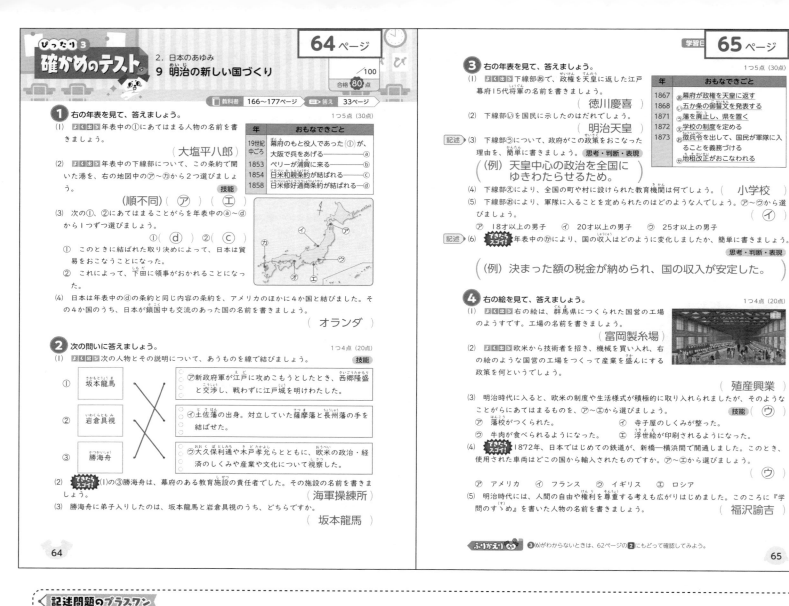

(1) よく出る 右の絵は、群馬県につくられた国営の工場のようすです。工場の名前を書きましょう。　（富岡製糸場）

(2) よく出る 欧米から技術者を招き、機械を買い入れ、右の絵のような国営の工場をつくって産業を盛んにする政策を何というでしょう。　（殖産興業）

(3) 明治時代に入ると、欧米の制度や生活様式が積極的に取り入れられましたが、そのようなことがらにあてはまるものを、㋐～㋓から選びましょう。　技能　（㋒）

㋐ 藩校がつくられた。　㋑ 寺子屋のしくみが整った。　㋒ 牛肉が食べられるようになった。　㋓ 浮世絵が印刷されるようになった。

(4) てきたらスゴイ! 1872年、日本ではじめての鉄道が、新橋―横浜間で開通しました。このとき、使用された車両はどこの国から輸入されたものですか。㋐～㋓から選びましょう。　（㋒）

㋐ アメリカ　㋑ フランス　㋒ イギリス　㋓ ロシア

(5) 明治時代には、人間の自由や権利を尊重する考えも広がりはじめました。このころに『学問のすゝめ』を書いた人物の名前を書きましょう。　（福沢諭吉）

ふりかえり ３(6)がわからないときは、62ページの２にもどって確認してみよう。

65

確かめのテスト 64～65ページ

1 (1)大塩平八郎は、生活に困った人々を助けようとして、兵をあげました。

(2)㋓の下田（神奈川県）と㋐の函館（北海道）を開きました。

(3)貿易がおこなわれるようになったのは、日米修好通商条約です。日米和親条約ではないことに気をつけましょう。

(4)アメリカのほか、ロシア、イギリス、フランス、オランダと結びました。オランダとは、鎖国中も、長崎の出島で貿易をおこなっていました。

2 (1)②岩倉具視は、岩倉使節団の代表者です。帰国後、新しい社会づくりに、視察の経験を生かしました。

(3)坂本龍馬は、勝海舟のもとで、国際的なものの見方を学びました。

3 (1)江戸幕府の15代将軍徳川慶喜が政権を天皇に返したことを、大政奉還といいます。

(5)20才以上の男子に兵役の義務がかされ、3年間の兵役につきました。

4 (1)富岡製糸場は2014年に世界遺産に登録されました。

(2)紡績や造船、兵器などの工場もつくられました。

(3)㋐・㋑・㋓は江戸時代のことがらです。

記述問題のプラスワン

3 (3)下線部㋒は、廃藩置県のことです。藩を廃止して新たに県を置き、政府の役人である知事を派遣しました。天皇を中心とする新政府のちからを全国にゆきわたらせることが目的です。

(6)地租改正は、土地の値段を基準に地租という税を定め、決まった額の税金を納めさせるようにした制度です。それまでは米の不作や豊作によって国の収入がかわってしまっていましたが、地租改正によって政府の収入は安定しました。

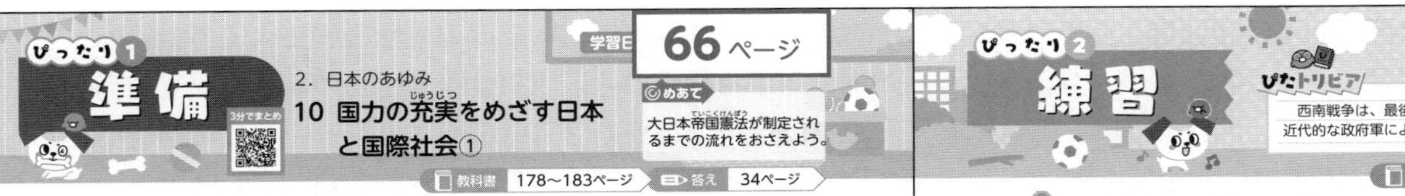

ぴったり1 準備 66ページ

2. 日本のあゆみ

10 国力の充実をめざす日本と国際社会①

めあて：大日本帝国憲法が制定されるまでの流れをおさえよう。

教科書 178〜183ページ　答え 34ページ

次の（　）に入る言葉を、下から選びましょう。

1 ノルマントン号事件と条約改正（教科書 178〜179ページ）

ワンポイント　条約改正までのあゆみ

改正前
- 江戸幕府が欧米諸国と結んだ条約は不平等であった。
  - （① 治外法権 ）を認める…外国人が日本で罪をおかしても、日本で処罰できない。
  - （② 関税自主権 ）がない…輸入品にかける税金を自由に決める権利が日本にない。
- **ノルマントン号事件**…船がそうなんしたとき、イギリス人の船員らは助かり、日本人乗客は全員なくなった事件。
  →治外法権により船長は軽い罪だったことから、**条約改正**を求める声が高まる。
- 鹿鳴館…欧米諸国に追いつくために、舞踏会を開いて、日本の洋風化を示そうとした。

ノルマントン号事件

改正後
- 1894年、外務大臣陸奥宗光が、イギリスとの間で治外法権を廃止。
- 1911年、外務大臣小村寿太郎が、アメリカとの間で関税自主権を回復。

2 自由民権運動の広がり／大日本帝国憲法の発布と国会の開設（教科書 180〜183ページ）

自由民権運動
- （③ 西南戦争 ）…1877年、明治政府に不満をもつ鹿児島の士族が、西郷隆盛を指導者にしておこした。政府の軍隊によってしずめられ、以降は言論でうったえるようになった。
- **自由民権運動**…（④ 板垣退助 ）らが、明治維新を担った一部の人たちが政治をおこなっていることに反対し、政府に憲法を定めて国会を開くよう求める。
- 政府は1881年に、10年後に国会を開くことを約束し、板垣退助は自由党、大隈重信は立憲改進党という（⑤ 政党 ）をつくった。

大日本帝国憲法の発布
- 政府は、（⑥ 伊藤博文 ）らをヨーロッパに送り、皇帝の権利が強いドイツの憲法を調べさせた。
- 内閣制度をつくり、伊藤博文が**初代内閣総理大臣**となった。
- 1889年、明治天皇の名で**大日本帝国憲法**が発布された。

大日本帝国憲法（一部要約）
- 天皇が国を治める主権をもつ
- 天皇が軍隊を率いる
- 国民の権利は法律の範囲内で認める

国会の開設
- 1890年、第1回（⑦ 帝国議会 ）（国会）が開かれた。
- 帝国議会は、皇族や華族、天皇が任命する議員からなる（⑧ 貴族院 ）と、国民の選挙によって選ばれる**衆議院**の二院制であった。
- 衆議院の有権者は、**国税**15円以上を納めている、満25才以上の男子に限られた。

第1回の選挙の有権者は全国民の約1.1％にすぎなかったよ。

選んだ言葉に✓：□関税自主権　□貴族院　□西南戦争　□治外法権　□帝国議会　□伊藤博文　□板垣退助　□政党

ぴったり2 練習 67ページ

ぴたトリビア：西南戦争は、最後で最大の士族の反乱です。徴兵令によって集められた近代的な政府軍によって、反乱がしずめられました。

教科書 178〜183ページ　答え 34ページ

1 右の年表を見て、答えましょう。

(1) 年表中の①にあてはまる言葉を書きましょう。（ ノルマントン号 ）

(2) 年表中の②、③にあてはまる国を［　］から選びましょう。
②（ イギリス ）
③（ アメリカ ）

アメリカ　ロシア　イギリス　オランダ

年	おもなできごと
1858	欧米諸国と不平等な条約を結ぶ
1871	岩倉使節団が欧米諸国の視察に出発する
1883	鹿鳴館を建てる
1886	和歌山県沖で（①）事件がおこる
1894	（②）との間で治外法権の廃止を決める　ⓐ
1911	（③）との間で関税自主権の回復を決める　ⓑ

(3) 年表中のⓐ・ⓑのときに交渉にあたった日本の外務大臣の名前を、それぞれ書きましょう。
ⓐ（ 陸奥宗光 ）　ⓑ（ 小村寿太郎 ）

2 次の文を読んで、答えましょう。

ⓐ明治政府の改革に不満をもつ士族が各地で反乱をおこした。しかし、いずれも政府の軍隊にしずめられ、以後、武力でなく言論で政府にうったえるようになった。また（①）を中心に、ⓘ憲法をつくって政府に（②）を開くよう求める運動が全国に広がった。ⓤ政府は（②）を開くことを約束し、憲法を調べるため、のちに初代内閣総理大臣になる（③）を外国に送った。そして、ⓔ1889年に大日本帝国憲法が発布され、翌年に第1回の（②）が開かれた。

(1) 文中の①〜③にあてはまる言葉・人物の名前を書きましょう。
①（ 板垣退助 ）
②（ 国会（帝国議会） ）
③（ 伊藤博文 ）

（①）　（③）

(2) 下線部ⓐについて、西郷隆盛を指導者として、1877年に鹿児島でおこった反乱の名前を書きましょう。（ 西南戦争 ）

(3) 下線部ⓘについて、この運動を何というでしょう。（ 自由民権運動 ）

(4) 下線部ⓤについて、このころ、大隈重信がつくった政党の名前を書きましょう。（ 立憲改進党 ）

(5) 下線部ⓔの説明として正しいものには○を、まちがっているものには×をつけましょう。
①（ × ）おもにアメリカの憲法を参考にしてつくられた。
②（ × ）国民主権が定められた。
③（ × ）内閣総理大臣が軍隊を率いると定められた。

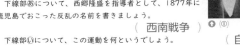

ヒント
1 (1) この事件の後、治外法権の撤廃を求める運動がさかんになりました。
2 (2) 士族の最後で最大の反乱だといわれます。

できたかな？
□不平等条約の改正までの流れを説明してみよう。
□自由民権運動が始まって、大日本帝国憲法が制定されたことをおさえておこう。

おうちのかたへ
近現代は、歴史の覚える内容が多くなります。この単元では、不平等条約改正までの流れ、自由民権運動から大日本帝国憲法までの流れをそれぞれ表にまとめるなどして、整理しておくとわかりやすいです。

練習 67ページ

1 (1)ノルマントン号事件では、イギリス人の船長と船員が全員助かり、日本人乗客が全員水死したにもかかわらず、治外法権のためにイギリス人船長には軽い罰があたえられただけでした。そのため、日本では不平等条約の改正の声が高まりました。

(2)(3)治外法権を認めると、外国人が日本で罪をおかしても、日本の法律で裁くことができず、外国の法律で裁かれることになります。関税自主権がないと、安い外国製品を輸入するときに関税をかける権利がなく、値段が高い日本製の製品が売れなくなります。

2 (1)①板垣退助は、自由民権運動を始めた人物です。③伊藤博文は、ヨーロッパの中でも、皇帝の権力が強いドイツの憲法を中心に学んで、憲法の作成にあたりました。

(4)板垣退助がつくったのは自由党です。

(5)①おもにドイツの憲法を参考にしてつくられました。②天皇主権でした。③軍隊をひきいるのは天皇でした。

ぴったり1 準備

2. 日本のあゆみ

10 国力の充実をめざす日本と国際社会②

学習日　68ページ

めあて　日本が世界の強国となっていった過程をまとめよう。

教科書 184～187ページ　答え 35ページ

次の（　）に入る言葉を、下から選びましょう。

1 日清・日露の戦い　教科書 184～185ページ

ワンポイント　日清戦争と日露戦争

日清戦争	原因	●朝鮮で反乱がおこる。 ●朝鮮政府が清に援軍を求め、日本も軍を送る。 ●日本と清の間で（① 日清戦争 ）がおこる。
	結果	●1895年、日本が勝利し、下関条約が結ばれる。 ●台湾と（② リアオトン ）（遼東）半島をゆずり受け、多額の賠償金を受け取る→（③ ロシア ）がドイツ・フランスとリヤオトン（遼東）半島を返すよう求める。 ●日本はリヤオトン（遼東）半島を返還する。
日露戦争	原因	●朝鮮（韓国）をめぐりロシアと対立した日本は、中国から得た賠償金で軍備を増強し、ロシアの勢力をおさえたい（④ イギリス ）と同盟を結ぶ。 ●1904年、日本とロシアの間で（⑤ 日露戦争 ）がおこる。
	結果	●日本海海戦で（⑥ 東郷平八郎 ）のかつやくでロシアの艦隊を破る。 ●アメリカのちゅうかいで講和条約が結ばれ、ロシアは韓国からしりぞく。

日清戦争前の東アジアの関係をえがいたふうし画

2 日露戦争後の日本のようす　教科書 186～187ページ

日露戦争後の日本

- ロシアとの講和条約（ポーツマス条約）で賠償金が得られなかったため、苦しい生活にたえて戦争に協力した国民からは、講和に反対の声があがった。
- 1910年、日本は韓国を併合して朝鮮とし、（⑦ 植民地 ）にした。
- 朝鮮の人々の中には、日本や満州に移り住む人も多くいた。

日本の支配下にあった朝鮮では、日本語の教育などが行われ、抵抗運動がおこったよ。

第一次世界大戦

- 1914年、ヨーロッパで（⑧ 第一次世界大戦 ）がおこり、日本も参加する。
- 日本は中国に勢力をのばし、中国では日本への抵抗運動がおこる。

日本の領土の移り変わり

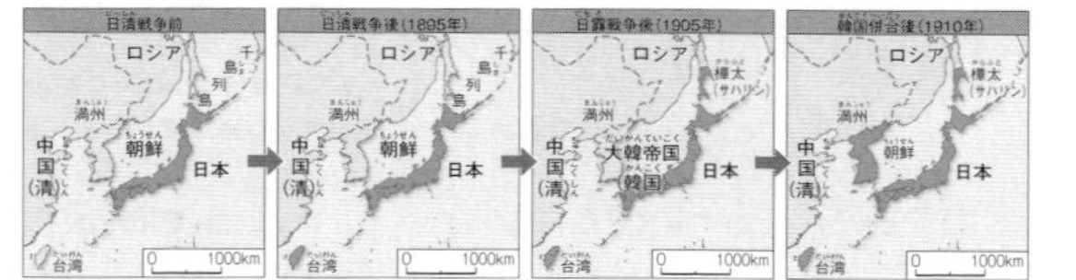

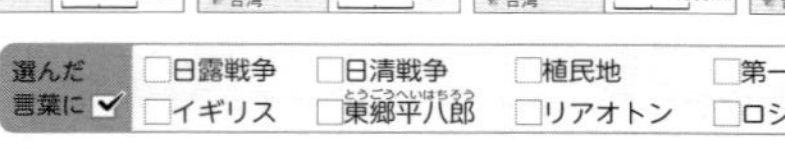

選んだ言葉に✓

□日露戦争　□日清戦争　□植民地　□第一次世界大戦
□イギリス　□東郷平八郎　□リアオトン　□ロシア

ぴったり2 練習

学習日　69ページ

ぴたトリビア　中国…1912年に清にかわってナンキン（南京）を首都とする中華民国（中国）が成立しました。

教科書 184～187ページ　答え 35ページ

1 次の文を読んで、答えましょう。

A　ⓐと不平等な条約を結んでいたⓒで農民の反乱がおこると、ⓐと中国（清）は軍隊を送って対立し、1894年に戦争が始まった。

B　中国へ勢力をのばそうとしていたⓑは、ⓐにせまって、□半島を清に返させた。この後、ⓐとⓑはⓒをめぐって対立し、1904年に戦争となった。

(1) A、Bの文中のⓐ～ⓒは、右の絵のⓐ～ⓒと同じ国です。それぞれあてはまる国の名前を書きましょう。

ⓐ（ 日本 ）
ⓑ（ ロシア ）
ⓒ（ 朝鮮 ）

(2) Bの文中の□にあてはまる半島の名前を書きましょう。（リアオトン（遼東））

(3) A、Bの文について、それぞれの戦争の名前を書きましょう。　A（ 日清戦争 ）B（ 日露戦争 ）

(4) 右上の絵は、A、Bどちらの戦争前のようすをふうししたものでしょう。（ A ）

(5) 与謝野晶子が、戦場にいる弟を心配し「君死にたまうことなかれ」という歌をよんだのは、A、Bどちらの戦争でしょう。（ B ）

2 次の問いに答えましょう。

(1) 1910年、日本が植民地としたのはどこでしょう。右の地図中の㋐～㋓から選びましょう。（ ㋑ ）

(2) (1)の国では、日本の土地調査によって土地を失い、仕事を求めて日本や中国東北部に移り住む人々もいました。この中国東北部の地域の名前を書きましょう。（ 満州 ）

(3) 1914年にヨーロッパではじまった戦争の名前を書きましょう。（第一次世界大戦）

(4) (3)の戦争のときの日本について説明した、次の文の（　）には、同じ国の名前が入ります。あてはまる国の名前を書きましょう。（ 中国 ）

日本は、（　）に勢力をのばそうとし、それに対して（　）の国内では日本への抵抗運動がおこった。（　）に進出していた欧米諸国は、日本に対する警戒を強めた。

ヒント　1 (1) 日本・中国（清）・ロシアの三国の、朝鮮をめぐる関係をふうしした絵です。
2 (1) 1910年なので、日露戦争後のことです。

できたかな？

□日清戦争がおこった原因と日露戦争がおこった原因を区別して説明してみよう。

おうちのかたへ

日本は、日清戦争と日露戦争に勝利したことで、外国にも勢力をのばす欧米諸国と対等になったとされています。2つの戦争の後の日本の動きを欧米との関係から考えてみてください。

練習　69ページ

1 (1)絵のⓒは朝鮮です。絵は、朝鮮をつりあげようと、日本と清がねらっていて、ロシアがそれを外から見ている状況をあらわしています。

(2)日本がリアオトン（遼東）半島をゆずりうけたことに対して、中国へ勢力をのばそうとしていたロシアが警戒して、中国に返させました。

(4)絵は、日本と清が争った日清戦争の前の状況をえがいたものです。

(5)与謝野晶子は、大阪府堺市出身の歌人です。日露戦争に行った弟を心配して、「君死にたまうことなかれ」という歌をよみました。

2 (1)1910年に日本が植民地としたのは韓国（朝鮮）です。㋐は樺太の南半分、㋒はリアオトン半島、㋓は台湾で、㋐と㋓は日露戦争後にはすでに日本の支配地域となっていました。

(3)日本は、イギリスと同盟を結んでいたことから、この戦いに加わりました。

(4)中国には、多くの欧米諸国が勢力をのばしていました。

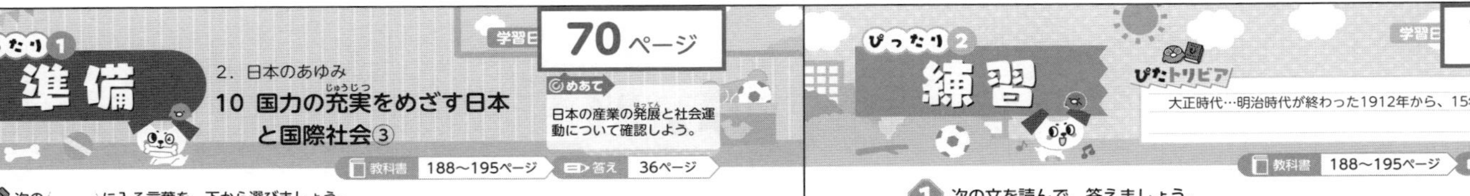

ぴったり1 準備

2. 日本のあゆみ

10 国力の充実をめざす日本と国際社会③

学習日

70ページ

めあて 日本の産業の発展と社会運動について確認しよう。

教科書 188~195ページ　答え 36ページ

次の（　）に入る言葉を、下から選びましょう。

1 産業の発展と人々のくらし　教科書 188~189ページ

近代産業の発達

- 日清戦争の少し前から、生糸や綿糸、綿織物などをつくる軽工業がさかんになった。
- 政府は、日清戦争の賠償金の一部で、北九州に（① 八幡製鉄所）をつくった。
- 日露戦争後には、造船などの重工業も発達した。
- いっぽうで、工場や鉱山からでるけむりや廃水で（② 公害）が発生した。
- **足尾銅山鉱毒事件**では、栃木県選出の衆議院議員だった（③ 田中正造）が解決に半生をささげた。
- バスの車掌や電話の交換手などで、女性たちがかつやくするようになった。

世界でかつやくした日本人

- （④ 北里柴三郎）…ドイツへ留学。破傷風の治療法を発見し、帰国後、伝染病研究所をつくる。後にペスト菌も発見。
- （⑤ 野口英世）…北里のもとで研究したあと、アメリカでへび毒の研究をする。ガーナで黄熱病の研究もおこなった。
- （⑥ 津田梅子）…岩倉使節団に7才で留学生として同行した。帰国後、学校を開き、女性の教育に力を注いだ。

北里柴三郎（1853~1931年）　野口英世（1876~1928年）

2 よりよく生きる権利を求めて　教科書 190~191ページ

大正時代

- 米の値段があがり、全国各地で米の安売りを求める**米騒動**がおこった。

ワンポイント 大正時代の社会運動　※⑦は「平塚らいちょう」でも正答。

労働者や農民	生活の改善や権利の拡大を求めて組合をつくった。
⑦平塚らいてう	女性の自由と権利の拡大をめざす運動をおこなった。
差別に苦しんでいた人々	（⑧ 全国水平社）をつくり、差別をなくす運動をはじめた。 →**山田孝野次郎**は少年代表として参加し、力強く呼びかけ、参加者に希望と勇気をあたえた。
政治	政治は、国民の代表である議会によっておこなわれるべきだとする（⑨ 民主主義）の主張が広まった。 結果：1925年、25才以上の全ての男子が選挙権をもつ（**普通選挙**）。

- 政府の動き…政治や社会のしくみを変えようとする運動や思想をきびしく取りしまる法律（**治安維持法**）をつくる。

選んだ言葉に✓　□全国水平社　□北里柴三郎　□平塚らいてう（らいちょう）　□民主主義　□野口英世　□津田梅子　□公害　□田中正造　□八幡製鉄所

70

ぴったり2 練習

71ページ

ぴたトリビア　大正時代…明治時代が終わった1912年から、15年間続いた時代をいう。

教科書 188~195ページ　答え 36ページ

1 次の文を読んで、答えましょう。

（①）の少し前から、（②）・綿糸・綿織物などをつくる軽工業がさかんになり、やがて（②）の輸出額は世界一になった。また（①）の賠償金の一部で（③）製鉄所もつくられ、造船業や兵器工業などの重工業も発展した。いっぽう、公害問題も発生した。

(1) 文中の①~③にあてはまる言葉を、［　］から選びましょう。
①（日清戦争）②（生糸）③（八幡）
［日露戦争　日清戦争　生糸　毛織物　富岡　八幡］

(2) 下線部の公害について、栃木県の足尾銅山鉱毒事件で被害者の救済にあたった人物の名前を書きましょう。（田中正造）

(3) 右の写真の①~③にあてはまる人物の説明としてあてはまるものを、次の㋐~㋒からそれぞれ選びましょう。
①（㋒）②（㋐）③（㋑）
㋐ 黄熱病の研究をした。
㋑ 留学から帰国し、女子教育に力をいれた。
㋒ 破傷風の治療法を発見した。

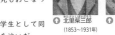

①北里柴三郎　②野口英世　③津田梅子

2 右の年表を見て、答えましょう。

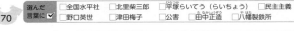

年	おもなできごと
1912	大正時代がはじまる
1914	㋐第一次世界大戦が始まる
1918	（①）がおこる
1925	㋑普通選挙の制度が定められる

(1) 下線部㋐のころに、女性がかつやくした仕事としてあてはまるもの2つに○をつけましょう。
㋐（　）日本軍の兵隊
㋑（○）電話の交換手
㋒（○）バスの車掌
㋓（　）衆議院議員

(2) 年表中㋐のころに高まった社会運動について、次の①・②の説明にあう人物・団体の名前を書きましょう。※①は「平塚らいちょう」でも正答。①（平塚らいてう（らいちょう））②（全国水平社）
① 女性の自由と権利の拡大をめざす運動をおこなった人物。
② 日常生活で差別に苦しむ人々が、みずからの力で差別をなくすために設立した団体。

(3) 年表中①にあてはまる、米の安売りを求めた運動は何でしょう。（米騒動）

(4) 下線部㋑の普通選挙の制度では、どのような人が選挙権をもつことになりましたか。次の㋐~㋒から選びましょう。（㋑）
㋐ 25才以上の男女　㋑ 25才以上の男子　㋒ 20才以上の男子

ヒント 1 (2) 栃木県の衆議院議員だった人物です。 2 (3) 米の値上がりに対しておこりました。

71

できたかな?
□いつごろ軽工業が発達して、いつごろ重工業がさかんになったか、言ってみよう。
□大正時代の社会運動を説明してみよう。

おうちのかたへ
大正時代は、民主主義が高まった時代です。社会の発展とともに色々な社会運動がさかんになりました。このころに高まった人権についてまとめておくと、現在につながる問題が見えてきます。

練習 71ページ

1 (1)①日清戦争前から、軽工業がさかんになり、外国産よりも安くてよい製品がつくられるようになりました。
③八幡製鉄所は、福岡県の北九州につくられました。
(2)足尾銅山は、日本の重要な輸出品である銅の生産をおこなっていました。1890年ごろから農作物や家畜に被害が出るようになりました。
(3)津田梅子は留学生として岩倉使節団に同行しました。

2 (1)㋐徴兵令で徴兵の義務を負ったのは、20才以上の男子です。㋓選挙に出る権利、投票する権利があったのは、男子だけです。
(2)①平塚らいてうは、「元始、女性は実に太陽であった」とよびかけて、女性の権利拡大をめざしました。
②全国水平社の創立大会では、「…解放する運動を進めよう。人の世に熱あれ、人間に光あれ」という有名な宣言文が出されました。
(3)米の値段が急に高くなったことに対して、各地で米の安売りを求める運動がおこりました。
(4)普通選挙とは、納めている税金などの額による制限がない選挙のことです。

ぴったり3 確かめのテスト

2. 日本のあゆみ

10 国力の充実をめざす日本と国際社会

72ページ

／100　合格80点

教科書 178～195ページ　答え 37ページ

1 右の年表を見て、答えましょう。　1つ4点、(2)(4)5点（30点）

(1) よく出る 年表中の①にあてはまる反乱の名前を書きましょう。（西南戦争）

(2) よく出る 台湾が日本の領土になったのは、年表中の①～④のどの反乱や戦争のあとでしょう。技能（②）

(3) 次の①～③のできごとは、年表中のどこに入りますか、㋐～㋒から1つずつ選びましょう。技能

①（㋑）②（㋐）③（㋒）

① イギリスと同盟を結ぶ。
② 第1回の帝国議会（国会）が開かれる。
③ 米騒動がおこる。

年	おもなできごと
1877	鹿児島で（①）がおこる
1889	大日本帝国憲法を発布する
	↕㋐
1894	不平等条約の一部を改正する （②）がおこる（～95）
	↕㋑
1904	（③）がおこる（～05）
1910	韓国を併合する
1911	㋐不平等条約を完全に改正する
1914	（④）がおこる（～18）
	↕㋒
1925	㋑普通選挙の制度を定める

(4) 下線部㋐について説明した文として正しいものを、次の㋐～㋒から選びましょう。（㋒）

㋐ 外務大臣陸奥宗光によって交渉がおこなわれた。
㋑ イギリスとのあいだで治外法権が廃止された。
㋒ アメリカとのあいだで関税自主権が回復された。

(5) 下線部㋑について、普通選挙と同時に政治や社会のしくみを変えようとする運動や思想を取りしまる法律が定められました。この法律の名前を書きましょう。（治安維持法）

2 次の写真を見て、①～④の写真の人物についての説明として正しいものを、㋐～㋓から選びましょう。　1つ5点（20点）

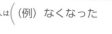

技能 ①（㋑）②（㋐）③（㋒）④（㋓）

㋐ 日本海海戦でロシアの艦隊を破った。
㋑ 「君死にたまうことなかれ」という歌を発表した。
㋒ 「もともと、女性は実に太陽であった。」ととなえ、女性の自由と権利の拡大をめざす運動を進めた。
㋓ 身分制に苦しむ人々とともに差別をなくす運動をはじめた。

学習日 **73ページ**

3 次の絵を見て、答えましょう。　1つ5点、(6)完答5点（30点）

(1) よく出る Ⓐは、明治天皇が、内閣総理大臣に憲法を手わたしているところです。この憲法を中心となってつくり、初代内閣総理大臣をつとめた人物の名前を書きましょう。（伊藤博文）

(2) 憲法発布後、最初の選挙がおこなわれましたが、有権者について説明した次の文の（　）にあてはまる数字を書きましょう。（15）

国税（　）円以上を納めている満25才以上の成年男子。

(3) Ⓑの運動を指導した土佐藩出身の人物の名前を書きましょう。（板垣退助）

(4) Ⓑの運動の高まりで政府が10年後に国会を開く約束をしたことから、大隈重信がつくった政党の名前を書きましょう。（立憲改進党）

(5) Ⓒの絵は何という事件のようすをえがいていますか。（ノルマントン号事件）

記述 (6) てきたらスゴイ！ Ⓒの絵にえがかれた事件で、船にのっていたイギリス人と日本人はそれぞれどうなりましたか。簡単に書きましょう。思考・判断・表現

イギリス人は（（例）助かり）、日本人は（（例）なくなった）。

4 右の写真を見て、答えましょう。　1つ5点（20点）

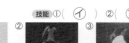

(1) よく出る Ⓐの写真は、製糸工場で働く女性たちを写したものです。19世紀後半から生産が盛んになり、輸出額が世界一になった製品は何でしょう。（生糸）

記述 (2) てきたらスゴイ！ Ⓑの写真は北九州につくられた近代的な工場を写したものです。この工場はどのようなお金を使ってつくられましたか。簡単に書きましょう。思考・判断・表現

（（例）日清戦争の賠償金の一部を使ってつくられた。）

(3) 産業が発達するいっぽうで、工場からのけむりや廃水によっておこった問題を何といいますか。（公害）

(4) (3)の代表的な事件で、栃木県選出の衆議院議員だったⒸの写真の人物が被害者の救済などにあたった事件の名前を書きましょう。（足尾銅山鉱毒事件）

ふりかえり ❸(6)がわからないときは、66ページの❶にもどって確認してみよう。

この本の終わりにある「冬のチャレンジテスト」をやってみよう！

確かめのテスト 72～73ページ

1 (1)①西郷隆盛を大将にして、鹿児島の士族たちがおこした反乱です。この反乱は、近代的な装備をした新政府軍によっておさえられました。この反乱以降、政府への批判は、言論によるものにかわりました。

(3)①イギリスと同盟を結んだのは、日露戦争の前です。②第1回の帝国議会は、大日本帝国憲法が定められた後に開かれました。③米騒動は第一次世界大戦の開戦後におこりました。

2 ①は与謝野晶子、②は東郷平八郎、③は平塚らいてう、④は山田孝野次郎です。

3 (2)投票することができた有権者は、当時の人口の約1.1%でした。

(3)Ⓑの運動とは、自由民権運動のことです。

(5)Ⓒはノルマントン号事件の絵です。この事件があって、不平等条約改正を求める声が高まりました。

4 (1)製糸業とは生糸をつくる工業、紡績業とは綿花から綿糸をつくる工業のことをいいます。

(4)Ⓒの写真の人物は田中正造です。

記述問題のプラスワン

3 (6)イギリス人船長とイギリス人の船員は全員助かり、日本人乗客はすべて水死したにもかかわらず、イギリス人船長はイギリスの法律で裁かれ、軽い罪になっただけでした。

4 (2)日清戦争に勝利した日本は、2億両の賠償金とリアオトン（遼東）半島などをゆずりうけました。日本が得た賠償金は、当時の日本の約3年分の収入でした。

次の（　）に入る言葉を、下から選びましょう。

1 好景気から不景気へ／満州事変と孤立する日本 教科書 196~199ページ

日本をおそった不景気

- 第一次世界大戦中、日本は輸出額をのばして好景気になったが、戦後は不景気になった。
- 1923年の（① 関東大震災）で、日本経済は大きな打撃を受けた。
- （② 昭和）時代になってすぐの1929年、アメリカの不景気が日本にもえいきょうし、銀行や会社が多く倒産した。
- 農村では、冷害も重なり、人々の生活がとても苦しくなった。

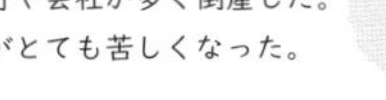

どんどん不景気が深刻になっていったんだね。

ワンポイント 満州事変

原因	不景気から抜け出すには「（③ 満州）」が必要と考えた。
きっかけ	日本軍による南満州鉄道の線路の爆破を、中国軍のしわざとして攻撃をはじめた。これを、（④ 満州事変）という。
経過	中国東北部に、満州国をつくった。
結果	中国が、（⑤ 国際連盟）にうったえ、満州国は認められなかった。↓ そのため、日本は国際連盟を脱退し、国際社会で孤立した。

国際連盟で演説する日本の代表

- 満州事変後、政治家を暗殺する事件などが次々おき、政治に対する軍人の発言が強まった。
- 兵庫県の衆議院議員の（⑥ 斎藤隆夫）は、軍部による横暴を国会でいましめた。

2 長引く中国との戦争 教科書 200~201ページ

日中戦争

- 1937年、ペキン（北京）の近くで日本軍と中国軍がしょうとつし、（⑦ 日中戦争）がはじまった。
- 日本は、シャンハイ（上海）やナンキン（南京）を占領したが、中国はアメリカやイギリスの援助を受けて戦いは続き、日中戦争は長引いた。
- 日本国内では、軍事を優先する（⑧ 軍国主義）の教育がおこなわれた。
- 朝鮮では、人々の姓名を日本式に改めさせたり、徴兵がおこなわれたりした。

中国で拡大する戦争

選んだ言葉に✓　□関東大震災　□斎藤隆夫　□満州　□国際連盟　□軍国主義　□昭和　□日中戦争　□満州事変

74

ぴったり2 練習　学習日　75ページ

ぴたトリビア　五・一五事件、二・二六事件…1932年と1936年におこった、軍人が大臣らを殺害した事件です。これ以後、軍人の政治に対する発言力が強くなりました。

教科書 196~201ページ　答え 38ページ

1 次の文を読んで、答えましょう。

第一次世界大戦後から（①）時代のはじめごろにかけて、あ日本は不景気が深刻になり、都市では仕事を求める人があふれ、農村では農作物の値段が下がったうえ冷害も重なり、生活に苦しむ人が増えた。不景気からぬけ出すため、一部の軍人や政治家は（②）を日本のものにしようと考えた。い1931年、日本軍は南満州鉄道の線路を爆破し、これを中国軍のしわざとして攻撃をはじめ、翌年にはう「満州国」をつくった。

中国はこれを日本の侵略として（③）にうったえ、（③）が満州国を認めないと決議したことから、日本は（③）を脱退した。

その後、日本では、え政治家を暗殺する事件が次々とひきおこされた。

(1) 文中の①~③にあてはまる言葉を書きましょう。
①（昭和）②（満州）③（国際連盟）

(2) 下線部あについて、次の問いに答えましょう。
① 不景気をより深刻にした1923年のできごとは何でしょう。（関東大震災）
② 下線部あは、世界一の経済力をもっていたある国の不景気のえいきょうを受けたためでもあります。そのある国とはどこでしょう。（アメリカ）

(3) 下線部いの事件の名前を書きましょう。（満州事変）

(4) 下線部うについて、「満州国」がつくられたのは、右の地図中のア~エのどこでしょう。（イ）

(5) 下線部えについて、これらの事件のあと、日本の政治はどうなりましたか。次から1つ選びましょう。（ア）
ア 軍人が政治を支配するようになった。
イ 憲法にしたがって政治をおこなうようになった。
ウ 議会が政治の中心となった。

2 次の問いに答えましょう。

(1) 1937年に、日本軍と中国軍がしょうとつしてはじまった戦争を何といいますか。（日中戦争）

(2) (1)で中国を援助した国を、次から2つ選びましょう。(順不同)（ア）（エ）
ア イギリス　イ ドイツ　ウ イタリア　エ アメリカ

(3) (1)の戦時中、姓名を日本式に改めさせられたり、徴兵されたりした日本の植民地はどこでしょう。（朝鮮）

ヒント　1 (2)① 明治時代以降、最も多くの死者・ゆくえ不明者が出た地震です。　2 (3) 1910年に日本に併合された地域です。

75

できたかな？
□日本が不景気になっていった理由を説明しよう。
□日中戦争になる前の日本の状況をおさえておこう。

おうちのかたへ
昭和時代初期は、日本が日中戦争、第二次世界大戦、太平洋戦争などの大きな戦争に向かった時期です。日中戦争までの流れは問題でよく問われます。軍部が政治の中心となっていった背景と合わせて、流れをまとめておくことが大切です。

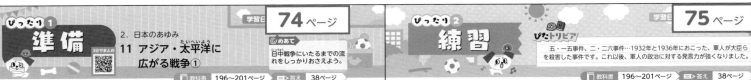

練習 75ページ

1 (1)③国際連盟は、第一次世界大戦後につくられた国際的な組織です。

(2)①第一次世界大戦中は、日本はヨーロッパやアメリカへの輸出額を増やして好景気になりました。しかし、ヨーロッパが終戦をむかえ復興すると、日本は不景気になりました。関東大震災や東北地方の冷害などもあり、日本の不景気は深刻なものになりました。

(3)満州には、広い土地と豊かな資源があると考えられ、満州への進出が不景気からぬけ出す方法だと考える人もでてきました。

(4)アは朝鮮、ウは中国、エは台湾です。アの朝鮮は1910年から、エの台湾は日清戦争後から日本領です。

(5)次々とおこった事件を軍部がおさえたことから、軍部の力が強くなりました。

2 (1)日中戦争は、中国の激しい抵抗があり、日本が考えていたよりも長引きました。

(2)イのドイツ、ウのイタリアは、日本と軍事同盟を結びました。

ぴったり1 準備

2. 日本のあゆみ

11 アジア・太平洋に広がる戦争②

◎めあて 太平洋戦争のはじまりと戦時中の人々のくらしをおさえよう。

教科書 202〜205ページ　答え 39ページ

次の（　　）に入る言葉を、下から選びましょう。

1 アジアや太平洋に広がる戦場

教科書 202〜203ページ

第二次世界大戦

- 1939年、ヨーロッパでは、ドイツがまわりの国々に攻めこんで（① 第二次世界大戦 ）がはじまった。
- 日本は、日中戦争が長引き、（② 石油 ）やゴムなどの資源を手に入れるため、東南アジアに進出した。
- 中国を支援したアメリカやイギリスなどの（③ 連合国 ）と、ドイツ・イタリアと軍事同盟を結んだ日本とが対立した。

太平洋戦争

- 1941年、資源の輸入を禁止された日本は、イギリス領のマレー半島とハワイの真珠湾にあるアメリカ軍基地を攻撃し、（④ 太平洋戦争 ）がはじまった。
- 日本は占領した地域の住民を戦争に協力させたことから、日本の支配に対する抵抗運動がおこった。
- **真珠湾攻撃**をおこなった（⑤ 山本五十六 ）は、アメリカの国力を知り、早く戦争を終結させることを考えていた。

日本が確保しようとした東南アジアの資源

2 戦争で大きく変わった人々のくらし

教科書 204〜205ページ

太平洋戦争の拡大

- 豊かな資源と工業力をもつアメリカ軍の反撃がはげしくなり、日本軍は各地で敗退した。

ワンポイント 戦争中の人々のくらし

- 「ぜいたくは敵だ」というスローガンも生まれ、国民生活は苦しくなった。
- 戦争に協力しない者は、非国民と責められることもあった。

●（⑥ 切符制 ）…さとう、マッチやみそ、衣料品が切符と引きかえになった。	
●（⑦ 配給制 ）…米が家族の人数に応じて配られるようになった。	
●中学生や女学生は兵器工場で働く。	
●大学生も兵士として、戦地に送られる。	
●（⑧ 集団疎開 ）…空襲がはげしくなると、都市に住む小学生は、地方へ避難した。	集団疎開のようす

選んだ言葉に✓　□山本五十六　□集団疎開　□配給制　□第二次世界大戦　□連合国　□太平洋戦争　□石油　□切符制

ぴったり2 練習

ぴたトリビア 日本は初め、太平洋戦争を有利に進め、太平洋地域の大部分を支配下におきましたが、ミッドウェー海戦での敗戦により、戦況が一変しました。

教科書 202〜205ページ　答え 39ページ

1 次の文を読んで、答えましょう。

日中戦争が長引く中、日本は石油やゴムなどの資源を手に入れようと、欧米各国の①となっていた②に進出した。その後、ⓐイギリスやアメリカとはげしく対立するようになった。資源の輸入を禁止された日本は、1941年、イギリス領のマレー半島と、ハワイの③にあったアメリカ軍基地を攻撃し、ⓑ太平洋戦争がはじまった。

(1) 文中の①〜③にあてはまる言葉を書きましょう。
①（ 植民地 ）②（ 東南アジア ）③（ 真珠湾 ）

(2) 下線部ⓐについて、日本と戦った国をまとめて何といいますか。
（ 連合国 ）

(3) 下線部ⓑについて正しいものには○、まちがっているものには×をつけましょう。
①（ ○ ）日本軍は、占領した地域で食料や燃料を取り立てた。
②（ × ）占領した地域の住民の姓名を日本式に改めさせた。
③（ × ）占領した地域で、子どもたちに日本と同じ軍国主義の教育をおこなった。
④（ ○ ）占領した地域では、日本の支配に抵抗する運動がおこった。

2 右の年表を見て、答えましょう。

(1) 年表中の①〜④にあてはまる言葉を、［　　］から選びましょう。
①（ 鉄製品 ）
②（ 配給制 ）
③（ 疎開 ）
④（ 兵器工場 ）

兵器工場　鉄製品　配給制　軍事教練　疎開　徴兵制

年	おもなできごと
1938	ⓐ国民や物資のすべてを統制できる権限を政府にあたえた法律ができる
1939	（第二次世界大戦がはじまる） ⓑ兵器の材料となる①の回収がはじまる
1940	ⓒさとう・マッチが切符制になる
1941	（太平洋戦争がはじまる） ⓓ米が②になる
1942	ⓔみそ・しょうゆ・衣料品が切符制になる
1944	学童の集団③がはじまる ⓕ中学生以上の全員がおもに④で働く

(2) 次の①〜③の文に関係の深いできごとを、年表中のⓐ〜ⓕから、（　　）の数だけ選びましょう。
①（ ⓕ ）
②（ ⓐ ）
（順不同）③（ ⓒ ）（ ⓓ ）（ ⓔ ）
①日本国内の労働力が不足していた。
②政府が思うように、国民を戦争に動員できるようにした。
③食料品や日用品などの生活必需品が不足していた。

ヒント
1 (2) 日本と同盟を結んでいたドイツやイタリアとも対立しました。
2 (1)② 生活必需品は、家族の人数に応じて配られた切符などと引きかえに配給されました。

できたかな？
□太平洋戦争が始まる前の日本の状況を言ってみよう。
□戦時中の人々のくらしがどのようなものだったか説明してみよう。

おうちのかたへ
第一次世界大戦後から、日本は不景気になります。不景気が深刻になっていった状況と、それを打開するために戦争に突き進んだ日本政府の対応をならべて時系列でまとめましょう。

練習 77ページ

1 (1)②日本は、日中戦争が長引き、さまざまなものが不足しました。東南アジアは資源が豊富で、日本は石油やゴムなどを得るために、進出しました。しかし、東南アジアを植民地としていたヨーロッパの国々と対立することになりました。
(2)日本と同盟を結んだドイツ、イタリアのことは同盟国といいます。
(3)②③占領した地域では、住民を戦争のために協力させました。名前を日本式に改めさせたのは、朝鮮です。

2 (1)①日本では鉄が不足し、お寺の鐘なども国に差し出しました。②生活用品も不足し、家族の人数などに応じて、配られるようになりました。
③都市部への空襲がはげしくなったことから、いなかへ疎開しました。
(2)①多くの大人の男性が兵隊として戦争に出たことから、国内では労働力が不足し、学生も兵器工場などで働きました。②それまでは議会を通して決定されていたことが、政府の考えだけで決定されるようになりました。

2．日本のあゆみ
11 アジア・太平洋に広がる戦争③

めあて：日本の敗戦までの流れを理解しよう。

教科書 206～213ページ　答え 40ページ

次の（　）に入る言葉を、下から選びましょう。

1 空襲で焼きつくされる国土／戦場となった沖縄　教科書 206～209ページ

空襲の被害
- 1944年、アメリカ軍は太平洋の島々を占領し、日本本土への（① 空襲 ）をおこなった。
- 空襲によって全国で約30万人以上の人がなくなった。

東京や大阪などのおもな都市がねらわれたよ。

空襲による死者数：・999人以下　•1000～9999人　●10000人以上　0　300km
空襲を受けたおもな都市と被害

沖縄戦
- 1945年3月末、アメリカ軍の沖縄への攻撃が本格化し、4月に（② 沖縄島 ）に上陸した。
- アメリカ軍の攻撃に、「集団自決」した住民も多数いた。
- 女子学徒隊の（③ ひめゆり学徒隊 ）や、男子学徒の鉄血勤皇隊など、中学校の生徒も戦争に動員された。

アメリカ軍への攻撃
- 太平洋戦争の終わりには、爆弾を積んだまま、敵の船に体当たりで攻撃をおこなう特別攻撃隊（（④ 特攻隊 ））が組織された。

2 広島・長崎への原爆投下と日本の敗戦／学習課題について話し合う　教科書 210～213ページ

ワンポイント　日本の敗戦まで

1943～1945年	●1943年9月にイタリア、1945年5月にドイツが連合国に降伏する。
1945年7月	●アメリカ・イギリス・中国が、日本に無条件降伏をうながす。 ●（⑤ ポツダム宣言 ）を発表する。
1945年8月6日	●アメリカ軍が（⑥ 広島 ）に原子爆弾を投下する。
1945年8月8日	●（⑦ ソ連 ）が日本との約束をやぶり、満州などに侵攻する。
1945年8月9日	●アメリカ軍が（⑧ 長崎 ）に原爆を投下する。
1945年8月15日	●ポツダム宣言を受け入れて降伏したことを、昭和天皇がラジオで国民に伝える（玉音放送）。

原爆が爆発したときのようす

- 終戦後も、ソ連によりシベリアに抑留された人や、満州で肉親と別れて中国人に育てられた中国残留孤児などがいた。

選んだ言葉に✓：□長崎　□広島　□ポツダム宣言　□沖縄島　□空襲　□特攻隊　□ひめゆり学徒隊　□ソ連

ぴたトリビア：戦争が終わったあと、海外にいた日本人約660万人の引きあげがはじまりましたが、生きて帰国できなかった人々も多くいました。

教科書 206～213ページ　答え 40ページ

1 右の地図を見て、答えましょう。

(1) 広島・長崎以外で、空襲で特に大きな被害を受けた都市を2つ書きましょう。
（順不同）（ 東京 ）（ 大阪 ）

(2) 1945年4月にアメリカ軍が上陸を開始した島の名前を書きましょう。（ 沖縄 ）島

(3) (2)でおこなわれた地上戦の説明について、正しいものには○を、まちがっているものには×を書きましょう。
①（ × ）鉄血勤皇隊のように、命がけの看護活動によって日本軍を支えた女子学徒たちもいた。
②（ ○ ）子どもや女性、高齢者の住民までが戦争に巻きこまれ、なかには「集団自決」する人々もいた。
③（ × ）爆弾を積んで敵の船に体当たり攻撃をする特攻隊に入る若者を、この地でだけ集めた。

空襲による死者数：・999人以下　•1000～9999人　●10000人以上　0　300km
空襲を受けたおもな都市とその被害

2 右の写真を見て、答えましょう。

(1) 右の写真は、ある爆弾が投下されたあとの都市のようすです。
① この爆弾の名前を書きましょう。（原爆（原子爆弾））
② 写真Ⓐ、Ⓑの都市の名前を書きましょう。Ⓐ（ 広島 ）Ⓑ（ 長崎 ）

(2) 1945年8月に、満州や樺太南部、千島列島に侵攻してきた国の名前を書きましょう。（ソ連（ソビエト連邦））

(3) 日本は、連合国側が発表した宣言を受け入れて降伏しました。この宣言を何というでしょう。（ポツダム宣言）

(4) 昭和天皇が、ラジオで国民に降伏を伝えたのはいつでしょう。1945年（ 8 ）月（ 15 ）日

Ⓐ　Ⓑ

ヒント：1 (2) 日本国内で地上戦がおこなわれたのはここだけです。2 (4) この日は終戦記念日と呼ばれています。

できたかな？
□日本の敗戦までの流れを太平洋戦争から説明してみよう。

おうちのかたへ
日本が敗戦した1945年は、本土への空襲がはげしくなり、地上の沖縄戦、広島・長崎への原爆投下、ソ連の侵攻があります。これらの一連のできごとが、敗戦を決定づけたことを確認しておきましょう。

練習　79ページ

1 (1)地図中に10000人以上を示す赤い●で書かれている都市を答えます。
(2)日本で唯一、地上戦がおこなわれた島です。
(3)①命がけの看護をしたのは、鉄血勤皇隊ではなく、女子生徒で結成されたひめゆり学徒隊です。鉄血勤皇隊は、中等学校の男子生徒で結成された部隊です。③特攻隊は、沖縄だけではなく、全国から集められました。

2 (1)Ⓐは広島、Ⓑは長崎の原子爆弾が落とされたあとの様子です。Ⓐには、現在、負の遺産として世界文化遺産に登録されている原爆ドームがうつっています。
(2)ソ連は、日本と中立条約を結んでいましたが、アメリカやイギリスと結んで、その条約をやぶって満州などに攻めこんできました。
(3)連合国側は日本の無条件降伏などを求めていました。日本は一度、これを拒否しますが、原爆を落とされて、戦争を続けることは不可能だとして、受け入れました。

ぴったり3 確かめのテスト

2. 日本のあゆみ
11 アジア・太平洋に広がる戦争

80ページ

/100 合格80点

教科書 196〜213ページ　答え 41ページ

1 右の年表を見て、答えましょう。　1つ5点（55点）

(1) よく出る 右の年表中の①にあてはまる年を西暦で書きましょう。（ 1945 ）

(2) よく出る 右の年表中の②にあてはまる言葉を書きましょう。（ 国際連盟 ）

(3) 次の①、②のできごとは、年表中のどこに入りますか、㋐〜㋓から1つずつ選びましょう。　技能
①（ ㋑ ）②（ ㋒ ）
① 二・二六事件がおこる。
② 工場などで働く人や物資を、政府が思うように戦争につぎこむことができる法律ができる。

年	おもなできごと
1929（昭和4）	世界中が不景気になる
1931	ⓐ満州事変がおこる
	↕㋐
1933	ⓑ日本が（②）を脱退する
	↕㋑
1937	日中戦争がはじまる
	↕㋒
1939	ⓒ第二次世界大戦がはじまる
1940	日本がドイツ・イタリアと同盟を結ぶ ㋐日本が東南アジアに軍隊を進める
1941	ⓓ太平洋戦争がはじまる
	↕㋓
①	㋑日本がポツダム宣言を受け入れて降伏する

(4) てきたらスゴイ！ 次の①、②の文は、年表中のⓐ〜ⓓのどのできごとについて説明したものですか。1つずつ選びましょう。　技能
①（ ⓑ ）②（ ⓐ ）
① このあと、日本は国際社会から孤立するようになった。
② 日本軍が南満州鉄道の線路を爆破し、これを中国軍のしわざとして攻撃した。

(5) 年表中のⓐのあと、日本は中国東北部に国をつくり、日本軍の考えにそった政治を進めました。この国の名前を書きましょう。（ 満州国 ）

記述 (6) てきたらスゴイ！ 年表中の下線部㋐にあるように、日本が東南アジアに軍隊を進めた理由を簡単に書きましょう。　思考・判断・表現
（（例）石油やゴムなどの資源を手に入れようとしたから。）

(7) 年表中のⓓは、どのようにしてはじまりましたか。次の文の①、②にあてはまる言葉を書きましょう。　①（ マレー ）②（ ハワイ ）

日本軍が、イギリス領の（①）半島と、（②）の真珠湾にあるアメリカ軍基地を攻撃してはじまった。

(8) よく出る 年表中の下線部㋑の数か月前、日本国内でゆいいつアメリカ軍が上陸して、住民を巻きこんだ地上戦がおこなわれた島の名前を書きましょう。（ 沖縄 ）島

学習日

81ページ

2 次の文を読んで、答えましょう。　1つ4点（20点）

① 物資が不足し、さとうや米・衣料品などの生活必需品は、（　）や配給制になった。
② 大学生は、不足する兵力を補うために兵士として動員された。
③ 空襲を受けても、命を守るためににげるより、火を消すことが優先された。
④ 戦争に協力するよう呼びかける標語を書いた看板が立てられ、国民生活は苦しくなっていった。

Ⓐ Ⓑ

Ⓒ

Ⓓ

(1) よく出る ①の文中の（　）にあてはまる言葉を書きましょう。（ 切符制 ）

(2) ①〜④の文に関係のある写真を、Ⓐ〜Ⓓから1つずつ選びましょう。　技能
①（ Ⓑ ）②（ Ⓓ ）③（ Ⓐ ）④（ Ⓒ ）

3 右の地図を見て、答えましょう。　1つ5点（25点）

(1) よく出る 右の地図は、アメリカ軍の飛行機からの攻撃を受けた都市とその被害者数を示したものです。このような空中からの攻撃のことを何というでしょう。（ 空襲 ）

(2) (1)の攻撃で、全国でどれくらいの人がなくなりましたか。次の□から選びましょう。（ 約30万人 ）

約9万人　約30万人　約660万人

(3) てきたらスゴイ！ (1)による被害をさけるため、都市に住む小学生たちが、まとまって親もとをはなれて地方へ避難したことを何というでしょう。（ 集団疎開 ）

・999人以下
▪1000〜9999人
●10000人以上
Ⓐ
0　300km

記述 (4) (1)は、どのような場所に集中していますか。被害の大きいところに注目して簡単に書きましょう。　思考・判断・表現
（（例）東京や大阪などの大都市に集中している。）

(5) よく出る 右の地図中のⒶの都市には、現在、戦争の悲惨さを示す世界文化遺産として指定されている建物があります。この建物の名前を書きましょう。（ 原爆ドーム ）

ふりかえり　1(6)がわからないときは、76ページの1にもどって確認してみよう。

確かめのテスト　80〜81ページ

1 (2)日本は、満州事変をおこしたあと、中国東北部に満州国をつくりました。国際連盟は、これを認めなかったので、日本は国際連盟を脱退しました。これにより、日本は国際的に孤立しました。

(3)①二・二六事件は、日中戦争の前のできごとです。②政府が人や物資を戦争につぎこむことができる法律をつくったのは、日中戦争が始まったあとです。

(4)②満州事変のことです。

(7)日本はアメリカなどに資源の輸入を禁止されたことから、ますます資源が不足するようになり、東南アジアに進出し、アメリカと開戦しました。

2 (1)日中戦争が長引き、日本国内では生活必需品も不足するようになりました。

3 (1)太平洋戦争の末期、本土への空襲ははげしくなりました。

(5)Ⓐの都市は広島です。

記述問題のプラスワン

1 (6)日本は、資源のとぼしい国です。日中戦争が、はじめに日本政府が考えていたよりも長引き、兵器だけでなく生活必需品なども不足するようになっていました。

3 (4)10000人以上の赤い丸（●）があるのは4つです。原子爆弾が落とされた広島と長崎、そして東京と大阪になります。東京と大阪にはどのような共通点があるかを考えましょう。

ぴったり1 準備

2. 日本のあゆみ

12 新しい日本へのあゆみ①

学習日 82ページ

めあて 戦後の日本の新しい国づくりと世界の情勢を理解しよう。

教科書 214〜219ページ 答え 42ページ

次の（　）に入る言葉を、下から選びましょう。

1 終戦直後の人々のくらし／新しい国づくりがはじまる

教科書 214〜217ページ

終戦直後の人々のくらし

- 空襲で焼けた都市では、住む家や衣服などの日用品が不足した。
- 足りない食料品は、満員の列車に乗って農村に買い出しに行ったり、（① やみ市 ）で買った。
- 校舎が焼けた学校は、校庭にいすを並べて「青空教室」で授業が行われた。
- 日本は、アメリカを中心とする連合国軍に占領され、**連合国軍総司令部（GHQ）**の指令で改革を進めた。

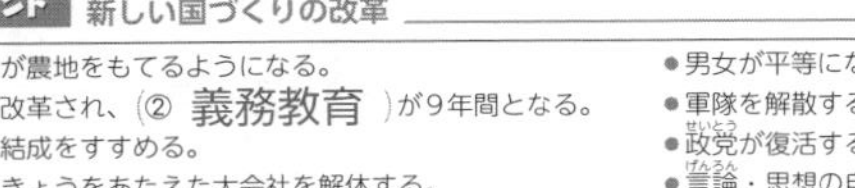

連合国軍最高司令官マッカーサー

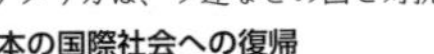

ワンポイント 新しい国づくりの改革

- 多くの農民が農地をもてるようになる。
- 教育制度が改革され、（② 義務教育 ）が9年間となる。
- 労働組合の結成をすすめる。
- 政治にえいきょうをあたえた大会社を解体する。
- 男女が平等になる。
- 軍隊を解散する。
- 政党が復活する。
- 言論・思想の自由を認める。

- （③ 日本国憲法 ）…1946年11月3日に公布、1947年5月3日に施行された。

2 日本の国際社会への復帰

教科書 218〜219ページ

第二次世界大戦後の世界

- 国際社会の平和のため、（④ 国際連合 ）がつくられた。
- （⑤ 冷たい戦争 ）（**東西冷戦**）…アメリカとソ連を中心とする国々に分かれて対立した。
- アメリカは、ソ連などの国と対抗するために、日本との講和を急いだ。

アメリカは日本を西側諸国の一員にしようとしたんだね。

日本の国際社会への復帰

- （⑥ サンフランシスコ ）平和条約…1951年、日本はアメリカやイギリスなど48か国と平和条約を結び、翌年に独立した。
- （⑦ 日米安全保障条約 ）…サンフランシスコ平和条約と同じ日に結ばれ、アメリカ軍が日本にとどまることが決まった。
- 朝鮮半島では、南部をアメリカが占領して大韓民国（韓国）が成立し、北部をソ連が占領して朝鮮民主主義人民共和国（北朝鮮）が成立した。1950年に両国間で（⑧ 朝鮮戦争 ）がおこった。
- 朝鮮戦争をきっかけに、**自衛隊**のもとになる**警察予備隊**がつくられた。また、アメリカが大量の物資を日本に注文したことから、日本の経済が立ち直った。
- 1956年に（⑨ ソ連 ）と国交が回復し、国際連合への加盟が認められた。

サンフランシスコ平和条約の調印式

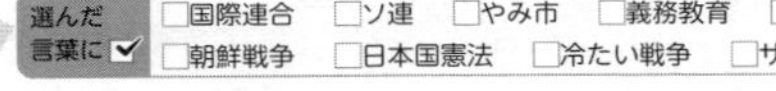

選んだ言葉に✓：□国際連合 □ソ連 □やみ市 □義務教育 □日米安全保障条約 □朝鮮戦争 □日本国憲法 □冷たい戦争 □サンフランシスコ

ぴったり2 練習

学習日 83ページ

ぴたトリビア 朝鮮特需…朝鮮戦争で、アメリカが日本に兵器を大量に注文したことから、日本では産業がさかんになり、経済が早く立ち直りました。

教科書 214〜219ページ 答え 42ページ

1 次の文を読んで、答えましょう。

戦争に敗れた日本は、（①）を中心とする連合国軍に占領された。（②）を最高司令官とする連合国軍総司令部が設置され、日本の民主化を進めるための指令が出された。1946年には、国民主権・基本的人権の尊重・平和主義を定めた（③）が公布された。

(1) 文中の①〜③にあてはまる言葉を書きましょう。

①（ アメリカ ） ②（ マッカーサー ） ③（ 日本国憲法 ）

(2) 次の絵は、文中の下線部にもとづいておこなわれた改革についてえがいたものです。Ⓐ〜Ⓕにあてはまる言葉を、［　］から選びましょう。

Ⓐ（ 解散 ） Ⓑ（ 教育 ） Ⓒ（ 政党 ）
Ⓓ（ 労働組合 ） Ⓔ（ 言論 ） Ⓕ（ 平等 ）

軍隊をⒶする／Ⓑ制度を改革する／Ⓒが復活する／Ⓓの結成をすすめる／Ⓔ・思想の自由を認める／男女がⒻになる

平等　解散　政党　言論　労働組合　教育

2 戦後の日本と世界について説明した文として、正しいものには○を、まちがっているものには×をつけましょう。

①（ × ）1945年、第二次世界大戦後の平和を守る国際組織として国際連盟がつくられた。
②（ × ）1951年、アメリカのニューヨークで講和会議が開かれ、日本は48か国と平和条約を結んだ。
③（ ○ ）日本は平和条約と同時に、日米安全保障条約を結んだ。
④（ × ）日米安全保障条約により、日本からアメリカ軍の基地はなくなった。
⑤（ × ）朝鮮半島では、北部に大韓民国が、南部に朝鮮民主主義人民共和国がつくられ、1950年に朝鮮戦争がおこった。
⑥（ ○ ）1956年にソ連と国交を回復したことをきっかけに、日本は国際社会に復帰した。

ヒント
1 (2)Ⓕ この改革で、女性に参政権があたえられることになりました。
2 ⑤ 朝鮮半島は北をソ連が、南をアメリカが占領しました。

できたかな？

□連合国軍に間接統治をうけたとき、日本にどのような方向が示されたのか言ってみよう。
□敗戦国として出発した日本が国際社会へ復帰するまでの道のりを説明してみよう。

おうちのかたへ

戦後の日本は、GHQによる民主化の政策によって大きく転換します。民主化と非軍事化の政策に分けて、それぞれの政策をまとめておくとよいです。また、国際社会への復帰についても、外国との関係の中で押さえておきましょう。

練習 83ページ

1 (1)連合国軍の最高司令官はマッカーサーで、終戦直後に日本に設置された連合国軍総司令部（GHQ）が日本政府に指令を出す、間接統治の形がとられました。
(2)連合国軍は、日本を民主的で、二度と戦争をしない国にしようとしました。

2 ①1945年に、世界の平和と安全を守る国際組織としてつくられたのは国際連合です。
②1951年、日本が48か国と平和条約を結んだ場所は、ニューヨークではなくサンフランシスコです。
③④日米安全保障条約で、独立後も日本にアメリカ軍基地が残されることになりました。
⑤朝鮮半島は、北をソ連が占領して朝鮮民主主義人民共和国（北朝鮮）が成立し、南をアメリカが占領して大韓民国（韓国）が成立しました。1950年、北朝鮮が韓国に侵攻して朝鮮戦争がはじまりました。このとき、アメリカが日本で物資を調達したことから、日本経済の回復が早まりました。
⑥それまで日本の国際連合への加盟に反対していたソ連が賛成し、日本の加盟が実現しました。

ぴったり1 準備

学習日

84ページ

2. 日本のあゆみ

12 新しい日本へのあゆみ②

めあて 高度経済成長と国際社会における日本の立場を理解しよう。

教科書 220～223ページ　答え 43ページ

次の（　）に入る言葉を、下から選びましょう。

1 産業の発展と人々のくらしの変化　教科書 220～221ページ

ワンポイント 高度経済成長

- （① 高度経済成長 ）…1950年代中ごろからはじまった急速な経済の成長。
  - →1960年に政府は、**国民所得倍増計画**を発表した。
  - →技術革新が進み、鉄鋼や自動車、石油化学などの重工業が発達。
  - →東海道新幹線や高速道路が整備された。
  - →1968年、（② 国民総生産 ）額（GNP）が世界第２位になった。
- 家庭電化製品の普及の変化
  - →1960年代…白黒テレビ、電気せんたく機、冷蔵庫が広まる。
  - →1970年代…（③ 3C ）（カー、クーラー、カラーテレビ）が、多くの家庭に広がる。
- 都市の人口増加にともない、大きな団地が郊外に建設される。
- 産業の発展とともに（④ 公害 ）などの環境問題がおこる。

工業生産額の変化（工業統計表）

2 国際社会のなかの日本　教科書 222～223ページ

国際社会のなかの日本

- 1964年、世界93の国と地域が参加した（⑤ オリンピック ）と22か国が参加した**パラリンピック**が東京で開かれた。
- 1964年、国際経済全般について協議する（⑥経済協力開発機構）（OECD）に加盟し、開発途上国に経済援助をおこなう。
- 1965年、韓国と国交を開く。
  - →2002年、サッカーワールドカップを共同で開催する。
- 1970年、（⑦日本万国博覧会）が開かれる。
- 1972年、**冬季オリンピック札幌大会**が開かれる。
- 1972年、中国との国交を正常化する。
- 1975年、第１回先進国首脳会議が開かれる。
- 1978年、中国と（⑧ 日中平和友好 ）条約を結ぶ。
- 1997年、京都で**地球温暖化防止会議**が開かれる。
- 2021年、東京オリンピック・パラリンピックが開かれる。
- 2025年、大阪府で**日本国際博覧会**が開かれる予定である。

オリンピック東京大会

日本万国博覧会

日本の研究の成果

- すぐれた研究が世界に認められ、ノーベル賞を受賞する日本人が増えた。

選んだ言葉に✓：□オリンピック　□3C　□経済協力開発機構　□高度経済成長　□国民総生産　□公害　□日本万国博覧会　□日中平和友好

84

ぴったり2 練習

学習日

85ページ

ぴたトリビア 国民総生産（GNP）…その国の人々によってつくられた、ものやサービスなどの価格の合計をあらわしたものです。

教科書 220～223ページ　答え 43ページ

1 右のグラフを見て、答えましょう。

(1) 1950年代中ごろから、日本の経済が急速に成長したことを何というでしょう。
（ 高度経済成長 ）

(2) (1)のころの日本のようすとして、正しいものには○、まちがっているものには×をつけましょう。

①（ × ）中学校や高校を出た若者が、地方の大工場に集団で就職した。

②（ ○ ）鉄鋼や自動車、石油化学などの重工業が発達した。

③（ ○ ）国民総生産額が世界第２位となった。

④（ × ）政府の住宅対策として、大きな団地が農村に建設された。

(3) 右のグラフのⒶ～Ⓓにあてはまる家庭電化製品を、［　］から１つずつ選びましょう。

Ⓐ（電気せんたく機）　Ⓑ（ カラーテレビ ）　Ⓒ（ クーラー ）　Ⓓ（ パソコン ）

［パソコン　電気せんたく機　携帯電話　クーラー　カラーテレビ］

(4) (1)で産業が発展した一方、水や空気が汚染されたことでおこった環境問題を何というでしょう。
（ 公害 ）

家庭電化製品と自動車のふきゅう（2021年 主要耐久消費財の普及率の推移）

2 右の年表を見て答えましょう。

(1) 年表中の①・②にあてはまる正式な国名を答えましょう。
①（ 大韓民国（韓国） ）
②（中華人民共和国（中国））

(2) 年表中のⒶ～Ⓒにあてはまる都市名を答えましょう。
Ⓐ（ 京都 ）
Ⓑ（ 東京 ）
Ⓒ（ 大阪 ）

(3) 年表中のaによって日本がおこなったことを、次から１つ選びましょう。（ ㋐ ）

㋐ 開発途上国に経済援助をおこなった。

㋑ 日本万国博覧会を開催した。

㋒ 国民所得倍増計画を発表した。

年	おもなできごと
1964	経済協力開発機構に加盟する…a
1965	（①）と国交が回復する
1972	（②）と国交が回復する
1978	日中平和友好条約が結ばれる
1997	（Ⓐ）で地球温暖化防止会議が開かれる
2021	（Ⓑ）でオリンピックが開かれる
2025	（Ⓒ）で日本国際博覧会が開かれる予定

ヒント
1 (1) 政府は、経済を成長させるために予算を使いました。
2 (3) 先進国の仲間入りをした日本の役割です。

85

できたかな？

□高度経済成長で、日本の社会はどのように変わったかを言ってみよう。

おうちのかたへ

日本の高度経済成長期には、家庭電化製品などが普及し、もはや戦後ではないともいわれました。日本が先進国の仲間入りを果たした時期でもあります。大きな社会の変化を具体的な例とともに確認しておくことが大事です。

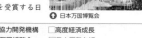

練習 85ページ

1 (1)1960年に政府は、国民所得倍増計画を発表し、より経済を発展させる政策をおこないました。

(2)①地方の中学校や高校を卒業した人たちが、大都市の工場などに集団で就職しました。

②技術革新が進み、より品質がよく、安い製品がつくられました。

③1968年に、アメリカに次いで世界第２位になりました。

④都市の人口が急増するなかで、政府の政策として、都市の郊外に大きな団地がつくられました。

(3)1960年代に急速にふきゅうしているのが、電気せんたく機、冷蔵庫です。1970年代になると、3C(カー(自動車)、クーラー、カラーテレビ)がふきゅうします。

2 (1)日本は、1956年にソ連と国交を回復し、国際社会に復帰しましたが、近隣諸国である韓国や中国とは国交が回復していませんでした。

(3)経済協力開発機構はOECDともよばれ、先進国として開発途上国に経済援助などをおこないました。

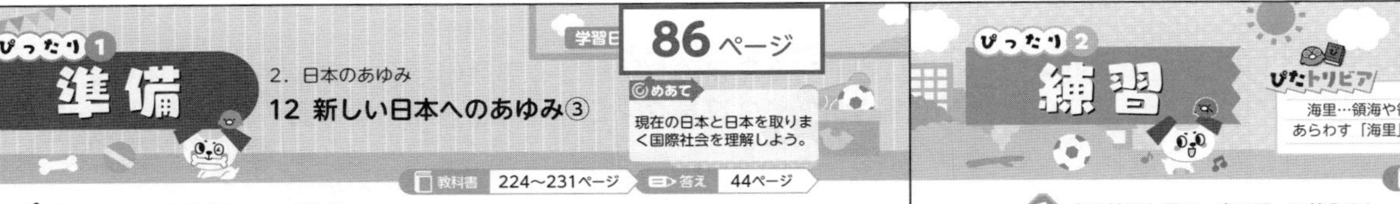

ぴったり1 準備

2. 日本のあゆみ

12 新しい日本へのあゆみ③

めあて 現在の日本と日本を取りまく国際社会を理解しよう。

教科書 224〜231ページ　答え 44ページ

次の(　　)に入る言葉を、下から選びましょう。

1 日本と国際社会を取りまく問題

教科書 224〜225ページ

ワンポイント 日本の領域

- 国の領土・領海・領空を定めることは、国民の生活を守ることにつながる。
- (①排他的経済水域)…領海の外側にある水域で、領土の海岸線から200海里まで。沿岸国はその水域の資源を利用することができる。

日本の領土・領海・領空と排他的経済水域

周りの国との問題
●日本固有の領土である(② 北方領土)や竹島をめぐる問題の解決をめざしている。
●尖閣諸島周辺では、海上保安庁が不審船を取りしまっている。
●沖縄は、1972年にアメリカの占領から日本に復帰したが、現在も(③アメリカ軍基地)が残され、安全性やそう音の問題がある。
●2002年、(④ 北朝鮮)が日本人を北朝鮮に無理やり連れ去っていたことを認めた。

世界の問題

- 世界では、戦争や紛争、貧困、環境問題などがある。
- 2015年に国際連合で、「(⑤ 持続可能)な開発目標(SDGs)」が採択された。
- 2020年には、新型コロナウイルス感染症(COVID-19)が世界的に大流行(パンデミック)した。

2 これからの日本とわたしたち

教科書 226〜227ページ

日本の問題

- 近年の日本では、(⑥ 少子高齢化)が進み、人口が減少しており、(⑦ 社会保障制度)の問題が大きくなっている。
- 大規模な自然災害への問題がある。
- 在日韓国・朝鮮人に対する差別などが残っている。
- 先住民の(⑧ アイヌ)民族に対しては、1997年アイヌ文化振興法が定められた。また、アイヌ民族を先住民族と明記した法律(アイヌ施策推進法)が制定された。

選んだ言葉に✓　□少子高齢化　□北方領土　□持続可能　□社会保障制度　□排他的経済水域　□北朝鮮　□アメリカ軍基地　□アイヌ

ぴったり2 練習

ぴたトリビア 海里…領海や領海の外側の排他的経済水域の範囲は、海の上のきょりをあらわす「海里」という単位(1海里=約1850m)を使って示されます。

教科書 224〜231ページ　答え 44ページ

1 右の地図を見て、次の問いに答えましょう。

(1) 地図中の――は、排他的経済水域を示しています。この水域は、領土の海岸線から何海里までですか。　(200)海里

(2) 地図中のⒶ・Ⓑは、日本の固有の領土です。それぞれ何というでしょう。　Ⓐ(北方領土)　Ⓑ(竹島)

(3) 地図中のⒸは、1972年に日本に復帰しましたが、現在もアメリカ軍基地が残っています。Ⓒの都道府県名を答えましょう。　(沖縄県)

(4) 地図中のⒹは、2002年に無理やり日本人を連れ去ったことを認めた国です。Ⓓの国名を答えましょう。　(北朝鮮)

(5) 2015年に17の「持続可能な開発目標(SDGs)」を採択した国際的な組織を何というでしょう。　(国際連合)

(6) 2020年に世界で大流行(パンデミック)した感染症を何というでしょう。　(新型コロナウイルス感染症(COVID-19))

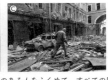

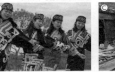

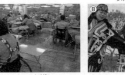

2 次の写真を見て、答えましょう。

Ⓐ　Ⓑ ウポポイ(民族共生象徴空間)　Ⓒ

(1) 写真Ⓐは、障害のある人が働いているようすです。障害のある人をふくめて、すべての国民が健康で文化的な生活を送れるように、国が国民の生活を保障する制度を何というでしょう。　(社会保障制度)

(2) 写真Ⓑは、ある先住民族の古式舞踊を上演しているようすです。この日本の先住民族を何というでしょう。　(アイヌ(民族))

(3) 写真Ⓒは、ロシア軍が2022年に侵攻した国のようすです。この国の名前を書きましょう。　(ウクライナ)

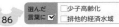

ヒント 1 (2) Ⓐはロシア、Ⓑは韓国に不法に占拠されています。 2 (1) 少子高齢化が進んでいることからも制度の必要性が高まっています。

できたかな?

□日本の領土をめぐる問題において、その問題となっている場所と相手の国との組み合わせを言ってみよう。

おうちのかたへ

日本の領土問題については、地図で、その場所と問題の相手国の位置関係を確認しておきましょう。地図で確認することで、国とセットでおぼえやすくなります。

練習 87ページ

1 (1)排他的経済水域とは、領海の外側にある水域で、領土の海岸線から200海里以内の水域のことです。その水域内の資源を、沿岸国が利用できる権利があります。

(2)Ⓐの北方領土は、現在はロシアに、Ⓑの竹島は、現在は韓国に不法に占拠されています。

(3)日本は第二次世界大戦後、連合国軍の間接統治を受けていましたが、沖縄はアメリカ軍に直接統治を受けていました。

(4)北朝鮮によって無理やり連れ去られたと考えられる人の中には、現在も北朝鮮にいて、この問題の解決に向けて今も政府が交渉を続けています。

(5)世界で現在おこっている戦争や紛争、多くの人が苦しんでいる貧困や飢え、地球温暖化などの環境問題に対応するために、採択されました。

2 (2)アイヌ民族については、1997年にアイヌ文化振興法が制定され、2019年にはアイヌ施策推進法が制定されました。

(3)ロシアとウクライナの戦争は2024年1月現在も、まだ続いています。

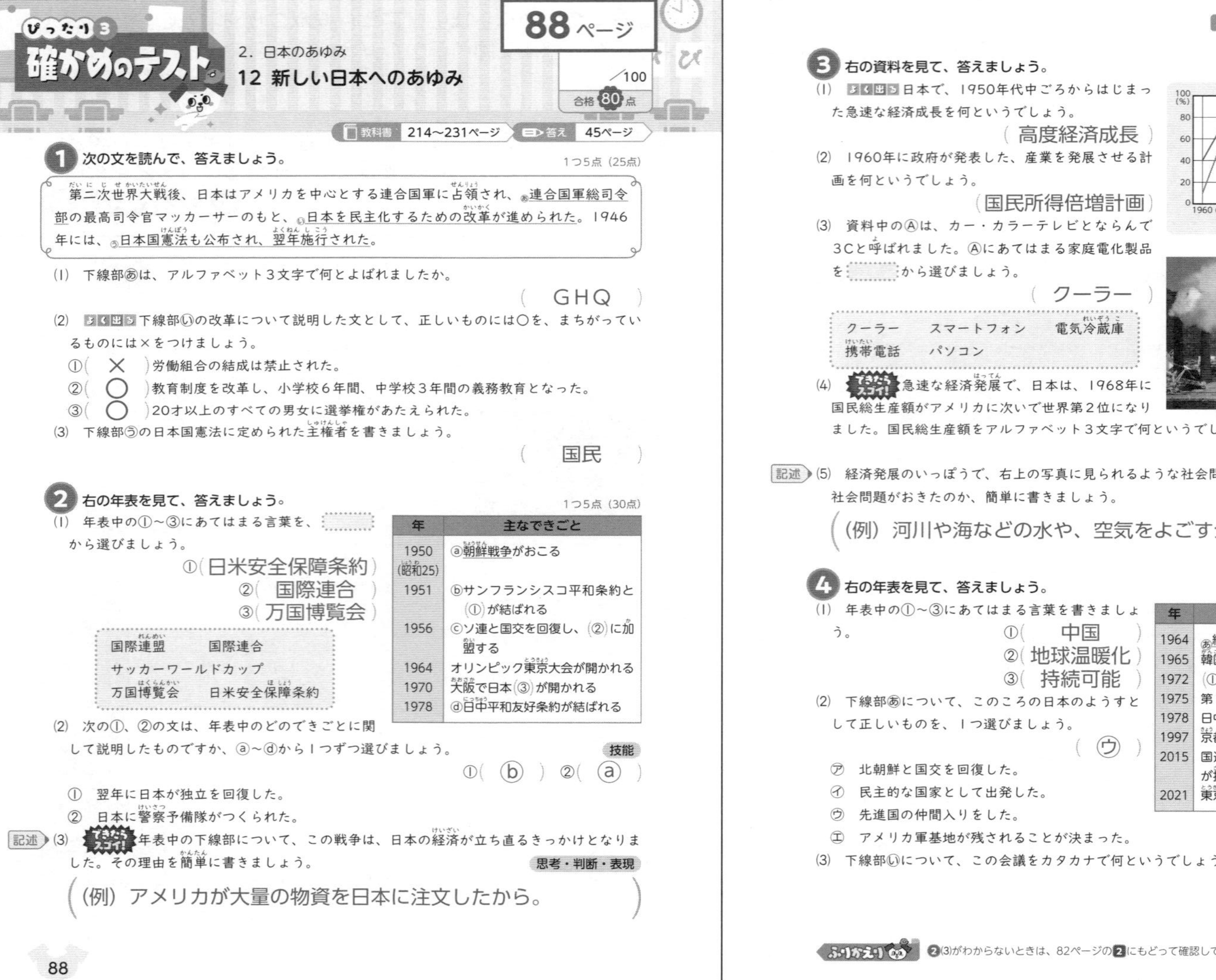

ぴったり3 確かめのテスト

2. 日本のあゆみ

12 新しい日本へのあゆみ

88ページ

/100 合格80点

教科書 214～231ページ　答え 45ページ

1 次の文を読んで、答えましょう。　1つ5点（25点）

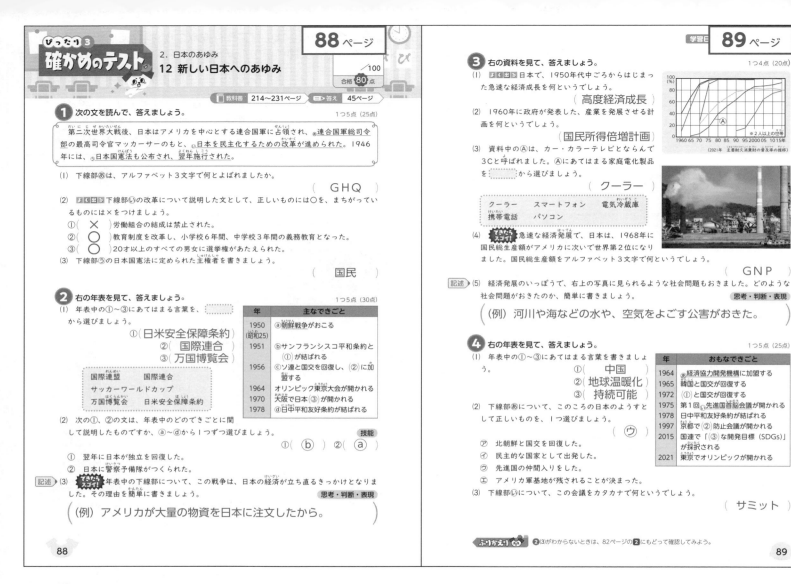

第二次世界大戦後、日本はアメリカを中心とする連合国軍に占領され、㋐連合国軍総司令部の最高司令官マッカーサーのもと、㋑日本を民主化するための改革が進められた。1946年には、㋒日本国憲法も公布され、翌年施行された。

(1) 下線部㋐は、アルファベット3文字で何とよばれましたか。（ GHQ ）

(2) よく出る 下線部㋑の改革について説明した文として、正しいものには○を、まちがっているものには×をつけましょう。

①（ × ）労働組合の結成は禁止された。

②（ ○ ）教育制度を改革し、小学校6年間、中学校3年間の義務教育となった。

③（ ○ ）20才以上のすべての男女に選挙権があたえられた。

(3) 下線部㋒の日本国憲法に定められた主権者を書きましょう。（ 国民 ）

2 右の年表を見て、答えましょう。　1つ5点（30点）

(1) 年表中の①～③にあてはまる言葉を、□から選びましょう。

①（ 日米安全保障条約 ）

②（ 国際連合 ）

③（ 万国博覧会 ）

国際連盟　国際連合　サッカーワールドカップ　万国博覧会　日米安全保障条約

年	主なできごと
1950（昭和25）	ⓐ朝鮮戦争がおこる
1951	ⓑサンフランシスコ平和条約と（①）が結ばれる
1956	ⓒソ連と国交を回復し、（②）に加盟する
1964	オリンピック東京大会が開かれる
1970	大阪で日本（③）が開かれる
1978	ⓓ日中平和友好条約が結ばれる

(2) 次の①、②の文は、年表中のどのできごとに関して説明したものですか、ⓐ～ⓓから1つずつ選びましょう。　技能

①（ ⓑ ）②（ ⓐ ）

① 翌年に日本が独立を回復した。

② 日本に警察予備隊がつくられた。

記述 (3) てきたらスゴイ！ 年表中の下線部について、この戦争は、日本の経済が立ち直るきっかけとなりました。その理由を簡単に書きましょう。　思考・判断・表現

（（例）アメリカが大量の物資を日本に注文したから。）

88

学習日　89ページ

3 右の資料を見て、答えましょう。　1つ4点（20点）

(1) よく出る 日本で、1950年代中ごろからはじまった急速な経済成長を何というでしょう。（ 高度経済成長 ）

(2) 1960年に政府が発表した、産業を発展させる計画を何というでしょう。（ 国民所得倍増計画 ）

(3) 資料中のⒶは、カー・カラーテレビとならんで3Cと呼ばれました。Ⓐにあてはまる家庭電化製品を□から選びましょう。（ クーラー ）

クーラー　スマートフォン　電気冷蔵庫　携帯電話　パソコン

(4) てきたらスゴイ！ 急速な経済発展で、日本は、1968年に国民総生産額がアメリカに次いで世界第2位になりました。国民総生産額をアルファベット3文字で何というでしょう。（ GNP ）

記述 (5) 経済発展のいっぽうで、右上の写真に見られるような社会問題もおきました。どのような社会問題がおきたのか、簡単に書きましょう。　思考・判断・表現

（（例）河川や海などの水や、空気をよごす公害がおきた。）

4 右の年表を見て、答えましょう。　1つ5点（25点）

(1) 年表中の①～③にあてはまる言葉を書きましょう。

①（ 中国 ）

②（ 地球温暖化 ）

③（ 持続可能 ）

年	おもなできごと
1964	㋐経済協力開発機構に加盟する
1965	韓国と国交が回復する
1972	（①）と国交が回復する
1975	第1回㋑先進国首脳会議が開かれる
1978	日中平和友好条約が結ばれる
1997	京都で（②）防止会議が開かれる
2015	国連で「（③）な開発目標（SDGs）」が採択される
2021	東京でオリンピックが開かれる

(2) 下線部㋐について、このころの日本のようすとして正しいものを、1つ選びましょう。（ ㋒ ）

㋐ 北朝鮮と国交を回復した。

㋑ 民主的な国家として出発した。

㋒ 先進国の仲間入りをした。

㋓ アメリカ軍基地が残されることが決まった。

(3) 下線部㋑について、この会議をカタカナで何というでしょう。（ サミット ）

ふりかえり 2(3)がわからないときは、82ページの2にもどって確認してみよう。

89

記述問題のプラスワン

2 (3)朝鮮半島は、北はソ連が占領し、南はアメリカが占領し、南北に分断して国が独立しました。朝鮮戦争は北朝鮮が韓国に攻めこんではじまった戦争で、アメリカ軍が日本から韓国を支援するために出兵しました。

3 (5)経済の発展が優先された結果、工場からの排水や排煙によって大気汚染や水質汚濁が発生しました。

確かめのテスト　88～89ページ

1 (1)日本はGHQによる間接統治を受けました。GHQは、日本の民主化を進め、二度と戦争をしないような国にしようとしました。

(2)①労働者の権利を守るために、労働組合の結成がすすめられました。

③男女平等の国づくりのために、男女に選挙権があたえられました。第二次世界大戦が終わるまでは、男子にのみ選挙権がありました。

2 (1)①サンフランシスコ平和条約と日米安全保障条約は合わせておぼえておきましょう。

②国際連合が正しいです。第一次世界大戦のあとにつくられた国際連盟と区別しておきましょう。

(2)②日本の治安を守っていたアメリカ軍が朝鮮戦争に出兵するため、連合国軍総司令部の指令によって日本の治安を守る目的で結成されました。

3 (1)(4)高度経済成長の間に、日本は国民総生産額（GNP）が世界第2位になりました。

4 (1)①は、「中華人民共和国」でも正答とします。

(2)㋐北朝鮮と国交は現在もありません。㋑は、第二次世界大戦後のことです。㋓は日米安全保障条約が結ばれたときのことです。

ぴったり1 準備　90ページ

3. 世界のなかの日本とわたしたち
1 日本とつながりの深い国々①

◎めあて アメリカ合衆国のようすと、日本とのつながりをおさえよう。

教科書 232〜239ページ　答え 46ページ

次の（　）に入る言葉や数字を、下から選びましょう。

1 世界に目を向けよう／日本とつながりの深い国々　教科書 232〜235ページ

世界に目を向けよう／日本とつながりの深い国々

- 世界には、2020年現在、（① 196 ）か国あり、外国には約140万人の日本人が住み、日本には約288万人の外国人が住んでいる。
- 世界では、環境汚染や、飢えや貧困、紛争などの問題がおこっている。
- 政治や歴史、SDGsなどの学習で知った国々のことを調べる。

2 アメリカ合衆国のくらし／子どもたちのようす　教科書 236〜239ページ

ワンポイント アメリカ合衆国

基本データ	●面積…約983.4万km^2 ●人口…約3億3100万人（2020年） ●首都…（② ワシントンD.C.） ●おもな言語…（③ 英語 ）
文化	●ファストフード、パソコン、コンビニエンスストア、野球はアメリカで生まれる。 ●アメリカの映画や（④ テーマパーク ）は日本でも人気がある。 ●日本との貿易額が多い国の1つで、アメリカからは小麦などの（⑤ 農産物 ）の輸入が多い。
産業	●広い農地で（⑥ 大型機械 ）を使った大規模な農業がおこなわれている。 ●宇宙開発など最先端の研究がおこなわれている。

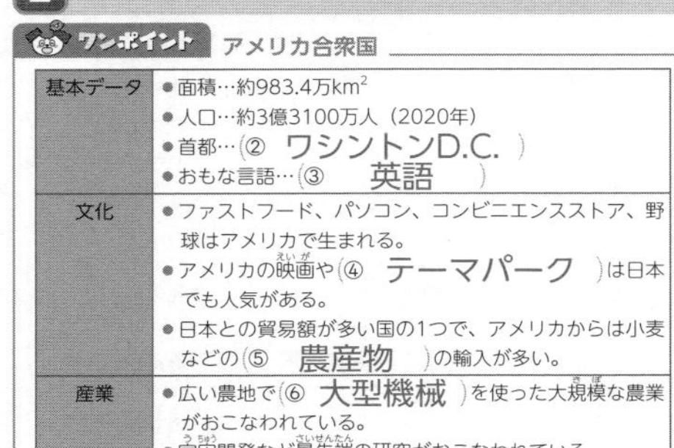

日本とアメリカの貿易

子どもたちのようす

- 新学期のはじまりは（⑦ 9月 ）か10月で、次の年の5月か6月ごろに1学年が終わる。
- 先住民のほか、世界中から移り住んだ人々がくらしているため、人々の心を1つにする「忠誠の誓い」をおこなう。
- 通学には（⑧ スクールバス ）で通う。
- 昼食は、お弁当だったり、売店、カフェテリアを利用したりなどさまざまである。
- 毎年10月31日の夜、仮装した子どもたちが近所の家をまわる、ハロウィンがおこなわれる。

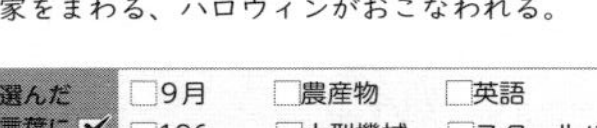

スクールバスでの登校

アメリカでは、人に対して、自分の考えをはっきりいうことを大切にしているよ。

選んだ言葉に✓　□9月　□農産物　□英語　□ワシントンD.C.　□196　□大型機械　□スクールバス　□テーマパーク

ぴったり2 練習　91ページ

ぴたトリビア 人種のサラダボウル…アメリカには先住民や、ヨーロッパ系、アフリカ系、アジア系などさまざまな人がいることから、こうよばれます。

教科書 232〜239ページ　答え 46ページ

1 次の問いに答えましょう。

(1) 国や地域に関係なく、けがをしている人や苦しんでいる人がいるところに行って、医療活動をしている団体の名前を書きましょう。（ 国境なき ）医師団

(2) 日本とのきょりが近く、歴史的にも遣唐使を送るなど日本と深いつながりがある国の名前を書きましょう。（中国（中華人民共和国））

2 次の問いに答えましょう。

(1) アメリカの首都の名前を書きましょう。（ワシントンD.C.）

(2) 1853年、アメリカから日本に来航し、開国を要求した人物の名前を書きましょう。（ ペリー ）

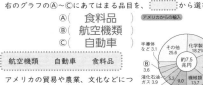

(3) 右のグラフのⒶ〜Ⓒにあてはまる品目を、□から選びましょう。
Ⓐ（ 食料品 ）
Ⓑ（ 航空機類 ）
Ⓒ（ 自動車 ）
航空機類　自動車　食料品

(4) アメリカの貿易や農業、文化などについて説明した文として、正しいものには○を、まちがっているものには×をつけましょう。
①（ × ）日本のアメリカからの輸入額は、日本からアメリカへの輸出額を上回っている。
②（ ○ ）小麦やだいずなどは、広大な農地で大型機械を使って大規模に作られている。
③（ × ）パソコンや野球などは日本で生まれ、アメリカに広まった。

(5) アメリカの子どもたちが、学校に通うために使う乗り物は何でしょう。（ スクールバス ）

(6) アメリカでは、学校の新学期はいつはじまるでしょう。（ 9 ）月か（ 10 ）月ごろ

(7) アメリカの学校で、民族のちがう人々の心を1つにするため、勉強がはじまる前に国旗に向かっておこなうことは何でしょう。（ 忠誠 ）の誓い

(8) アメリカでは、10月31日の夜に仮装した子どもたちが近所の家々をまわり、おかしをもらいますが、この行事を何というでしょう。（ハロウィン）

ヒント 2 (2) 黒船とよばれた軍艦で江戸湾の入口の浦賀にあらわれました。
(8) 「トリック　オア　トリート！」と言いながら近所の家々をまわります。

できたかな？
□日本とアメリカの貿易品の上位を言ってみよう。
□アメリカで生まれて、現在の日本でも楽しまれている文化を言ってみよう。

おうちのかたへ
アメリカは、日本とてもつながりの強い国です。戦後の日本とアメリカとの政治的なつながり、貿易などの経済的なつながり、野球や映画などの文化的なつながりなど、それぞれのつながりを整理しておくとよいでしょう。

練習　91ページ

1 (2)問題文の「遣唐使」から、古代に中国にあった「唐」という国をみちびきだしましょう。

2 (1)アメリカ合衆国の首都はワシントンD.C.です。ニューヨークは、世界の金融や文化の中心都市ですが、首都ではありません。

(2)1853年に神奈川県の浦賀沖にあらわれ、開国を要求したのはペリーです。日本は、ペリーと1854年に日米和親条約を結びました。

(3)Ⓐアメリカからの輸入は、小麦やだいず、くだものなどの農産物が多いです。Ⓒ日本からの輸出は自動車が多く、過去には貿易摩擦とよばれる問題に発展したこともありました。

(4)①日本のアメリカからの輸入額は、日本からアメリカへの輸出額を下回っています。③パソコンや野球はアメリカで生まれ、日本に伝わりました。

(7)アメリカには、ネイティブアメリカンとよばれる先住民や、ヨーロッパ系、アジア系、ヒスパニックとよばれる中南米からの移民など、多様な人種が住んでいます。

ぴったり1 準備 92ページ

3. 世界のなかの日本とわたしたち
1 日本とつながりの深い国々②

めあて 中華人民共和国とブラジル連邦共和国とのつながりを調べよう。

教科書 240~247ページ　答え 47ページ

次の（　）に入る言葉を、下から選びましょう。

1 中華人民共和国とのつながり／子どもたちのようす　教科書 240~243ページ

ワンポイント 中華人民共和国

基本データ	●面積…約960.0万km² ●人口…約14億3900万人（2020年） ●首都…（① ペキン(北京)） ●おもな言語…（② 中国語） ●56もの民族がくらしており、人口の90%以上が（③ 漢民族）で、残りは少数民族である。
産業	●世界有数の工業国となった。 ●経済が大きく発展し、（④ 国内総生産）（GDP）は世界第2位になった（2010年）。 ●日本最大の貿易相手国である。
つながり	●日本とは渡来人や遣唐使などを通じて、古くからつながりがある。
文化	●旧暦の正月を春節といい、学校なども休みになって盛大にお祝いをする。

日本と中国との貿易

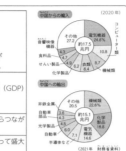

子どもたちのようす
- 「小学」「初級中学」の9年間が義務教育となっている。
- （⑤ 一人っ子政策）のえいきょうで、一人の子どもの教育に力を入れている。

2 ブラジル連邦共和国のくらし／子どもたちのようす　教科書 244~247ページ

ブラジル連邦共和国

基本データ	●面積…851.6万km² ●人口…約2億1200万人（2020年） ●首都…（⑥ ブラジリア） ●おもな言語…（⑦ ポルトガル語）
つながり	●日本からの移民の子孫である（⑧ 日系ブラジル人）が多い。 ●日系ブラジル人のおかげでコーヒー豆の生産量が増えた。

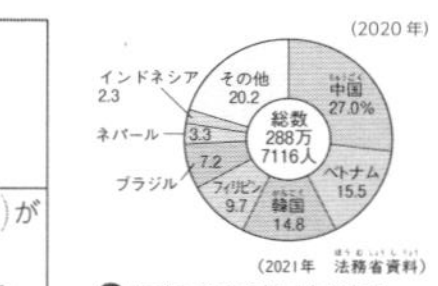

日本でくらす外国人の内訳

子どもたちのようす
- ブラジルは南半球にあるので、1月は夏休み、7月は冬休みになる。
- サッカーがとてもさかんで、子どものころからサッカーに親しむ。

選んだ言葉に✓　□中国語　□ペキン（北京）　□日系ブラジル人　□ブラジリア　□ポルトガル語　□漢民族　□一人っ子政策　□国内総生産

ぴったり2 練習 93ページ

ぴたトリビア リオのカーニバル…ブラジルの東部にあるリオデジャネイロで行われるキリスト教のお祭りで、世界中から人が集まります。

教科書 240~247ページ　答え 47ページ

1 次の問いに答えましょう。

(1) 中国の正式な国の名前を書きましょう。（中華人民共和国）

(2) 中国は、世界でも人口の多い国の1つですが、どのくらいの人口ですか。□から選びましょう。（約14億人）

約5億人　約10億人　約14億人　約20億人

(3) 右のグラフのⒶ~Ⓒにあてはまる品目を、□から選びましょう。
Ⓐ（電気機器）
Ⓑ（衣類）
Ⓒ（食料品）

電気機器　食料品　衣類

日本と中国との貿易

(4) 中国は、2010年にその国の人々によってつくられたものやサービスの価格から、原材料費をさし引いた価値である国内総生産が世界第2位になりました。国内総生産はアルファベットで何というでしょう。（GDP）

(5) 中国のようすについて説明した文として、正しいものには○を、まちがっているものには×をつけましょう。
①（○）ペキン（北京）やシャンハイ（上海）などの大都市には日本企業も多く進出している。
②（×）国の政策のえいきょうで、子どもが3人以上いる家庭が多い。
③（○）中国では、食事をするとき、大皿で複数の人が囲んで食べる。

2 次の問いに答えましょう。

(1) ブラジルが世界一の生産量をほこる、飲料に加工される農産物は何でしょう。（コーヒー豆）

(2) 右のグラフのうち、ブラジルはどこに入るでしょう。Ⓐ~Ⓓから選びましょう。（Ⓒ）

(3) ブラジルで、子どものころから親しむスポーツは何でしょう。（サッカー）

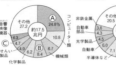

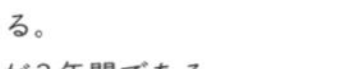
日本でくらす外国人の内わけ

(4) ブラジルのようすについて説明した文として、正しいものには○を、まちがっているものには×をつけましょう。
①（×）カーニバルは、リオデジャネイロだけでおこなわれている。
②（○）ブラジルの初等教育は9年間で、高校にあたる中等教育が3年間である。
③（○）日本からブラジルに移住した人々の子孫は、日系ブラジル人とよばれる。

ヒント 1 (5)② 一人っ子政策がおこなわれていました。 2 (1) 日系ブラジル人も農園で多く働いていました。

練習 93ページ

1 (2)2022年まで、中国は世界一人口が多い国でしたが、2023年にインドにぬかれ、第2位になりました。
(3)中国からの輸入品には、衣類が上位に入ることが特徴です。また、日本との貿易では、中国への輸出よりも、中国からの輸入のほうが多く、貿易赤字となっています。
(5)②中国はかつて人口の増加をおさえるため、子どもの数を一人に制限する一人っ子政策をおこなっていました。現在は廃止されています。

2 (1)コーヒー豆の生産には、かつて日本からブラジルに移住した人々も関わりました。
(2)Ⓐはベトナム、Ⓑはフィリピン、Ⓓはネパールです。日本にくるブラジル人のなかには、祖先が日本人の日系ブラジル人も多くいます。
(4)①カーニバルは、ブラジルのリオデジャネイロやブラジル各地でおこなわれるお祭りです。

できたかな？
□中国との産業と日本のつながりを説明してみよう。
□ブラジルは、移民と日本のつながりを説明してみよう。

おうちのかたへ
中国やブラジルとは歴史的なつながりもあります。中国は、現在日本の最大の貿易相手国であり、経済的なつながりも強いです。歴史的なつながりと現在のつながりをわけてまとめておくと、整理がしやすいです。

ぴったり1 準備

3．世界のなかの日本とわたしたち
1 日本とつながりの深い国々③

学習日　**94ページ**

めあて　韓国とのつながり、国際交流についておさえよう。

教科書 248〜259ページ　答え 48ページ

次の（　　）に入る言葉を、下から選びましょう。

1 大韓民国のくらし／子どもたちのようす
教科書 248〜251ページ

ワンポイント　大韓民国

基本データ	●面積…10.0万km² ●人口…約5100万人（2020年） ●首都…（① ソウル ） ●おもな言語…（② 韓国語 ）
つながり	●（③ 福岡空港 ）からソウルまでは1時間30分ほどで着く。 ●主食は（④ 米 ）を食べる。 ●つけ物であるキムチもよく食べる。

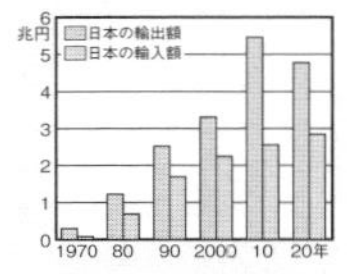

（グラフ：兆円 0〜6、日本の輸出額・日本の輸入額、1970 80 90 2000 10 20年、(2021年 財務省資料)）

日本と韓国の貿易額の移り変わり

子どもたちのようす
- 義務教育は、初等学校6年間、中等学校3年間で、高校の3年間もほぼ全員が進学する。
- （⑤ ICT ）を活用した授業がさかんで、受験競争が厳しい。

2 調べてきた国々のようす／スポーツによる国際交流／文化による国際交流
教科書 252〜259ページ

調べてきた国々のようす
- 日本と歴史や経済、移住によるつながりなど、結びつきの深い国が多くある。
- 中国や韓国とはきょり的に近いけれど、問題もある。

スポーツによる国際交流
- 4年に1度開催される（⑥ オリンピック ）は、世界的なスポーツの祭典である。
- **パラリンピック**は、障がいのある人たちが参加する大会である。
- オリンピックやパラリンピックは、スポーツを通して国々の理解を深め、平和な世界をつくることが目的である。
- 2019年には、ラグビーのワールドカップが日本で開催された。
- 日章旗（（⑦ 日の丸 ））と君が代…日の丸は江戸幕府の船印だった。日の丸と君が代は、日本の国旗・国歌として慣れ親しまれてきた。

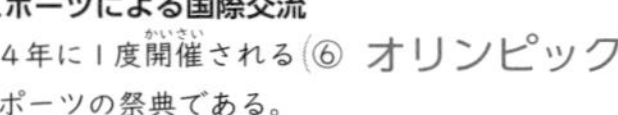

オリンピックのシンボルマーク

オリンピックは、民族や人種、宗教などのちがいをこえて、平和をめざしているよ。

文化による国際交流
- イタリアで開かれている**国際建築展**では、世界中の建築家が出展している。
- それぞれの国の伝統食が味わえる国際食品・飲料展が千葉県で開かれた。
- 日本の伝統芸能である（⑧ 歌舞伎 ）は、世界各地で公演がおこなわれている。

選んだ言葉に☑　□ソウル　□オリンピック　□米　□福岡空港　□韓国語　□歌舞伎　□日の丸　□ICT

ぴったり2 練習

学習日　**95ページ**

ぴたトリビア　韓国の食事は、はしやスプーンを使います。おかずははし、ごはんやスープはスプーンで食べます。韓国のはしやスプーンは金属でできています。

教科書 248〜259ページ　答え 48ページ

1 次の問いに答えましょう。

(1) 韓国の正式な国の名前を書きましょう。（ 大韓民国 ）
(2) 韓国の首都の名前を書きましょう。（ ソウル ）
(3) 日本にもつくられている、韓国料理や韓国食材の店がたくさん並んでいる地域を何というでしょう。（ コリアタウン ）
(4) 韓国にある、数多くの乗客や貨物便が利用する、世界有数の空港を何というでしょう。（ インチョン国際空港 ）
(5) 右のグラフを見て、日本の輸入額をⒶ、Ⓑから選びましょう。（ Ⓑ ）
(6) 韓国の生活などについて説明した文として、正しいものには○を、まちがっているものには×をつけましょう。
① （ × ）福岡空港から韓国の首都まで約540kmで、約8時間で着く。
② （ ○ ）主食は米である。
③ （ × ）小学校は6年間で、授業時間は4時間で短い。
④ （ ○ ）ほとんどの小学生がコンピューターを使いこなしている。

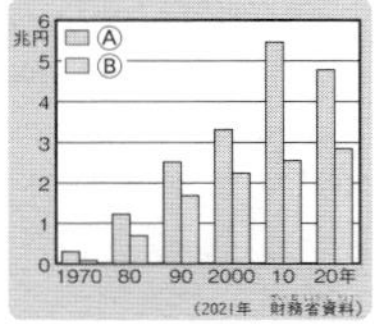

（グラフ：兆円 0〜6、Ⓐ・Ⓑ、1970 80 90 2000 10 20年、(2021年 財務省資料)）

日本と韓国との貿易額の移り変わり

2 次の問いに答えましょう。

(1) 2021年のオリンピック・パラリンピックが開催された日本の中心都市の名前を書きましょう。（ 東京 ）
(2) オリンピック・パラリンピックは夏季・冬季それぞれ何年に1度開催されるでしょう。（ 4 ）年
(3) 右の写真は、オリンピックの表しょう式のようすです。まん中の日本の国旗は、日章旗以外に、何というでしょう。（ 日の丸 ） 
(4) 2019年に日本で、アジアで初めてとなるワールドカップが開催されたスポーツは何でしょう。（ ラグビー ）
(5) イタリアなどで開催されている、世界各国の建築家たちが作品を出展している展覧会の名前を書きましょう。（ 国際建築展 ）
(6) 近年、日本の伝統芸能は、その魅力を伝えるため、海外公演もおこなわれています。江戸時代に生まれた、男性がはでな衣装を着て演じる劇の名前を書きましょう。（ 歌舞伎 ）

ヒント　1 (6)③ 韓国は受験競争が厳しい国です。　2 (6) 2008年にはユネスコの無形文化遺産に登録されました。

練習　95ページ

1 (1)韓国は、朝鮮半島の南にある国で、正式な国名は大韓民国といいます。北にあるのは朝鮮民主主義人民共和国（北朝鮮）です。

(4)インチョン国際空港は、韓国最大の空港で、首都ソウルの郊外にあります。乗り換えの拠点として、世界中から航空路線が集まっています。

(5)韓国との貿易では、日本の輸出額が、韓国からの輸入額を上回っています。

(6)①福岡空港から韓国の首都ソウルには、航空機で約1時間30分で着きます。

③韓国では受験競争が厳しく、学校の授業は7時間目まであり、その後に塾に通う子どもが多いです。

2 (1)初めは2020年に開催される予定でしたが、新型コロナウイルスの流行により、2021年に延期されました。

(3)日本の国旗は日章旗（日の丸）で、国歌は君が代です。

(6)日本の伝統文化は世界中で親しまれています。

できたかな？
□きょりの近い韓国と共通する文化を言ってみよう。
□オリンピックやワールドカップなど、スポーツを通じた国際交流がおこなわれていることを理解しよう。

おうちのかたへ
韓国とは距離も近く、日本の植民地だったという歴史的なつながりもあります。国際問題もありますが、音楽などの韓国文化が日本で人気があることも合わせて覚えておくとよいです。

3. 世界のなかの日本とわたしたち
1 日本とつながりの深い国々

96ページ

/100 合格80点

教科書 232〜259ページ　答え 49ページ

1 次の文を読んで、答えましょう。 1つ6点（18点）

アメリカ合衆国には、ⓐもとからいた先住民のほか、世界じゅうから移住してきた人々など、さまざまな民族や人種の人々がいる。広い土地を利用して、大型機械を使った大規模な農業がおこなわれており、とくに（①）やだいずなどが作られ輸出されている。また、ⓑアメリカで生まれた文化などが、現在では日本にも広まっている。

(1) 文中の①にあてはまる言葉を、□から選びましょう。（ 小麦 ）

コーヒー豆　小麦

記述 (2) 下線部ⓐについて、このような社会であることを背景に、学校では国旗に向かい「忠誠の誓い」がおこなわれています。その理由を、簡単に書きましょう。 思考・判断・表現

（(例) 民族などのちがう人々の心を一つにするため。）

(3) 下線部ⓑについて、アメリカで生まれたスポーツで、現在では日本にもセ・リーグ、パ・リーグといったプロの選手がかつやくするリーグがあるスポーツは何でしょう。（ 野球 ）

2 右のグラフを見て、答えましょう。 1つ4点（20点）

(1) 右のグラフは、アメリカからの輸入と中国からの輸入をあらわしています。中国から日本への輸入にあたるものを、Ⓐ、Ⓑから選びましょう。（ Ⓑ ）

(2) よくでる 右のグラフのⓐ、ⓑにあてはまるものの組み合わせとして正しいものを、㋐〜㋒から選びましょう。（ ㋑ ）

㋐ ⓐ食料品　ⓑ自動車
㋑ ⓐ食料品　ⓑ電気機器
㋒ ⓐ電気機器　ⓑ食料品

Ⓐ 約7.5兆円：化学製品18.2%、ⓐ17.6、機械類13.7、ⓑ9.0、光学機器5.3、液化石油ガス3.9、航空機類3.6、半導体など3.1、その他25.6

Ⓑ 約17.5兆円：ⓑ24.8%、コンピューター類、10.6、機械類8.7、衣類8.4、6.2、化学製品4.9、せんい製品4.7、音響映像機器4.3、ⓐ、その他27.2（2021年 財務省資料）

(3) 次の①〜③は、どこの国について説明したものですか。国の名前を書きましょう。
①（ 韓国（大韓民国） ）
②（ブラジル（ブラジル連邦共和国））
③（中国（中華人民共和国））

① 福岡空港からこの国の首都まで1時間30分ほどで着く。
② 1908年以降、日本から移住した人々の子孫が、現在約140万人住んでいる。
③ 旧暦の正月は、学校や会社が休みになり、家族でごちそうなどを食べてお祝いする。

96

97ページ

3 次の国旗と地図を見て、答えましょう。 1つ4点（32点）

Ⓐ 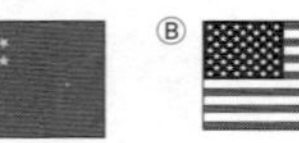 Ⓑ 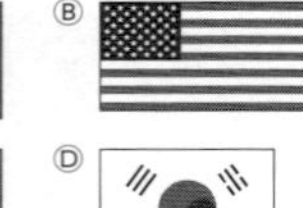
Ⓒ Ⓓ 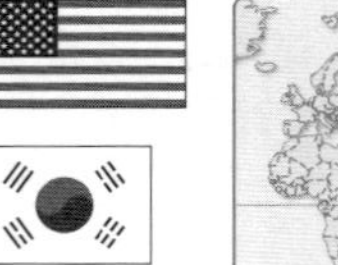

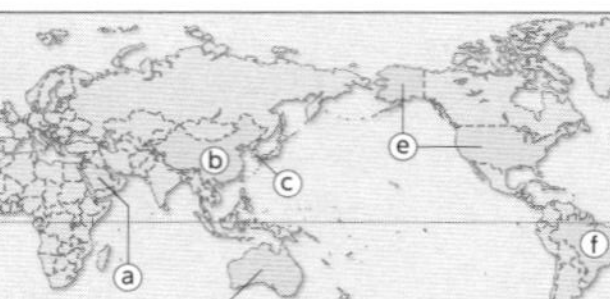

(1) Ⓐ〜Ⓓの国旗は、どこの国のものでしょう。地図中のⓐ〜ⓕからそれぞれ選びましょう。 技能

Ⓐ（ ⓑ ）Ⓑ（ ⓔ ）Ⓒ（ ⓕ ）Ⓓ（ ⓒ ）

(2) よくでる Ⓐ・Ⓓの国の首都の名前を書きましょう。
Ⓐ（ペキン（北京））Ⓓ（ ソウル ）

(3) Ⓑ・Ⓓの国の説明として正しいものを、㋐〜㋓から選びましょう。
Ⓑ（ ㋑ ）Ⓓ（ ㋒ ）

㋐ サッカーが盛んで、2014年にはワールドカップが開催された。
㋑ 宇宙開発の中心国で、最先端の研究がおこなわれている。
㋒ 小学校ではICTを活用した授業が盛んで、ほとんどの小学生がインターネットを使いこなしている。
㋓ 一人っ子政策のえいきょうで、一人の子どもの教育に力を入れている。

4 次の問いに答えましょう。 1つ5点（30点）

(1) よくでる 2021年には、4年に1度の世界的なスポーツの祭典が東京で開催されました。この祭典の名前を2つ書きましょう。
（順不同）（ オリンピック ）（パラリンピック）

(2) (1)の祭典の表しょう式では、優勝した選手の健とうをたたえて選手の国の国旗をあげ、国歌を演奏します。日本の国歌の名前を書きましょう。（ 君が代 ）

記述 (3) てきたらスゴイ！ (1)の祭典の目的を、次の文に続けて簡単に書きましょう。 思考・判断・表現

言葉や生活習慣、宗教、ものの考え方がちがっていても、スポーツを通して、
（(例) 理解を深め合い、平和な世界をつくること。）

(4) 魅力を知ってもらおうと世界各地で海外公演などがおこなわれている、男性がはでな衣装を着て演じる、江戸時代に生まれた日本の伝統芸能の名前を書きましょう。（ 歌舞伎 ）

(5) 世界各国の交流を目的に、2025年に大阪の夢洲でおこなわれる予定の関西万博の正式名称を書きましょう。（2025年日本国際博覧会）

ふりかえり ❹(3)がわからないときは、94ページの❷にもどって確認してみよう。

97

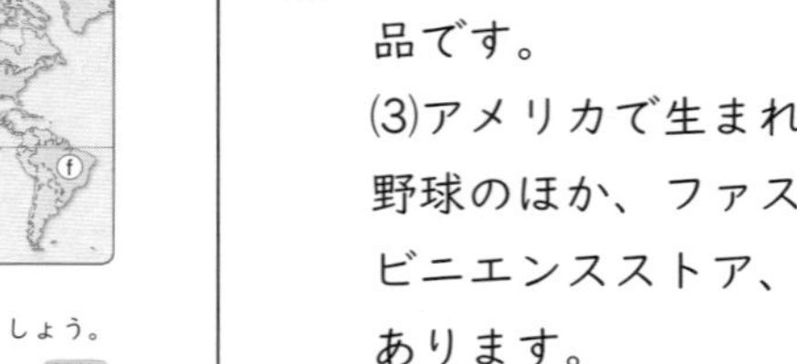

確かめのテスト　96〜97ページ

1 (1)コーヒー豆はブラジルからの輸入品です。
(3)アメリカで生まれた文化として、野球のほか、ファストフード、コンビニエンスストア、パソコンなどがあります。

2 (1)(2)輸入品の上位に衣類が入っているⒷが中国になります。アメリカからの輸入には、上位に食料品が入っていることが特徴です。
(3)①福岡空港から約1時間半で着く国は、きょりが近い大韓民国です。
②日本から移住した人々の子孫を日系人といいます。

3 (1)Ⓐは中国、Ⓑはアメリカ、Ⓒはブラジル、Ⓓは韓国の国旗です。地図中のⓐはサウジアラビア、ⓑは中国、ⓒは韓国、ⓓはオーストラリア、ⓔはアメリカ、ⓕはブラジルです。
(3)㋐はブラジル、㋓は中国のようすです。

4 (2)国旗や国歌は、その国の歴史や文化をあらわし、独立した国のしるしとして大切にされます。

記述問題のプラスワン

1 (2)アメリカには、アメリカ大陸にいた先住民のほかに、世界中から移り住んできた人々がくらしています。民族はちがっても人々の心を一つにしようと、国旗に向かって誓っています。

4 (3)オリンピック、パラリンピックは、言葉や生活習慣、宗教などのちがいをこえて、人々がスポーツを通して理解を深め合い、平和な世界をつくることが目的です。

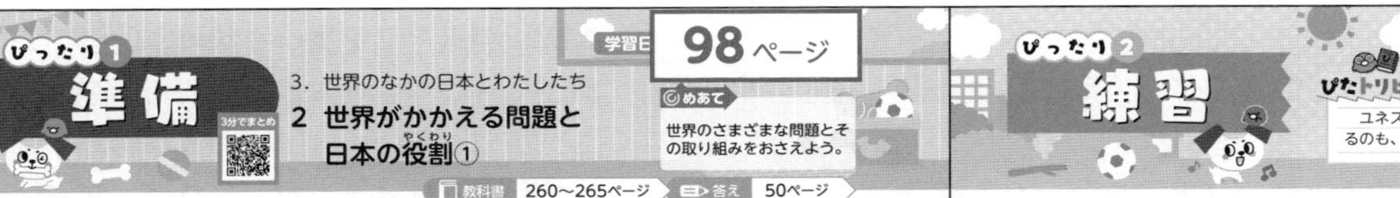

ぴったり1 **準備**

3. 世界のなかの日本とわたしたち
2 世界がかかえる問題と日本の役割①

めあて 世界のさまざまな問題とその取り組みをおさえよう。

教科書 260～265ページ　答え 50ページ

次の(　　)に入る言葉を、下から選びましょう。

1 世界がかかえるさまざまな問題／世界平和に向けた取り組み　教科書 260～263ページ

世界がかかえるさまざまな問題
- 武力による争い、水道がないことからきれいな水を得られず病気になる、気候が変わって洪水になる、農業ができずに食料不足になるなどの問題がおこっている。

世界中でおこっている問題に対して、国際連合が大きな役割をはたしているよ。

世界平和に向けた取り組み
- 紛争が終わったアフリカのスーダンで、平和な状態を保つため、(① 国際連合)が活動した。日本の(② 自衛隊)もその活動に加わり、国連施設の整備や道路補修をおこなった。
- 世界各地で、戦争中にうめられた**地雷**は、現在も約1億個あるといわれている。
- (③ ユニセフ)…**国連児童基金**。世界の子どもが平和で健康的にくらせるように、(④ 子どもの権利)条約をもとにして、さまざまな活動を通して支援する組織。飢えや病気で困っている子どもたちに、食料や薬品を送っている。

2 世界の環境保全に向けた取り組み　教科書 264～265ページ

おもな環境問題
- ツバルでは、国土が水没するおそれがある。
- オゾンホール…フロンガスがおもな原因となって、オゾン層をこわしてしまう。
- 酸性の雨によって、森林がかれる被害が出ている。

ワンポイント 世界の環境保全に向けた取り組み
- **地球温暖化**…工場や家庭から排出される**二酸化炭素**などの(⑤ 温室効果ガス)が原因。
→南極の氷がとけて海面が高くなる→国土が水没する。
- 国連が「(⑥ 国連環境計画)」という機関をつくって地球環境問題に取り組む。
→民間の組織((⑦ NGO))から市民までが協力し、取り組むことが大切である。
→(⑧ ユネスコ)は世界の貴重な自然や遺跡を世界遺産に登録して保護する。

国土が水没するおそれがあるツバル

- 2015年、国連持続可能な開発サミットで、「**持続可能な開発目標**(⑨ SDGs)」が採択された。
→2030年までに貧困や飢え、地球環境、平和などの問題について目標を立てている。

選んだ言葉に☑
□SDGs　□国連環境計画　□子どもの権利　□国際連合
□ユニセフ　□NGO　□自衛隊　□ユネスコ　□温室効果ガス

ぴったり2 **練習**

ぴたトリビア ユネスコが、世界の貴重な自然や遺跡などを世界遺産に登録して保護するのも、持続可能な開発のための取り組みの一つです。

教科書 260～265ページ　答え 50ページ

1 次の問いに答えましょう。

(1) 右の写真は、紛争が続いていたアフリカでの、日本のある組織の活動のようすです。この活動をしている組織を何というでしょう。
(自衛隊)

(2) (1)の活動の内容について、説明した次の文の①、②にあてはまる言葉を答えましょう。
①(南スーダン)
②(国連)

アフリカの(①)で紛争後におこなわれた活動で、排水管を組み立てる作業をおこないました。そのほか、(②)施設の整備や道路補修などもおこなわれました。

(3) ユニセフについて、答えましょう。
① ユニセフの正式な名前を漢字で書きましょう。(国連児童基金)
② ユニセフが基本にしている、世界の子どもが平和で健康的にくらせることを定めた条約を何というでしょう。(子どもの権利)条約
③ 日本が支援を受けた、2011年のできごとを書きましょう。(東日本大震災)

2 次の文を読んで、答えましょう。

A 地球(①)は、工場や家庭などから出される二酸化炭素などの温室効果ガスが大きな原因とされる。南極の氷がとけ、あ水没するおそれのある南太平洋の国もある。
B フロンガスは有害な紫外線を吸収して地球の生き物を守るはたらきのある(②)層をこわしている。
C い地球環境問題は、国際社会と民間の組織などが協力し、取り組むことが大切である。

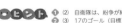

(1) 文中の①・②にあてはまる言葉を書きましょう。
①(温暖化)
②(オゾン)
(2) 下線部あについて、水没のおそれがある右の写真の南太平洋の国の名前を書きましょう。(ツバル)
(3) 下線部いについて、国連で2015年に採択されたSDGsを日本語で何というでしょう。
(持続可能な開発目標)

ヒント
1 (2) 自衛隊は、紛争が終わったあとの平和や人々を守る仕事をします。
2 (3) 17のゴール(目標)が定められています。

できたかな？
□世界平和に向けた取り組みを言ってみよう。
□持続可能な開発目標について、その意味を説明してみよう。

おうちのかたへ
持続可能な開発目標は17の目標が掲げられています。それぞれの目標と、それを解決するための手段や方法など、わたしたちが身近にできることから、お子さんたちと考えてみましょう。具体的な例と合わせると理解しやすくなります。

練習 99ページ

1 (1)(2)写真は、自衛隊が南スーダンで活動しているようすです。国連は、紛争が終わったあとも、南スーダンの発展のために、さまざまな支援をおこないました。
(3)①ユニセフは国連の組織の一つで、全ての子どものために、保健・衛生・栄養・教育などさまざまな支援をおこなっています。

2 (1)①地球温暖化は、ゲリラ豪雨などの気象の変化ももたらしており、世界共通の問題となっています。
②オゾン層は、人間に有害な紫外線を防ぐはたらきをしており、そのオゾン層がへると、皮膚がんなどの病気がふえるといわれています。
(2)南太平洋のツバルや、モルディブ共和国など、海抜の低い国が水没する危機にあります。
(3)持続可能な開発とは、現役世代も将来世代も発展し続けていけるような開発のことです。2030年までに全ての国で達成することを目標にしています。

ぴったり1 準備

3. 世界のなかの日本とわたしたち
2 世界がかかえる問題と日本の役割(やくわり)②

学習日 **100ページ**

めあて：国際連合の国際社会でのはたらきを理解しよう。

教科書 266～273ページ　答え 51ページ

次の（　）に入る言葉や数字を、下から選びましょう。

1 国連のはたらきと目的　教科書 266～267ページ

国連のはたらきと目的

- 国際連合（国連）…第二次世界大戦後(だいにじせかいたいせんご)の1945年に、世界の平和と安全を守るために、（① 51 ）か国の加盟(かめい)によってつくられ、（② 国連憲章 ）が定められた。
- 日本は1956年に加盟し、現在は193か国（2021年）と、世界のほとんどの国が加盟している。
- 国連本部では、加盟国の代表が話し合いをおこなう。
- （③ 安全保障 ）理事会…国際平和を守る、国連の重要な機関の一つ。国どうしの争いがおこると、停戦をはたらきかけたり、紛争(ふんそう)の広がりを防いだりしている。
- 難民(なんみん)への食料支援をおこなったり、（④ 平和維持活動 ）をしたり、紛争地域へ支援物資をとどける活動もしている。

国連本部（ニューヨーク）

2 日本の人々の国際協力／自分の考えを深めよう　教科書 268～271ページ

ワンポイント 日本の人々の国際協力

- 「（⑤ 青年海外協力隊 ）」…日本の国際協力をおこなう、（⑥ 国際協力機構 ）（JICA(ジャイカ)）の事業の一つ。
- （⑦ 開発途上国 ）に隊員を派遣(はけん)する。
- 日本から学校の先生を派遣して、授業計画の立て方や指導のしかた、教材の作り方を教える。
- 食料不足の国では、日本の農業技術を伝える。
- 「（⑧ 国境なき医師団 ）」…貧困・戦争・災害などのために十分な医療を受けられない人たちに、医療援助をおこなう。
- 日本にも支部があり、2020年には88の国と地域で活動した。
- 医師団の活動は、世界の平和につながる。
- 結核研究所…1939年に設立された、日本や世界の結核対策推進(けっかくたいさくすいしん)のため、さまざまな研究や技術支援などをおこなう。

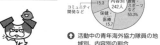

開発途上国
経済や産業が発展するとちゅうにある国。

活動中の青年海外協力隊員の地域別、内容別の割合

選んだ言葉に☑：□51　□国境なき医師団　□国際協力機構　□青年海外協力隊　□開発途上国　□安全保障　□国連憲章　□平和維持活動

ぴったり2 練習

学習日 **101ページ**

ぴたトリビア：国連平和維持活動（PKO）に自衛隊が参加したのは、1992年PKO法が制定された年、カンボジアが初めてです。

教科書 266～273ページ　答え 51ページ

1 右の資料を読んで、答えましょう。

・世界の平和と安全を守り、国と国との争いを、平和的な方法で解決する。
・全ての国を平等にあつかい、国々の友好関係を発展させる。

(1) 右の資料は、第二次世界大戦後につくられた国際機関の目的をあらわした文章の一部です。
① この国際機関の名前を漢字で書きましょう。（ 国際連合 ）
② この資料の名前を書きましょう。（ 国連憲章 ）
③ 日本が①に加盟した年を、［　］から選びましょう。（ 1956 ）年
［ 1945　1956　1972　1978 ］

(2) 資料中の下線部のような活動を中心となっておこなっている機関の名前を書きましょう。（ 安全保障理事会 ）

(3) 資料中の下線部に関連して、(1)①の機関がおこなう、紛争(ふんそう)のあとの国の平和と安全を守る活動を何というでしょう。（ 平和維持活動 ）

2 右のグラフを見て、答えましょう。

(1) 右のグラフは、日本の国際協力をおこなう組織の事業の一つの活動の地域別、内容別の割合をあらわしたグラフです。
① 日本の国際協力をおこなう組織である国際協力機構をアルファベットで書きましょう。（ JICA ）
② 開発途上国などに派遣(はけん)され、その国で必要とされる手助けや支援を行う事業を何というでしょう。（ 青年海外協力隊 ）

(2) 右のグラフのⒶにあてはまる地域の名前を書きましょう。（ アフリカ ）

(3) 右のグラフのⒷにあてはまる言葉を書きましょう。（ 教育 ）

(4) 右のグラフ中の医療(いりょう)について、貧困(ひんこん)や戦争、災害で十分な医療を受けられない人のために活動している団体を何というでしょう。（ 国境なき医師団 ）

(5) SDGs(エスディージーズ)の目標を、次から1つ選びましょう。（ ウ ）
ア かけがえのない地球　イ 未来に生きる子どもたちのために
ウ だれ一人取り残さない　エ 人はみな、生まれながらに自由

（2021年3月末　国際協力機構調べ）

ヒント：1 (1)③ 日本とソ連が国交を回復した年です。　2 (2) 開発途上国の多い地域です。

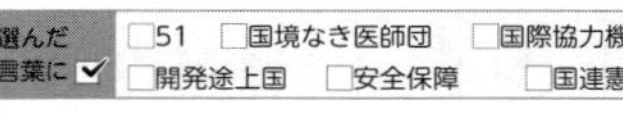
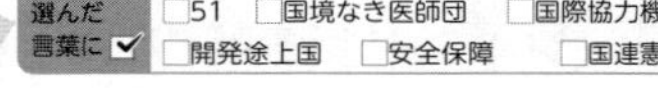

できたかな？
□国際社会における国連のはたらきを説明してみよう。
□さまざまな人々がおこなっている国際協力としての活動について言ってみよう。

おうちのかたへ
国際社会における国際連合のはたらきは、現在の世界情勢を学ぶときにも重要になってきます。国際連合が設立された経緯も、世界平和と大きく関わっているので、確認しておきましょう。

練習　101ページ

1 (1)①国際連合は、第二次世界大戦後の1945年に51か国でつくられました。
③日本は、戦後、安全保障理事会の常任理事国であるソ連と国交が回復せず、ソ連が日本の加盟に拒否権(きょひけん)をつかい、加盟できていませんでした。その後、ソ連と国交が回復した1956年に加盟しました。
(2)安全保障理事会は、常任理事国である5か国（アメリカ、ロシア、イギリス、フランス、中国）と非常任理事国の10か国で構成されています。

2 (1)青年海外協力隊は、国際協力機構（JICA）がおこなっている、開発途上国への支援活動です。
(2)アフリカやアジア、南アメリカへの派遣が多くなっています。
(3)教育現場では、現地の先生に授業計画の立て方や指導のしかた、教材のつくり方などを教えています。
(4)国境なき医師団は、貧困や戦争、災害などのために、十分な医療を受けられない人たちのために、医療活動をおこなっています。

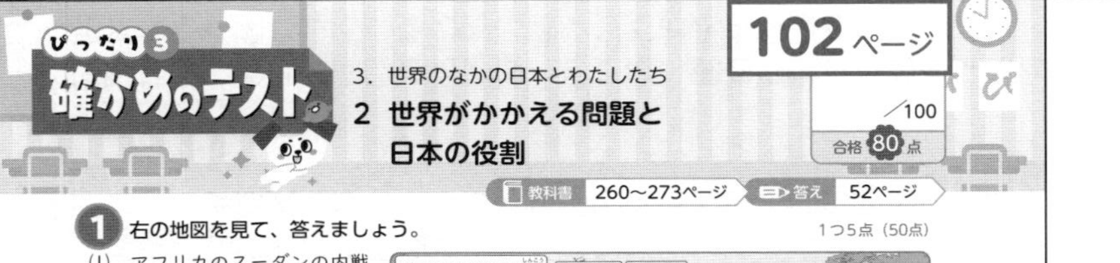

3. 世界のなかの日本とわたしたち
2 世界がかかえる問題と日本の役割

102ページ

/100 合格80点

教科書 260〜273ページ　答え 52ページ

1 右の地図を見て、答えましょう。　1つ5点（50点）

(1) アフリカのスーダンの内戦後、ある国際的な組織がこの地域の平和と安全を守るために活動をしました。

① その組織の名前を書きましょう。　（国際連合）

② 2021年現在の①の加盟国数を、[　]から選びましょう。　（193か国）

31か国　51か国　193か国　203か国

❶ 第二次世界大戦後のおもな戦争・紛争地域と地雷を禁止する条約に同意した国

記述 ③ ①の重要な機関の一つである安全保障理事会は、国どうしの争いごとがおきるとどのような活動をおこないますか。簡単に書きましょう。　思考・判断・表現

（(例) 停戦をはたらきかけたり、紛争の広がりを防いだりする。）

(2) 日本の自衛隊も、南スーダンの内戦後、活動に参加しました。自衛隊の活動の内容として正しいものを、次から2つ選びましょう。　思考・判断・表現　（イ）（ウ）（順不同）

㋐ 医療技術にかかわる研修をおこなった。
㋑ 排水管を組み立てる作業をおこなった。
㋒ 道路の補修や国連施設の整備をおこなった。
㋓ 紛争を止めるために、紛争に加わった。

(3) 世界各地の紛争や戦争中にうめられ、ふみつけると爆発する兵器を何というでしょう。　（地雷）

(4) よく出る 子どもが平和で健康にくらせるように活動している国連の組織をカタカナで何というでしょう。　（ユニセフ）

(5) (4)の活動としてあてはまるものを、次から2つ選びましょう。　（ア）（ウ）（順不同）

㋐ 飢えや病気で困っている子どもに食料や薬品を送る。
㋑ 難民へ食料の支援をおこなう。
㋒ だれもが予防接種を受けられるように募金活動をする。
㋓ 紛争地域に支援物資を届ける。

(6) よく出る 世界の貴重な自然や遺跡などを世界遺産に登録して保護しようとする国連の機関をカタカナで何というでしょう。　（ユネスコ）

102

学習日　103ページ

2 次の文を読んで、答えましょう。　1つ4点（32点）

A 南極の上空では、人間が排出するガスによって、人間を有害な紫外線から守るはたらきのある層がこわされている。
B 工場や家庭から排出される二酸化炭素などのガスが増えると、地球の気温が上昇し、南極などの氷がとけて海面が高くなるおそれも出ている。
C 自動車や工場から排出されるガスが雨にとけこむと、石やコンクリートでつくられた建物がいたんだり、木がかれたり、湖の生き物が死んだりする。

(1) A〜Cの環境問題を、㋐〜㋔からそれぞれ選びましょう。　A（オ）B（ア）C（エ）

㋐ 地球温暖化　㋑ 大気汚染　㋒ さばく化
㋓ 酸性雨　㋔ オゾン層の破壊

(2) よく出る A、Bの文中にある下線部のガスの名前を、それぞれ書きましょう。　A（フロンガス）B（温室効果ガス）

(3) 右の写真Ⓐ、Ⓑは、A〜Cのどの環境問題に関するものでしょう。　技能　Ⓐ（B）Ⓑ（C）

Ⓐ

Ⓑ

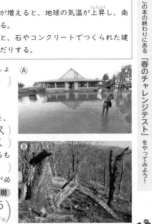

記述 (4) 地球の環境をよくするためには、どのようなことが必要ですか。簡単に書きましょう。　思考・判断・表現

（(例) 民間の組織から市民まで、あらゆる人々が協力することが必要である。）

3 次の問いに答えましょう。　1つ6点（18点）

(1) 「青年海外協力隊」は、日本の国際協力をおこなう組織の事業の一つです。この組織の名前をアルファベット4文字で書きましょう。　（JICA）

(2) よく出る 「青年海外協力隊」が出向く、経済や産業が発展する途中の段階にある国のことを何というでしょう。　（開発途上国）

SUSTAINABLE DEVELOPMENT GOALS

記述 (3) てがたいスター 右の資料は、「[　]な開発のための2030アジェンダSDGs」です。[　]に入る言葉を使い、SDGsについて、次の文に続けて簡単に説明しましょう。　思考・判断・表現

国連に加盟するすべての国が、2016年から2030年までに、貧困や地球環境、平和などの問題について、

（(例) 持続可能な開発のために目標を立て、努力する。）

ふりかえり ❶(3)がわからないときは、100ページの❶にもどって確認してみよう。

103

この本の終わりにある「春のチャレンジテスト」をやってみよう！

この本の終わりにある「学力診断テスト」をやってみよう！

確かめのテスト 102〜103ページ

1 (1)②2021年現在、世界のほとんどの国が加盟しています。

(2)㋐は国境なき医師団などの活動です。㋓日本の自衛隊は軍隊ではないので、紛争に加わることはできません。

(3)地雷は、地中にうめられ、ふみつけると爆発する兵器です。戦争が終わったあとも、多くの人を傷つける可能性があるため、国際社会では対人地雷全面禁止条約を定め、多くの国が署名しました。

(5)ユニセフは、世界の子どものために活動する組織です。

2 (2)Aのフロンガスは、冷房や冷蔵庫などに使用されていました。今はオゾン層をこわすおそれがあるため、使用が制限されています。Bの温室効果ガスには、ほかにメタンなどがあります。

(3)Ⓐは水没する可能性のあるツバル、Ⓑは酸性雨によってかれた森林の写真です。

3 (3)「持続可能な開発のための2030アジェンダSDGs」において、国連に参加するすべての国が努力する、17の目標が立てられています。

記述問題のプラスワン

1 (1)③安全保障理事会は、常任理事国の5か国に拒否権という強い権限があたえられています。5か国が一致すると、国際法に違反した国に武力制裁などをおこなうことがあります。

2 (4)地球温暖化の原因となる二酸化炭素は、家庭で使用する乗用車からも出ます。工場から出ることもあります。あらゆる人が生活のなかで二酸化炭素を排出しているので、あらゆる人々が協力していく必要があります。

夏のチャレンジテスト

教科書 8~103ページ

月　日

名前

時間 40分

知識・技能	思考・判断・表現	合格80点
/70	/30	/100

答え 53ページ

3については、学習の状況に応じてA・B・Cのどれか1つを選んでやりましょう。

知識・技能　70点

1 日本国憲法について答えましょう。　1つ1点、(1)1つ2点(12点)

(1) 日本国憲法の三つの原則を書きましょう。（順不同）

（基本的人権の尊重）（国民主権）（平和主義）

(2) 次の①~⑥のうち、国民の義務には㋐を、国民の権利には㋑を書きましょう。

① 働く人が団結する。　② 教育を受ける。

③ 裁判を受ける。　④ 税金を納める。

⑤ 健康で文化的な生活を営む。

⑥ 子どもに教育を受けさせる。

①［㋑］②［㋑］③［㋑］

④［㋐］⑤［㋑］⑥［㋐］

2 政治のしくみについて、答えましょう。　1つ1点(7点)

(1) 次の①~⑥のうち、国会の仕事には㋐を、内閣の仕事には㋑を、裁判所の仕事には㋒を書きましょう。

① 国の予算を決める。　② 衆議院を解散する。

③ 最高裁判所の長官を指名する。

④ 法律が憲法に違反していないかを判断する。

⑤ 政治が憲法に違反していないかを判断する。

⑥ 外国と条約を結ぶ。

①［㋐］②［㋑］③［㋑］

④［㋒］⑤［㋒］⑥［㋑］

(2) 衆議院議員に立候補できるのは25才以上の国民ですが、選挙する人は、何才以上の国民ですか。数字で答えましょう。

（18）才以上

3のA 東京都足立区で待機児童の問題を解決するまでの図を見て答えましょう。　1つ1点、(2)1つ2点(6点)

(1) ①、②にあう言葉を書きましょう。

住民　願い　聞く会を開く。　① 予算案の議決　予算案の提出　賛成の議決　予算案など　② 要望　支援　東京都や国　新しい保育園の設立など

①（区議会）②（区役所）

(2) ①の仕事を㋐~㋔から2つ選びましょう。

㋐ 法律をつくる。　㋑ 区の予算を決める。

㋒ 国会議員を選ぶ。　㋓ 条例を制定する。

㋔ 国会の召集を決める。

（順不同）［㋑］［㋓］

3のB 災害の発生直後の政治のはたらきについて、①~③にあう言葉を図から選びましょう。　1つ2点(6点)

外国　調整・連絡　国　派遣命令　自衛隊　他の都道府県　協力要請　被害報告　支援要請　支援　派遣要請　都道府県　協力要請　警察・消防　海上保安庁　日本赤十字社　電気・ガス　放送局など　他の市(区)町村　ボランティア　支援要請　調整・連絡　被災した市(区)町村　●避難誘導　●避難所の開設　●被害状況の確認　●支援要請　●支援物資の提供　●救助活動　など　救助活動・協力　被災地・被災者

・被災した市は、災害対策本部を設置し、他の市にも（①）を要請する。また、（②）を開設したり、被害状況を確認したりする。

・県は、市の要請にもとづき、（③）に災害派遣要請を出し、警察や消防などにも救助活動の協力の要請をする。

①（支援）②（避難所）③（自衛隊）

3のC 次の文の①、②にあう言葉を㋐~㋓から選びましょう。また、Ⓐには言葉を書きましょう。　1つ2点(6点)

・熊本県水俣市は、環境に配慮した取り組みを行ってきました。また、未来を考えた地域社会の創造の内容が評価され、（Ⓐ）未来都市に選ばれました。また、国や県と連携して、安全な農林水産物の（①）や、温泉地の整備などをして（②）の活性化に取り組んでいます。

㋐ 誘致　㋑ ブランド化

㋒ 観光　㋓ エコタウン

①［㋑］②［㋒］Ⓐ（SDGs）

夏のチャレンジテスト(表)　うらにも問題があります。

夏のチャレンジテスト　表

1 (1)基本的人権とは、一人一人が生まれながらにもっている、人間らしく生きるための権利のことです。

(2)日本国憲法には、国民の義務として納税（④）、子どもに教育を受けさせること（⑥）、働くことの3つが定められています。一方、権利として、団結する権利（①）、教育を受ける権利（②）、健康で文化的な生活を営む権利（⑤）などが定められています。

2 (1)①…国会は、国の予算を決めます。②③⑥…内閣は衆議院を解散でき、最高裁判所長官を指名したり、条約を結んだりします（条約を承認するのは国会）。④⑤…裁判所は、国会のつくった法律や内閣の政治が憲法に違反していないかどうかを判断します。

3のA (1)区役所は、市民の願いを聞きながら計画案などをつくり、区議会がその計画案を議決します。

(2)㋐法律をつくるのは国会です。㋒国会議員を選ぶのは国民です。㋔内閣が国会の召集を決めます。

3のB 災害が発生すると、市は避難誘導などの具体的な対応をおこないます。県は市の要請を受けて、自衛隊に災害派遣要請を出したり、他の都道府県の警察にも救助活動の協力を要請したりします。国は、法律を整えたり、復興に向けた資金を準備したりします。

3のC 水俣市は、水俣病の経験を生かして環境問題に配慮したまちづくりに取り組んでいます。

ⒶSDGs未来都市とは、国が、中長期を見通して、持続可能なまちづくりに向けて、先進的な取り組みをおこなっている地方公共団体を選定したものです。

おうちのかたへ 2016年7月の参議院議員選挙より、選挙権年齢が満18才以上に引き下げられました。国民が刑事裁判に参加する裁判員制度の裁判員の年齢も、2021年の少年法改正により、18才および19才の方も裁判員の職に就くことができるようになりました。

4 次のⒶ～Ⓒの資料を見て答えましょう。

1つ3点、(1)(4)1つ2点(18点)

(1) Ⓐ、Ⓑのような道具が使われていた時代は、それぞれ何時代ですか。

Ⓐ（縄文時代） Ⓑ（弥生時代）

(2) Ⓑの道具が使われていたころに邪馬台国というくにを治めていた女王の名前を書きましょう。

（卑弥呼）

(3) Ⓒは、強い力をもっていた人物の墓のまわりに並べられました。そのような墓を何といいますか。

（古墳）

(4) 次の文は、ある道具の説明です。あてはまる道具をⒶ、Ⓑから選びましょう。

・高温で焼かれ、ものをたくわえるために使われた、うすくてかたい道具。

（Ⓑ）

(5) Ⓒがつくられたころのようすについて、①、②にあう言葉を書きましょう。

（ ① ）という政府が、近畿地方を中心として、九州地方から東北地方までの広い範囲で大きな力をもっていた。また、この時代には、（ ② ）と呼ばれる人々が中国や朝鮮半島から日本列島にわたってきて、大陸の文化を伝えた。

①（大和朝廷(大和政権)） ②（渡来人）

5 次の年表の①～⑥にあう言葉を書きましょう。

1つ3点(18点)

時代	年	できごと
（①）時代	589	（ ② ）が中国を統一する
	593	聖徳太子が政治をとる
	603	（ ③ ）を定め、家がらに関係なく能力で役人に取りたてるしくみをつくる
	604	役人の心得を示すために（ ④ ）を定める
	607	小野妹子たちを使者として②に送る
		法隆寺を建て、（ ⑤ ）の教えを人々の間に広める
	645	中大兄皇子らが（ ⑥ ）氏をたおす

①（飛鳥） ②（隋） ③（冠位十二階）

④（十七条の憲法） ⑤（仏教） ⑥（蘇我）

6 8世紀ごろのようすについて、問いに答えましょう。

1つ3点(9点)

(1) 8世紀の初めにできた、中国にならってつくられた、国を治めるための法律を何といいますか。

（律令）

(2) このころの都である平城京の場所を右の㋐～㋓から選びましょう。

（㋒）

(3) 右の写真の木簡と呼ばれる木の札は、今でいう何の代わりに使われていましたか。

（荷札（紙））

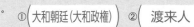

思考・判断・表現 30点

7 次の問いに答えましょう。

1つ7点、(3)1つ8点(30点)

(1) 右の資料は、平安時代の貴族のやしきです。このようなやしきのつくりを何といいますか。

（寝殿造）

(2) 資料からわかることを㋐～㋒から1つ選びましょう。

㋐ 地面をほって数本の柱を立て、その上に屋根をかけてやしきがつくられている。

㋑ 貴族たちは米作りをおこないながら質素なくらしをしていた。

㋒ 広い庭や池、渡り廊下があった。

（㋒）

(3) 下の歌について、①歌をよんだ人物の名前を書きましょう。また、②歌にこめられたこの人物の気持ちを説明しましょう。

この世をば
我が世とぞ思う
望月の欠けたることも
なしと思えば

①（藤原道長）

②（(例) この世は自分のものだという気持ち。）

夏のチャレンジテスト　裏

4 (2)卑弥呼の名前は、中国の歴史書に書かれています。

(3)Ⓒははにわで、この他にもいろいろな形があります。

(5)①大和朝廷の力の広がりは、「ワカタケル大王」の名前が刻まれた刀剣の出土からわかります。

②渡来人は漢字や仏教を日本に伝えました。

5 ②聖徳太子は、隋の進んだ制度や文化、学問を取り入れることが必要だと考え、小野妹子らを遣隋使として送りました。

⑤大陸から伝わった仏教の教えを、国づくりに取り入れようとしました。

6 (1)律令により、天皇を中心とした全国を支配するしくみが整えられました。人々はさまざまな重い税を負担しました。

(3)木簡は、朝廷に税を納めるときに荷札として使われました。

7 (2)㋐は竪穴住居の説明です。

㋑平安時代の貴族たちは、中国の文化をもとにした、日本風のはなやかな生活をしていました。

(3)②「この世が思い通りで、足りないものはない」という気持ちが書けていればよいです。

おうちのかたへ　歴史年表や写真などの資料を活用して、縄文時代から平安時代のできごとや文化をそれぞれおさえておくとよいです。

冬のチャレンジテスト

教科書 106～191ページ

名前　　月　日

時間 40分　知識・技能 /70　思考・判断・表現 /30　合格80点 /100

答え 55ページ

知識・技能　70点

1 次の年表を見て答えましょう。

1つ2点(10点)

年	おもなできごと
1167	(Ⓐ)が武士としてはじめて太政大臣となり、実権をにぎる
1185	源義経がⒷ壇ノ浦の戦いで平氏をほろぼす 国ごとに(Ⓒ)・地頭を置く
1192	源頼朝が(Ⓓ)になる

(1) Ⓐにあう人物を㋐～㋒から選びましょう。
㋐ 平清盛　㋑ 北条時宗
㋒ 竹崎季長　　㋐

(2) Ⓑの壇ノ浦の場所を、右の地図の㋐～㋒から選びましょう。　㋒

(3) Ⓒ、Ⓓにあう言葉を書きましょう。
Ⓒ(守護)　Ⓓ(征夷大将軍)

(4) Ⓒや地頭の仕事につき、頼朝と御恩と奉公の関係で結ばれていた、頼朝の家来の武士を何といいますか。
(御家人)

2 元との戦いの資料を見て答えましょう。

1つ2点(6点)

(1) この戦いのときに幕府の政治を進めていた人物の名前を書きましょう。
(北条時宗)

(2) 元軍が使った、陶器に火薬と鉄片をつめた武器をひらがな4文字で書きましょう。
(てつはう)

(3) 資料の㋐、㋑のうち、元軍を選びましょう。　㋐

3 次の資料を見て答えましょう。

1つ2点、(2)1つ1点(10点)

(1) Ⓐのような建築様式を何といいますか。
(書院造)

(2) Ⓐの建築様式について、今の和室と共通しているところを2つ書きましょう。
中から2つ (例)畳、障子　ふすま、床の間

(3) ①Ⓑのような絵を何といいますか。また、②それを日本独自の形式に完成させた人物の名前を書きましょう。
①(水墨画)　②(雪舟)

(4) このころの文化を何文化といいますか。
(室町)文化

4 次の問いに答えましょう。

1つ2点(10点)

(1) Ⓐは、織田信長が武田軍と戦っているようすです。①この戦いを何といいますか。また、②この戦いのころから新しく使われるようになった武器は何ですか。
①(長篠の戦い)　②(鉄砲)

(2) Ⓐの戦いの翌年に、信長は安土城をきずきました。安土城の場所をⒷの地図の㋐～㋒から選びましょう。　㋐

(3) 信長の死後に天下を統一した人物は、下の資料の命令を出しました。Ⓐに入る言葉と、命令を出した人物の名前を書きましょう。

一 (Ⓐ)が刀・弓・やり…、そのほかの武器を持つことをかたく禁止する。

Ⓐ(百姓)
人物(豊臣秀吉)

うらにも問題があります。

冬のチャレンジテスト　表

1 (1)㋑の北条時宗は元がせめてきたときの執権です。
㋒は、元との戦いでかつやくした人物です。
(2)㋐は富士川の戦い、㋑は屋島の戦いの場所です。
(4)御家人は、頼朝の御恩に対して奉公をちかい、戦いがおこれば、「いざ鎌倉」とかけつけました。

2 (1)北条時宗は執権という役職につき、鎌倉幕府の実権をにぎっていました。
(2)元軍は、火薬兵器を使った集団戦法で戦いました。
(3)てつはうを使用して戦っている左側の㋐が元軍で、右側の㋑が幕府軍です。

3 (1)書院造は、客をもてなす専用の部屋のつくりとして発達し、現在の和室につながっています。
(3)雪舟は京都の僧で、墨のこさを調節しながら、自然を題材とした水墨画を数多くえがきました。
(4)室町文化は、それまでの貴族のはなやかな文化のえいきょうを受けながらも、武士の力強さのある文化です。

4 (1)長篠の戦いで、初めて鉄砲が組織的に使われました。
(2)安土城は滋賀県にありました。
(3)資料は豊臣秀吉が出した刀狩令です。百姓が持っていた鉄砲などを取り上げて、農作業に専念させるようにしました。

おうちのかたへ　鎌倉時代から安土桃山時代までの流れを、年表を確認しながら、覚えましょう。

5 次の年表を見て答えましょう。

1つ3点(12点)

年	おもなできごと
1600	Ⓐ関ヶ原の戦い
1612	(Ⓑ)教の禁止令を出す
1635	武家諸法度を改め、Ⓒ参勤交代の制度を加える
1641	Ⓓオランダ人を出島に移す

(1) Ⓐの戦いに勝ったのち、徳川家康は幕府による体制を整えました。下の地図のAの大名を何といいますか。

（ 外様 ）

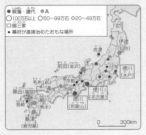

(2) Ⓑにあう言葉を書きましょう。（キリスト）

(3) Ⓒの内容としてあうものを㋐～㋒から選びましょう。
㋐ 中国にならった法律で、地方の特産物を納めさせた。
㋑ 大名に1年おきに江戸と領地との間を行き来させた。
㋒ 五人組というしくみをつくらせ、共同で責任を負わせた。
㋑

(4) Ⓓのころ鎖国が定まりました。幕府が交流を禁止した国を㋐～㋓から選びましょう。
㋐ オランダ　㋑ 朝鮮
㋒ ポルトガル　㋓ 中国
㋒

6 次の問いに答えましょう。

1つ3点、(2)1つ2点(13点)

Ⓐ 歌舞伎や□の脚本を数多く残し、町人の姿を生き生きとえがいた。
Ⓑ 小浜藩(福井県)の医師で、□語で書かれた医学書をほん訳し、『解体新書』として出版した。
Ⓒ 全国各地の沿岸をくまなく歩いて測量し、日本地図を作成した。

(1) Ⓐ～Ⓒの人物の名前を書きましょう。
Ⓐ（近松門左衛門）Ⓑ（杉田玄白）Ⓒ（伊能忠敬）

(2) Ⓐ、Ⓑの□にあう言葉を㋐～㋓から選びましょう。
㋐ ドイツ　㋑ オランダ
㋒ 能　㋓ 人形浄瑠璃
Ⓐ ㋓　Ⓑ ㋑

7 次の問いに答えましょう。

1つ2点、(1)3点(9点)

(1) ペリーの来航の翌年に開かれた港を㋐～㋔から選びましょう。
㋐ 横浜　㋑ 長崎　㋒ 下田
㋓ 新潟　㋔ 神戸
㋒

(2) 次の明治政府がおこなった政策を、それぞれ㋐～㋓から選びましょう。
① 産業を盛んにするため、国営の工場をつくった。 ㋑
② 20才以上の男子に、軍隊に入ることを義務づけた。 ㋓
③ 国の収入を安定させるために、土地の値段を基準に税を定めた。 ㋒
㋐ 廃藩置県　㋑ 殖産興業
㋒ 地租改正　㋓ 徴兵令

思考・判断・表現　30点

8 次の資料を見て答えましょう。

1つ5点、(2)10点(30点)

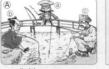

Ⓑあゝおとうとよ
君を泣く
君死にたまふことなかれ
末に生まれし君なれば
親のなさけはまさりしも…

(1) Ⓐは日清戦争直前の4つの国の関係を表しています。ⓐ～ⓓの国名を答えましょう。
ⓐ（ロシア）ⓑ（日本）
ⓒ（中国（清））ⓓ（朝鮮）

(2) 資料Ⓑは、日露戦争のころに発表された歌です。日露戦争では、勝利したにもかかわらず国民には不満が残りました。そのわけを、右の資料から考えて書きましょう。

日清戦争と日露戦争の比較

（(例)日清戦争と比べて戦死者や戦費が多く、国民の負担が多かったから。）

冬のチャレンジテスト(裏)

冬のチャレンジテスト　裏

5 (1)親藩は徳川家の親類、譜代は古くからの徳川家の家来、外様は関ヶ原の戦いのころに徳川家に従った大名です。外様は江戸から遠い土地に配置されました。
(3)㋐は奈良時代の律令、㋒は百姓につくらせたしくみです。
(4)オランダと中国とは長崎で貿易をおこないました。朝鮮との貿易は対馬藩（長崎県）を通しておこなわれました。

6 (1)Ⓑ『解体新書』は前野良沢らといっしょにほん訳しましたが、前野良沢は中津藩（大分県）の医者です。

7 (1)ペリー来航の翌年に日米和親条約を結び、下田（静岡県）と函館（北海道）を開港しました。㋐㋑㋓㋔は、日米修好通商条約を結んだあとに開かれた港です。
(2)㋐の廃藩置県は、すべての藩を廃止して新たに県を置いたことです。

8 (1)日本と中国（釣り人）が朝鮮（魚）をめぐって対立し、上からロシアがねらっているようすを風刺してえがいています。
(2)Ⓑは日露戦争のときに与謝野晶子が戦地に兵士として行った弟を思ってよんだ歌です。日本は戦争には勝利しましたが国民は戦費の負担で苦しみ、不満が残りました。

おうちのかたへ 鎖国と呼ばれる体制下でも、幕府はオランダ（長崎奉行）、中国（長崎奉行）、朝鮮（対馬藩）、琉球王国（薩摩藩）、アイヌ（松前藩）と交流や通商をおこなっていました。

春のチャレンジテスト

教科書 196~271ページ

名前　　　月　日

時間 40分　知識・技能 /70　思考・判断・表現 /30　合格80点 /100

答え 57ページ

知識・技能　70点

1 次の年表を見て答えましょう。

1つ1点、(2)3点、(3)6点(18点)

	年	社会の動き・戦争の流れ	国民生活
(Ⓐ)時代	1931	(①)にいた日本軍が中国軍を攻撃する	
	1933	(②)を脱退する	
	1937	日本軍と中国軍がしょうとつして、(③)となる	
	1939		(④)の回収がはじまる
	1941	ハワイのアメリカ軍基地を攻撃し、(⑤)が始まる	米が(⑥)になる
	1944		学童が(⑦)をする
	1945	⑧アメリカ軍により原爆が投下される	

(1) ①~⑦にあう言葉を□から選びましょう。

㋐ 軍事同盟　㋑ 集団疎開　㋒ 配給制
㋓ 太平洋戦争　㋔ 日中戦争　㋕ 満州
㋖ 国際連盟　㋗ 日清戦争　㋘ 鉄製品

① ㋕　② ㋖　③ ㋔　④ ㋘
⑤ ㋓　⑥ ㋒　⑦ ㋑

(2) Ⓐにあう言葉を書きましょう。　（昭和）時代

(3) ③の戦争が長引くなか、日本は東南アジアに軍隊を進めました。そのわけを「確保」という言葉を使って書きましょう。

（(例)石油などの資源を確保するため。）

(4) ⑧について、原爆が投下された2つの都市をⓐ~ⓕから選びましょう。

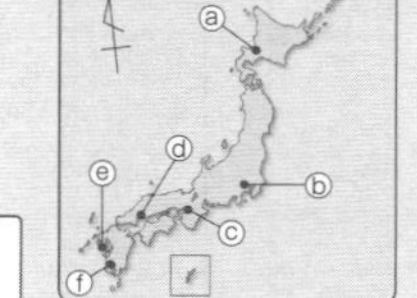

(順不同) ⓓ　ⓔ

2 次の年表を見て答えましょう。

1つ2点、(5)4点、(6)(7)3点(24点)

年	おもなできごと
1945	㋐軍隊を解散する
	↕ Ⓐ
1951	サンフランシスコ平和条約調印
	↕ Ⓑ
1964	オリンピック・パラリンピック東京大会が開かれる
	↕ Ⓒ
1972	(㋑)が日本に復帰する

(1) 日本国憲法が公布された時期を、Ⓐ~Ⓒから選びましょう。　Ⓐ

(2) ㋐について、日本の戦後改革の説明として正しいものには○を、まちがっているものには×をつけましょう。

① 女性の参政権が認められ、一定の税金を納めた25才以上の国民はすべて選挙権をもった。　×

② ほとんどの農民が自分の農地をもてるようになった。　○

③ 小学校6年間、中学校3年間の9年間が義務教育となった。　○

④ 政治にえいきょうをあたえていた大会社の権利を認めた。　×

(3) Ⓑの時期に日本はある国と国交が回復し、国連への加盟が認められました。この国の名前を書きましょう。　（ソ連）

(4) ㋑にあう言葉を書きましょう。　（沖縄）

(5) ㋑が復帰してからも、まだ問題をかかえています。「アメリカ軍」という言葉を使って、かかえる問題を簡単に書きましょう。

（(例)沖縄県にアメリカ軍基地が残されたままになっていること。）

(6) 第二次世界大戦後、世界の国々は、アメリカとソ連を中心とする国々に分かれて対立しました。この対立を何といいますか。　（冷たい戦争（東西冷戦））

(7) 終戦からおよそ10年たった1950年代中ごろから、日本の経済は大きく成長しました。このことを何といいますか。　（高度経済成長）

うらにも問題があります。

春のチャレンジテスト　表

1 (1)②国際連盟が満州国の独立を認めないと決議したため、日本は国際連盟に脱退を通告しました。⑥米やさとうなどの生活必需品は、切符制や配給制となり、国民の生活は苦しくなっていきました。
(3)日中戦争が長期化し、日本は石油などの資源が不足していきました。石油や石炭、鉄鉱石などの資源を求めて、当時フランスやイギリスの植民地であった東南アジアに軍隊を進めました。
(4)ⓓは広島市、ⓔは長崎市です。長崎に原爆が投下された6日後の8月15日に、昭和天皇がラジオで日本の降伏を伝えました。

2 (1)日本国憲法は、戦争が終わった翌年に公布されました。
(2)①20才以上のすべての男女が選挙権をもつようになりました。
④大会社は解体させられました。
(3)1956年にソ連との戦争状態を終わらせ、国連に加盟し、日本は国際社会に復帰しました。
(4)(5)1972（昭和47）年に沖縄が返還されましたが、現在も沖縄本島の面積の約15%にアメリカ軍基地が残されたままになっています。基地の移転問題など、多くの課題があります。
(7)重化学工業が発達し、主なエネルギー資源が石炭から石油にかわりました。

おうちのかたへ 選挙権の拡大について、どのような人たちが選挙権をもっていたのかをそれぞれおさえておくとよいです。

3 アメリカ合衆国について、正しい文には○を、まちがっている文には×をつけましょう。 1つ2点(10点)

① 広大な農地で、大型機械を使った大規模な農業がおこなわれている。 ○

② 宇宙開発の中心となる国で、最先端の研究開発を行っている。 ○

③ 先住民をはじめ、いろいろな民族がお互いを尊重しながらくらしている。 ○

④ 日本は、アメリカへの輸出総額よりも、アメリカからの輸入総額のほうが多い。 ×

⑤ 漢字やファストフードなどは、アメリカで生まれた。 ×

4 中華人民共和国について答えましょう。 1つ3点(12点)

(1) 中国の首都名を書きましょう。 （ペキン(北京)）

(2) 2021年の世界人口は約79億人、中国の人口は約14億人です。中国には、世界全体の約何%の人々がくらしていますか。四捨五入して整数で答えましょう。 約 18 %

(3) 飛鳥時代から平安時代にかけて、日本から中国にわたった使節団を何といいますか。 （遣唐使）

(4) 日本から中国への輸出品のうち、最も多いものを㋐～㋒から選びましょう。

㋐ 機械類　㋑ 食品類

㋒ 衣類

㋐

5 ブラジル連邦共和国について、下の①～③にあう言葉を［　］から選びましょう。 1つ2点(6点)

・明治時代以降、多くの日本人が仕事を求めてブラジルに移住し、(①)や工場で働いた。

・ブラジルは日本から見て地球の反対側にあり、首都は(②)である。

・文化では、ダンスや音楽のサンバが有名で、ブラジル各地で盛大に(③)が開かれている。

サンパウロ　ブラジリア　ハロウィン
コーヒー農園　水田　カーニバル

①（コーヒー農園）　②（ブラジリア）　③（カーニバル）

思考・判断・表現 30点

6 次のⒶ～Ⓒの文を読んで答えましょう。 1つ4点、(4)10点(30点)

Ⓐ 国際連合(国連)は、1945年に51か国の加盟によってつくられ、2023年現在で193か国が加盟しています。国連には、目的に応じてⓐさまざまな機関があります。

Ⓑ 日本は、発展途上国に対し、ⓑ資金や技術の面で多くの援助をしています。

Ⓒ 国連は、地球温暖化、森林破壊、さばく化、酸性雨など、さまざまな地球の環境問題に取り組んでいます。

(1) 下線部ⓐについて、次の機関名を書きましょう。

① 教育・科学・文化の分野で国際協力を盛んにし、世界の平和と安全に役だてることを目的とした機関。 （ユネスコ(国連教育科学文化機関)）

② すべての子どものためのさまざまな活動を助けることを目的としてつくられた機関。 （ユニセフ(国連児童基金)）

③ 国連の重要な機関の1つで、国際平和を守り、国どうしの争いなどを解決する機関。 （安全保障理事会）

(2) 世界ではさまざまな戦争や紛争がおきています。1991年に★でおきた戦争を㋐～㋒から選びましょう。

㋐ カンボジア内戦

㋑ 同時多発テロ

㋒ 湾岸戦争

㋒

・おもな戦争・紛争地など

(3) 下線部ⓑについて、「青年海外協力隊」のように発展途上国に出向き、国際協力をおこなう日本の組織を何といいますか。 （国際協力機構(JICA)）

(4) Ⓒについて、右の写真のツバルは、地球規模の環境問題の進行により、国土が水没するおそれがあるといわれています。その原因について、Ⓒの下線部の言葉を1つ使って、簡単に書きなさい。

（(例) 地球温暖化の影響で海水面が上昇したから。）

春のチャレンジテスト(裏)

春のチャレンジテスト　裏

3 ④アメリカは日本に対して貿易赤字となっています。アメリカから日本への輸出は機械類が最も多いです。

⑤ファストフードはアメリカで生まれていますが、漢字は中国から伝わりました。

4 (2)①14(億)÷79(億)×100＝17.72となり、およそ18%となります。

(3)遣唐使は630年からはじまりました。

(4)㋑食品類や㋒衣類を日本は中国から多く輸入しています。

5 ②国土の大部分が赤道より南にあるブラジルは、季節が日本とは逆になるため、8月は冬になります。

③ブラジルの文化では、サンバが有名です。ブラジル各地では盛大なカーニバルがおこなわれています。

6 (1)①ユネスコは、世界遺産の登録の業務もおこなっています。

②ユニセフの活動は民間の寄付金に支えられており、学校で集められた募金もその活動に役だっています。

(2)㋐はアジアでおこった内戦です。㋑は2001年にアメリカでおこったテロです。

(4)地球温暖化が進むと、寒い地域の氷がとけ海面が上昇するため、南太平洋にあるツバルなどの島国は水没してしまうおそれがあると指摘されています。

おうちのかたへ 世界の宗教の分布などは中学校の地理で学習します。小学6年生では、民族や文化、習慣に違いがあることを知り、互いに認め合うことの必要性を学んでいきます。

6年 社会のまとめ	学力診断テスト	月　日 名前	時間 40分	合格70点 ／100

答え59ページ

1 日本国憲法と政治について答えましょう。　1つ3点(15点)

(1) 憲法の三つの原則の中の平和主義に関係する、日本政府が出した「核兵器をもたない、つくらない、もちこませない」という方針を何といいますか。（非核三原則）

(2) 右の資料は、国の政治の重要な役割を分担する、3つの機関の関係を表しています。次の問いに答えましょう。

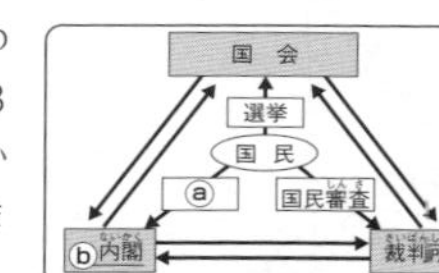

① 資料のようなしくみを何といいますか。（三権分立）

② 資料中のⓐにあう言葉を、漢字2字で書きましょう。（世論）

③ 下線部ⓑのもとに属している省庁のうち、国民の健康や働く人の安全などに関する仕事をしている役所を何といいますか。（厚生労働省）

(3) 税金の使い道ではないものを、㋐～㋓から選びましょう。

㋐ 学校などの教育　㋑ 警察や消防
㋒ 被災地の復興　㋓ 百貨店の建設

（㋓）

2 次の㋐～㋔の文を読んで答えましょう。　1つ2点、(2)8点(完答)(20点)

㋐ （ ① ）は仏教の力で国を守ろうと考え、東大寺を建て、大仏をつくった。
㋑ 聖徳太子は、役人の心構えを示した（ ② ）を定めた。
㋒ （ ③ ）は平氏を破り、朝廷から征夷大将軍に任命された。
㋓ 邪馬台国の女王（ ④ ）は、30ほどのくにを従えた。
㋔ （ ⑤ ）時代の人々は、縄目の文様がつけられた土器を使って暮らしていた。

(1) ①～⑤にあう言葉を書きましょう。

①（聖武天皇）②（十七条の憲法）③（源頼朝）
④（卑弥呼）⑤（縄文）

(2) ㋐～㋔を年代の古い順に並べかえましょう。

㋔ → ㋓ → ㋑ → ㋐ → ㋒

(3) ㋓について、この時代の大規模な集落あとが発見された吉野ヶ里遺跡は、現在の何県にありますか。（佐賀県）

3 次の資料を見て答えましょう。　1つ2点(8点)

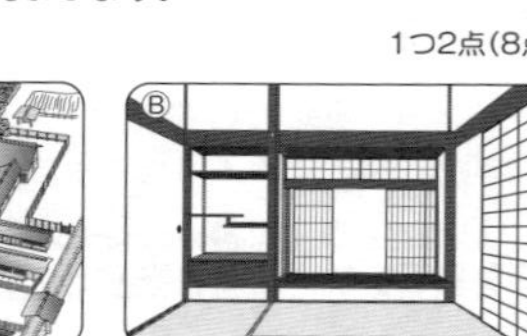

(1) Ⓐについて、①このような屋しきのつくりを何といいますか。また、②この屋しきがつくられた時代に起こったできごとを、㋐～㋓から選びましょう。

㋐ 天下統一を目ざして、各地で戦国大名が争った。
㋑ 足利氏が京都に幕府を開いた。
㋒ 藤原氏が政治の権力をにぎった。
㋓ 大王や豪族の墓である古墳が各地につくられた。

①（寝殿造）②（㋒）

(2) Ⓑについて、①現代の和室のもととなったこの部屋の建築様式を何といいますか。また、②この時代に始まり、現在まで受けつがれている文化や芸能を1つ書きましょう。

①（書院造）②（(例)生け花、能、狂言、茶(の湯)、水墨画などから1つ）

4 学問・文化について、次の①～⑤の「わたし」にあう人物の名前を書きましょう。　1つ2点(10点)

① わたしは、浮世絵の「東海道五十三次」をかきました。
② わたしは、破傷風という病気の治療法を発見しました。
③ わたしは、随筆の「枕草子」をかな文字で書きました。
④ わたしは、日本古来の考え方を研究し、「古事記伝」を書きました。
⑤ わたしは、「学問のすゝめ」を書き、人は生まれながらにして平等であることを主張しました。

①（歌川広重）②（北里柴三郎）③（清少納言）
④（本居宣長）⑤（福沢諭吉）

裏にも問題があります。

学力診断テスト　表

1 (2)①権力を分散して、濫用を防ぐという目的があります。
②世論とは、多くの人々の意見のことです。
③厚生労働省は、「健康、薬、食品の安全、職場の安全、子育て、障がい者、介護、年金、保険」などに関するはば広い仕事をあつかっています。

2 (1)③鎌倉に幕府を開いた人物です。
(2)㋔（縄文時代）→㋓（弥生時代）→㋑（飛鳥時代）→㋐（奈良時代）→㋒（鎌倉時代）の順番です。

3 (1)寝殿造は平安時代の貴族の屋しきにみられます。平安時代は貴族が中心の時代であり、藤原氏が権力をにぎっていました。
(2)①書院造は室町時代にみられる建築様式で、たたみやふすま、障子などが使われ、現在の日本の和室のもとにもなっています。

4 ①江戸時代に浮世絵をえがいた人物です。
②破傷風の治療法を発見し、伝染病研究所を設立した人物です。
③平安時代に天皇のきさきに仕え、「枕草子」を書いた人物です。
④「古事記」を研究し、「古事記伝」を書いた江戸時代の学者です。
⑤明治時代初めに、西洋の学問・思想を紹介した人物です。

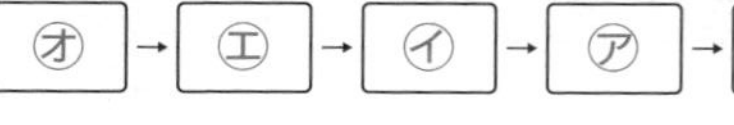

わたしたちの暮らしを支える政治のはたらきや、歴史上の人物やできごとから学んだことなど、一緒に話し合ってみてください。

A

5 次の年表を見て答えましょう。

1つ2点(10点)

(1) 下線部ⓐに成功した外務大臣の名前を書きましょう。

（ 小村寿太郎 ）

年	主なできごと
1894	日清戦争が起こる………㋐
1904	日露戦争が起こる………㋑
1911	ⓐ関税自主権を回復する
1937	日中戦争が起こる………㋒
1941	ⓑ太平洋戦争が起こる
1950	朝鮮戦争が起こる………㋓
1964	東京（ ① ）が開かれる…㋔

(2) 下線部ⓑで、アメリカ軍が上陸したのはどこですか。県名を書きましょう。

（ 沖縄県 ）

(3) 与謝野晶子が弟を思い、戦争に反対する詩を出した戦争を、㋐～㋓から選びましょう。

［ ㋑ ］

(4) ①にあう言葉を、カタカナで書きましょう。

（ オリンピック（・パラリンピック） ）

(5) ㋔のころ、日本では経済が成長し、暮らしが豊かになる一方で、工業の発展による人々への健康被害が問題となりました。このような被害を、何といいますか。漢字2字で書きましょう。

（ 公害 ）

6 次の地図中の㋐～㋔は、日本と関係の深い国です。あとの①、②にあう国を選びましょう。また、その国名も書きましょう。

1つ3点(12点)

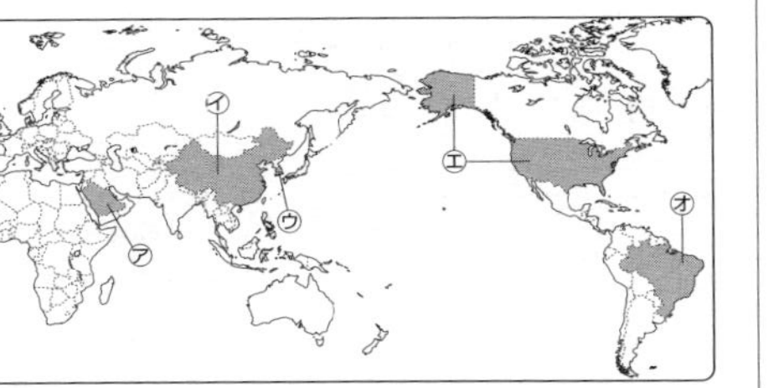

① 多くの移民を受け入れてきた多文化社会の国家。ハンバーガーやジーンズの生まれた国でもある。

② 人口がとても多く、日本とは古くから人やものがさかんに行き来した。

①記号 ［ ㋓ ］ 国名（ アメリカ ）

②記号 ［ ㋑ ］ 国名（ 中国 ）

活用力をみる

7 次の資料を見て答えましょう。

1つ5点(10点)

(1) 資料Ⓐの戦いで、織田信長らの軍は、武田軍をどのようにして破りましたか。資料を参考にして、簡単に書きましょう。

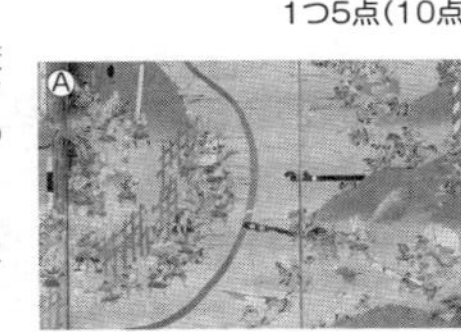

（（例）鉄砲を組織的に利用した戦術をとった。）

(2) 資料Ⓑは、江戸時代の大名の配置を表しています。関ヶ原の戦い以降に徳川氏に従った大名が㋐～㋒のどれかを明記して、そのような配置にした理由を、簡単に書きましょう。

Ⓑ ■㋐ ▨㋑ □㋒

（（例）㋒の外様がむほんを起こす（幕府に対して反抗する）のを防ぐため。）

8 次の文章を読んで答えましょう。

1つ5点、(2)②完答(15点)

太平洋戦争で敗戦した後、ⓐ日本国憲法を制定して再出発した日本は、経済的な発展をとげました。現在は、ⓑ世界中の多くの国々と、持続可能な社会を実現するため努力しています。

(1) 下線部ⓐと大日本帝国憲法における、天皇の地位のちがいを、次の資料を参考にして、簡単に書きましょう。

大日本帝国憲法（要約）	日本国憲法（要約）
第4条　天皇は、国の元首であり、憲法に従って国を統治する権利をもつ。	第1条　天皇は日本国の象徴であり日本国民統合の象徴であって、この地位は、主権をもつ国民の総意にもとづく。

（（例）大日本帝国憲法では天皇は国を治める主権者となっているが、日本国憲法では象徴となっている。）

(2) 下線部ⓑについて、右下の資料は、世界の国々が加盟する機関で2015年に定められた17項目の目標の一部です。次の問いに答えましょう。

① この目標を定めた機関を書きましょう。

（ 国際連合（国連） ）

11 住み続けられるまちづくりを　14 海の豊かさを守ろう

② 2つの目標のうち、どちらか1つを選んで、その目標を実現するために自分にどのようなことができるか、考えて書きましょう。

番号 ［ 11 ］ （（例）道路のごみを拾う。）

番号…14　（例）プラスチックごみを捨てない。

学力診断テスト(裏)

学力診断テスト　裏

5 (1)不平等条約の改正は、1894年の領事裁判権（治外法権）の撤廃（陸奥宗光）、1911年の関税自主権の回復（小村寿太郎）で達成されました。

(2)「上陸」というのがポイントです。東京や大阪は空襲は受けましたが、地上戦は行われていません。

(3)日露戦争中に、与謝野晶子は戦争に反対する思いを詩にしました。

6 ①日本とアメリカは、太平洋戦争後結びつきを強めています。

7 (1)資料Ⓐは、1575年の長篠の戦いの様子を表しています。この戦いで織田信長・徳川家康は鉄砲を使い、武田軍の騎馬隊をたおしました。さくを利用したことを書いていても正解です。

(2)徳川氏は一族である親藩と、古くからの家来である譜代を江戸の近くなどに置き、関ヶ原の戦い以降に家来になった外様を、江戸から遠くはなれた場所に置きました。

8 (1)日本国憲法では、天皇は形式的・儀礼的な国事行為を行うのみで、政治的な権限は一切もっていません。

(2)①持続可能な開発目標（SDGs）は、2015年、創設70周年をむかえた国連の総会で採択されました。17の項目の目標があります。

②11…公園や図書館を正しく使うなど、住みやすい地域社会にするために自分ができることが書けていればよいです。

14…水を大切にする、海にごみを捨てない、など自分の考えが書けていればよいです。

おうちのかたへ 6年生の社会科で学習したことをふり返り、現在起こっているできごとと、これまで学習してきたこととのつながりについて、気づいたことなどを話し合ってみてください。